沥青路面动力响应研究

（第二版）

谭忆秋　董泽蛟　著

科学出版社

北京

内 容 简 介

本书共分为四篇（16 章），重点阐述沥青路面动力响应的解析求解、数值模拟、响应实测以及设计与评估。书中重点介绍了层状弹性/黏弹性体系下沥青路面动力响应解析求解、轮胎-路面交互作用下路面结构数值模拟分析、基于光纤测试技术的路面响应实时监测、沥青路面结构-材料按功能一体化设计与性能评估等研究工作。

本书可供从事道路和机场工程研究与应用的科技工作者使用，也可供高等院校相关专业的高年级本科生和研究生参考。

图书在版编目（CIP）数据

沥青路面动力响应研究/谭忆秋，董泽蛟著. —2 版. —北京：科学出版社，2025.2

ISBN 978-7-03-074755-6

Ⅰ. ①沥… Ⅱ. ①谭… ②董… Ⅲ. ①沥青路面-动力-响应-研究 Ⅳ. ①U416.217

中国国家版本馆 CIP 数据核字（2023）第 022362 号

责任编辑：王　钰 / 责任校对：马英菊
责任印制：吕春珉 / 封面设计：耕者设计工作室

科学出版社 出版
北京东黄城根北街 16 号
邮政编码：100717
http://www.sciencep.com
北京中科印刷有限公司印刷
科学出版社发行　各地新华书店经销
*

2015 年 3 月第 一 版　　开本：B5（720×1000）
2025 年 2 月第 二 版　　印张：28 1/4　插页：7
2025 年 2 月第二次印刷　字数：551 000

定价：320.00 元
（如有印装质量问题，我社负责调换）
销售部电话 010-62136230　编辑部电话 010-62151061

谭忆秋

哈尔滨工业大学教授、博士生导师，国家杰出青年科学基金获得者，入选国家高层次人才及教育部新世纪优秀人才支持计划，获全国创新争先奖。主持国家重点研发计划、国家自然科学基金重点项目、交通运输部应用基础研究项目等国家级项目 20 余项，获国家技术发明奖 1 项及国家科技进步奖二等奖 2 项、省部级科技进步奖 2 项及技术发明奖 1 项，主要从事沥青路面结构与材料耐久性及一体化设计、冰雪地区道路安全保障技术等方面的研究工作，其成果服务于北京长安街大修、北京大兴国际机场等国家重大工程。

董泽蛟

哈尔滨工业大学教授、博士生导师，国家级高层次人才及青年人才，入选科技部创新人才推进计划中青年科技创新领军人才，以及交通运输部中青年科技创新领军人才，获黑龙江省自然科学基金杰出青年基金及中国公路青年科技奖。主持国家自然科学基金、国家重点研发计划课题及国家"大科学工程"子课题等国家及省部级项目 10 余项，获省部级科技进步奖 2 项及技术发明奖 1 项、行业学会一等奖 1 项，主要从事道路及机场工程计算力学、结构智能化及材料可持续发展等方面的研究工作。

第二版前言

结合多年来所做的工作,著者一直尝试将沥青路面动力响应方面研究工作系统化,以搭建沥青路面理论计算、数值模拟、现场实测再到结构设计的整个理论框架,这是著者撰写此书乃至多年研究追求的目标。

本书在第一版的基础上,将全书分为四篇。第一篇包括第 1~5 章。第 1 章阐述沥青路面车辆与路面交互作用及沥青路面动力响应解析求解研究现状。第 2 章在给出轴对称荷载条件下沥青路面层状弹性体系动力响应基本理论方程的基础上,推导单层弹性体系动力学响应一般解及传递矩阵,而后给出多层弹性体系动力响应的解析解。第 3 章在介绍现有黏弹性模型的基础上,给出轴对称条件下单层和多层黏弹性体系路面动力响应的解析解。第 4 章考虑任意非均布移动荷载实际条件,给出直角坐标体系下简单与复杂形状移动荷载作用时多层体系路面动力响应的解析解。第 5 章主要给出层状体系动力学数值求解的一般流程及汉克尔(Hankel)、拉普拉斯(Laplace)、傅里叶(Fourier)积分逆变换的数值求解方法,并给出典型算例。第二篇包括第 6~9 章。第 6 章阐述沥青路面动力响应数值模拟研究现状,并给出涉及路面动力响应数值分析的有限元理论及实现方法。第 7 章重点阐述道路材料的黏弹塑性本构模型,并给出基于动态模量试验及蠕变试验的路面材料参数获取方法。第 8 章主要基于解耦思想,进行轮胎-路面交互作用数值模拟分析,以得到轮胎不同行驶状态下路面接地压力的分布规律。第 9 章建立非均布移动荷载作用下沥青路面瞬态动力响应数值模拟的有限元模型,分析移动荷载作用下路面动力响应的一般性规律及不同影响因素下沥青路面动力响应的变化规律。第三篇包括第 10~13 章。第 10 章主要阐述目前国内外足尺寸试验路、加速加载试验装置及路面用传感器的主要类型及应用现状。第 11 章基于三维有限元数值模拟技术分析传感元件与沥青混合料基体材料相互作用机理,建立传感器室内小尺寸试验标定方法。第 12 章主要阐述应用光纤光栅测试技术进行沥青路面动力响应现场实测所涉及的传感器选型、现场布设、现场调试以及监测系统构建的案例。第 13 章主要介绍沥青路面动力响应实测数据的处理方法、典型数据结果以及动力响应预测模型。第四篇包括第 14~16 章。第 14 章重点给出沥青路面结构-材料按功能设计方法体系,并介绍在公路沥青路面和机场沥青道面的应用及发展。第 15 章讨论基于光纤光栅实测信息的沥青路面性能预估方法。第 16 章给出基于实测信息的寒区沥青路面脆弱性评价体系及方法。

　　本书依托国家重点研发计划项目"道路基础设施服役性能智能仿真理论和方法"（项目编号：2018YFB1600100），以及国家自然科学基金区域创新发展联合基金项目"寒区耐久性沥青路面结构设计新体系及基础理论"（项目编号：U20A20315）的部分研究成果撰写而成。在研究过程中得到了科学技术部、国家自然科学基金委及首都机场集团有限公司等大力支持，在此一并表示感谢！

　　全书由谭忆秋教授总体构思及设计，由董泽蛟教授执笔完成。在撰写过程中得到了马宪永博士的大力支持，对其表示真诚的感谢！

　　本书内容涉及课题组多位老师及研究生的研究工作，他们是：任瑞波、柳浩、陈凤晨、马宪永、田庚亮、程小亮、孙宗杰、姚李、陈洪春、李生龙、刘美丽、温佳宇、李环宇及周杰。同时，在撰写过程中，王鹏、龚湘兵、张小瑞、潘小康、李明松、刘志杨、王彤旭、陈江川、万珊宏等进行了部分图表绘制、文献综述及文字编辑工作，在此一并表示衷心的感谢！

　　沥青路面动力响应研究是道路领域研究的热点和难点，目前仍有众多基础问题尚未妥善解决。本书在介绍著者研究成果之外，还力求反映国内外相关的最新研究进展。

　　限于著者水平，书中不足之处在所难免，欢迎广大读者批评指正。敬请发送电子邮件至 tanyiqiu@hit.edu.cn。

2024 年 3 月

第一版前言

路面结构动力响应的计算与实测是研究沥青路面结构与材料行为的理论基础。1985 年，人民交通出版社出版了由朱照宏教授、王秉纲教授和郭大智教授共同撰写的《路面力学计算》一书。2001 年，哈尔滨工业大学出版社出版了由郭大智教授主编的《路面力学中的工程数学》、《层状弹性体系力学》及《层状粘弹性体系力学》系列丛书。上述专著主要阐述了静力荷载作用下沥青路面和水泥混凝土路面层状体系力学求解及计算方法，对我国路面力学知识的普及和发展起到了举足轻重的作用，奠定了我国路面力学计算的理论基础。近年来，随着我国道路建设和交通运输的迅猛发展，以及汽车工业、橡胶工业及轮胎工业等相关行业的技术革新，路面结构所承受的荷载条件发生了巨大的变化，车辆荷载的重载化、快速化及宽基化使得路面结构受力情况更加严苛。传统的静力学分析已无法反映实际路面的受力状况，进行路面结构动力学研究变得愈加重要。

作者课题组自 2001 年开始尝试进行基于饱和多孔介质理论的沥青路面动力响应理论研究。应该说从那时开始，作者开始接触并逐步开展路面动力学的基础理论及数值模拟方面的研究。其后，谭忆秋老师率先提出沥青路面的"健康监测"问题，在欧进萍院士的合作及指点下，开始尝试应用光纤光栅测试技术进行沥青路面动力响应的现场实测研究工作。结合多年来所做的工作，作者一直尝试将沥青路面动力响应方面的研究工作系统化，以打通从沥青路面理论计算至数值模拟再到现场实测的整个研究框架内的壁垒，这应该是作者撰写此书乃至今后研究所追求的目标。

全书共分为上、中、下三篇，分别阐述沥青路面动力响应理论求解、移动荷载作用下沥青路面动力响应数值模拟及实际车辆荷载作用下的沥青路面动力响应现场测试。上篇包括 5 章内容。第 1 章阐述沥青路面车辆与路面交互作用及沥青路面动力响应理论求解研究现状。第 2 章在给出沥青路面层状弹性体系动力响应基本理论方程的基础上，推导单层弹性体系动力学响应一般解及传递矩阵，而后给出多层弹性体系动力响应的解析解。第 3 章在介绍现有黏弹性模型的基础上，给出单层和多层黏弹性体系路面动力响应的一般解。第 4 章在阐述路面力学分析中引入饱和多孔介质理论的必要性的前提下，建立单层和多层饱和沥青路面弹性体系动力响应的一般解求解方法，同时将其延伸到多层饱和沥青路面黏弹性体系的求解过程中。第 5 章主要给出层状体系动力学数值解编程的一般流程及拉普拉斯（Laplace）、汉克尔（Hankel）积分逆变换的数值求解方法，并给出两个简单算例。中篇包括 5 章内容。第 6 章阐述沥青路面动力响应数值模拟研究现状，并给出涉及路面动力响应数值分析的有限元理论及实现方法。第 7 章重点阐述道路材料的黏弹塑性本构模型，并给出基于动态模量试验及蠕变试验的路面材料参数获取方法。第 8 章主要基于解耦思想，进行轮胎-路面交互作用数值模拟分析，以得到轮胎不同行驶状态下路面接地压力的分布规律。第 9 章建立非均布移动荷载作用下沥青路面瞬态动力响应数值模拟的有限元模型，分析移动荷载作用下路面动力响应的一般性规律，分析不同影响因素下沥青路面动力响应的变化规律。第 10 章建立冲击荷载作用下饱和沥青路面有限元模型，分析饱和沥青路面动力响应的时程变化和空间分布规律，以及不同影响因素对饱和路面动力响应的影响规律及路面水损害机理。下篇包括 5 章内容。第 11 章主要阐述目前国内外足尺寸试验路、加速加载试验装置及路用传感器的主要类型及应用现状。第 12 章基于三维有限元数值模拟技术分析传感元件与沥青混合料基体材料相互作用机理，建立传感器室内小尺寸试验标定方法。第 13 章主要阐述应用光纤光栅测试技术进行沥青路面动力响应现场实测所涉及传感器的选型、现场布设、现场调试以及监测系统构建的案例。第 14 章主要介绍沥青路面动力响应实测数据的处理方法、典型数据结果以及动力响应预测模型。第 15 章探讨基于光纤光栅实测信息的沥青路面性能预估方法。

　　本书依托国家杰出青年科学基金项目"沥青路面结构与材料"（项目编号：51225803）、国家自然科学基金面上项目"沥青路面多尺度域力学行为及跨越机制"（项目编号：51278159）、国家自然科学基金青年基金"路用光纤光栅应变传感元件与沥青路面基体材料长期协同变形性能研究"（项目编号：50808056）以及国家自然科学基金国际（地区）交流与合作项目"基于细观力学行为的沥青混合料组分与传感元件相互作用机理"（项目编号：51010105060）的部分研究成果撰写而成。同时，在研究的过程中也得到了北京市政路桥建材集团、吉林省交通规划设计院以及中国民航机场建设集团公司等合作单位的大力支持，在此一并表示感谢！

　　全书凝聚了课题组在路面动力响应的理论求解、数值模拟与现场实测方面的部分研究成果，全书由董泽蛟、谭忆秋执笔完成。本书所涵盖的研究工作得到了欧进萍院士、郭大智教授、钟阳教授、任瑞波教授等的指点与支持，在此表示诚挚的谢意！本书作者指导的硕士研究生参与了本书部分辅助性工作，他们是：任瑞波、陈凤晨、田庚亮、柳浩、程小亮、孙宗杰、陈洪春、李生龙、刘美丽、温佳宇。在此表示衷心的感谢！本书撰写过程中博士研究生王鹏、龚湘兵、张小瑞及硕士研究生李生龙、潘小康、李明松、马宪永、刘志杨等进行了全书图表的重新绘制、文献综述及部分文字编辑工作，对其表示真诚的感谢！感谢所有涉及本书研究工作，并未在此列出的人员的辛劳付出！

　　沥青路面动力响应研究是目前道路领域研究的热点和难点，众多基础问题仍未解决。本书在介绍作者研究成果之外，力求反映国内外相关领域的最新研究进展。由于作者水平有限且时间仓促，书中不足之处在所难免，敬请广大读者批评指正，以便进一步修正补充。

董泽蛟

2014 年 12 月

目　　录

第一篇　解 析 求 解

第二篇　数　值　模　拟

第三篇　响应实测

第四篇　设计与评估

彩图

第一篇　解 析 求 解

第1章　沥青路面动力响应理论综述

路面力学理论是路面结构设计的基础，专门研究如何应用材料力学、结构力学、弹性力学、黏弹性力学以及断裂力学等知识解算路面结构体系内的应力和位移，进而验算路面的结构强度。路面体系在结构上比较复杂，它往往被视作一个大面积的层状结构，支撑在无限大的地基上，再加上材料的复杂性，在解算它的内力时会遇到很多数学和力学的困难。因此，对路面结构体系进行完全的力学计算分析，是极为困难的。通用的方法是针对某一问题采取某些假设或者忽略一些次要的因素，使路面体系的力学模型得到简化，从而获得理论解答，再通过各种试验方法对理论进行修正，取得理论和实际的统一。

现有沥青路面力学计算理论基于单相均质假设，以静态荷载作用下的弹性半空间体系理论为基础，经过几代研究者的不懈努力取得了重大的进展。从最初的弹性半空间体系发展到层状弹性体系，再演变为层状黏弹性体系、弹塑性体系，甚至黏弹塑性体系；而荷载作用形式也从静态荷载转变为动态荷载，并且逐步将外界环境因素（温度场和湿度场）的影响纳入到路面力学计算中来，使路面力学计算与实际更加贴近。总结目前沥青路面动力学理论方面的研究现状：一类是基于车辆-路面交互作用的车辆动力学，这部分研究引入路面不平度作为外部激励，通过车辆动力学微分方程的求解，获取车辆轮胎对路面的动荷载；另一类是基于层状均相介质体系力学的路面结构动力学，这部分研究主要是进行层状弹性或黏弹性体系的动力响应求解，得到外界荷载作用下路面结构任意一点的动力响应。

1.1　车辆与路面交互作用

车辆动力学主要是利用随机振动和系统动力学等理论研究车辆动力学简化模型在路面不平度激励下的位移响应函数，其目的是完善车辆结构设计、减少车辆振动、提高车辆舒适性及疲劳寿命（吕彭民等，2010）。道路专业更加关心的则是在路面不平度激励下车辆对路面所产生的动荷载或动荷载系数函数。这方面的理论研究主要是把车辆和路面不平度都模型化，通过求解整个系统的运动方程，得到车辆动荷载的理论解。

在车路交互作用数值模拟中常将车辆和路面不平度处理成简化模型。车辆是一个多自由度"质量-刚度-阻尼"动力学系统，根据简化程度不同，车辆动力学模型大致分为简单模型、多体动力学模型、刚-柔混合模型及整车有限元仿真模型，其中多体动力学模型可较好地模拟车辆总体振动情况，但在研究车辆与路面交互作用时多基于低自由度的多体动力学模型，又称为集中参数模型。典型的集中参数模型有两自由度四分之一模型、四自由度或五自由度二分之一模型及三维七自由度整车模型。路面不平度是车辆振动系统的主要振源，其模型有平稳激励模型和非平稳激励模型。平稳激励模型主要包括频域和时域模型：频域模型方法成熟，但仅能处理线性问题；而时域模型因可实现精确的非线性分析，成为研究的热点。典型的时域模型有功率谱分析模型、时间序列分析模型、小波分析模型、虚拟激励模型及分形分析模型。其中，功率谱分析模型应用较多，该模型可通过谐波叠加、滤波白噪声、滤过的泊松过程、基于有理函数功率谱密度（power spectral density，PSD）的离散时间序列和幂函数 PSD 傅里叶逆变换等方法获得；时间序列模型主要有自回归（auto-regressive，AR）模型和自回归移动平均（auto-regressive moving average，ARMA）模型两种。车路交互作用研究就是综合车辆动力学模型和路面不平度模型，预测车辆行驶平顺性、操纵稳定性及路面损伤的一项多学科交叉的科研工作。

车辆动力学的发展历史可简要分为三个阶段。20 世纪 30 年代之前，车辆动力学的研究主要集中在车辆动态性能的经验性观测，并逐渐开始注意车轮摆振及乘车舒适性问题。30 年代到 60 年代，车辆平顺性研究有了一定发展，车辆稳态转向特性及轮胎力学也逐渐受到关注，而研究者也开始尝试建立车辆操作动力学模型。例如，Hillerborg（1948）建立最简单的两自由度四分之一车辆模型，Segel（1957）建立车辆三自由度操作稳定性模型。随后，随机振动理论被引入到车辆动力学中，用以预测车辆行驶平顺性，使车辆动力学模型有了更进一步的发展。70年代以后，基于计算机技术的多体动力学仿真技术得到广泛应用。近些年来，车辆纵向力控制、垂向力控制、转向系统控制及多自由度的数学模型均有了较大发展。纵观车辆动力学的历史，车辆、路面交互作用的研究主要集中在车辆振动模型的建立及优化、轮胎对路面动压力及由此引起的动荷载响应分析、路面谱及路面不平度的测量及建模等问题上。

在车辆振动模型建立及优化方面，1987 年开尔文（Kelvin）等着重研究了车辆振动模型。英国剑桥大学的 Cebon（1988）建立了单独的车辆响应和路面响应模型，将车辆模型假设为线性模型或非线性模型，路面模型则通过路面的转移函数和脉冲响应来建模，而该研究的实质是借助于振动系统理论，计算运动点源荷载作用下的路面响应问题。Connell 等（1986）和 Markow 等（1996）引入影响函数研究车辆-路面交互作用，影响函数与路面的结构模型有关，当应力、应变响应不同时，其影响函数也不同，但综合影响函数和车辆模型，就可得到路面结构层某点在随机荷载下的响应。

　　随着渠化交通的不断深入，研究者逐渐认识到轮胎动压力、车辆动荷载与路面损伤之间的关系，开始关注车路的耦合作用机制，希望通过研究车路交互作用来指导车辆及路面的设计。Sweatman（1983）首先提出车辆动载系数（dynamic load coefficient，DLC）。Cebon（1988）研究了车辆参数对轮胎动压力的影响，给出动载系数的计算实例。Al-Hunaidi（1991）和 Watts（1992）基于现场调查和长期实验观测得出：车辆振动与路面不平度的离散性有关，而坑槽、裂缝等路面细观缺陷影响车辆振动特性。Courage（1993）和 Hao 等（1998）等通过车辆振动加速度和 PSD 计算了动态轴载函数，并提出了相似的车辆振动模型。密歇根大学 Gillespie 等（2000）将美国常见货车按轴载分类，研究车速、路面不平度对车辆动荷载及路面损伤的影响，提出新的车辆模型，并指出车辆轴载最大值是引起路面疲劳破坏的主要原因。Chatti 等（2002）通过车辆动荷载分析，提出与 1.5～4Hz、8～15Hz 频率范围的路面不平度直接相关的动载评价指标；而 Hassan 等（2003）则将路面不平度分解成若干频带，通过各频带与车辆动荷载的相关性分析，得出与车辆动荷载最相关的不平度频率范围。有关学者则着重考虑了轮胎压力对动载的影响，其指出在三自由度车辆模型中，大的轮胎压力和小的悬架阻尼会导致轮胎动载增大。这些研究从轮胎动压力、车辆动载系数、路面破坏及路面不平度方面探讨了车路动态耦合作用，为车路交互作用的研究奠定了坚实的基础。

　　国内在路面不平度与动载研究方面也取得了一定成果。钟阳和王哲人（1992）把车辆简化成两自由度和五自由度体系，基于随机振动理论分析车-路动态相互作用力，提出车辆动荷载具有随机性，而车辆对路面的动荷载随车速增加而增加，且随路面不平度的恶化而增大。黄晓明（1993）着重探讨了轮胎刚度、车速及路面不平度对车辆冲击系数的影响。邓学钧（1995）和孙璐等（1997）研究了路面不平度及路面 PSD，推导了车辆振动模型，并分析了随机荷载的统计特性，进而为随机荷载的测定奠定了一定理论基础。随后邓学钧（2002）提出车辆、路面综合体系模拟，通过路面不平度模型建立随机场，研究随机振动激励下车辆动载特性，并提出单独研究车辆或路面模型不符合实际，车路耦合作用研究才是未来的方向。

　　随着计算机技术及信息技术的发展，路面不平度模型、车辆动载响应分析均有了新的进展，而车辆耦合作用也受到了更多关注。徐建平等（2001）采用两自由度四分之一车辆模型，以正弦函数模拟路面不平度激励，推导出了由路面不平度引起的动荷载响应。李晓雷等（2003）则根据路面样本值，运用小波变换法，通过 ARMA 模型建立路面不平度时间序列模型，并输入二分之一车辆模型，从而获得基于路面真实样本的车辆动荷载特性。于清等（2003）基于四自由度车辆模型分析了动载系数随路面不平度频谱的变化，并提出车速和动荷载存在峰值和共振现象。葛剑敏和郑联珠（2004）探讨了路面波形频率、路面抗压能力、轮胎气压和牵引负荷对车辆振动特性的影响，并指出车辆扭转、垂直和纵向振动随上述因素的增加而增加。吕彭民等（2007）通过快速傅里叶逆变换法建立路面不平度时域模型，并应用龙格-库塔（Runge-Kutta）法，通过二分之一车辆模型分析了路面等级、车速、荷载质量、车辆参数对路面动荷载的影响。有关学者认为波形路面上产生的动荷载沿路面线路纵向呈波形分布，因此，行驶车辆可能产生很大的动荷载，最大动荷载系数可达 2.0 以上。随后，申永刚等（2008）将车辆振动理论与黏性边界有限元相结合，建立了模拟振动波传播路径的数值计算方法，并基于四自由度二分之一车辆模型，探讨了车辆行驶状况对振动响应及环境的影响。苏世毅（2008）利用两自由度车辆模型和道路多层有限元模型，基于轮胎、路面位移相容条件，推导了车辆-路面动力耦合方程，并通过随机振动荷载对道路结构进行了瞬态动力分析。吴志华（2010）建立了考虑车辆垂向振动的二分之一车辆-路面耦合模型。

当代，重载车辆出现高速、重轴载、高胎压等趋势，而重载车辆与传统车辆对路面的影响具有显著差异，因而重载车辆-路面耦合模拟也受到更多关注。李韶华等（2010）和路永婕（2012）进行了重载车辆-路面相互作用动力学研究，罗红等（2014）通过轮胎与路面的位移相容条件，建立车辆-道路整体耦合动力分析模型。由此可见，车路交互作用研究的重点仍然是基于随机振动和系统动力学理论的路面、车辆之间相互作用力。在新形势下，研究者希望通过探讨重载、车速、车辆参数、轮胎压力、轮胎花纹等多个因素对车辆振动性能、路面动力响应及路面损伤的影响，从而建立更切合实际的车辆、路面设计方法。但目前车辆-路面相互作用研究中，轮胎对路面的动压力以及由此引起的路面动载响应的实测仍是一个难题。

1.2　沥青路面动力响应解析求解

早在 19 世纪，可以适用于路面设计的某些力学理论就已经得到了发展，其中突出的包括 Hertz（1884）提出的液体支承板模型及 Boussinesq（1885）提出的弹性半空间课题，其在 20 世纪 50 年代的路面设计中得到了广泛的应用。1916 年有关学者采用贝塞尔函数法建立了计算轴对称作用下弹性半空间体的位移和应力的完整表达式。Westergaard（1926）以赫兹理论为基础，计算了土基上混凝土板中的应力和位移。Love（1929）采用势能法得出半空间体在均布圆形荷载作用下任意点应力的近似解。

由于数学和弹性力学的发展，到了 20 世纪 40～50 年代，路面力学理论涌现出了许多重大成果，主要包括 Hogg（1938）做出的弹性地基上无限大板的解，以及 Burmister（1945）对双层和多层体系应力和位移计算的理论解。Sneddon（1951）首先给出了弹性半空间体在匀速移动荷载作用下的动力响应通用积分方程。Eason（1965）采用积分变换法求解控制方程，对移动荷载作用下弹性半空间体的稳态响应进行了研究，并将荷载在以亚音速速度移动下所得的三维无限积分简化为一维有限积分，但该积分仅适用于求解弹性半空间体内部质点的动力响应，而无法求解其表面动力响应。Miles（1960）和 Payton（1964）分别给出了轴对称弹性半空间在非匀速移动点荷载作用下动力响应解的积分形式，但需要用数值计算方法才能得到解答。近年来，随着计算机的应用以及力学理论和数值计算方法的发展，采用汉克尔变换式和反演算法，已经能够编制出多层弹性体系力学分析的计算机程序，可以求解多层体系内任意点的应力和位移值。

近年来，国外的学者针对沥青路面和水泥路面等不同路面结构类型的动力学基本理论都进行了卓有成效的研究。在沥青路面动力学基本理论方面，研究人员 Barros 等（1992）应用移动的格林方程求解了层状黏弹性半空间体在以匀速移动的点荷载和线荷载作用下的动力响应。Collins 和 Wang（1993）考虑了荷载分布形式、路面各层厚度以及每层材料的强度对临界振动荷载的影响，采用振动理论并利用汉克尔变换和拉普拉斯逆变换技术得到了三维层状路面体系的临界振动荷载。Zafir 等（1994）和 Siddharthan 等（1998）利用连续基有限层路面模型分析受到运动交通荷载作用时的路面响应。

在相关数值解的程序开发方面，Chen（1987）编制了层状体系在移动线荷载作用下动力响应的计算程序 MOVE，该程序可以考虑层状体系各层材料的黏弹性质。由 Monismith（1992）等开发的计算机程序 SAPSI，可计算黏弹性层状系统受到匀速移动的竖向圆形均布荷载时的动力响应。Chatti 对 SAPSI 进行了升级，得到的 SAPSI-M 程序可以计算瞬态运动荷载，这为分析随机动荷载对路面的影响提供有力工具，是一个巨大的进步。因为路面现场实测结果表明，动荷载速度是路面结构的特征函数，其对路面结构的影响相当重要。Zafir 等（1994）采用有关学者所提出的修正平面应变模型，结合傅里叶变换技术，能够对多种组合荷载和非均布轮胎接触压力作用下柔性路面进行动力响应分析。该程序中沥青混凝土面层采用黏弹性模型，基层和路基采用线弹性模型，轮胎接触压力简化为矩形分布。Papagiannakis 等（1996）开发了类似的程序，该程序不仅能够分析多元荷载，且每个荷载都可以有各自的荷载作用区和时间历程。Siddharthan 等（1998）提出有限层法对柔性路面动力响应进行分析，接触面积可以采用非圆形，接触应力分为法向应力和剪应力，路面材料可以考虑黏弹性，并编制了 3D-MOVE 计算程序。2001 年有关学者研究了黏弹性半空间体在移动荷载作用下的稳态响应问题，就荷载移动速度等因素的影响效果进行了分析，同时还分析了黏弹性路面在移动荷载作用下的动力响应。将沥青路面视为以开尔文模型支撑的无限梁体，通过格林函数、拉普拉斯变换、傅里叶级数的变化，最终编制出了黏弹性路面在移动荷载作用下的瞬时响应程序，该程序突出的特点是考虑到了车辆的行驶速度及阻尼的影响。

国内的一些学者对刚性路面的动力学分析起步较早，而对柔性路面的动力学研究还处于探索的阶段。邓学钧（1995）把半无限弹性层状体系在空间上离散成有限元和无限元，得到了半正弦波荷载作用下层状体系动力响应的理论解。黄晓明（1993）利用黏弹性温克勒（Winkler）地基板的挠曲振动方程，借助于傅里叶变换方法，推导了路面结构在任意动荷载作用下的挠度表达式。陈龙智（1997）采用有限元法研究了冲击荷载下柔性路面的动力响应。周华飞等（2004）就弹性半空间在移动集中荷载下的稳态响应做了分析，并给出了弹性半空间内部动力响应和表面位移解。哈尔滨工业大学钟阳等（1998）和任瑞波等（2001）利用拉普拉斯-汉克尔联合积分变换和传递矩阵相结合的方法针对轴对称半空间层状弹性和层状黏弹性体系动力响应的理论解进行了详尽的推导。吕彭民等（2012）将沥青路面看作开尔文黏弹性地基上不仅具有弹性，而且具有黏滞性的无限长梁，建立稳态响应计算的数学模型。利用傅里叶变换和小波变换方法，得到了求解沥青路面稳态响应解析解的一种新方法。这些研究成果为路面结构的动力响应分析和路面动态材料参数的反算提供了一种行之有效的方法。

综上所述，研究者已在基于车辆-路面交互作用的车辆动力学、基于层状均相介质体系力学的路面结构动力学方面进行了大量卓有成效的研究工作，相关研究成果为沥青路面设计方法的完善及路用性能的评估与预测奠定了理论基础。

1.3 本 章 小 结

本章主要对车辆-路面交互作用模型、沥青路面动力响应解析求解方法进行了综述。车辆与路面交互作用模型主要引入路面不平度作为外部激励，通过车辆动力学微分方程的求解，获取车辆轮胎对路面的动荷载；沥青路面动力响应解析求解从最初的弹性半空间体系发展到层状弹性体系，再演变为层状黏弹性体系，而荷载模式从静载演变为冲击和移动荷载。后续章节将对沥青路面动力响应解析求解方法进行详细介绍。

参 考 文 献

曹源文, 梁乃兴, 于清, 等, 2008. 路面不平整引起的车辆动载计算方法[J]. 交通运输工程学报, 8(2): 69-73.

陈龙智, 1997. 柔性路面在动载作用下的性能研究[D]. 上海: 同济大学.

邓学钧, 黄晓明, 沈伟新, 1995. 弹性层状体系的动力响应分析[J]. 土木工程学报, 28(3): 9-16.

邓学钧, 2002. 车辆-地面结构系统动力学研究[J]. 东南大学学报(自然科学版), 32(3): 474-479.

葛剑敏, 郑联珠, 2004. 路面特性对车辆振动影响规律研究[J]. 中国公路学报, 17(3): 117-121.

黄晓明, 1993. 路面动荷载与路面平整度关系的随机分析[J]. 东南大学学报, 23(1): 56-61.

黄晓明, 邓学钧, 1990. 移动荷载作用下粘弹性文克勒地基板的力学分析[J]. 重庆交通学院学报(2): 45-51.

李韶华, 杨绍普, 李皓玉, 2010. 汽车-路面-路基系统动态响应及参数分析[J]. 北京交通大学学报, 34(4): 127-131.

李晓雷, 韩宝坤, 2003. 用小波变换分析路面不平度及振动响应[J]. 北京理工大学学报(6): 717-719.

路永婕, 2011. 重载汽车与路面相互作用动力学研究[D]. 北京: 北京交通大学.

吕彭民, 董忠红, 2010. 车辆-沥青路面系统力学分析[M]. 北京: 人民交通出版社.

吕彭民, 史春娟, 2012. 基于小波理论的沥青路面稳态响应解析解研究[J]. 计算力学学报, 29(5): 806-810.

吕彭民, 尤晋闽, 和丽梅, 2007. 路面随机不平度下车辆对路面的动载特性[J]. 交通运输工程学报, 7(6): 55-8.

罗红, 梁波, 吴志华, 等, 2014. 半车车辆-道路耦合动力分析模型的研究与应用[J]. 应用数学和力学, 35(7): 737-749.

任瑞波, 谭忆秋, 张肖宁, 2001. FWD 动荷载作用下沥青路面层状粘弹体路表弯沉的求解[J]. 中国公路学报, 14(2): 9-17.

任瑞波, 谭忆秋, 张肖宁, 2001. FWD 动荷载作用下沥青路面层状体粘弹解与弹性解分析[J]. 哈尔滨建筑大学学报, 4(5): 116-120.

申永刚, 张治成, 谢旭, 2008. 复杂场地车辆引起的环境振动[J]. 浙江大学学报(工学版), 10(1): 45-60.

孙璐, 邓学钧, 1996. 车辆-路面相互作用产生的动力荷载[J]. 东南大学学报, 5(5): 154-161.

孙璐, 邓学钧, 1997. 移动的线源平稳随机荷载激励下梁的随机响应[J]. 力学学报, 29(3): 365-368.

苏世毅, 2008. 考虑路面平整度因素的车辆-道路耦合系统动力特性分析[D]. 重庆: 重庆交通大学.

吴志华, 2010. 基于车辆-道路耦合系统下的道路友好特性研究[D]. 重庆: 重庆交通大学.

徐建平, 尚刚, 梁乃兴, 2001. 路面不平整引起的汽车动荷载计算分析[J]. 重庆交通学院学报(1): 26-28.

于清, 曹源文, 2003. 不平整路面上的汽车动荷载[J]. 重庆交通学院学报, 22(4): 32-34.

钟阳, 黄永根, 1998. 轴对称半空间层状弹性体系动态反应的理论解[J]. 中国公路学报, 11(02): 24-29.

钟阳, 王哲人, 张肖宁, 1992. 不平整路面上行驶的车辆对路面随机动压力的分析[J]. 中国公路学报, 5(2): 40-43.

周华飞, 蒋建群, 张土乔, 等, 2004. 高速公路路面凹陷变形引起的车辆振动水平分析[J]. 振动与冲击, 23(2): 57-59.

AL-HUNAIDI M O, RAINER J H, 1991. Remedial measures for traffic induced vibrations at a residential site. Part 1: field tests[J]. Canadian Acoustics/ Acoustique Acoustiennne, 19(1): 3-13.

BOUSSINESQ J, 1885. Application des Potentiels a L'etude de L'equilibre et du Mouvement des Solides Elastique[M]. Paris: Gauthier Villars.

BURMISTER D M, 1945. The general theory of stresses and displacements in layered soil system, I, II, III[J]. Journal of Applied Physics. 4(16): 89-96, 126-127, 296-302.

CEBON D, 1988. Theoretical road damage due to dynamic type forces of heavy vehicle part 1: Dynamic analysis of vehicle and road surfaces[J]. Proceedings of the Institution of Mechanical Engineers, 202(8): 103-108.

CEBON D, 1988. Theoretical road damage due to dynamic type forces of heavy vehicles part 2: Simulated damage caused by a tandem-axle vehicle[J]. Proceedings of the Institution of Mechanical Engineers, 202(7): 109-117.

CHATTI K, LEE D, 2002. Development of new profile-based truck dynamic load index[J]. Transportation Research Record, 1806(1): 149-159.

CHEN S S, 1987. The response of multilayered system to dynamic surface loads[D]. California: University of California at Berkeley.

COLLINS I F, WANG A P, SAUNDERS L R, 1993. Shakedown in layered pavements under moving traffic loads[J]. International Journal for Numerical and Analytical Mothods in Geomechanics, 17: 165-174.

CONNELL S O, ABBO E, HEDRICK K, 1988. Analyses of moving dynamic loads on highway pavements part 1-vehicle response[R]. International Symposium on Heavy Vehicle Weights and Dimensions Kelowna, British Columbia, 307(7): 363-380.

COURAGE W M G, BRONMODEL, 1993. Technical report 93-con-80056-04[R], Nederlandse Organisatie Voor Toegepast Natuurwetenschappelijk Onderzoek, 9: 12-16.

DE BARROS F, LUCO J E, 1992. Moving Green's functions for a layered viscoelastic half-space[R]. Technical Report of Department of Applied Mechanics and Engineering Sciences, California: University of California.

EASON G, 1965. The stresses produced in a semi-infinite solid by a moving surface force[J]. International Journal of Engineering Science. 2(6): 581-609.

GILLESPIE T D, KARAMIHAS S M, 2000. Simplified models for truck dynamic response to road inputs[J]. International Journal of Heavy Vehicle Systems, 7(1): 52-63.

HASSAN R A, MCMANUS K, 2003. Assessment of interaction between road roughness and heavy vehicles[J]. Transportation Research Record, 1819(1): 236-243.

HAO H, ANG T C, 1998. Analytical modeling of traffic-induced ground vibrations[J]. Journal of the Engineering Mechanics Division, Proceedings of the ASCE, 124(8): 921-928.

HERTZ H, 1884. Über das gleichgewicht schwimmender elastischer platen[J]. Annalen der Physik, 258(7): 449-455.

HILLERBORG A, 1948. A study of dynamic influences of moving loads on girders[C]//3rd Congress: International Association for Bridge and Structural Engineering, Liege, Belgium.

HOGG A H A, 1938. Equilibrium of a thin plate symmetrically loaded resting on an elastic subgrade of infinite depth[J]. Philosophical Magazine, 5(25): 30-34.

LOVE A E H, 1929. The stress produced in a semi-infinite solid by pressure on part of the boundary[J]. Philosophical Transactions of the Royal Society of London, 5(228): 377.

LU S, XIMING C, JUN Y, 2007. Genetic algorithm-based Optimum vehicle suspension design using minimum dynamic Pavement load as a design criterion[J]. Journal of Sound and Vibration, 301(1-2): 18-27.

LV P, TIAN R, LU X, 2010. Dynamic response solution in transient state of viscoelastic road under moving load and its application[J]. Journal of Engineering Mechanics, 136(2): 168-173.

MARKOW M J, HEDRICK J K, BRADEMEYER B D, 1988. Analyzing the interactions between dynamic vehicle loads and highway pavements[J]. Transportation Research Record, 40(6): 161-169.

MILES J W, 1960. On the response of an elastic half-space to a moving blast wave[J]. Journal of Applied Mechanics, 27(4): 710-716.

MONISMITH C L, 1992. Analytically based asphalt pavement design and rehabilitation: Theory to practice, 1962-1992[R]. Washington: Transportation Research Board.

PAPAGIANNAKIS A T, AMOACH N, TAHA R, 1996. Formulation for viscoelastic response of pavements under moving dynamic loads[J]. Journal of Transportation Engineering, 122(2): 140-145.

PAYTON R G, 1964. An application of the dynamic Betti-Rayleigh reciprocal theorem to moving point loads in elastic media[J]. Journal of Applied Mechanics, 21(1): 299-313.

PESTEREV A V, YANG B, BERGMAN L A, et al., 2001. Response of elastic continuum carrying multiple moving oscillators[J]. Journal of Engineering Mechanics, 127(3): 260-265.

SEGEL L, 1993. An overview of developments in road vehicle dynamics: past, present and future[R]. Proceedings of I. Mech. E. Conference on Vehicle Ride and Handling, London, 321-356.

SNEDDON I N, 1951. Fourier transforms[M]. New York: McGraw-Hill.

SIDDHARTHAN R V, YAO J, SEBAALY P E, 1998. Pavement strain from moving dynamic 3D load distribution[J]. Journal of Transportation Engineering, 124(6): 557-566.

SWEATMAN P F, 1983. A study of dynamic wheel forces in axle group suspensions of heavy vehicles[R]. Vermont South: Australian Road Research Board, Special Report SR27: 326-351.

TODD K B, KULAKOWSKI B T, 1989. Simple computer models for predicting ride quality and pavement loading for heavy trucks[J]. Transportation Research Record, 1215: 137-150.

WATTS G R, 1992. The generation and propagation of vibration in various soils produced by the dynamic loading of road pavements[J]. Journal of Sound and Vibration, 156(2): 191-206.

WESTERGAARD H M, 1926. Stress in concrete pavements computed by theoretical analysis[J]. Public Roads, 7: 25-35.

ZAFIR Z, SIDDHARTHAN R, SEBAALY P E, 1994. Dynamic pavement - strain histories from moving traffic load[J]. Journal of Transportation Engineering. 120(5): 821-842.

第2章 轴对称条件下沥青路面层状弹性体系动力响应求解

层状弹性介质合理地模拟了沥青路面材料物理特性沿深度方向的不均匀性，成为目前路面结构体系力学分析的理论基础。随着交通运输业的发展，车辆荷载的动力特性已经成为突出问题，传统的层状弹性静力体系已经无法适应目前的荷载状况，有必要引入层状弹性动力体系描述沥青路面结构的力学行为。

2.1 基 本 理 论

2.1.1 力学模型和基本假定

结合结构动力学和路面力学基本理论，图 2-1 所示为沥青路面在轴对称条件下的层状弹性动力学体系。

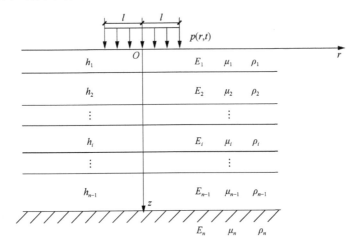

图 2-1 沥青路面层状弹性动力学体系

图 2-1 中 1~n 层表示沥青路面各结构层，h_i 为层厚，l 为荷载半径，$p(r,t)$ 为轴对称荷载函数。对于弹性体系，其结构参数为 E_i、μ_i、ρ_i，分别代表第 i 层材料的弹性模量、泊松比和密度。在上述层状体系中采用以下基本假定。

1）路面结构每一层由完全均匀、各向同性的材料组成。

2）路面结构 1~$n-1$ 层中，各层为等厚体，且在水平方向为无限远。

3）土基为半无限体。

4）关于 z 轴对称，即在方位角 θ 方向上没有变化。

5）位移和应变是微小的。

6）不计体力。

7）自然应力状态下等于零，即初应力等于零。

8）无穷远处力学量为零。

2.1.2 基本方程

（1）平衡方程

柱坐标下轴对称问题的动力平衡方程为

$$\frac{\partial \sigma_r(r,z,t)}{\partial r} + \frac{\partial \tau_{zr}(r,z,t)}{\partial z} + \frac{\sigma_r(r,z,t) - \sigma_\theta(r,z,t)}{r} = \rho \frac{\partial^2 u(r,z,t)}{\partial t^2} \qquad (2\text{-}1)$$

$$\frac{\partial \sigma_z(r,z,t)}{\partial z} + \frac{\partial \tau_{zr}(r,z,t)}{\partial r} + \frac{\tau_{zr}(r,z,t)}{r} = \rho \frac{\partial^2 w(r,z,t)}{\partial t^2} \qquad (2\text{-}2)$$

式中： $u(r,z,t)$ ——径向位移；

$\qquad w(r,z,t)$ ——轴向位移；

$\qquad \sigma_r(r,z,t)$ ——径向正应力；

$\qquad \sigma_\theta(r,z,t)$ ——切向正应力；

$\qquad \sigma_z(r,z,t)$ ——轴向正应力；

$\qquad \tau_{zr}(r,z,t)$ ——剪应力；

$\qquad \rho$ ——介质的密度。

（2）物理方程

弹性体的物理方程表示为应力与应变之间的关系，当采用应力分量表示应变分量时，物理方程可表示为

$$\varepsilon_r(r,z,t) = \frac{1}{E}\{\sigma_r(r,z,t) - \mu[\sigma_\theta(r,z,t) + \sigma_z(r,z,t)]\} \qquad (2\text{-}3)$$

$$\varepsilon_\theta(r,z,t) = \frac{1}{E}\{\sigma_\theta(r,z,t) - \mu[\sigma_r(r,z,t) + \sigma_z(r,z,t)]\} \qquad (2\text{-}4)$$

$$\varepsilon_z(r,z,t) = \frac{1}{E}\{\sigma_z(r,z,t) - \mu[\sigma_r(r,z,t) + \sigma_\theta(r,z,t)]\} \qquad (2\text{-}5)$$

$$\gamma_{zr}(r,z,t) = \frac{\tau_{zr}(r,z,t)}{G} \qquad (2\text{-}6)$$

当采用应变分量表示应力分量时，物理方程可表示为

$$\sigma_r(r,z,t) = 2G\varepsilon_r(r,z,t) + \lambda e(r,z,t) \qquad (2\text{-}7)$$

$$\sigma_\theta(r,z,t) = 2G\varepsilon_\theta(r,z,t) + \lambda e(r,z,t) \qquad (2\text{-}8)$$

$$\sigma_z(r,z,t) = 2G\varepsilon_z(r,z,t) + \lambda e(r,z,t) \qquad (2\text{-}9)$$

$$\tau_{zr}(r,z,t) = G\gamma_{zr}(r,z,t) \qquad (2\text{-}10)$$

式中：$e(r,z,t)$——体积形变，$e(r,z,t)=\varepsilon_r(r,z,t)+\varepsilon_\theta(r,z,t)+\varepsilon_z(r,z,t)$；

　　　　$\varepsilon_r(r,z,t)$——径向正应变；

　　　　$\varepsilon_\theta(r,z,t)$——切向正应变；

　　　　$\varepsilon_z(r,z,t)$——轴向正应变；

　　　　$\gamma_{zr}(r,z,t)$——剪应变；

　　　　E、μ、G——弹性模量、泊松比和剪切模量；

　　　　λ——拉梅（Lamé）常数，$\lambda=\dfrac{2\mu G}{1-2\mu}$，$G=\dfrac{E}{2(1+\mu)}$。

（3）几何方程

几何方程是反映应变分量与位移分量之间关系的方程式，可表示为

$$\varepsilon_r(r,z,t)=\frac{\partial u(r,z,t)}{\partial r} \tag{2-11}$$

$$\varepsilon_\theta(r,z,t)=\frac{u(r,z,t)}{r} \tag{2-12}$$

$$\varepsilon_z(r,z,t)=\frac{\partial w(r,z,t)}{\partial z} \tag{2-13}$$

$$\gamma_{zr}(r,z,t)=\frac{\partial u(r,z,t)}{\partial z}+\frac{\partial w(r,z,t)}{\partial r} \tag{2-14}$$

$$\omega_\theta(r,z,t)=\frac{\partial u(r,z,t)}{\partial z}-\frac{\partial w(r,z,t)}{\partial r} \tag{2-15}$$

式中：$\omega_\theta(r,z,t)$——切向转动分量。

（4）拉梅方程

由于拉梅方程能够减少求解未知量和求解方程的数量，便于求解，在微分方程的求解中经常用到。将几何方程及由应变分量表示应力分量的物理方程代入平衡方程中，即可得到轴对称条件下的拉梅方程，表示为

$$G\left(\nabla^2 u(r,z,t)-\frac{u(r,z,t)}{r^2}\right)+(\lambda+G)\frac{\partial e(r,z,t)}{\partial r}=\rho\frac{\partial^2 u(r,z,t)}{\partial t^2} \tag{2-16}$$

$$G\nabla^2 w(r,z,t)+(\lambda+G)\frac{\partial e(r,z,t)}{\partial z}=\rho\frac{\partial^2 w(r,z,t)}{\partial t^2} \tag{2-17}$$

式中：∇^2——拉普拉斯算子，$\nabla^2=\dfrac{\partial^2}{\partial r^2}+\dfrac{1}{r}\dfrac{\partial}{\partial r}+\dfrac{\partial^2}{\partial z^2}$。

2.1.3　荷载表达形式

施加于路面的车辆荷载是随时间和空间位置变化的，因此，描述该动态荷载时需要指出其时程变化（荷载幅值随时间的变化规律）以及空间分布（荷载幅值随接触面不同作用位置的变化规律）。关于荷载空间分布的具体讨论见本书移动荷载数值模拟部分。这里主要讨论荷载的时程变化，主要分为以下几种。

（1）矩形波

矩形波加载过程分为两部分：驶入阶段，荷载保持某一幅值不变；驶出阶段，荷载立即减小为零。矩形波荷载如图 2-2 所示。这种荷载形式考虑了车辆驶入和驶出过程，但没有考虑到荷载幅值的变化过程。

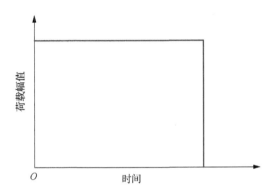

图 2-2　矩形波荷载（时间为广义，余同）

（2）三角形波

三角形波加载过程分为两部分：驶入阶段，荷载线性增大；驶出阶段，荷载线性减小。三角形波荷载如图 2-3 所示。这种荷载形式考虑了车辆驶入和驶出过程荷载幅值的变化过程，但没有考虑荷载对一固定位置的持续作用过程。

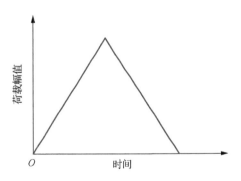

图 2-3　三角形波荷载

（3）梯形波

与三角形波荷载不同，梯形波荷载将加载过程分为三部分：驶入阶段，荷载线性增大；平稳加载阶段，荷载为一稳定值；驶出阶段，荷载线性减小。梯形波荷载如图 2-4 所示。

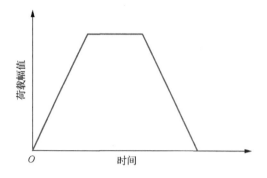

图 2-4　梯形波荷载

（4）半正弦波

半正弦波荷载加载过程可分为两部分：驶入阶段，荷载非线性增大；驶出阶段，荷载非线性减小。半正弦波荷载如图 2-5 所示。

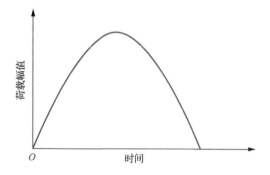

图 2-5　半正弦波荷载

Al-Qadi 等（2004, 2006）通过实测和数值模拟提出梯形荷载模型具有一定的局限性，其实测得出的荷载时程曲线如图 2-6 所示。

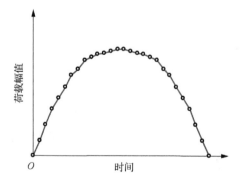

图 2-6　实测车辆荷载时程曲线（Al-Qadi et al., 2004）

从上述车辆荷载幅值时程变化曲线可以看出，其与半正弦波荷载形式更为接近。因此，在路面动力分析理论求解中可以采用半正弦波荷载形式，本书在后续理论解的推导中采用具有一定恢复时间的半正弦波瞬态荷载来描述车辆的动态作用，荷载在单个周期内的时程曲线见图 2-7，空间分布为圆形均布荷载，以便与现行设计方法的荷载分布形式假设保持一致。选择该荷载主要是基于以下原因。

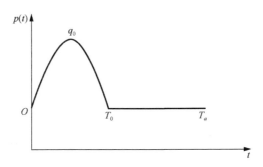

图 2-7　带有一定恢复时间的半正弦波荷载

1）单独分析路面某一定点受力时，车轮驶过前后弯沉变化基本上是驼峰状变化过程。因此，尽管半正弦波荷载不能够模拟车轮荷载移动过程中的主应力平面转动情况，但是能在一定程度上模拟该点的受力，同时它较好地体现了荷载作用的瞬时性和冲击性，而且一般的车辆随机荷载均可以表示为若干个半正弦荷载的线性组合，具有普遍性。

2）FWD 已被普遍认为是较适用的弯沉检测设备。FWD 作用荷载为脉冲形状，近似半正弦波。因此，采用半正弦波荷载可以与现有的路面检测技术保持一致。

3）对于路面固定的一点，车辆的驶过具有时序性，即车辆荷载之间具有一定的时间间隔。在这个时间间隔内，路面结构可能恢复到初始状态，因此采用半正弦波荷载作用后具有一定的恢复时间是合理的。

荷载函数表达式为

$$q(r,t) = \begin{cases} q_0 \sin\left[\dfrac{\pi(t-(n-1)T_a)}{T_0}\right] & r \leqslant l, (n-1)T_a \leqslant t \leqslant (n-1)T_a + T_0 \\ 0 & r > l, (n-1)T_a + T_0 < t \leqslant nT_a \end{cases} \tag{2-18}$$

式中：T_a ——荷载作用周期；

　　　q_0 ——均布荷载幅值；

　　　T_0 ——荷载持续时间；

　　　l ——均布荷载半径；

　　　n ——荷载周期数。

上述荷载方程进行零阶汉克尔积分变换和拉普拉斯积分变换后，得到

$$\tilde{\bar{q}}(\xi,s) = \frac{T_0 q_0 \pi l \left[\sum_{i=1}^{n} \left(\mathrm{e}^{-s(i-1)T_a} + \mathrm{e}^{-s((i-1)T_a + T_0)} \right) \right] J_1(\xi l)}{\xi(\pi^2 + T_0^2 s^2)} \qquad (2\text{-}19)$$

当进行单个周期加载时，上式可简化为

$$\tilde{\bar{q}}(\xi,s) = \frac{T_0 q_0 \pi l (1.0 + \mathrm{e}^{-sT_0}) J_1(\xi l)}{\xi(\pi^2 + T_0^2 s^2)} \qquad (2\text{-}20)$$

2.2　单层弹性体系动力响应求解

2.2.1　一般解推导

根据上述基本方程式及拉梅方程式，可以采用积分变换法对轴对称的单层沥青路面弹性体系的一般解进行推导。本节采用郭大智等（2001）《层状弹性体系力学》一书中的钟阳解法进行求解。

对式（2-16）施加算子 $\left(\dfrac{\partial}{\partial r} + \dfrac{1}{r} \right)$，式（2-17）对 z 求偏导，并相加，且令 $D = \lambda + 2G$，注意：

$$e(r,z,t) = \frac{\partial u(r,z,t)}{\partial r} + \frac{u(r,z,t)}{r} + \frac{\partial w(r,z,t)}{\partial z}$$

可以得到

$$D\nabla^2 e(r,z,t) = \rho \frac{\partial^2 e(r,z,t)}{\partial t^2} \qquad (2\text{-}21)$$

对式（2-17）和式（2-21）进行拉普拉斯积分变换，令

$$\bar{u}(r,z,s) = \int_0^{\infty} u(r,z,t)\mathrm{e}^{-st}\mathrm{d}t$$

$$\bar{w}(r,z,s) = \int_0^{\infty} w(r,z,t)\mathrm{e}^{-st}\mathrm{d}t$$

$$\bar{e}(r,z,s) = \int_0^{\infty} e(r,z,t)\mathrm{e}^{-st}\mathrm{d}t$$

其逆变换为

$$u(r,z,t) = \frac{1}{2\pi\mathrm{i}} \int_{\beta-\mathrm{i}\infty}^{\beta+\mathrm{i}\infty} \bar{u}(r,z,s)\mathrm{e}^{st}\mathrm{d}s$$

$$w(r,z,t) = \frac{1}{2\pi\mathrm{i}} \int_{\beta-\mathrm{i}\infty}^{\beta+\mathrm{i}\infty} \bar{w}(r,z,s)\mathrm{e}^{st}\mathrm{d}s$$

$$e(r,z,t) = \frac{1}{2\pi\mathrm{i}} \int_{\beta-\mathrm{i}\infty}^{\beta+\mathrm{i}\infty} \bar{e}(r,z,s)\mathrm{e}^{st}\mathrm{d}s$$

则拉普拉斯积分变换后，方程转化为

$$GV^2\overline{w}(r,z,s)+(\lambda+G)\frac{\partial\overline{e}(r,z,s)}{\partial z}=\rho s^2\overline{w}(r,z,s) \tag{2-22}$$

$$DV^2\overline{e}(r,z,s)=\rho s^2\overline{e}(r,z,s) \tag{2-23}$$

对式（2-22）和式（2-23）进行零阶汉克尔积分变换，记为

$$\tilde{\overline{w}}(\xi,z,s)=\int_0^\infty r\overline{w}(r,z,s)J_0(\xi r)\mathrm{d}r$$

$$\tilde{\overline{e}}(\xi,z,s)=\int_0^\infty r\overline{e}(r,z,s)J_0(\xi r)\mathrm{d}r$$

其逆变换记为

$$\overline{w}(r,z,s)=\int_0^\infty \xi\tilde{\overline{w}}(\xi,z,s)J_0(\xi r)\mathrm{d}\xi$$

$$\overline{e}(r,z,s)=\int_0^\infty \xi\tilde{\overline{e}}(\xi,z,s)J_0(\xi r)\mathrm{d}\xi$$

并且令

$$\alpha^2=\xi^2+\frac{\rho s^2}{G}, \quad \delta^2=\xi^2+\frac{\rho s^2}{D}$$

则式（2-22）和式（2-23）转化为

$$\frac{\mathrm{d}^2\tilde{\overline{w}}(\xi,z,s)}{\mathrm{d}z^2}-\alpha^2\tilde{\overline{w}}(\xi,z,s)=-\frac{(\lambda+G)}{G}\frac{\mathrm{d}\tilde{\overline{e}}(\xi,z,s)}{\mathrm{d}z} \tag{2-24}$$

$$\frac{\mathrm{d}^2\tilde{\overline{e}}(\xi,z,s)}{\mathrm{d}z^2}-\delta^2\tilde{\overline{e}}(\xi,z,s)=0 \tag{2-25}$$

上述通过汉克尔积分变换和拉普拉斯积分变换，偏微分方程组转化为二阶线性齐次和非齐次常微分方程组，依次求解得到

$$\tilde{\overline{e}}(\xi,z,s)=A_1\mathrm{e}^{-\delta z}+B_1\mathrm{e}^{\delta z} \tag{2-26}$$

式中：A_1、B_1——待求解系数。

$$\tilde{\overline{w}}(\xi,z,s)=(C_1\mathrm{e}^{-\alpha z}+D_1\mathrm{e}^{\alpha z})-\frac{D\delta}{\rho s^2}(A_1\mathrm{e}^{-\delta z}-B_1\mathrm{e}^{\delta z}) \tag{2-27}$$

式中：C_1、D_1——待求解系数。

对体积形变 $e(r,z,t)$ 进行拉普拉斯积分变换和零阶汉克尔积分变换，这里注意等式 $\int_0^\infty r\left(\frac{\mathrm{d}\overline{u}(r,z,s)}{\mathrm{d}r}+\frac{\overline{u}(r,z,s)}{r}\right)J_0(\xi r)\mathrm{d}r=\xi\tilde{\overline{u}}_1(\xi,z,s)$ 成立，等式左边是零阶汉克尔积分变换，等式右边是一阶汉克尔积分变换。对 $\overline{u}(r,z,s)$ 的一阶汉克尔积分变换记为

$$\tilde{\overline{u}}_1(\xi,z,s)=\int_0^\infty r\overline{u}(r,z,s)J_1(\xi r)\mathrm{d}r$$

其逆变换记为

$$\bar{u}(r,z,s) = \int_0^\infty \xi \tilde{\bar{u}}_1(\xi,z,s) J_1(\xi r) \mathrm{d}\xi$$

则可以得到

$$\tilde{\bar{e}}(\xi,z,s) = \xi \tilde{\bar{u}}_1(\xi,z,s) + \frac{\mathrm{d}\tilde{\bar{w}}(\xi,z,s)}{\mathrm{d}z} \tag{2-28}$$

将式（2-26）代入式（2-28）可以得到

$$\tilde{\bar{u}}_1(\xi,z,s) = -\frac{D\xi}{\rho s^2}(A_1 \mathrm{e}^{-\delta z} + B_1 \mathrm{e}^{\delta z}) + \frac{\alpha}{\xi}(C_1 \mathrm{e}^{-\alpha z} - D_1 \mathrm{e}^{\alpha z}) \tag{2-29}$$

根据用位移表示的物理方程得到

$$\sigma_z(r,z,t) = \lambda \left[\frac{\partial u(r,z,t)}{\partial r} + \frac{u(r,z,t)}{r} + \frac{\partial w(r,z,t)}{\partial z} \right] + 2G \frac{\partial w(r,z,t)}{\partial z} \tag{2-30}$$

$$\tau_{rz}(r,z,t) = G \left[\frac{\partial u(r,z,t)}{\partial z} + \frac{\partial w(r,z,t)}{\partial r} \right] \tag{2-31}$$

对式（2-30）做积分变换后，再进行零阶汉克尔积分变换得

$$\tilde{\bar{\sigma}}_z(\xi,z,s) = \lambda \xi \tilde{\bar{u}}_1(\xi,z,s) + D \frac{\mathrm{d}\tilde{\bar{w}}(\xi,z,s)}{\mathrm{d}z} \tag{2-32}$$

对式（2-31）做拉普拉斯积分变换后，再进行一阶汉克尔积分变换得

$$\tilde{\bar{\tau}}_{rz1}(\xi,z,s) = G \left[\frac{\mathrm{d}\tilde{\bar{u}}_1(\xi,z,s)}{\mathrm{d}z} - \xi \tilde{\bar{w}}(\xi,z,s) \right] \tag{2-33}$$

则可以得到竖向正应力及剪应力为

$$\tilde{\bar{\sigma}}_z(\xi,z,s) = \frac{DG(\alpha^2 + \xi^2)}{\rho s^2}(A_1 \mathrm{e}^{-\delta z} + B_1 \mathrm{e}^{\delta z}) - 2G\alpha(C_1 \mathrm{e}^{-\alpha z} - D_1 \mathrm{e}^{\alpha z}) \tag{2-34}$$

$$\tilde{\bar{\tau}}_{rz1}(\xi,z,s) = \frac{2GD\xi\delta}{\rho s^2}(A_1 \mathrm{e}^{-\delta z} - B_1 \mathrm{e}^{\delta z}) - \frac{G(\alpha^2 + \xi^2)}{\xi}(C_1 \mathrm{e}^{-\alpha z} + D_1 \mathrm{e}^{\alpha z}) \tag{2-35}$$

至此，得到轴对称下沥青路面单层弹性体系的一般解，即

$$u(r,z,t) = \frac{1}{2\pi \mathrm{i}} \int_{\xi-\mathrm{i}\infty}^{\xi+\mathrm{i}\infty} \int_0^\infty \left[-\frac{D\xi^2}{\rho s^2}(A_1 \mathrm{e}^{-\delta z} + B_1 \mathrm{e}^{\delta z}) + \alpha(C_1 \mathrm{e}^{-\alpha z} - D_1 \mathrm{e}^{\alpha z}) \right] J_1(\xi r) \mathrm{e}^{st} \mathrm{d}\xi \mathrm{d}s \tag{2-36}$$

$$w(r,z,t) = \frac{1}{2\pi \mathrm{i}} \int_{\xi-\mathrm{i}\infty}^{\xi+\mathrm{i}\infty} \int_0^\infty \left[\xi(C_1 \mathrm{e}^{-\alpha z} + D_1 \mathrm{e}^{\alpha z}) - \frac{D\delta\xi}{\rho s^2}(A_1 \mathrm{e}^{-\delta z} - B_1 \mathrm{e}^{\delta z}) \right] J_0(\xi r) \mathrm{e}^{st} \mathrm{d}\xi \mathrm{d}s \tag{2-37}$$

$$\sigma_z(r,z,t) = \frac{1}{2\pi \mathrm{i}} \int_{\xi-\mathrm{i}\infty}^{\xi+\mathrm{i}\infty} \int_0^\infty \left[\frac{DG\xi(\alpha^2 + \xi^2)}{\rho s^2}(A_1 \mathrm{e}^{-\delta z} + B_1 \mathrm{e}^{\delta z}) - 2G\xi\alpha(C_1 \mathrm{e}^{-\alpha z} - D_1 \mathrm{e}^{\alpha z}) \right]$$
$$\cdot J_0(\xi r) \mathrm{e}^{st} \mathrm{d}\xi \mathrm{d}s \tag{2-38}$$

$$\tau_{rz}(r,z,t) = \frac{1}{2\pi i}\int_{\xi-i\infty}^{\xi+i\infty}\int_{0}^{\infty}\left[\frac{2GD\xi^2\delta}{\rho s^2}(A_1 e^{-\delta z} - B_1 e^{\delta z}) - G(\alpha^2 + \xi^2)(C_1 e^{-\alpha z} + D_1 e^{\alpha z})\right]$$
$$\cdot J_1(\xi r)e^{st}\,\mathrm{d}\xi\,\mathrm{d}s$$

$$(2\text{-}39)$$

对于上述一般解,当表面边界条件已知时,即 $\tilde{u}_1(\xi,0,s)$、$\tilde{\sigma}_z(\xi,0,s)$、$\tilde{w}(\xi,0,s)$、$\tilde{\tau}_{rz1}(\xi,0,s)$ 已知,则可求解下列方程组:

$$\tilde{u}_1(\xi,0,s) = -\frac{D\xi}{\rho s^2}(A_1 + B_1) + \frac{\alpha}{\xi}(C_1 - D_1) \qquad (2\text{-}40)$$

$$\tilde{\sigma}_z(\xi,0,s) = \frac{DG(\alpha^2 + \xi^2)}{\rho s^2}(A_1 + B_1) - 2G\alpha(C_1 - D_1) \qquad (2\text{-}41)$$

$$\tilde{w}(\xi,0,s) = (C_1 + D_1) - \frac{D\delta}{\rho s^2}(A_1 - B_1) \qquad (2\text{-}42)$$

$$\tilde{\tau}_{rz1}(\xi,0,s) = \frac{2GD\xi\delta}{\rho s^2}(A_1 - B_1) - \frac{G(\alpha^2 + \xi^2)}{\xi}(C_1 + D_1) \qquad (2\text{-}43)$$

上述四式根据行列式的克莱姆法则(Cramer's rule),求解得到 A_1、B_1、C_1、D_1,即

$$A_1 = \frac{G\xi}{D}\tilde{u}_1(\xi,0,s) + \frac{1}{2D}\tilde{\sigma}_z(\xi,0,s) - \frac{G(\alpha^2 + \xi^2)}{2D\delta}\tilde{w}(\xi,0,s) - \frac{\xi}{2D\delta}\tilde{\tau}_{rz1}(\xi,0,s) \quad (2\text{-}44)$$

$$B_1 = \frac{G\xi}{D}\tilde{u}_1(\xi,0,s) + \frac{1}{2D}\tilde{\sigma}_z(\xi,0,s) + \frac{G(\alpha^2 + \xi^2)}{2D\delta}\tilde{w}(\xi,0,s) + \frac{\xi}{2D\delta}\tilde{\tau}_{rz1}(\xi,0,s) \quad (2\text{-}45)$$

$$C_1 = \frac{G\xi(\alpha^2 + \xi^2)}{2\alpha\rho s^2}\tilde{u}_1(\xi,0,s) + \frac{\xi^2}{2\alpha\rho s^2}\tilde{\sigma}_z(\xi,0,s) - \frac{G\xi^2}{\rho s^2}\tilde{w}(\xi,0,s) - \frac{\xi}{2\rho s^2}\tilde{\tau}_{rz1}(\xi,0,s)$$

$$(2\text{-}46)$$

$$D_1 = -\frac{G\xi(\alpha^2 + \xi^2)}{2\alpha\rho s^2}\tilde{u}_1(\xi,0,s) - \frac{\xi^2}{2\alpha\rho s^2}\tilde{\sigma}_z(\xi,0,s) - \frac{G\xi^2}{\rho s^2}\tilde{w}(\xi,0,s) - \frac{\xi}{2\rho s^2}\tilde{\tau}_{rz1}(\xi,0,s)$$

$$(2\text{-}47)$$

至此,对于沥青路面单层弹性体系,当表面边界条件已知时,整个动力响应的一般解就可以得到。

2.2.2　沥青路面弹性半空间一般解

沥青路面弹性半空间是上述沥青路面单层弹性体系的一个特殊的简化模型,通过它的求解可以作为后续推导和数值求解的验证。因此,对其理论解进行详细讨论作为验证算例。

考虑无穷远处边界条件,此时 r,z 无限大,则所有应力、位移分量都趋于零,即

$$\lim_{r\to\infty}[u(r,z,t),w(r,z,t),\sigma_z(r,z,t),\tau_{rz}(r,z,t)] = 0 \qquad (2\text{-}48)$$

$$\lim_{z\to\infty}[u(r,z,t),w(r,z,t),\sigma_z(r,z,t),\tau_{rz}(r,z,t)]=0 \tag{2-49}$$

则根据前面沥青路面单层弹性体系应力与位移一般解的形式，当 $r\to\infty$，$J_0(\xi r)$ 与 $J_1(\xi r)$ 都趋于零，所有应力、位移分量都能满足式（2-48）的要求，欲使式（2-49）条件得到满足，只有 $B_1=D_1=0$，则只需根据表面边界条件求得参数 A_1、C_1，就能获得该问题的一般解。

根据路表面荷载条件，轴对称条件下路表荷载为

$$\sigma_z(r,0,t)=-q(r,t) \tag{2-50}$$

$$\tau_{rz}(r,0,t)=0 \tag{2-51}$$

对上述两式施加拉普拉斯积分变换和汉克尔积分变换，其中，式（2-50）施加零阶汉克尔变换，式（2-51）施加一阶汉克尔积分变换，可得

$$\frac{2GD\xi\delta}{\rho s^2}A_1-\frac{G(\xi^2+\alpha^2)}{\xi}C_1=0 \tag{2-52}$$

$$\frac{DG(\alpha^2+\xi^2)}{\rho s^2}A_1-2G\alpha C_1=\tilde{\tilde{q}}(\xi,s) \tag{2-53}$$

解二元一次方程，得 A_1、C_1 为

$$A_1=\frac{\rho s^2(\alpha^2+\xi^2)\tilde{\tilde{q}}(\xi,s)}{DG[(\alpha^2+\xi^2)^2-4\alpha\xi\delta]} \tag{2-54}$$

$$C_1=\frac{2\xi\delta\tilde{\tilde{q}}(\xi,s)}{G[(\alpha^2+\xi^2)^2-4\alpha\xi\delta]} \tag{2-55}$$

若代入荷载积分变换式，则沥青路面弹性半空间问题的一般解为

$$u(r,z,t)=\frac{1}{2\pi i}\int_{\xi-i\infty}^{\xi+i\infty}\int_0^\infty\left[2\delta\alpha e^{-\alpha z}-(\alpha^2+\xi^2)\xi e^{-\delta z}\right]$$
$$\cdot\frac{T_0q_0\pi l\left[\sum_i^n\left(e^{-s(i-1)T_a}+e^{-s((i-1)T_a+T_0)}\right)\right]}{G[(\alpha^2+\xi^2)^2-4\alpha\xi\delta](\pi^2+T_0^2s^2)}J_1(\xi l)J_1(\xi r)e^{st}d\xi ds \tag{2-56}$$

$$w(r,z,t)=\frac{1}{2\pi i}\int_{\xi-i\infty}^{\xi+i\infty}\int_0^\infty\left[2\xi\delta e^{-\alpha z}-\delta(\alpha^2+\xi^2)e^{-\delta z}\right]$$
$$\cdot\frac{T_0q_0\pi l\left[\sum_i^n\left(e^{-s(i-1)T_a}+e^{-s((i-1)T_a+T_0)}\right)\right]}{G[(\alpha^2+\xi^2)^2-4\alpha\xi\delta](\pi^2+T_0^2s^2)}J_1(\xi l)J_0(\xi r)e^{st}d\xi ds \tag{2-57}$$

$$\sigma_z(r,z,t)=\frac{1}{2\pi i}\int_{\xi-i\infty}^{\xi+i\infty}\int_0^\infty\left[(\alpha^2+\xi^2)^2 e^{-\delta z}-4\alpha\xi\delta e^{-\alpha z}\right]$$
$$\cdot\frac{T_0q_0\pi l\left[\sum_i^n\left(e^{-s(i-1)T_a}+e^{-s((i-1)T_a+T_0)}\right)\right]}{[(\alpha^2+\xi^2)^2-4\alpha\xi\delta](\pi^2+T_0^2s^2)}J_1(\xi l)J_0(\xi r)e^{st}d\xi ds \tag{2-58}$$

$$\tau_{rz}(r,z,t) = \frac{1}{2\pi i} \int_{\xi-i\infty}^{\xi+i\infty} \int_0^{\infty} 2\delta(\alpha^2 + \xi^2)(\xi e^{-\delta z} - e^{-\alpha z})$$

$$\cdot \frac{T_0 q_0 \pi l \left[\sum_i^n \left(e^{-s(i-1)T_a} + e^{-s((i-1)T_a + T_0)} \right) \right]}{[(\alpha^2 + \xi^2)^2 - 4\alpha\xi\delta](\pi^2 + T_0^2 s^2)} J_1(\xi l) J_1(\xi r) e^{st} d\xi ds \quad （2-59）$$

2.3　多层弹性体系动力响应求解

为得到多层弹性体系动力响应的解析解，首先需要推导出多层弹性体系动力响应的传递矩阵。

2.3.1　传递矩阵推导

采用位移分量表示应力分量的物理方程为

$$\sigma_r(r,z,t) = 2G\frac{\partial u(r,z,t)}{\partial r} + \lambda e(r,z,t) \quad （2-60）$$

$$\sigma_\theta(r,z,t) = 2G\frac{u(r,z,t)}{r} + \lambda e(r,z,t) \quad （2-61）$$

$$\sigma_z(r,z,t) = 2G\frac{\partial w(r,z,t)}{\partial z} + \lambda e(r,z,t) \quad （2-62）$$

$$\tau_{zr}(r,z,t) = G\left[\frac{\partial u(r,z,t)}{\partial z} + \frac{\partial w(r,z,t)}{\partial r} \right] \quad （2-63）$$

将式（2-62）、式（2-63）、式（2-16）、式（2-17）分别在零初始条件下对时间 t 施加拉普拉斯变换，可得

$$\bar{\sigma}_z(r,z,s) = 2G\frac{\partial \bar{w}(r,z,s)}{\partial z} + \lambda \bar{e}(r,z,s) \quad （2-64）$$

$$\bar{\tau}_{zr}(r,z,s) = G\left[\frac{\partial \bar{u}(r,z,s)}{\partial z} + \frac{\partial \bar{w}(r,z,s)}{\partial r} \right] \quad （2-65）$$

$$G\left[\nabla^2 \bar{u}(r,z,s) - \frac{\bar{u}(r,z,s)}{r^2} \right] + (\lambda + G)\frac{\partial \bar{e}(r,z,s)}{\partial r} = \rho s^2 \bar{u}(r,z,s) \quad （2-66）$$

$$G\nabla^2 \bar{w}(r,z,s) + (\lambda + G)\frac{\partial \bar{e}(r,z,s)}{\partial z} = \rho s^2 \bar{w}(r,z,s) \quad （2-67）$$

对式（2-64）～式（2-67）施加汉克尔积分变换，并经简单运算后可以得到

$$\frac{d\tilde{\bar{u}}_1(\xi,z,s)}{dz} = \xi \tilde{\bar{w}}(\xi,z,s) + \frac{1}{G}\tilde{\bar{\tau}}_{zr1}(\xi,z,s) \quad （2-68）$$

$$\frac{d\tilde{\bar{w}}(\xi,z,s)}{dz} = -\frac{\lambda\xi}{D}\tilde{\bar{u}}_1(\xi,z,s) + \frac{1}{D}\tilde{\bar{\sigma}}_z(\xi,z,s) \quad （2-69）$$

$$\frac{\mathrm{d}\tilde{\bar{\tau}}_{zr1}(\xi,z,s)}{\mathrm{d}z} = \left[\rho s^2 + \frac{4G(\lambda+G)\xi^2}{D}\right]\tilde{\bar{u}}_1(\xi,z,s) + \frac{\lambda\xi}{D}\tilde{\bar{\sigma}}_z(\xi,z,s) \tag{2-70}$$

$$\frac{\mathrm{d}\tilde{\bar{\sigma}}(\xi,z,s)}{\mathrm{d}z} = \rho s^2\tilde{\bar{w}}(\xi,z,s) - \xi\tilde{\bar{\tau}}_{zr1}(\xi,z,s) \tag{2-71}$$

将上述四式改写成矩阵的形式，可得状态方程

$$\frac{\mathrm{d}\tilde{\bar{X}}(\xi,z,s)}{\mathrm{d}z} = A(\xi,s)\tilde{\bar{X}}(\xi,z,s) \tag{2-72}$$

式中：$\tilde{\bar{X}}(\xi,z,s) = \left[\tilde{\bar{u}}_1(\xi,z,s) \quad \tilde{\bar{w}}(\xi,z,s) \quad \tilde{\bar{\tau}}_{zr1}(\xi,z,s) \quad \tilde{\bar{\sigma}}_z(\xi,z,s)\right]^{\mathrm{T}}$

$$A(\xi,s) = \begin{bmatrix} 0 & \xi & \dfrac{1}{G} & 0 \\[2mm] -\dfrac{\lambda}{D}\xi & 0 & 0 & \dfrac{1}{D} \\[2mm] \rho s^2 + \dfrac{4G(\lambda+G)\xi^2}{D} & 0 & 0 & \dfrac{\lambda}{D}\xi \\[2mm] 0 & \rho s^2 & -\xi & 0 \end{bmatrix}$$

根据现代控制理论，式（2-72）的解为

$$\tilde{\bar{X}}(\xi,z,s) = \mathrm{e}^{zA}\tilde{\bar{X}}(\xi,0,s) \tag{2-73}$$

式（2-73）中，e^{zA} 即为传递矩阵，它给出 $z=0$ 处经拉普拉斯及汉克尔积分变换的位移和应力边界向量与任意深度 z 处向量之间的关系。

矩阵 $A(\xi,s)$ 的特征方程为

$$|\lambda'I - A| = 0 \tag{2-74}$$

即

$$\begin{vmatrix} -\lambda' & \xi & \dfrac{1}{G} & 0 \\[2mm] -\dfrac{\lambda}{D}\xi & -\lambda' & 0 & \dfrac{1}{D} \\[2mm] \rho s^2 + \dfrac{4G(\lambda+G)\xi^2}{D} & 0 & -\lambda' & \dfrac{\lambda}{D}\xi \\[2mm] 0 & \rho s^2 & -\xi & -\lambda' \end{vmatrix} = 0$$

求解行列式，同时记 $\alpha^2 = \xi^2 + \dfrac{\rho s^2}{G}$，$\delta^2 = \xi^2 + \dfrac{\rho s^2}{D}$，可以得出矩阵 $A(\xi,s)$ 的特征值为

$$\lambda'_{1,2} = \pm\alpha \qquad \lambda'_{3,4} = \pm\delta$$

由于矩阵 A 有四个互异的特征值，A 与三角矩阵 Λ 相似，因此，存在一个非奇异矩阵 P，使 $P^{-1}AP = \mathrm{diag}(\lambda'_1, \lambda'_2, \lambda'_3, \lambda'_4)$。其中，$P$ 为 A 的特征值对应的特征向

量所组成的矩阵，令 $\psi = G(\alpha^2 + \xi^2)$，可求得

$$P = \begin{bmatrix} 1 & 1 & \dfrac{\xi}{\delta} & -\dfrac{\xi}{\delta} \\[3mm] \dfrac{\xi}{\alpha} & -\dfrac{\xi}{\alpha} & 1 & 1 \\[3mm] -\dfrac{\psi}{\alpha} & \dfrac{\psi}{\alpha} & -2G\xi & -2G\xi \\[3mm] -2G\xi & -2G\xi & -\dfrac{\psi}{\delta} & \dfrac{\psi}{\delta} \end{bmatrix} \tag{2-75}$$

根据矩阵理论，传递矩阵 $\mathbf{e}^{zA}$ 为

$$T = \mathbf{e}^{zA} = P\mathbf{e}^{zA}P^{-1} = P\,\mathrm{diag}(\mathrm{e}^{-\alpha z}, \mathrm{e}^{\alpha z}, \mathrm{e}^{-\delta z}, \mathrm{e}^{\delta z})P^{-1} \tag{2-76}$$

沥青路面单层弹性体传递矩阵各元素计算如下：

$$T_{11} = \frac{2\xi^2 \mathrm{e}^{-\delta z} + 2\xi^2 \mathrm{e}^{\delta z} - (\alpha^2 + \xi^2)\mathrm{e}^{-\alpha z} - (\alpha^2 + \xi^2)\mathrm{e}^{\alpha z}}{2(\xi^2 - \alpha^2)}$$

$$T_{12} = \frac{\xi[2\alpha\delta\mathrm{e}^{-\alpha z} - 2\alpha\delta\mathrm{e}^{\alpha z} - (\alpha^2 + \xi^2)\mathrm{e}^{-\delta z} + (\alpha^2 + \xi^2)\mathrm{e}^{\delta z}]}{2\delta(\xi^2 - \alpha^2)}$$

$$T_{13} = \frac{\alpha\delta\mathrm{e}^{-\alpha z} - \alpha\delta\mathrm{e}^{\alpha z} - \xi^2\mathrm{e}^{-\delta z} + \xi^2\mathrm{e}^{\delta z}}{2G\delta(\xi^2 - \alpha^2)}$$

$$T_{14} = \frac{\xi(\mathrm{e}^{-\delta z} + \mathrm{e}^{\delta z} - \mathrm{e}^{-\alpha z} - \mathrm{e}^{\alpha z})}{2G(\xi^2 - \alpha^2)}$$

$$T_{21} = \frac{\xi[2\alpha\delta\mathrm{e}^{-\delta z} - 2\alpha\delta\mathrm{e}^{\delta z} - (\alpha^2 + \xi^2)\mathrm{e}^{-\alpha z} + (\alpha^2 + \xi^2)\mathrm{e}^{\alpha z}]}{2\alpha(\xi^2 - \alpha^2)}$$

$$T_{22} = \frac{2\xi^2\mathrm{e}^{-\alpha z} + 2\xi^2\mathrm{e}^{\alpha z} - (\alpha^2 + \xi^2)\mathrm{e}^{-\delta z} - (\alpha^2 + \xi^2)\mathrm{e}^{\delta z}}{2(\xi^2 - \alpha^2)}$$

$$T_{23} = \frac{\xi(\mathrm{e}^{-\alpha z} + \mathrm{e}^{\alpha z} - \mathrm{e}^{-\delta z} - \mathrm{e}^{\delta z})}{2G(\xi^2 - \alpha^2)}$$

$$T_{24} = \frac{\alpha\delta\mathrm{e}^{-\delta z} - \alpha\delta\mathrm{e}^{\delta z} - \xi^2\mathrm{e}^{-\alpha z} + \xi^2\mathrm{e}^{\alpha z}}{2\alpha G(\xi^2 - \alpha^2)}$$

$$T_{31} = \frac{G[(\alpha^2 + \xi^2)\mathrm{e}^{-\alpha z} - (\alpha^2 + \xi^2)\mathrm{e}^{\alpha z} - 4\xi^2\alpha\delta\mathrm{e}^{-\delta z} + 4\xi^2\alpha\delta\mathrm{e}^{\delta z}]}{2\alpha(\xi^2 - \alpha^2)}$$

$$T_{32} = \frac{G\xi(\alpha^2 + \xi^2)(\mathrm{e}^{-\delta z} + \mathrm{e}^{\delta z} - \mathrm{e}^{-\alpha z} - \mathrm{e}^{\alpha z})}{\xi^2 - \alpha^2}$$

$$T_{33} = \frac{2\xi^2\mathrm{e}^{-\delta z} + 2\xi^2\mathrm{e}^{\delta z} - (\alpha^2 + \xi^2)\mathrm{e}^{-\alpha z} - (\alpha^2 + \xi^2)\mathrm{e}^{\alpha z}}{2(\xi^2 - \alpha^2)}$$

$$T_{34} = \frac{\xi[(\alpha^2 + \xi^2)\mathrm{e}^{-\alpha z} - (\alpha^2 + \xi^2)\mathrm{e}^{\alpha z} - 2\alpha\delta\mathrm{e}^{-\delta z} + 2\alpha\delta\mathrm{e}^{\delta z}]}{2\alpha(\xi^2 - \alpha^2)}$$

$$T_{41} = \frac{G\xi(\alpha^2 + \xi^2)(e^{-\alpha z} + e^{\alpha z} - e^{-\delta z} - e^{\delta z})}{\xi^2 - \alpha^2}$$

$$T_{42} = \frac{G[(\alpha^2 + \xi^2)^2 e^{-\delta z} - (\alpha^2 + \xi^2)^2 e^{\delta z} - 4\xi^2 \alpha\delta e^{-\alpha z} + 4\xi^2 \alpha\delta e^{\alpha z}]}{2\delta(\xi^2 - \alpha^2)}$$

$$T_{43} = \frac{\xi[(\alpha^2 + \xi^2) e^{-\delta z} - (\alpha^2 + \xi^2) e^{\delta z} - 2\alpha\delta e^{-\alpha z} + 2\alpha\delta e^{\alpha z}]}{2\delta(\xi^2 - \alpha^2)}$$

$$T_{44} = \frac{2\xi^2 e^{-\alpha z} + 2\xi^2 e^{\alpha z} - (\alpha^2 + \xi^2) e^{-\delta z} - (\alpha^2 + \xi^2) e^{\delta z}}{2(\xi^2 - \alpha^2)}$$

2.3.2 沥青路面多层弹性体系求解

在 2.3.1 节的基础上，考虑如图 2-1 所示的沥青路面任意多层弹性体系在动态荷载作用下的理论求解。

记状态向量 $\tilde{\bar{X}}(\xi, z, s) = [\tilde{\bar{u}}_1(\xi, z, s), \tilde{\bar{w}}(\xi, z, s), \tilde{\bar{\tau}}_{zr1}(\xi, z, s), \tilde{\bar{\sigma}}_z(\xi, z, s)]^T$，同时，记第 i 层上、下两个面分别为 i 面和 $i+1$ 面，该层厚度为 h_i，则将 2.3.1 节中的求解应用于该层，得到

$$\tilde{\bar{X}}_{i+1}^{-}\left(\xi, \sum_{j=0}^{i} h_j, s\right) = T_i(\xi, h_i, E_i, \mu_i, \rho_i, s)\tilde{\bar{X}}_i^{+}\left(\xi, \sum_{j=0}^{i-1} h_j, s\right) \tag{2-77}$$

式中：$T_i(\xi, h_i, E_i, \mu_i, \rho_i, s)$——第 i 层的传递矩阵；

$\tilde{\bar{X}}_i^{+}\left(\xi, \sum_{j=0}^{i-1} h_j, s\right)$——第 i 面的下表面的应力、位移分量；

$\tilde{\bar{X}}_{i+1}^{-}\left(\xi, \sum_{j=0}^{i} h_j, s\right)$——第 $i+1$ 面的上表面的应力、位移分量。

依次求解各层，得到路面各层的状态向量为

$$\tilde{\bar{X}}_2^{-}(\xi, h_1, s) = T_1(\xi, h_1, E_1, \mu_1, \rho_1, s)\tilde{\bar{X}}(\xi, 0, s)$$

$$\tilde{\bar{X}}_3^{-}(\xi, h_1 + h_2, s) = T_2(\xi, h_2, E_2, \mu_2, \rho_2, s)\tilde{\bar{X}}_2^{+}(\xi, h_1, s)$$

$$\vdots \qquad\qquad \vdots$$

$$\tilde{\bar{X}}_{i+1}^{-}\left(\xi, \sum_{j=0}^{i} h_j, s\right) = T_i(\xi, h_i, E_i, \mu_i, \rho_i, s)\tilde{\bar{X}}_i^{+}\left(\xi, \sum_{j=0}^{i-1} h_j, s\right)$$

$$\vdots \qquad\qquad \vdots$$

$$\tilde{\bar{X}}_n^{-}\left(\xi, \sum_{j=0}^{n} h_j, s\right) = T_{n-1}(\xi, h_{n-1}, E_{n-1}, \mu_{n-1}, \rho_{n-1}, s)\tilde{\bar{X}}_{n-1}^{+}\left(\xi, \sum_{j=0}^{n-1} h_j, s\right)$$

当边界条件为完全接触条件时，存在

$$X_{i+1}^{-}(r, z, t) = X_{i+1}^{+}(r, z, t) \quad i = 1, 2, 3 \cdots n-2, n-1$$

对上式实施拉普拉斯积分变换及汉克尔积分变换得

$$\tilde{\bar{X}}_{i+1}^{-}(\xi,z,s)=\tilde{\bar{X}}_{i+1}^{+}(\xi,z,s)$$

则当表面状态向量已知时，可以得到第 $i+1$ 层的表面状态向量为

$$\tilde{\bar{X}}_{i+1}^{+}\left(\xi,\sum_{j=1}^{i}h_{j},s\right)=\prod_{j=1}^{i}\bm{T}_{j}(\xi,h_{j},E_{j},\mu_{j},\rho_{j},s)\tilde{\bar{X}}(\xi,0,s)$$

对于任意多层沥青路面弹性体系第 $i+1$ 层内任意一点的状态向量可以表示为

$$\tilde{\bar{X}}(\xi,z,s)=\bm{T}\left(\xi,z-\sum_{j=1}^{i}h_{j},E_{i+1},\mu_{i+1},\rho_{i+1},s\right)\prod_{j=1}^{i}\bm{T}_{j}(\xi,h_{j},E_{j},\mu_{j},\rho_{j},s)\tilde{\bar{X}}(\xi,0,s)$$

$$(2\text{-}78)$$

从上式可知，由于引入了传递矩阵，层间的接触条件可以自动满足，中间状态向量不出现，所以只要利用边界条件求出表面的状态向量，就可得出任一深度处的状态向量。

2.3.3　表面状态向量求解

从 2.3.2 节的推导可以看出，一旦沥青路面任意多层弹性体系的表面状态向量 $[u(r,0,t),w(r,0,t),\tau_{zr}(r,0,t),\sigma_z(r,0,t)]^{\mathrm{T}}$ 确定，则任意层内任意一点的整个分析时程内的应力、应变就可完全确定。但是通常情况下，表面状态向量并不完全已知，需要借助其他的边界条件进行求解。

对于图 2-1 所示的多层弹性体系，其边界条件为：

在表面处，即 $z=0$，$\tilde{\bar{\sigma}}_z(\xi,0,s)=\tilde{\bar{q}}(\xi,s)$，$\tilde{\bar{\tau}}_{zr1}(\xi,0,s)=0$。

在路基深处，即 $z\to\infty$，$\tilde{\bar{u}}_1(\xi,\infty,s)=\tilde{\bar{w}}(\xi,\infty,s)=0$。

可以看出表面状态分量 $\tilde{\bar{\sigma}}_z(\xi,0,s)$、$\tilde{\bar{\tau}}_{zr1}(r,0,t)$ 已知，下面讨论其余表面状态分量 $\tilde{\bar{u}}_1(\xi,0,s),\tilde{\bar{w}}(\xi,0,s)$ 的求解方法。

根据传递矩阵 $\bm{T}$ 的计算公式，对图 2-1 所示的 n 层弹性体系，第 n 层的传递矩阵可以表示成如下表达式：

$$\bm{T}_n=\bm{T}_n^1\mathrm{e}^{-\alpha z}+\bm{T}_n^2\mathrm{e}^{-\delta z}+\bm{T}_n^3\mathrm{e}^{(\alpha+\delta)z}\qquad(2\text{-}79)$$

存在

$$\tilde{\bar{X}}(\xi,z,s)=\bm{T}_n(\xi,h_n,E_n,\mu_n,\rho_n,s)\prod_{i=1}^{n-1}\bm{T}_i(\xi,h_i,E_i,\mu_i,\rho_i,s)\tilde{\bar{X}}(\xi,0,s)\quad(2\text{-}80)$$

令

$$\bm{A}=\prod_{i=1}^{n-1}\bm{T}_i(\xi,h_i,E_i,\mu_i,\rho_i,s)$$

将式（2-79）代入式（2-80）得

$$\tilde{\bar{X}}(\xi,z,s) = [T_n^1 e^{-\alpha z} + T_n^2 e^{-\delta z} + T_n^3 e^{(\alpha+\delta)z}] A \tilde{\bar{X}}(\xi,0,s) \qquad (2\text{-}81)$$

当 $z \to \infty$ 时，$\tilde{\bar{X}}(\xi,z,s) \to 0$，下列关系存在：

$T_n^1 e^{-\alpha z} A \tilde{\bar{X}}(\xi,0,s) \to 0$，自动满足边界条件；

$T_n^2 e^{-\delta z} A \tilde{\bar{X}}(\xi,0,s) \to 0$，自动满足边界条件；

而 $e^{(\alpha+\delta)z} \to \infty$，为满足边界条件，必须令

$$T_n^3 e^{(\alpha+\delta)z} A \tilde{\bar{X}}(\xi,0,s) = 0$$

即

$$T_n^3 A \tilde{\bar{X}}(\xi,0,s) = 0$$

再令

$$T_n^3 A = B$$

当 $z \to \infty$ 时，引入前述地面处边界条件，得到

$$\begin{bmatrix} B_{11} & B_{12} & B_{13} & B_{14} \\ B_{21} & B_{22} & B_{23} & B_{24} \end{bmatrix} \begin{bmatrix} \tilde{\bar{u}}_1(\xi,0,s) \\ \tilde{\bar{w}}(\xi,0,s) \\ \tilde{\bar{\tau}}_{zr1}(\xi,0,s) \\ \tilde{\bar{\sigma}}_z(\xi,0,s) \end{bmatrix} = \begin{bmatrix} 0 \\ 0 \end{bmatrix} \qquad (2\text{-}82)$$

代入表面处荷载边界条件，式（2-82）变成下列方程组：

$$\begin{aligned} B_{11}\tilde{\bar{u}}_1(\xi,0,s) + B_{12}\tilde{\bar{w}}(\xi,0,s) + B_{14}\tilde{\bar{\sigma}}_z(\xi,0,s) = 0 \\ B_{21}\tilde{\bar{u}}_1(\xi,0,s) + B_{22}\tilde{\bar{w}}(\xi,0,s) + B_{24}\tilde{\bar{\sigma}}_z(\xi,0,s) = 0 \end{aligned} \qquad (2\text{-}83)$$

求解上式可以得出 $\tilde{\bar{u}}_1(\xi,0,s)$ 和 $\tilde{\bar{w}}(\xi,0,s)$，这样利用无穷深处边界条件就得到了全部的表面状态分量。而后根据前面的求解，施加零阶（或一阶）汉克尔积分逆变换和拉普拉斯逆变换，即可求出沥青路面任意多层弹性体系中任意一点的应力、位移分量：

$$\begin{bmatrix} u(r,z,t) \\ w(r,z,t) \\ \tau_{zr}(r,z,t) \\ \sigma_z(r,z,t) \end{bmatrix} = \frac{1}{2\pi i} \int_{\xi-i\infty}^{\xi+i\infty} \int_0^\infty \xi T \left(\xi, z - \sum_{j=1}^i h_j, E_{i+1}, \mu_{i+1}, \rho_{i+1}, s \right)$$

$$\cdot \prod_{j=1}^i T_j(\xi,h_j,E_j,\mu_j,\rho_j,s) \cdot \begin{bmatrix} \tilde{\bar{u}}_1(\xi,0,s) \\ \tilde{\bar{w}}(\xi,0,s) \\ \tilde{\bar{\tau}}_{zr1}(\xi,0,s) \\ \tilde{\bar{\sigma}}_z(\xi,0,s) \end{bmatrix} e^{st} \mathrm{d}\xi \mathrm{d}s \qquad (2\text{-}84)$$

2.4　本　章　小　结

本章主要基于层状弹性体系基本微分方程，采用积分变换法求解沥青路面多层弹性体系位移、应力一般解。首先，给出轴对称条件下层状弹性体系基本假定、基本微分方程及拉梅方程，并且给出动态荷载的一般表达形式；其次，进行单层弹性体系动力响应一般解的推导，并结合边界条件给出沥青路面弹性半空间的一般解；最后，在推导传递矩阵的基础上，给出沥青路面多层弹性体系动力响应一般解及表面状态向量的求解过程。通过上述工作，可以获得沥青路面多层弹性体系的动力响应的理论解。

参 考 文 献

郭大智, 冯德成, 2001. 层状弹性体系力学[M]. 哈尔滨: 哈尔滨工业大学出版社.

AL-QADI I L, ELSEIFI M, YOO P J, 2004. Pavement damage due to different tires and vehicle configurations[R].
  Blacksbug: Report of Michelin Americas Research and Development Corporation.

PYEONG J Y, AL-QADI I L, 2006. Flexible pavement response to different loading amplitudes[J]. ASCE, 2006, 191(4):
  39-49.

第3章　轴对称条件下沥青路面层状
黏弹性体系动力响应求解

沥青路面面层材料具有明显的应力依赖性和温度依赖性，是一种典型的黏弹性材料，因此，在沥青路面层状体系动力分析中引入材料的黏弹性可以更加贴近实际情况。本章首先介绍路面常用黏弹性本构模型及其拉普拉斯变换域下的黏弹性算子，而后进行沥青路面层状黏弹性体系动力响应的求解。

3.1　沥青路面用黏弹性模型

3.1.1　通用黏弹性模型

沥青路面材料的流变过程往往是弹性、塑性、黏弹性、黏塑性等多种变形共存的一个复杂过程，一般采用胡克体（又称弹性体，H）、牛顿体（又称黏性体，N）、圣维南体（塑性体，S）等多种元件串联或并联的组合来对其进行模拟。当考虑其黏弹性时，又可分为线性和非线性两大类，其中，如果以理想胡克体（线弹性）和理想牛顿体（线性黏性）为基本元件组合到一起描述材料本构关系的称为线黏弹材料。表 3-1 给出了路面力学中常用的线性黏弹性材料模型组成、本构方程及拉普拉斯变换域下的黏弹性算子。

表 3-1　常用的线性黏弹性材料模型组成、本构方程及黏弹性算子

模型名称	模型组成	本构方程	黏弹性算子
开尔文模型	E_1 η_1	$\sigma = E_1\varepsilon + \eta_1\dot{\varepsilon}$	$E(s) = E_1 + \eta_1 s$
麦克斯韦（Maxwell）模型	η_1 E_1	$\sigma + \dfrac{\eta_1}{E_1}\dot{\sigma} = \eta_1\dot{\varepsilon}$	$E(s) = \dfrac{E_1\eta_1 s}{E_1 + \eta_1 s}$
三元件固体模型（venderpoel 模型）	E_1 η_1 E_2	$\sigma + \dfrac{\eta_1}{E_1+E_2}\dot{\sigma} = \dfrac{E_1E_2}{E_1+E_2}\varepsilon + \dfrac{\eta_1 E_2}{E_1+E_2}\dot{\varepsilon}$	$E(s) = \dfrac{E_1E_2 + \eta_1E_2 s}{E_1+E_2+\eta_1 s}$

续表

模型名称	模型组成	本构方程	黏弹性算子
三元件流体模型	E_1, η_2, η_1	$\sigma + \dfrac{(\eta_1 + \eta_2)}{E_1}\dot{\sigma}$ $= \eta_2 \dot{\varepsilon} + \dfrac{\eta_1 \eta_2}{E_1}\ddot{\varepsilon}$	$E(s) = \dfrac{\eta_2 E_1 s + \eta_1 \eta_2 s^2}{E_1 + (\eta_1 + \eta_2)s}$
四元件固体模型	E_1, E_2, η_1, η_2	$\sigma + \dfrac{\eta_1 + \eta_2}{E_1 + E_2}\dot{\sigma} = \dfrac{E_1 E_2}{E_1 + E_2}\varepsilon$ $+ \dfrac{E_1\eta_2 + E_2\eta_1}{E_1 + E_2}\dot{\varepsilon} + \dfrac{\eta_1\eta_2}{E_1 + E_2}\ddot{\varepsilon}$	$E(s) =$ $\dfrac{E_1 E_2 + (E_1\eta_2 + E_2\eta_1)s + \eta_1\eta_2 s^2}{E_1 + E_2 + (\eta_1 + \eta_2)s}$
四元件流体模型［伯格斯（Burgers）模型］	E_1, η_1, η_2, E_2	$\sigma + \left[\dfrac{\eta_2}{E_2} + \dfrac{\eta_1 + \eta_2}{E_1}\right]\dot{\sigma}$ $+ \dfrac{\eta_1\eta_2}{E_1 E_2}\ddot{\sigma}$ $= \eta_2\dot{\varepsilon} + \dfrac{\eta_1\eta_2}{E_1}\ddot{\varepsilon}$	$E(s) =$ $\dfrac{E_1 E_2\eta_2 s + E_2\eta_1\eta_2 s^2}{E_1 E_2 + E_1\eta_2 s + E_2\eta_1 s + E_2\eta_2 s + \eta_1\eta_2 s^2}$
广义麦克斯韦模型	E_1, E_2, E_i, E_{n-1}, E_n, η_1, η_2, η_{n-1}, η_n	$\displaystyle\sum_{k=0}^{n} p_k \dfrac{\mathrm{d}^k\sigma}{\mathrm{d}t^k} = \sum_{k=1}^{n} q_k \dfrac{\mathrm{d}^k\varepsilon}{\mathrm{d}t^k}$	$E(s) = \displaystyle\sum_{k=0}^{n} q_k s^k \Big/ \sum_{k=0}^{n} p_k s^k$
广义开尔文模型	E_1, E_2, E_i, E_n, η_1, η_2, η_n	$\displaystyle\sum_{k=0}^{n-1} p_k \dfrac{\mathrm{d}^k\sigma}{\mathrm{d}t^k} = \sum_{k=0}^{n} q_k \dfrac{\mathrm{d}^k\varepsilon}{\mathrm{d}t^k}$	$E(s) = \displaystyle\sum_{k=0}^{n} q_k s^k \Big/ \sum_{k=0}^{n-1} p_k s^k$

注：（1）广义麦克斯韦模型中，$A_0^{(1)} = 1$，$A_1^{(1)} = \eta_1/E_1$，$B_1^{(1)} = \eta_1$。

$p_k = A_k^{(i)}$，$q_k = B_k^{(i)}$。

$$A_k^{(i)} = \begin{cases} A_0^{(i-1)} & (k=0) \\ \dfrac{\eta_i}{E_i}A_k^{(i-1)} + A_k^{(i-1)} & (k=1,2,\cdots,i-1) \\ \dfrac{\eta_i}{E_i}A_k^{(i-1)} & (k=i) \end{cases} \quad B_k^{(i)} = \begin{cases} \eta_i A_0^{(i-1)} + B_1^{(i-1)} & (k=0) \\ \eta_i A_{k-1}^{(i-1)} + \dfrac{\eta_i}{E_i}B_{k-1}^{(i-1)} + B_k^{(i-1)} & (k=1,2,\cdots,i-1) \\ \eta_i A_{k-1}^{(i-1)} + \dfrac{\eta_i}{E_i}B_{k-1}^{(i-1)} & (k=i) \end{cases}$$

（2）广义开尔文模型中，$A_0^{(1)} = 1$，$A_1^{(1)} = E_1$，$B_1^{(1)} = \eta_1$。

$p_k = \dfrac{A_k^{(n)}}{A_0^{(n)}}$ $(k=0,1,2\cdots,n-1)$，$q_k = \dfrac{B_k^{(n)}}{B_0^{(n)}}$ $(k=0,1,2\cdots,n)$。

$$A_k^{(i)} = \begin{cases} E_i A_0^{(i-1)} + B_0^{(i-1)} & (k=0) \\ \eta_i A_{k-1}^{(i-1)} + E_i A_k^{(i-1)} + B_k^{(i-1)} & (k=1,2,\cdots,i-1) \\ \eta_i A_{k-1}^{(i-1)} + B^{(i-1)} & (k=i) \end{cases} \quad B_k^{(i)} = \begin{cases} E_i B_0^{(i-1)} & (k=0) \\ \eta_i B_{k-1}^{(i-1)} + E_i B_k^{(i-1)} & (k=1,2,\cdots,i-1) \\ \eta_i A_{k-1}^{(i-1)} & (k=i) \end{cases}$$

　　表 3-1 中大部分黏弹性模型的本构方程和黏弹性算子的详细推导过程可以在相关文献中找到，下面介绍几种非常见的黏弹性模型。

3.1.2　改进黏弹性模型

　　近年来，为了能够反映出沥青材料蠕变变形的加速蠕变破坏阶段，有部分学者提出在传统的模型中加入非线性黏性体来体现该特性。其非线性黏性通过两种形式表达：①将非线性黏性表示为时间 t 的指数函数（徐世法，1991）；②定义非线性黏性为应力和应变的高阶导数之比（邓荣贵等，2001；陈凤晨，2009；叶永，2009）。

（1）非线性黏性体

最常用的非线性黏性体黏性系数为所受应力与其应变的二阶导数之比，其元件示意如图 3-1 所示，其本构关系为

$$\sigma = \eta_n \ddot{\varepsilon}(t) \tag{3-1}$$

式中：η_n——非线性黏性系数。

图 3-1　非线性黏性体示意图

经过拉普拉斯变换可以得到其黏弹性算子为

$$E(s) = \eta_n s^2 \tag{3-2}$$

当黏性系数表示为其应力与应变的高阶导数之比，此时该黏性体为高度非线性，其拉普拉斯变换后黏弹性算子为

$$E(s) = \eta_n s^n \tag{3-3}$$

（2）五元件模型

陈凤晨（2009）采用伯格斯模型上串联一个变截面黏壶（即非线性黏性体）来描述沥青材料的黏弹性本构关系，其示意图如图 3-2 所示。

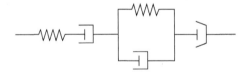

图 3-2　五元件模型示意图

由图 3-2 可知，五元件黏弹性模型可视为由麦克斯韦模型、开尔文模型与非线性黏性体串联而成，其中非线性黏性体本构方程为

$$\sigma = \eta_n \varepsilon^{(n)} \tag{3-4}$$

下面推导其本构模型，设三个串联体承受的应力分别为 σ_1、σ_2 和 σ_3，分别产生的应变为 ε_1、ε_2 和 ε_3，则整个模型的应力-应变应该满足

$$\sigma = \sigma_1 = \sigma_2 = \sigma_3 \tag{3-5}$$

$$\varepsilon = \varepsilon_1 + \varepsilon_2 + \varepsilon_3 \tag{3-6}$$

三个串联体各自应力-应变关系为

$$\dot{\varepsilon}_1 = \frac{\dot{\sigma}}{E_1} + \frac{\sigma}{\eta_1} \tag{3-7}$$

$$E_2\varepsilon_2 + \eta_2\dot{\varepsilon}_2 = \sigma \tag{3-8}$$

$$\sigma = \eta_n\varepsilon_3^{(n)} \tag{3-9}$$

式（3-7）和式（3-8）对 t 进行 $n-1$ 次求导得

$$\varepsilon_1^n = \frac{\sigma^n}{E_1} + \frac{\sigma^{n-1}}{\eta_1} \tag{3-10}$$

$$\varepsilon_2^n = \frac{\sigma^{n-1}}{\eta_2} - \frac{E_2}{\eta_2}\varepsilon_2^{n-1} \tag{3-11}$$

式（3-6）对 t 进行 n 次求导得

$$\varepsilon^n = \varepsilon_1^n + \varepsilon_2^n + \varepsilon_3^n \tag{3-12}$$

将式（3-9）和式（3-11）代入式（3-12），并对两侧再进行一次求导得

$$\varepsilon_2^n = \frac{\eta_2}{E_2}\left(\frac{\sigma^{n+1}}{E_1} + \frac{\sigma^n}{\eta_1} + \frac{\sigma^n}{\eta_2} + \frac{\dot{\sigma}}{\eta_n} - \varepsilon^{n+1}\right) \tag{3-13}$$

将式（3-9）、式（3-10）和式（3-13）代入式（3-12）得

$$\varepsilon^n = \frac{\sigma^n}{E_1} + \frac{\sigma^{n-1}}{\eta_1} + \frac{\eta_2}{E_2}\left(\frac{\sigma^{n+1}}{E_1} + \frac{\sigma^n}{\eta_1} + \frac{\sigma^n}{\eta_2} + \frac{\dot{\sigma}}{\eta_n} - \varepsilon^{n+1}\right) + \frac{\sigma}{\eta_n} \tag{3-14}$$

最终得到五元件黏弹性模型的本构关系为

$$\frac{\sigma}{\eta_n} + \frac{\eta_2}{E_2\eta_n}\dot{\sigma} + \frac{\sigma^{n-1}}{\eta_1} + \left(\frac{1}{E_1} + \frac{1}{E_2} + \frac{\eta_2}{E_2\eta_1}\right)\sigma^n + \frac{\eta_2}{E_1E_2}\sigma^{n+1} = \varepsilon^n + \frac{\eta_2}{E_2}\varepsilon^{n+1}$$

$$\tag{3-15}$$

黏弹性算子 $E(s)$ 可以表示为

$$E(s) = \frac{E_1E_2\eta_1\eta_n s^n + E_1\eta_1\eta_2\eta_n s^{(n+1)}}{E_1E_2\eta_1 + E_1\eta_1\eta_2 s + E_1E_2\eta_1 s^{(n-1)} + E_2\eta_1\eta_n + E_1\eta_1\eta_n + E_1\eta_1\eta_n s^n + \eta_1\eta_2\eta_n s^{(n+1)}}$$

$$\tag{3-16}$$

（3）修正伯格斯模型

该模型最早由徐世法（1991）等提出，主要是将麦克斯韦元件中的黏性体用指数函数表示，其组成如图 3-3 所示。

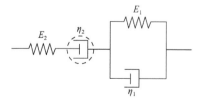

图 3-3　修正伯格斯模型示意图

黏性系数表达式为

$$\eta_2 = Ae^{Bt} \tag{3-17}$$

式中：A、B——回归系数。

修正伯格斯模型中串联黏壶的黏性系数不再是常数，而是与时间有关的量，能够在一定程度上反映出沥青混合料永久变形的"固结效应"。

本构方程为

$$(1-B)\sigma + \left(\frac{\eta_1 + \eta_2}{E_1} + \frac{\eta_2}{E_2}\right)\dot{\sigma} + \frac{\eta_1\eta_2}{E_1E_2}\ddot{\sigma} = \eta_2\dot{\varepsilon} + \frac{\eta_1\eta_2}{E_1}\ddot{\varepsilon} \tag{3-18}$$

黏弹性算子中间计算式为

$$\frac{1-B}{A}\sigma(s+B) + \frac{\eta_1}{E_1A}s\sigma(s+B) + \frac{E_1+E_2}{E_1E_2}\sigma(s) + \frac{\eta_1}{E_1E_2}s^2\sigma(s) = \varepsilon(s) + \frac{\eta_1}{E_1}s^2\varepsilon(s)$$

$$\tag{3-19}$$

3.2　单层黏弹性体系传递矩阵推导

3.2.1　状态方程推导

参考柱坐标下弹性轴对称问题，动态荷载下层状黏弹性体系基本方程在零条件下对时间 t 施加拉普拉斯变换后如下：

动力平衡方程：

$$\frac{\partial\bar{\sigma}_r(r,z,s)}{\partial r} + \frac{\partial\bar{\tau}_{zr}(r,z,s)}{\partial z} + \frac{\bar{\sigma}_r(r,z,s) - \bar{\sigma}_\theta(r,z,s)}{r} = \rho s^2\bar{u}(r,z,s) \tag{3-20}$$

$$\frac{\partial\bar{\tau}_{zr}(r,z,s)}{\partial r} + \frac{\partial\bar{\sigma}_z(r,z,s)}{\partial z} + \frac{\bar{\tau}_{zr}(r,z,s)}{r} = \rho s^2\bar{w}(r,z,s) \tag{3-21}$$

用位移表示应力的物理方程为

$$\bar{\sigma}_r(r,z,s) = \lambda(s)\bar{e}(r,z,s) + 2G(s)\frac{\partial\bar{u}(r,z,s)}{\partial r} \tag{3-22}$$

$$\bar{\sigma}_\theta(r,z,s) = \lambda(s)\bar{e}(r,z,s) + 2G(s)\frac{\bar{u}(r,z,s)}{r} \tag{3-23}$$

$$\bar{\sigma}_z(r,z,s) = \lambda(s)\bar{e}(r,z,s) + 2G(s)\frac{\partial\bar{w}(r,z,s)}{\partial z} \tag{3-24}$$

$$\bar{\tau}_{zr}(r,z,s) = G(s)\left[\frac{\partial\bar{u}(r,z,s)}{\partial z} + \frac{\partial\bar{w}(r,z,s)}{\partial r}\right] \tag{3-25}$$

式中：$\lambda(s) = \dfrac{\mu E(s)}{(1+\mu)(1-2\mu)}$;

$\qquad G(s) = \dfrac{E(s)}{2(1+\mu)}$;

$\qquad \bar{e}(r,z,s) = \dfrac{\partial\bar{u}(r,z,s)}{\partial r} + \dfrac{\bar{u}(r,z,s)}{r} + \dfrac{\partial\bar{w}(r,z,s)}{\partial z}$;

$E(s)$——黏弹性算子；

μ——泊松比。

将上述物理方程代入动力平衡方程中可得拉普拉斯变换域内由位移表示的拉梅方程

$$G(s)\left[\nabla^2\bar{u}(r,z,s)-\frac{\bar{u}(r,z,s)}{r^2}\right]+[\lambda(s)+G(s)]\frac{\partial\bar{e}(r,z,s)}{\partial r}=\rho s^2\bar{u}(r,z,s) \quad (3\text{-}26)$$

$$G(s)\nabla^2\bar{w}(r,z,s)+[\lambda(s)+G(s)]\frac{\partial\bar{e}(r,z,s)}{\partial z}=\rho s^2\bar{w}(r,z,s) \qquad (3\text{-}27)$$

式（3-24）、式（3-27）对 r 施加零阶汉克尔积分变换，式（3-25）、式（3-26）对 r 施加一阶汉克尔积分变换，并注意以下变换式：

$$\int_0^\infty\left(\frac{d^2}{dr^2}+\frac{1}{r}\frac{d}{dr}-\frac{1}{r^2}\right)f(r)rJ_1(\xi r)dr=-\xi^2\int_0^\infty f(r)rJ_1(\xi r)dr$$

$$\int_0^\infty\frac{d}{dr}f(r)rJ_1(\xi r)dr=-\xi\int_0^\infty f(r)rJ_0(\xi r)dr$$

可以得到下式：

$$\frac{d\tilde{\bar{u}}_1(\xi,z,s)}{dz}=\xi\tilde{\bar{w}}(\xi,z,s)+\frac{1}{G(s)}\tilde{\bar{\tau}}_{zr1}(\xi,z,s) \qquad (3\text{-}28)$$

$$\frac{d\tilde{\bar{w}}(\xi,z,s)}{dz}=-\frac{\lambda(s)\xi}{D(s)}\tilde{\bar{u}}_1(\xi,z,s)+\frac{1}{D(s)}\tilde{\bar{\sigma}}_z(\xi,z,s) \qquad (3\text{-}29)$$

$$\frac{d\tilde{\bar{\tau}}_{zr1}(\xi,z,s)}{dz}=\left\{\rho s^2+\frac{4G(s)[\lambda(s)+G(s)]\xi^2}{D(s)}\right\}\tilde{\bar{u}}_1(\xi,z,s)+\frac{\lambda(s)\xi}{D(s)}\tilde{\bar{\sigma}}_z(\xi,z,s) \quad (3\text{-}30)$$

$$\frac{d\tilde{\bar{\sigma}}(\xi,z,s)}{dz}=\rho s^2\tilde{\bar{w}}(\xi,z,s)-\xi\tilde{\bar{\tau}}_{zr1}(\xi,z,s) \qquad (3\text{-}31)$$

式中：$D(s)=\lambda(s)+2G(s)$。

将上述四式改写成矩阵的形式，可得状态方程为

$$\frac{d\tilde{\bar{X}}(\xi,z,s)}{dz}=A(\xi,s)\tilde{\bar{X}}(\xi,z,s) \qquad (3\text{-}32)$$

式中：$\tilde{\bar{X}}(\xi,z,s)=\left[\tilde{\bar{u}}_1(\xi,z,s),\tilde{\bar{w}}(\xi,z,s),\tilde{\bar{\tau}}_{zr1}(\xi,z,s),\tilde{\bar{\sigma}}_z(\xi,z,s)\right]^T$。

$$A(\xi,s)=\begin{bmatrix} 0 & \xi & \dfrac{1}{G(s)} & 0 \\[3mm] -\dfrac{\lambda(s)}{D(s)}\xi & 0 & 0 & \dfrac{1}{D(s)} \\[3mm] \rho s^2+\dfrac{4G(s)[\lambda(s)+G(s)]\xi^2}{D(s)} & 0 & 0 & \dfrac{\lambda(s)}{D(s)}\xi \\[3mm] 0 & \rho s^2 & -\xi & 0 \end{bmatrix}$$

3.2.2 传递矩阵推导

根据现代控制理论，式（3-32）的解为

$$\tilde{\bar{X}}(\xi,z,s) = \mathrm{e}^{zA(\xi,s)}\tilde{\bar{X}}(\xi,0,s) \tag{3-33}$$

其中

$$\bar{X}(\xi,0,s) = \left[\tilde{\bar{u}}_1(\xi,0,s), \tilde{\bar{w}}(\xi,0,s), \tilde{\bar{\tau}}_{zr1}(\xi,0,s), \tilde{\bar{\sigma}}_z(\xi,0,s)\right]^{\mathrm{T}}$$

式中，$\mathrm{e}^{zA(\xi,s)}$ 即为传递矩阵，它给出 $z=0$ 处经拉普拉斯及汉克尔积分变换的位移和应力边界向量与任意深度 z 处向量之间的关系。

矩阵 A 的特征方程为：$|\lambda'I - A| = 0$，也即

$$|\lambda'I - A| = \begin{vmatrix} -\lambda' & \xi & \dfrac{1}{G(s)} & 0 \\[2mm] -\dfrac{\lambda(s)}{D(s)}\xi & -\lambda' & 0 & \dfrac{1}{D(s)} \\[2mm] \rho s^2 + \dfrac{4G(s)[\lambda(s)+G(s)]\xi^2}{D(s)} & 0 & -\lambda' & \dfrac{\lambda(s)}{D(s)}\xi \\[2mm] 0 & \rho s^2 & -\xi & -\lambda' \end{vmatrix}$$

求解行列式，同时令 $\alpha^2 = \dfrac{\rho s^2}{G(s)} + \xi^2$，$\delta^2 = \dfrac{\rho s^2}{D(s)} + \xi^2$，可以得出矩阵 $A(\xi,s)$ 的特征值为

$$\lambda'_{1,2} = \pm\alpha \qquad \lambda'_{3,4} = \pm\delta$$

由于矩阵 A 有四个互异的特征值，A 与三角矩阵 Λ 相似，即存在一个非奇异矩阵 P，使 $P^{-1}AP = \mathrm{diag}(\lambda'_1, \lambda'_2, \lambda'_3, \lambda'_4)$。其中，$P$ 为 A 的特征值对应的特征向量所组成的矩阵，可求得

$$P = \begin{bmatrix} 1 & 1 & \dfrac{\xi}{\delta} & -\dfrac{\xi}{\delta} \\[3mm] \dfrac{\xi}{\alpha} & -\dfrac{\xi}{\alpha} & 1 & 1 \\[3mm] -\dfrac{\psi(s)}{\alpha} & \dfrac{\psi(s)}{\alpha} & -2G(s)\xi & -2G(s)\xi \\[3mm] -2G(s)\xi & -2G(s)\xi & -\dfrac{\psi(s)}{\delta} & \dfrac{\psi(s)}{\delta} \end{bmatrix}$$

式中：$\psi(s) = G(s)(\alpha^2 + \xi^2)$。

根据矩阵理论，传递矩阵 $\mathrm{e}^{zA(\xi,s)}$ 为

$$T = \mathrm{e}^{zA} = P\mathrm{e}^{zA}P^{-1} = P\mathrm{diag}(\mathrm{e}^{-\alpha z}, \mathrm{e}^{\alpha z}, \mathrm{e}^{-\delta z}, \mathrm{e}^{\delta z})P^{-1} \tag{3-34}$$

则式（3-33）可写成

$$
\begin{bmatrix}
\tilde{\bar{u}}_1(\xi,z,s) \\
\tilde{\bar{w}}(\xi,z,s) \\
\tilde{\bar{\tau}}_{zr1}(\xi,z,s) \\
\tilde{\bar{\sigma}}_z(\xi,z,s)
\end{bmatrix} =
\begin{bmatrix}
T_{11} & T_{12} & T_{13} & T_{14} \\
T_{21} & T_{22} & T_{23} & T_{24} \\
T_{31} & T_{32} & T_{33} & T_{34} \\
T_{41} & T_{42} & T_{43} & T_{44}
\end{bmatrix}
\begin{bmatrix}
\tilde{\bar{u}}_1(\xi,0,s) \\
\tilde{\bar{w}}(\xi,0,s) \\
\tilde{\bar{\tau}}_{zr1}(\xi,0,s) \\
\tilde{\bar{\sigma}}_z(\xi,0,s)
\end{bmatrix}
$$

传递矩阵各元素计算如下：

$$
T_{11} = \frac{2\xi^2 \mathrm{e}^{-\delta z} + 2\xi^2 \mathrm{e}^{\delta z} - (\alpha^2 + \xi^2)\mathrm{e}^{-\alpha z} - (\alpha^2 + \xi^2)\mathrm{e}^{\alpha z}}{2(\xi^2 - \alpha^2)}
$$

$$
T_{12} = \frac{\xi[2\alpha\delta \mathrm{e}^{-\alpha z} - 2\alpha\delta \mathrm{e}^{\alpha z} - (\alpha^2 + \xi^2)\mathrm{e}^{-\delta z} + (\alpha^2 + \xi^2)\mathrm{e}^{\delta z}]}{2\delta(\xi^2 - \alpha^2)}
$$

$$
T_{13} = \frac{\alpha\delta \mathrm{e}^{-\alpha z} - \alpha\delta \mathrm{e}^{\alpha z} - \xi^2 \mathrm{e}^{-\delta z} + \xi^2 \mathrm{e}^{\delta z}}{2G(s)\delta(\xi^2 - \alpha^2)}
$$

$$
T_{14} = \frac{\xi(\mathrm{e}^{-\delta z} + \mathrm{e}^{\delta z} - \mathrm{e}^{-\alpha z} - \mathrm{e}^{\alpha z})}{2G(s)(\xi^2 - \alpha^2)}
$$

$$
T_{21} = \frac{\xi[2\alpha\delta \mathrm{e}^{-\delta z} - 2\alpha\delta \mathrm{e}^{\delta z} - (\alpha^2 + \xi^2)\mathrm{e}^{-\alpha z} + (\alpha^2 + \xi^2)\mathrm{e}^{\alpha z}]}{2\alpha(\xi^2 - \alpha^2)}
$$

$$
T_{22} = \frac{2\xi^2 \mathrm{e}^{-\alpha z} + 2\xi^2 \mathrm{e}^{\alpha z} - (\alpha^2 + \xi^2)\mathrm{e}^{-\delta z} - (\alpha^2 + \xi^2)\mathrm{e}^{\delta z}}{2(\xi^2 - \alpha^2)}
$$

$$
T_{23} = \frac{\xi(\mathrm{e}^{-\alpha z} + \mathrm{e}^{\alpha z} - \mathrm{e}^{-\delta z} - \mathrm{e}^{\delta z})}{2G(s)(\xi^2 - \alpha^2)}
$$

$$
T_{24} = \frac{\alpha\delta \mathrm{e}^{-\delta z} - \alpha\delta \mathrm{e}^{\delta z} - \xi^2 \mathrm{e}^{-\alpha z} + \xi^2 \mathrm{e}^{\alpha z}}{2\alpha G(s)(\xi^2 - \alpha^2)}
$$

$$
T_{31} = \frac{G(s)[(\alpha^2 + \xi^2)\mathrm{e}^{-\alpha z} - (\alpha^2 + \xi^2)\mathrm{e}^{\alpha z} - 4\xi^2\alpha\delta \mathrm{e}^{-\delta z} + 4\xi^2\alpha\delta \mathrm{e}^{\delta z}]}{2\alpha(\xi^2 - \alpha^2)}
$$

$$
T_{32} = \frac{G(s)\xi(\alpha^2 + \xi^2)(\mathrm{e}^{-\delta z} + \mathrm{e}^{\delta z} - \mathrm{e}^{-\alpha z} - \mathrm{e}^{\alpha z})}{\xi^2 - \alpha^2}
$$

$$
T_{33} = \frac{2\xi^2 \mathrm{e}^{-\delta z} + 2\xi^2 \mathrm{e}^{\delta z} - (\alpha^2 + \xi^2)\mathrm{e}^{-\alpha z} - (\alpha^2 + \xi^2)\mathrm{e}^{\alpha z}}{2(\xi^2 - \alpha^2)}
$$

$$
T_{34} = \frac{\xi[(\alpha^2 + \xi^2)\mathrm{e}^{-\alpha z} - (\alpha^2 + \xi^2)\mathrm{e}^{\alpha z} - 2\alpha\delta \mathrm{e}^{-\delta z} + 2\alpha\delta \mathrm{e}^{\delta z}]}{2\alpha(\xi^2 - \alpha^2)}
$$

$$
T_{41} = \frac{G(s)\xi(\alpha^2 + \xi^2)(\mathrm{e}^{-\alpha z} + \mathrm{e}^{\alpha z} - \mathrm{e}^{-\delta z} - \mathrm{e}^{\delta z})}{\xi^2 - \alpha^2}
$$

$$
T_{42} = \frac{G(s)[(\alpha^2 + \xi^2)^2 \mathrm{e}^{-\delta z} - (\alpha^2 + \xi^2)^2 \mathrm{e}^{\delta z} - 4\xi^2\alpha\delta \mathrm{e}^{-\alpha z} + 4\xi^2\alpha\delta \mathrm{e}^{\alpha z}]}{2\delta(\xi^2 - \alpha^2)}
$$

$$
T_{43} = \frac{\xi[(\alpha^2 + \xi^2)\mathrm{e}^{-\delta z} - (\alpha^2 + \xi^2)\mathrm{e}^{\delta z} - 2\alpha\delta \mathrm{e}^{-\alpha z} + 2\alpha\delta \mathrm{e}^{\alpha z}]}{2\delta(\xi^2 - \alpha^2)}
$$

$$T_{44} = \frac{2\xi^2 e^{-\alpha z} + 2\xi^2 e^{\alpha z} - (\alpha^2 + \xi^2)e^{-\delta z} - (\alpha^2 + \xi^2)e^{\delta z}}{2(\xi^2 - \alpha^2)}$$

3.3　沥青路面多层黏弹性体系求解

考虑如图 3-4 所示的沥青路面任意多层黏弹性体系在动态荷载作用下的理论求解，这里以伯格斯模型为例进行推导。

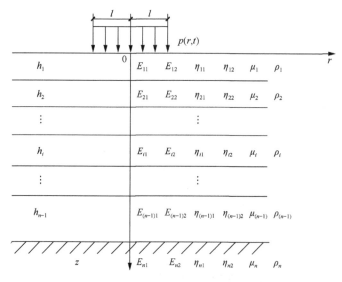

图 3-4　沥青路面多层黏弹性体系（伯格斯模型）

通过 3.2 节的推导，建立了以下状态方程：

$$\tilde{\bar{X}}(\xi, z, s) = T\tilde{\bar{X}}(\xi, 0, s) \tag{3-35}$$

记第 i 层上、下两个面分别为 i 面和 $i+1$ 面，该层厚度为 h_i，则将 3.3.2 节中的求解应用于该层，得到

$$\tilde{\bar{X}}_{i+1}^{-}\left(\xi, \sum_{j=0}^{i} h_j, s\right) = T_i(\xi, h_i, E_{i1}, \eta_{i1}, E_{i2}, \eta_{i2}, \mu_i, \rho_i, s)\tilde{\bar{X}}_i^{+}\left(\xi, \sum_{j=0}^{i-1} h_j, s\right) \tag{3-36}$$

式中：$T_i(\xi, h_i, E_{i1}, \eta_{i1}, E_{i2}, \eta_{i2}, \mu_i, \rho_i, s)$ ——第 i 层的传递矩阵；

$\tilde{\bar{X}}_i^{+}\left(\xi, \sum_{j=0}^{i-1} h_j, s\right)$ ——第 i 面的下表面的应力、位移分量；

$\tilde{\bar{X}}_{i+1}^{-}\left(\xi, \sum_{j=0}^{i} h_j, s\right)$ ——第 $i+1$ 面的上表面的应力、位移分量。

依次求解各层，可以得到路面各层的状态向量，当边界条件为完全接触条件时，存在

$$\tilde{\tilde{\boldsymbol{X}}}_{i+1}^{-}(\xi,z,s) = \tilde{\tilde{\boldsymbol{X}}}_{i+1}^{+}(\xi,z,s)$$

则当表面状态向量已知时，可以得到第 $i+1$ 层的表面状态向量为

$$\tilde{\tilde{\boldsymbol{X}}}_{i+1}^{+}\left(\xi,\sum_{j=1}^{i}h_j,s\right) = \prod_{j=1}^{i}\boldsymbol{T}_j(\xi,h_j,E_{j1},\eta_{j1},E_{j2},\eta_{j2},\mu_j,\rho_j,s)\tilde{\tilde{\boldsymbol{X}}}(\xi,0,s)$$

对于任意多层沥青路面弹性体系第 $i+1$ 层内任意一点的状态向量可以表示为

$$\tilde{\tilde{\boldsymbol{X}}}(\xi,z,s) = \boldsymbol{T}\left(\xi,z-\sum_{j=1}^{i}h_j,E_{(i+1)1},\eta_{(i+1)1},E_{(i+1)2},\eta_{(i+1)2},\mu_{i+1},\rho_{i+1},s\right)$$
$$\cdot\prod_{j=1}^{i}\boldsymbol{T}_j(\xi,h_j,E_{j1},\eta_{j1},E_{j2},\eta_{j2},\mu_j,\rho_j,s)\tilde{\tilde{\boldsymbol{X}}}(\xi,0,s) \tag{3-37}$$

从上面的推导可以看出，沥青路面多层黏弹性体系求解在积分变换域内与多层弹性体系求解在公式的形式上具有相似性。因此，其表面状态向量的积分变换域内求解可以参考多层弹性体系求解方法得到。这里直接给出沥青路面多层黏弹性体系中任意一点的应力、位移分量式（基于伯格斯模型）：

$$\begin{bmatrix} u(r,z,t) \\ w(r,z,t) \\ \tau_{zr}(r,z,t) \\ \sigma_z(r,z,t) \end{bmatrix} = \frac{1}{2\pi\mathrm{i}}\int_{\xi-\mathrm{i}\infty}^{\xi+\mathrm{i}\infty}\int_0^{\infty}\xi\boldsymbol{T}\left(\xi,z-\sum_{j=1}^{i}h_j,E_{(i+1)1},\eta_{(i+1)1},E_{(i+1)2},\eta_{(i+1)2},\mu_{i+1},\rho_{i+1},s\right)$$
$$\cdot\prod_{j=1}^{i}\boldsymbol{T}_j(\xi,h_j,E_{j1},\eta_{j1},E_{j2},\eta_{j2},\mu_j,\rho_j,s)\cdot\begin{bmatrix} \tilde{\tilde{u}}_1(\xi,0,s) \\ \tilde{\tilde{w}}(\xi,0,s) \\ \tilde{\tilde{\tau}}_{zr1}(\xi,0,s) \\ \tilde{\tilde{\sigma}}_z(\xi,0,s) \end{bmatrix}\mathrm{e}^{st}\mathrm{d}\xi\mathrm{d}s$$

$$\tag{3-38}$$

上述推导得到沥青路面多层黏弹性体系的一般解表达式，其中无穷域的汉克尔积分和拉普拉斯积分逆变换是得到时域解的关键，由于一般解的复杂性，所以必须采用数值方法进行求解，相关内容将在第 5 章介绍。

3.4　本 章 小 结

本章主要给出沥青路面通用及改进黏弹性模型的模型组成、本构方程以及拉普拉斯变换域下的黏弹性算子，其目的是用于动态粘弹性体系积分变换域下的求解。而后进行单层黏弹性体系状态方程和传递矩阵元素的推导，从而建立多层黏弹性体系沥青路面动力响应的一般解求解方法。

参 考 文 献

陈凤晨, 2009. 基于光纤光栅技术的沥青路面车辙预估方法研究[D]. 哈尔滨: 哈尔滨工业大学.

邓荣贵, 周德培, 张倬元, 等, 2001. 一种新的岩石流变模型[J]. 岩石力学与工程学报, 20(6): 780-784.

徐世法, 1991. 高等级道路沥青路面车辙的预估控制与防治[D]. 上海: 同济大学.

叶永, 2009. 沥青混合料粘弹塑性本构模型的实验研究[D]. 武汉: 华中科技大学.

第4章 任意非均布移动荷载作用下多层体系动力响应求解

在沥青路面设计中，轮胎荷载一般假设为圆形均布静态荷载，因其假设荷载的轴对称特性，相应的沥青路面多层体系解析解是通过轴对称圆柱坐标体系下的连续介质力学公式推导得出的。然而，在最近的解析解研究中，真实车辆荷载的三个重要特性，即非均布接地压力、复杂轮胎印记和移动荷载通常也需要考虑，而这些荷载特性并不适合在轴对称圆柱坐标体系下多层体系解析求解中表达出来。因此，本章利用直角坐标系下的连续介质力学公式，给出伽利略变换和傅里叶变换方法，推导简单形状移动荷载和任意复杂形状非均布移动荷载作用下弹性/黏弹性多层体系解析解。本章涉及的推导公式可以参照周光泉等（1996）对黏弹性理论的计算推导研究，以及 Dong 等（2018）研究的任意非均匀轮胎接触压力和不规则轮胎印迹的移动荷载下沥青路面响应的解析解等推导过程。

4.1 基本假设与基本方程

4.1.1 基本假设

参考前面轴对称条件下多层体系求解的假设，对于直角坐标体系下多层体系结构模型的基本假设如下。

1）多层体系结构各层由各向同性、完全均匀的材料组成。

2）各结构层之间完全连续。

3）多层体系结构中，除最下面一层，均为有限厚度，且在 x、y 水平方向无限大；最下面一层为无限半空间体。

4）不计体力。

5）小变形。

6）无穷远处的应力、应变和位移为零。

4.1.2 基本方程

这里主要利用直角坐标系下的基本力学方程推导移动荷载作用下弹性-黏弹性多层体系解析解，其基本方程包括平衡方程、物理方程和几何方程。

1. 平衡方程

考虑移动荷载下的动力平衡方程，如式（4-1）～式（4-3）所示：

$$\frac{\partial \sigma_x(x,y,z,t)}{\partial x} + \frac{\partial \tau_{xy}(x,y,z,t)}{\partial y} + \frac{\partial \tau_{xz}(x,y,z,t)}{\partial z} = \rho \frac{\partial^2 u(x,y,z,t)}{\partial t^2} \tag{4-1}$$

$$\frac{\partial \tau_{xy}(x,y,z,t)}{\partial x} + \frac{\partial \sigma_y(x,y,z,t)}{\partial y} + \frac{\partial \tau_{yz}(x,y,z,t)}{\partial z} = \rho \frac{\partial^2 v(x,y,z,t)}{\partial t^2} \tag{4-2}$$

$$\frac{\partial \tau_{xz}(x,y,z,t)}{\partial x} + \frac{\partial \tau_{yz}(x,y,z,t)}{\partial y} + \frac{\partial \sigma_z(x,y,z,t)}{\partial z} = \rho \frac{\partial^2 w(x,y,z,t)}{\partial t^2} \tag{4-3}$$

式中： $u(x,y,z,t)$ ——x 方向位移；

$\quad\quad v(x,y,z,t)$ ——y 方向位移；

$\quad\quad w(x,y,z,t)$ ——z 方向位移；

$\quad\quad \sigma_x(x,y,z,t)$、$\sigma_y(x,y,z,t)$、$\sigma_z(x,y,z,t)$ ——x、y、z 方向正应力；

$\quad\quad \tau_{xy}(x,y,z,t)$、$\tau_{xz}(x,y,z,t)$、$\tau_{yz}(x,y,z,t)$ ——剪应力。

2. 物理方程

物理方程表达弹性体系中应力与应变之间的关系，如式（4-4）～式（4-9）所示：

$$\varepsilon_x(x,y,z,t) = \frac{1}{E}[\sigma_x(x,y,z,t) - \mu\sigma_y(x,y,z,t) - \mu\sigma_z(x,y,z,t)] \tag{4-4}$$

$$\varepsilon_y(x,y,z,t) = \frac{1}{E}[\sigma_y(x,y,z,t) - \mu\sigma_x(x,y,z,t) - \mu\sigma_z(x,y,z,t)] \tag{4-5}$$

$$\varepsilon_z(x,y,z,t) = \frac{1}{E}[\sigma_z(x,y,z,t) - \mu\sigma_x(x,y,z,t) - \mu\sigma_y(x,y,z,t)] \tag{4-6}$$

$$\varepsilon_{xy}(x,y,z,t) = \frac{\tau_{xy}(x,y,z,t)}{2G} \tag{4-7}$$

$$\varepsilon_{xz}(x,y,z,t) = \frac{\tau_{xz}(x,y,z,t)}{2G} \tag{4-8}$$

$$\varepsilon_{yz}(x,y,z,t) = \frac{\tau_{yz}(x,y,z,t)}{2G} \tag{4-9}$$

物理方程也可表示为

$$\begin{bmatrix} \sigma_x(x,y,z,t) \\ \sigma_y(x,y,z,t) \\ \sigma_z(x,y,z,t) \\ \tau_{xy}(x,y,z,t) \\ \tau_{xz}(x,y,z,t) \\ \tau_{yz}(x,y,z,t) \end{bmatrix} = \begin{bmatrix} \lambda+2G & \lambda & \lambda & 0 & 0 & 0 \\ \lambda & \lambda+2G & \lambda & 0 & 0 & 0 \\ \lambda & \lambda & \lambda+2G & 0 & 0 & 0 \\ 0 & 0 & 0 & 2G & 0 & 0 \\ 0 & 0 & 0 & 0 & 2G & 0 \\ 0 & 0 & 0 & 0 & 0 & 2G \end{bmatrix} \begin{bmatrix} \varepsilon_x(x,y,z,t) \\ \varepsilon_y(x,y,z,t) \\ \varepsilon_z(x,y,z,t) \\ \varepsilon_{xy}(x,y,z,t) \\ \varepsilon_{xz}(x,y,z,t) \\ \varepsilon_{yz}(x,y,z,t) \end{bmatrix} \tag{4-10}$$

式中：$\varepsilon_x(x,y,z,t)$、$\varepsilon_y(x,y,z,t)$、$\varepsilon_z(x,y,z,t)$——x、y、z 方向正应变；

$\varepsilon_{xy}(x,y,z,t)$、$\varepsilon_{xz}(x,y,z,t)$、$\varepsilon_{yz}(x,y,z,t)$——剪应变。

3. 几何方程

几何方程表达弹性体系中应变与位移之间的关系，如式（4-11）～式（4-16）所示：

$$\varepsilon_x(x,y,z,t) = \frac{\partial u(x,y,z,t)}{\partial x} \tag{4-11}$$

$$\varepsilon_y(x,y,z,t) = \frac{\partial v(x,y,z,t)}{\partial y} \tag{4-12}$$

$$\varepsilon_z(x,y,z,t) = \frac{\partial w(x,y,z,t)}{\partial z} \tag{4-13}$$

$$\varepsilon_{xy}(x,y,z,t) = \frac{1}{2}\left(\frac{\partial v(x,y,z,t)}{\partial x} + \frac{\partial u(x,y,z,t)}{\partial y}\right) \tag{4-14}$$

$$\varepsilon_{xz}(x,y,z,t) = \frac{1}{2}\left(\frac{\partial u(x,y,z,t)}{\partial z} + \frac{\partial w(x,y,z,t)}{\partial x}\right) \tag{4-15}$$

$$\varepsilon_{yz}(x,y,z,t) = \frac{1}{2}\left(\frac{\partial u(x,y,z,t)}{\partial z} + \frac{\partial w(x,y,z,t)}{\partial y}\right) \tag{4-16}$$

将上述物理方程和几何方程代入平衡方程中，联立可得直角坐标系下的拉梅方程，如式（4-17）～式（4-19）所示：

$$G\left(\frac{\partial^2}{\partial x^2} + \frac{\partial^2}{\partial y^2} + \frac{\partial^2}{\partial z^2}\right)u + (\lambda+G)\frac{\partial}{\partial x}\left(\frac{\partial u}{\partial x} + \frac{\partial v}{\partial y} + \frac{\partial w}{\partial z}\right) = \rho\frac{\partial^2 u}{\partial t^2} \tag{4-17}$$

$$G\left(\frac{\partial^2}{\partial x^2} + \frac{\partial^2}{\partial y^2} + \frac{\partial^2}{\partial z^2}\right)v + (\lambda+G)\frac{\partial}{\partial y}\left(\frac{\partial u}{\partial x} + \frac{\partial v}{\partial y} + \frac{\partial w}{\partial z}\right) = \rho\frac{\partial^2 v}{\partial t^2} \tag{4-18}$$

$$G\left(\frac{\partial^2}{\partial x^2} + \frac{\partial^2}{\partial y^2} + \frac{\partial^2}{\partial z^2}\right)w + (\lambda+G)\frac{\partial}{\partial z}\left(\frac{\partial u}{\partial x} + \frac{\partial v}{\partial y} + \frac{\partial w}{\partial z}\right) = \rho\frac{\partial^2 w}{\partial t^2} \tag{4-19}$$

4.2　简单形状移动荷载作用下弹性多层体系解析解

4.2.1　简单形状移动荷载

本节主要推导矩形均布、矩形余弦分布、圆形均布、椭圆形均布移动荷载作用下的弹性多层体系解析解，移动荷载形式如图 4-1 所示。

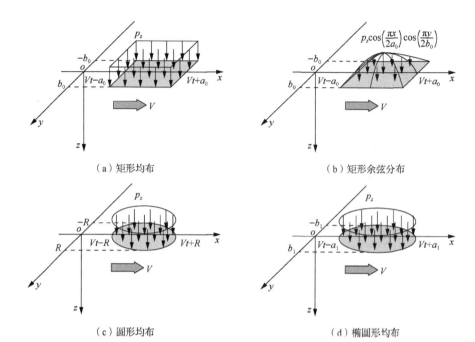

（a）矩形均布　　　　　　　　　　（b）矩形余弦分布

（c）圆形均布　　　　　　　　　　（d）椭圆形均布

图 4-1　移动荷载形式

1. 矩形均布移动荷载

当 $|x-Vt| \leqslant a_0$ 且 $|y| \leqslant b_0$，则

$$\sigma_z(x,y,0,t)=p_z，\quad \tau_{xz}(x,y,0,t)=0，\quad \tau_{yz}(x,y,0,t)=0 \tag{4-20}$$

当 $|x-Vt| > a_0$ 或 $|y| > b_0$，则

$$\sigma_z(x,y,0,t)=0，\quad \tau_{xz}(x,y,0,t)=0，\quad \tau_{yz}(x,y,0,t)=0 \tag{4-21}$$

式中：V——荷载移动速度；

$\quad\quad a_0$、b_0——矩形的长（沿 x 轴方向）和宽（沿 y 轴方向）的一半；

$\quad\quad p_z$——z 轴方向荷载。

2. 矩形余弦分布移动荷载

当 $|x-Vt| \leqslant a_0$ 且 $|y| \leqslant b_0$，则

$$\sigma_z(x,y,0,t)=p_z \cos\left(\frac{\pi x}{2a_0}\right)\cos\left(\frac{\pi y}{2b_0}\right)，\quad \tau_{xz}(x,y,0,t)=0，\quad \tau_{yz}(x,y,0,t)=0 \tag{4-22}$$

当 $|x-Vt| > a_0$ 或 $|y| > b_0$，则

$$\sigma_z(x,y,0,t)=0，\quad \tau_{xz}(x,y,0,t)=0，\quad \tau_{yz}(x,y,0,t)=0 \tag{4-23}$$

3. 圆形均布移动荷载

当 $(x-Vt)^2 + y^2 \leqslant R^2$，则

$$\sigma_z(x,y,0,t) = p_z , \quad \tau_{xz}(x,y,0,t) = 0 , \quad \tau_{yz}(x,y,0,t) = 0 \qquad （4-24）$$

当 $(x-Vt)^2 + y^2 > R^2$，则

$$\sigma_z(x,y,0,t) = 0 , \quad \tau_{xz}(x,y,0,t) = 0 , \quad \tau_{yz}(x,y,0,t) = 0 \qquad （4-25）$$

式中：R——圆形半径。

4. 椭圆形均布移动荷载

当 $\dfrac{(x-Vt)^2}{a_1^2} + \dfrac{y^2}{b_1^2} \leqslant 1$，则

$$\sigma_z(x,y,0,t) = p_z , \quad \tau_{xz}(x,y,0,t) = 0 , \quad \tau_{yz}(x,y,0,t) = 0 \qquad （4-26）$$

当 $\dfrac{(x-Vt)^2}{a_1^2} + \dfrac{y^2}{b_1^2} > 1$，则

$$\sigma_z(x,y,0,t) = 0 , \quad \tau_{xz}(x,y,0,t) = 0 , \quad \tau_{yz}(x,y,0,t) = 0 \qquad （4-27）$$

式中：a_1、b_1——椭圆形沿 x 轴和 y 轴方向半轴长。

4.2.2　积分变换方法

1. 伽利略变换

由于在解析解推导中要考虑移动荷载，应求解得出的应力、应变、位移分量不只是关于坐标 x、y、z 的函数，也是关于时间 t 的函数。为简化计算，假设荷载移动速度 V 为常数，应用伽利略变换，将时间变量整合到坐标 x 中，如式（4-28）所示：

$$x' = x - Vt \qquad （4-28）$$

直角坐标系下伽利略变换后的拉梅方程可表示为式（4-29）～式（4-31），此时应力、应变、位移分量是关于坐标 x、y、z 的函数。

$$G\left(\frac{\partial^2}{\partial x'^2} + \frac{\partial^2}{\partial y^2} + \frac{\partial^2}{\partial z^2}\right)u + (\lambda+G)\frac{\partial}{\partial x'}\left(\frac{\partial u}{\partial x'} + \frac{\partial v}{\partial y} + \frac{\partial w}{\partial z}\right) = \rho V^2\frac{\partial^2 u}{\partial x'^2} \qquad （4-29）$$

$$G\left(\frac{\partial^2}{\partial x'^2} + \frac{\partial^2}{\partial y^2} + \frac{\partial^2}{\partial z^2}\right)v + (\lambda+G)\frac{\partial}{\partial y}\left(\frac{\partial u}{\partial x'} + \frac{\partial v}{\partial y} + \frac{\partial w}{\partial z}\right) = \rho V^2\frac{\partial^2 v}{\partial x'^2} \qquad （4-30）$$

$$G\left(\frac{\partial^2}{\partial x'^2} + \frac{\partial^2}{\partial y^2} + \frac{\partial^2}{\partial z^2}\right)w + (\lambda+G)\frac{\partial}{\partial z}\left(\frac{\partial u}{\partial x'} + \frac{\partial v}{\partial y} + \frac{\partial w}{\partial z}\right) = \rho V^2\frac{\partial^2 w}{\partial x'^2} \qquad （4-31）$$

2. 傅里叶变换

直角坐标系下伽利略变换后的拉梅方程是一个与坐标 x'、y、z 相关的三元二

次偏微分方程组。应用傅里叶变换方法，分别对坐标 x'、y 做傅里叶变换，将其转换为只与坐标 z 相关的微分方程组。傅里叶变换如式（4-32）～式（4-37）所示：

$$\bar{u}(\xi_1, y, z) = \int_{-\infty}^{\infty} u(x', y, z) e^{-i\xi_1 x'} dx' \tag{4-32}$$

$$\tilde{\bar{u}}(\xi_1, \xi_2, z) = \int_{-\infty}^{\infty} \bar{u}(\xi_1, y, z) e^{-i\xi_2 y} dy \tag{4-33}$$

$$\bar{v}(\xi_1, y, z) = \int_{-\infty}^{\infty} v(x', y, z) e^{-i\xi_1 x'} dx' \tag{4-34}$$

$$\tilde{\bar{v}}(\xi_1, \xi_2, z) = \int_{-\infty}^{\infty} \bar{v}(\xi_1, y, z) e^{-i\xi_2 y} dy \tag{4-35}$$

$$\bar{w}(\xi_1, y, z) = \int_{-\infty}^{\infty} w(x', y, z) e^{-i\xi_1 x'} dx' \tag{4-36}$$

$$\tilde{\bar{w}}(\xi_1, \xi_2, z) = \int_{-\infty}^{\infty} \bar{w}(\xi_1, y, z) e^{-i\xi_2 y} dy \tag{4-37}$$

式中：$\bar{u}$、$\bar{v}$ 和 $\bar{w}$——u、v 和 w 对坐标 x' 的傅里叶变换；

$\tilde{\bar{u}}$、$\tilde{\bar{v}}$ 和 $\tilde{\bar{w}}$——$\bar{u}$、$\bar{v}$ 和 $\bar{w}$ 对坐标 y 的傅里叶变换；

ξ_1、ξ_2——坐标 x 和 y 的傅里叶变换后的频域坐标。

直角坐标系下伽利略和傅里叶变换后的拉梅方程可表示为式（4-38）～式（4-40），此时应力、应变、位移分量是关于坐标 z 的函数。

$$G\left(\frac{\partial^2}{\partial z^2} - \xi_1^2 - \xi_2^2\right)\tilde{\bar{u}} + (\lambda + G)\left(-\xi_1^2 \tilde{\bar{u}} - \xi_1\xi_2\tilde{\bar{v}} + i\xi_1\frac{\partial\tilde{\bar{w}}}{\partial z}\right) = -\rho V^2 \xi_1^2 \tilde{\bar{u}} \tag{4-38}$$

$$G\left(\frac{\partial^2}{\partial z^2} - \xi_1^2 - \xi_2^2\right)\tilde{\bar{v}} + (\lambda + G)\left(-\xi_1\xi_2\tilde{\bar{u}} - \xi_2^2\tilde{\bar{v}} + i\xi_2\frac{\partial\tilde{\bar{w}}}{\partial z}\right) = -\rho V^2 \xi_1^2 \tilde{\bar{v}} \tag{4-39}$$

$$G\left(\frac{\partial^2}{\partial z^2} - \xi_1^2 - \xi_2^2\right)\tilde{\bar{w}} + (\lambda + G)\left(i\xi_1\frac{\partial\tilde{\bar{u}}}{\partial z} + i\xi_2\frac{\partial\tilde{\bar{v}}}{\partial z} + \frac{\partial^2\tilde{\bar{w}}}{\partial z^2}\right) = -\rho V^2 \xi_1^2 \tilde{\bar{w}} \tag{4-40}$$

对于伽利略和傅里叶变换后的矩形均布、矩形余弦分布、圆形均布、椭圆形均布移动荷载可分别表示为式（4-41）～式（4-44）：

$$\tilde{\bar{\sigma}}_z(\xi_1, \xi_2, 0) = \frac{4p_z \sin(a_0\xi_1)\sin(b_0\xi_2)}{\xi_1\xi_2}, \quad \tilde{\bar{\tau}}_{xz}(\xi_1, \xi_2, 0) = \tilde{\bar{\tau}}_{yz}(\xi_1, \xi_2, 0) = 0 \tag{4-41}$$

$$\tilde{\bar{\sigma}}_z(\xi_1, \xi_2, 0) = \frac{\dfrac{p_z\pi^2}{a_0 b_0}\cos(\xi_1 a_0)\cos(\xi_2 b_0)}{\left[\left(\dfrac{\pi}{2a_0}\right)^2 - \xi_1^2\right]\left[\left(\dfrac{\pi}{2b_0}\right)^2 - \xi_2^2\right]}, \quad \tilde{\bar{\tau}}_{xz}(\xi_1, \xi_2, 0) = \tilde{\bar{\tau}}_{yz}(\xi_1, \xi_2, 0) = 0 \tag{4-42}$$

$$\tilde{\bar{\sigma}}_z(\xi_1, \xi_2, 0) = \frac{2\pi p_z R \cdot J_l\left(R\sqrt{\xi_1^2 + \xi_2^2}\right)}{\sqrt{\xi_1^2 + \xi_2^2}}, \quad \tilde{\bar{\tau}}_{xz}(\xi_1, \xi_2, 0) = \tilde{\bar{\tau}}_{yz}(\xi_1, \xi_2, 0) = 0 \tag{4-43}$$

$$\tilde{\bar{\sigma}}_z(\xi_1,\xi_2,0)=\frac{2\pi p_z a_1 b_1 \cdot J_l\left(\sqrt{a_1^2\xi_1^2+b_1^2\xi_2^2}\right)}{\sqrt{a_1^2\xi_1^2+b_1^2\xi_2^2}},\quad \tilde{\bar{\tau}}_{xz}(\xi_1,\xi_2,0)=\tilde{\bar{\tau}}_{yz}(\xi_1,\xi_2,0)=0 \quad (4\text{-}44)$$

式中：J_l——第一类柱贝塞尔函数。

4.2.3　弹性半空间体解析解

对式（4-38）乘以 $\mathrm{i}\xi_1$，式（4-39）乘以 $\mathrm{i}\xi_2$，式（4-40）对 z 求偏导，并相加得式（4-45）：

$$\left(\frac{\partial^2}{\partial z^2}-b^2\right)\left(\mathrm{i}\xi_1\tilde{\bar{u}}+\mathrm{i}\xi_2\tilde{\bar{v}}+\frac{\partial\tilde{\bar{w}}}{\partial z}\right)=0 \quad (4\text{-}45)$$

由式（4-45）可计算出

$$\mathrm{i}\xi_1\tilde{\bar{u}}+\mathrm{i}\xi_2\tilde{\bar{v}}+\frac{\partial\tilde{\bar{w}}}{\partial z}=A_1\mathrm{e}^{-bz}+B_1\mathrm{e}^{bz} \quad (4\text{-}46)$$

将式（4-46）代回到式（4-38）～式（4-40）可得式（4-47）～式（4-49）：

$$\left(\frac{\partial^2}{\partial z^2}-a^2\right)\tilde{\bar{u}}=-\mathrm{i}\xi_1\frac{\lambda+G}{G}(A_1\mathrm{e}^{-bz}+B_1\mathrm{e}^{bz}) \quad (4\text{-}47)$$

$$\left(\frac{\partial^2}{\partial z^2}-a^2\right)\tilde{\bar{v}}=-\mathrm{i}\xi_2\frac{\lambda+G}{G}(A_1\mathrm{e}^{-bz}+B_1\mathrm{e}^{bz}) \quad (4\text{-}48)$$

$$\left(\frac{\partial^2}{\partial z^2}-a^2\right)\tilde{\bar{w}}=\frac{\partial}{\partial z}\frac{\lambda+G}{G}(A_1\mathrm{e}^{-bz}+B_1\mathrm{e}^{bz}) \quad (4\text{-}49)$$

因此伽利略和傅里叶变换后的位移可由式（4-50）～式（4-52）表示：

$$\tilde{\bar{u}}(\xi_1,\xi_2,z)=A_2\mathrm{e}^{-az}+B_2\mathrm{e}^{az}+\frac{v_p^2}{\mathrm{i}\xi_1V^2}(A_1\mathrm{e}^{-bz}+B_1\mathrm{e}^{bz}) \quad (4\text{-}50)$$

$$\tilde{\bar{v}}(\xi_1,\xi_2,z)=A_3\mathrm{e}^{-az}+B_3\mathrm{e}^{az}+\frac{\xi_2}{\xi_1}\cdot\frac{v_p^2}{\mathrm{i}\xi_1V^2}(A_1\mathrm{e}^{-bz}+B_1\mathrm{e}^{bz}) \quad (4\text{-}51)$$

$$\tilde{\bar{w}}(\xi_1,\xi_2,z)=\frac{1}{a}(\mathrm{i}\xi_1A_2+\mathrm{i}\xi_2A_3)\mathrm{e}^{-az}-\frac{1}{a}(\mathrm{i}\xi_1B_2+\mathrm{i}\xi_2B_3)\mathrm{e}^{az}+\frac{bv_p^2}{\xi_1^2V^2}(A_1\mathrm{e}^{-bz}-B_1\mathrm{e}^{bz}) \quad (4\text{-}52)$$

式中：A_1、A_2、A_3、B_1、B_2、B_3——待定系数；

v_p、v_s——纵波和横波波速，$v_p^2=\dfrac{\lambda+2G}{\rho}$，$v_s^2=\dfrac{G}{\rho}$；

$a^2=\left(1-\dfrac{V^2}{v_s^2}\right)\xi_1^2+\xi_2^2$，$b^2=\left(1-\dfrac{V^2}{v_p^2}\right)\xi_1^2+\xi_2^2$。

根据边界条件，即无穷深度处的应力、应变、位移为 0，得出式（4-50）～式（4-52）中带有正指数 e^{az}、e^{bz} 的项系数必须为 0，因此系数 B_1～B_3 为 0，而系数 A_1～A_3 可根据荷载条件确定；最终可得伽利略和傅里叶变换后的位移为式（4-53）～式（4-55）：

$$\tilde{u}(\xi_1,\xi_2,z) = \frac{\tilde{\bar{\sigma}}_z(\xi_1,\xi_2,0)}{GK}[(a^2+\xi_1^2+\xi_2^2)\mathrm{i}\xi_1\mathrm{e}^{-bz} - 2abi\xi_1\mathrm{e}^{-az}] \quad （4\text{-}53）$$

$$\tilde{v}(\xi_1,\xi_2,z) = \frac{\tilde{\bar{\sigma}}_z(\xi_1,\xi_2,0)}{GK}[(a^2+\xi_1^2+\xi_2^2)\mathrm{i}\xi_2\mathrm{e}^{-bz} - 2abi\xi_2\mathrm{e}^{-az}] \quad （4\text{-}54）$$

$$\tilde{w}(\xi_1,\xi_2,z) = \frac{\tilde{\bar{\sigma}}_z(\xi_1,\xi_2,0)}{GK}[-(a^2+\xi_1^2+\xi_2^2)b\mathrm{e}^{-bz} + 2(\xi_1^2+\xi_2^2)b\mathrm{e}^{-az}] \quad （4\text{-}55）$$

式中：$K = (a^2+\xi_1^2+\xi_2^2)^2 - 4ab(\xi_1^2+\xi_2^2)$；而对于不同的荷载形状，可代入与之对应的 $\tilde{\bar{\sigma}}_z(\xi_1,\xi_2,0)$，如式（4-41）～式（4-44）所示。

对于伽利略和傅里叶变换后的应力和应变，可以依据伽利略和傅里叶变换后的物理方程和几何方程计算得到，如式（4-56）～式（4-67）所示：

$$\tilde{\bar{\sigma}}_x = \frac{\tilde{\bar{\sigma}}_z(\xi_1,\xi_2,0)}{K}[(a^2+\xi_1^2+\xi_2^2)(\xi_2^2-\xi_1^2+a^2-2b^2)\mathrm{e}^{-bz} + 4ab\xi_1^2\mathrm{e}^{-az}] \quad （4\text{-}56）$$

$$\tilde{\bar{\sigma}}_y = \frac{\tilde{\bar{\sigma}}_z(\xi_1,\xi_2,0)}{K}[(a^2+\xi_1^2+\xi_2^2)(\xi_1^2-\xi_2^2+a^2-2b^2)\mathrm{e}^{-bz} + 4ab\xi_2^2\mathrm{e}^{-az}] \quad （4\text{-}57）$$

$$\tilde{\bar{\sigma}}_z = \frac{\tilde{\bar{\sigma}}_z(\xi_1,\xi_2,0)}{K}[(a^2+\xi_1^2+\xi_2^2)^2\mathrm{e}^{-bz} - 4ab(\xi_1^2+\xi_2^2)\mathrm{e}^{-az}] \quad （4\text{-}58）$$

$$\tilde{\bar{\tau}}_{xy} = \frac{\tilde{\bar{\sigma}}_z(\xi_1,\xi_2,0)}{K}[-2\xi_1\xi_2(a^2+\xi_1^2+\xi_2^2)\mathrm{e}^{-bz} + 4ab\xi_1\xi_2\mathrm{e}^{-az}] \quad （4\text{-}59）$$

$$\tilde{\bar{\tau}}_{xz} = \frac{\tilde{\bar{\sigma}}_z(\xi_1,\xi_2,0)}{K}[-2bi\xi_1(a^2+\xi_1^2+\xi_2^2)\mathrm{e}^{-bz} + 2bi\xi_1(a^2+\xi_1^2+\xi_2^2)\mathrm{e}^{-az}] \quad （4\text{-}60）$$

$$\tilde{\bar{\tau}}_{yz} = \frac{\tilde{\bar{\sigma}}_z(\xi_1,\xi_2,0)}{K}[-2bi\xi_2(a^2+\xi_1^2+\xi_2^2)\mathrm{e}^{-bz} + 2bi\xi_2(a^2+\xi_1^2+\xi_2^2)\mathrm{e}^{-az}] \quad （4\text{-}61）$$

$$\tilde{\bar{\varepsilon}}_x = \frac{\tilde{\bar{\sigma}}_z(\xi_1,\xi_2,0)}{GK}[-\xi_1^2(a^2+\xi_1^2+\xi_2^2)\mathrm{e}^{-bz} + 2ab\xi_1^2\mathrm{e}^{-az}] \quad （4\text{-}62）$$

$$\tilde{\bar{\varepsilon}}_y = \frac{\tilde{\bar{\sigma}}_z(\xi_1,\xi_2,0)}{GK}[-\xi_2^2(a^2+\xi_1^2+\xi_2^2)\mathrm{e}^{-bz} + 2ab\xi_2^2\mathrm{e}^{-az}] \quad （4\text{-}63）$$

$$\tilde{\bar{\varepsilon}}_z = \frac{\tilde{\bar{\sigma}}_z(\xi_1,\xi_2,0)}{GK}[b^2(a^2+\xi_1^2+\xi_2^2)\mathrm{e}^{-bz} - 2ab(\xi_1^2+\xi_2^2)\mathrm{e}^{-az}] \quad （4\text{-}64）$$

$$\tilde{\bar{\varepsilon}}_{xy} = \frac{\tilde{\bar{\sigma}}_z(\xi_1,\xi_2,0)}{GK}[-\xi_1\xi_2(a^2+\xi_1^2+\xi_2^2)\mathrm{e}^{-bz} + 2ab\xi_1\xi_2\mathrm{e}^{-az}] \quad （4\text{-}65）$$

$$\tilde{\bar{\varepsilon}}_{xz} = \frac{\tilde{\bar{\sigma}}_z(\xi_1,\xi_2,0)}{GK}[-bi\xi_1(a^2+\xi_1^2+\xi_2^2)\mathrm{e}^{-bz} + bi\xi_1(a^2+\xi_1^2+\xi_2^2)\mathrm{e}^{-az}] \quad （4\text{-}66）$$

$$\tilde{\bar{\varepsilon}}_{yz} = \frac{\tilde{\bar{\sigma}}_z(\xi_1,\xi_2,0)}{GK}[-bi\xi_2(a^2+\xi_1^2+\xi_2^2)\mathrm{e}^{-bz} + bi\xi_2(a^2+\xi_1^2+\xi_2^2)\mathrm{e}^{-az}] \quad （4\text{-}67）$$

最后，对式（4-53）～式（4-67）进行傅里叶和伽利略逆变换可推导得出位移、应力和应变的解析解。

4.2.4　弹性多层体系解析解

通过整理平衡方程、物理方程和几何方程，并做伽利略和傅里叶变换可得式（4-68）：

$$\frac{\partial}{\partial z}\begin{bmatrix} \tilde{\tilde{u}} & \tilde{\tilde{v}} & \tilde{\tilde{w}} & \tilde{\tilde{\tau}}_{zx} & \tilde{\tilde{\tau}}_{zy} & \tilde{\tilde{\sigma}}_z \end{bmatrix}^{\mathrm{T}} = \boldsymbol{A} \cdot \begin{bmatrix} \tilde{\tilde{u}} & \tilde{\tilde{v}} & \tilde{\tilde{w}} & \tilde{\tilde{\tau}}_{zx} & \tilde{\tilde{\tau}}_{zy} & \tilde{\tilde{\sigma}}_z \end{bmatrix}^{\mathrm{T}} \quad (4\text{-}68)$$

式中：$\boldsymbol{A}$ 可由下式表示为

$$\boldsymbol{A} = \begin{bmatrix} 0 & 0 & -\mathrm{i}\xi_1 & \dfrac{1}{G} & 0 & 0 \\[2mm] 0 & 0 & -\mathrm{i}\xi_2 & 0 & \dfrac{1}{G} & 0 \\[2mm] -\dfrac{\mathrm{i}\xi_1\lambda}{D} & -\dfrac{\mathrm{i}\xi_2\lambda}{D} & 0 & 0 & 0 & \dfrac{1}{D} \\[2mm] (B-F)\xi_1^2 + G\xi_2^2 & C\xi_1\xi_2 & 0 & 0 & 0 & -\dfrac{\mathrm{i}\xi_1\lambda}{D} \\[2mm] C\xi_1\xi_2 & (G-F)\xi_1^2 + B\xi_2^2 & 0 & 0 & 0 & -\dfrac{\mathrm{i}\xi_2\lambda}{D} \\[2mm] 0 & 0 & -F\xi_1^2 & -\mathrm{i}\xi_1 & -\mathrm{i}\xi_2 & 0 \end{bmatrix} \quad (4\text{-}69)$$

其中 $B = \dfrac{4G(\lambda+G)}{\lambda+2G}$，$C = \dfrac{G(3\lambda+2G)}{\lambda+2G}$，$D = \lambda+2G$，$F = \rho V^2$。

基于现代控制理论，式（4-68）的解为

$$\begin{bmatrix} \tilde{\tilde{u}}(\xi_1,\xi_2,z) \\ \tilde{\tilde{v}}(\xi_1,\xi_2,z) \\ \tilde{\tilde{w}}(\xi_1,\xi_2,z) \\ \tilde{\tilde{\tau}}_{zx}(\xi_1,\xi_2,z) \\ \tilde{\tilde{\tau}}_{zy}(\xi_1,\xi_2,z) \\ \tilde{\tilde{\sigma}}_z(\xi_1,\xi_2,z) \end{bmatrix} = \boldsymbol{T} \cdot \begin{bmatrix} \tilde{\tilde{u}}(\xi_1,\xi_2,0) \\ \tilde{\tilde{v}}(\xi_1,\xi_2,0) \\ \tilde{\tilde{w}}(\xi_1,\xi_2,0) \\ \tilde{\tilde{\tau}}_{zx}(\xi_1,\xi_2,0) \\ \tilde{\tilde{\tau}}_{zy}(\xi_1,\xi_2,0) \\ \tilde{\tilde{\sigma}}_z(\xi_1,\xi_2,0) \end{bmatrix} \quad (4\text{-}70)$$

式中：$\boldsymbol{T}$——传递矩阵，其作用是建立了表面状态向量和深度 z 处状态向量之间的关系。

传递矩阵的表达式是关于一个指数的矩阵次幂，故根据矩阵理论，传递矩阵可表示为

$$\boldsymbol{T} = \mathrm{e}^{\boldsymbol{A}z} = \boldsymbol{P}\mathrm{e}^{\mathrm{diag}(b,a,a,-b,-a,-a)\cdot z}\boldsymbol{P}^{-1} \quad (4\text{-}71)$$

式中：$\pm a$、$\pm b$——矩阵 $\boldsymbol{A}$ 的特征值，$a^2 = \left(1 - \dfrac{V^2}{v_s^2}\right)\xi_1^2 + \xi_2^2$，$b^2 = \left(1 - \dfrac{V^2}{v_p^2}\right)\xi_1^2 + \xi_2^2$；

$\boldsymbol{P}$——矩阵 $\boldsymbol{A}$ 的特征向量矩阵，可由下式表示：

$$\boldsymbol{P} = \begin{bmatrix} \dfrac{\mathrm{i}\xi_1}{G(\alpha^2+a^2)} & -\dfrac{\xi_2}{G\xi_1 a} & \dfrac{\mathrm{i}(\xi_2^2+a^2)}{2\xi_1 Ga^2} & \dfrac{\mathrm{i}\xi_1}{G(\alpha^2+a^2)} & \dfrac{\xi_2}{G\xi_1 a} & \dfrac{\mathrm{i}(\xi_2^2+a^2)}{2G\xi_1 a^2} \\[3mm] \dfrac{\mathrm{i}\xi_2}{G(\alpha^2+a^2)} & \dfrac{1}{Ga} & -\dfrac{\mathrm{i}\xi_2}{2Ga^2} & \dfrac{\mathrm{i}\xi_2}{G(\alpha^2+a^2)} & -\dfrac{1}{Ga} & -\dfrac{\mathrm{i}\xi_2}{2Ga^2} \\[3mm] \dfrac{b}{G(\alpha^2+a^2)} & 0 & \dfrac{1}{2Ga} & -\dfrac{b}{G(\alpha^2+a^2)} & 0 & -\dfrac{1}{2Ga} \\[3mm] \dfrac{2\mathrm{i}\xi_1 b}{\alpha^2+a^2} & -\dfrac{\xi_2}{\xi_1} & \dfrac{\mathrm{i}(\alpha^2+a^2)}{2\xi_1 a} & -\dfrac{2\mathrm{i}\xi_1 b}{\alpha^2+a^2} & -\dfrac{\xi_2}{\xi_1} & -\dfrac{\mathrm{i}(\alpha^2+a^2)}{2\xi_1 a} \\[3mm] \dfrac{2\mathrm{i}\xi_2 b}{\alpha^2+a^2} & 1 & 0 & -\dfrac{2\mathrm{i}\xi_2 b}{\alpha^2+a^2} & 1 & 0 \\[3mm] 1 & 0 & 1 & 1 & 0 & 1 \end{bmatrix} \tag{4-72}$$

式中： $\alpha = \sqrt{\xi_1^2 + \xi_2^2}$ 。

经式（4-71）的矩阵运算可得传递矩阵各个元素，如式（4-73）～式（4-108）所示：

$$T_{11} = -\frac{\xi_1^2}{a^2-\alpha^2}(e^{bz}+e^{-bz}) + \frac{a^2+\alpha^2-2\xi_2^2}{2(a^2-\alpha^2)}(e^{az}+e^{-az}) \tag{4-73}$$

$$T_{21} = -\frac{\xi_1\xi_2}{a^2-\alpha^2}(e^{bz}+e^{-bz}) + \frac{\xi_1\xi_2}{a^2-\alpha^2}(e^{az}+e^{-az}) \tag{4-74}$$

$$T_{31} = \frac{\mathrm{i}\xi_1 b}{a^2-\alpha^2}(e^{bz}-e^{-bz}) - \frac{\mathrm{i}\xi_1(a^2+\alpha^2)}{2a(a^2-\alpha^2)}(e^{az}-e^{-az}) \tag{4-75}$$

$$T_{41} = -\frac{2Gb\xi_1^2}{a^2-\alpha^2}(e^{bz}-e^{-bz}) + \frac{G[a^2(a^2-\alpha^2)+\xi_1^2(3a^2+\alpha^2)]}{2a(a^2-\alpha^2)}(e^{az}-e^{-az}) \tag{4-76}$$

$$T_{51} = -\frac{2Gb\xi_1\xi_2}{a^2-\alpha^2}(e^{bz}-e^{-bz}) + \frac{G\xi_1\xi_2(3a^2+\alpha^2)}{2a(a^2-\alpha^2)}(e^{az}-e^{-az}) \tag{4-77}$$

$$T_{61} = \frac{G\mathrm{i}\xi_1(a^2+\alpha^2)}{a^2-\alpha^2}(e^{bz}+e^{-bz}) - \frac{G\mathrm{i}\xi_1(a^2+\alpha^2)}{a^2-\alpha^2}(e^{az}+e^{-az}) \tag{4-78}$$

$$T_{12} = T_{21} \tag{4-79}$$

$$T_{22} = -\frac{\xi_2^2}{a^2-\alpha^2}(e^{bz}+e^{-bz}) + \frac{a^2-\alpha^2+2\xi_2^2}{2(a^2-\alpha^2)}(e^{az}+e^{-az}) \tag{4-80}$$

$$T_{32} = \frac{\mathrm{i}\xi_2 b}{a^2-\alpha^2}(e^{bz}-e^{-bz}) - \frac{\mathrm{i}\xi_2(a^2+\alpha^2)}{2a(a^2-\alpha^2)}(e^{az}-e^{-az}) \tag{4-81}$$

$$T_{42} = T_{51} \tag{4-82}$$

$$T_{52} = -\frac{2Gb\xi_2^2}{a^2-\alpha^2}(e^{bz}-e^{-bz}) + \frac{G[a^2(a^2-\alpha^2)+\xi_2^2(3a^2+\alpha^2)]}{2a(a^2-\alpha^2)}(e^{az}-e^{-az}) \tag{4-83}$$

$$T_{62} = \frac{Gi\xi_2(a^2 + \alpha^2)}{a^2 - \alpha^2}(e^{bz} + e^{-bz}) - \frac{Gi\xi_2(a^2 + \alpha^2)}{a^2 - \alpha^2}(e^{az} + e^{-az}) \tag{4-84}$$

$$T_{13} = \frac{i\xi_1(a^2 + \alpha^2)}{2b(a^2 - \alpha^2)}(e^{bz} - e^{-bz}) - \frac{i\xi_1 a}{a^2 - \alpha^2}(e^{az} - e^{-az}) \tag{4-85}$$

$$T_{23} = \frac{i\xi_2(a^2 + \alpha^2)}{2b(a^2 - \alpha^2)}(e^{bz} - e^{-bz}) - \frac{i\xi_2 a}{a^2 - \alpha^2}(e^{az} - e^{-az}) \tag{4-86}$$

$$T_{33} = \frac{a^2 + \alpha^2}{2(a^2 - \alpha^2)}(e^{bz} + e^{-bz}) - \frac{\alpha^2}{a^2 - \alpha^2}(e^{az} + e^{-az}) \tag{4-87}$$

$$T_{43} = T_{61} \tag{4-88}$$

$$T_{53} = T_{62} \tag{4-89}$$

$$T_{63} = \frac{G(a^2 + \alpha^2)^2}{2b(a^2 - \alpha^2)}(e^{bz} - e^{-bz}) - \frac{2Ga\alpha^2}{a^2 - \alpha^2}(e^{az} - e^{-az}) \tag{4-90}$$

$$T_{14} = -\frac{\xi_1^2}{2Gb(a^2 - \alpha^2)}(e^{bz} - e^{-bz}) + \frac{a^2 - \xi_2^2}{2Ga(a^2 - \alpha^2)}(e^{az} - e^{-az}) \tag{4-91}$$

$$T_{24} = -\frac{\xi_1\xi_2}{2Gb(a^2 - \alpha^2)}(e^{bz} - e^{-bz}) + \frac{\xi_1\xi_2}{2Ga(a^2 - \alpha^2)}(e^{az} - e^{-az}) \tag{4-92}$$

$$T_{34} = \frac{i\xi_1}{2G(a^2 - \alpha^2)}(e^{bz} + e^{-bz}) - \frac{i\xi_1}{2G(a^2 - \alpha^2)}(e^{az} + e^{-az}) \tag{4-93}$$

$$T_{44} = T_{11} \tag{4-94}$$

$$T_{54} = T_{21} \tag{4-95}$$

$$T_{64} = T_{13} \tag{4-96}$$

$$T_{15} = T_{24} \tag{4-97}$$

$$T_{25} = -\frac{\xi_2^2}{2Gb(a^2 - \alpha^2)}(e^{bz} - e^{-bz}) + \frac{a^2 - \xi_1^2}{2Ga(a^2 - \alpha^2)}(e^{az} - e^{-az}) \tag{4-98}$$

$$T_{35} = \frac{i\xi_2}{2G(a^2 - \alpha^2)}(e^{bz} + e^{-bz}) - \frac{i\xi_2}{2G(a^2 - \alpha^2)}(e^{az} + e^{-az}) \tag{4-99}$$

$$T_{45} = T_{21} \tag{4-100}$$

$$T_{55} = T_{22} \tag{4-101}$$

$$T_{65} = T_{23} \tag{4-102}$$

$$T_{16} = T_{34} \tag{4-103}$$

$$T_{26} = T_{35} \tag{4-104}$$

$$T_{36} = \frac{b}{2G(a^2 - \alpha^2)}(e^{bz} - e^{-bz}) - \frac{\alpha^2}{2Ga(a^2 - \alpha^2)}(e^{az} - e^{-az}) \tag{4-105}$$

$$T_{46} = T_{31} \tag{4-106}$$

$$T_{56} = T_{32} \tag{4-107}$$

$$T_{66} = T_{33} \tag{4-108}$$

对于一个多层体系，如图 4-2 所示，经伽利略和傅里叶变换后的任意深度 z 处力学响应可以由表面状态向量与一系列不同结构层的传递矩阵连乘表示，如式（4-109）所示：

$$\begin{bmatrix} \tilde{\tilde{u}}(\xi_1,\xi_2,z) \\ \tilde{\tilde{v}}(\xi_1,\xi_2,z) \\ \tilde{\tilde{w}}(\xi_1,\xi_2,z) \\ \tilde{\tilde{\tau}}_{zx}(\xi_1,\xi_2,z) \\ \tilde{\tilde{\tau}}_{zy}(\xi_1,\xi_2,z) \\ \tilde{\tilde{\sigma}}_{z}(\xi_1,\xi_2,z) \end{bmatrix} = {}^N\boldsymbol{T}\left(\xi_1,\xi_2,z-\sum_{i=1}^{N-1}h_i\right)\cdot\prod_{i=1}^{N-1}{}^i\boldsymbol{T}(\xi_1,\xi_2,h_i)\cdot\begin{bmatrix} \tilde{\tilde{u}}(\xi_1,\xi_2,0) \\ \tilde{\tilde{v}}(\xi_1,\xi_2,0) \\ \tilde{\tilde{w}}(\xi_1,\xi_2,0) \\ \tilde{\tilde{\tau}}_{zx}(\xi_1,\xi_2,0) \\ \tilde{\tilde{\tau}}_{zy}(\xi_1,\xi_2,0) \\ \tilde{\tilde{\sigma}}_{z}(\xi_1,\xi_2,0) \end{bmatrix} \tag{4-109}$$

式中：h_i 和 ${}^i\boldsymbol{T}$——结构层 i 的厚度和传递矩阵，$i=1,2,\cdots,n$；

　　　　N——计算点对应的层位。

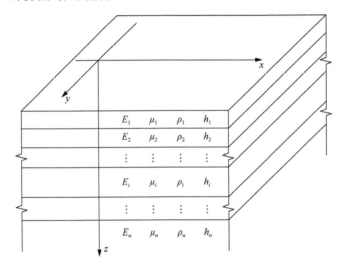

图 4-2　多层体系

在式（4-109）中，表面荷载状态 $\tilde{\tilde{\tau}}_{zx}(\xi_1,\xi_2,0)$、$\tilde{\tilde{\tau}}_{zy}(\xi_1,\xi_2,0)$、$\tilde{\tilde{\sigma}}_{z}(\xi_1,\xi_2,0)$ 可由式（4-41）～式（4-44）计算得到；而对于表面位移状态 $\tilde{\tilde{u}}(\xi_1,\xi_2,0)$、$\tilde{\tilde{v}}(\xi_1,\xi_2,0)$、$\tilde{\tilde{w}}(\xi_1,\xi_2,0)$ 是未知的，可通过边界条件确定。当深度 z 趋近于无穷时，式（4-109）等式左侧为 0 向量，故表面位移状态 $\tilde{\tilde{u}}(\xi_1,\xi_2,0)$、$\tilde{\tilde{v}}(\xi_1,\xi_2,0)$、$\tilde{\tilde{w}}(\xi_1,\xi_2,0)$ 可表示为

$$\begin{bmatrix} \tilde{\tilde{u}}(\xi_1,\xi_2,0) \\ \tilde{\tilde{v}}(\xi_1,\xi_2,0) \\ \tilde{\tilde{w}}(\xi_1,\xi_2,0) \end{bmatrix} = -\begin{bmatrix} F_{11} & F_{12} & F_{13} \\ F_{21} & F_{22} & F_{23} \\ F_{31} & F_{32} & F_{33} \end{bmatrix}^{-1}\cdot\begin{bmatrix} F_{14} & F_{15} & F_{16} \\ F_{24} & F_{25} & F_{26} \\ F_{34} & F_{35} & F_{36} \end{bmatrix}\cdot\begin{bmatrix} \tilde{\tilde{\tau}}_{zx}(\xi_1,\xi_2,0) \\ \tilde{\tilde{\tau}}_{zy}(\xi_1,\xi_2,0) \\ \tilde{\tilde{\sigma}}_{z}(\xi_1,\xi_2,0) \end{bmatrix} \tag{4-110}$$

式中：$\boldsymbol{F}_{6\times6} = {}^n\boldsymbol{T}\left(\xi_1,\xi_2,\infty-\sum_{i=1}^{n-1}h_i\right)\cdot\prod_{i=1}^{n-1}{}^i\boldsymbol{T}(\xi_1,\xi_2,h_i)$。

将式（4-110）代入式（4-109），经伽利略和傅里叶变换后的任意深度 z 处力学响应即可计算得到；随后对其施加傅里叶和伽利略逆变换，即可推导出弹性多层体系任意点位的力学响应解析解，如式（4-111）所示为

$$R(x,y,z,t) = \frac{1}{2\pi}\int_{-\infty}^{\infty}\frac{1}{2\pi}\left(\int_{-\infty}^{\infty}\tilde{\tilde{R}}(\xi_1,\xi_2,z)\cdot e^{i\xi_1(x-Vt)}d\xi_1\right)e^{i\xi_2 y}d\xi_2 \qquad （4-111）$$

式中：$\tilde{\tilde{R}}(\xi_1,\xi_2,z)$——经伽利略和傅里叶变换后的任意深度 z 处力学响应；

$R(x,y,z,t)$——弹性多层体系任意点位的力学响应解析解。

4.3　简单形状移动荷载作用下黏弹性多层体系解析解

4.3.1　弹性-黏弹性对应原理

黏弹性多层体系的解析解推导过程与弹性多层体系的解析解推导过程基本一致，唯一的区别是黏弹性层的模量与时间相关，需要将其进行傅里叶变换后再进行推导计算。

以在 ABAQUS 中常见的广义麦克斯韦模型为例进行推导。广义麦克斯韦模型在 ABAQUS 中通常应用普朗尼（Prony）级数表示，见式（4-112）。广义麦克斯韦模型如图 4-3 所示。

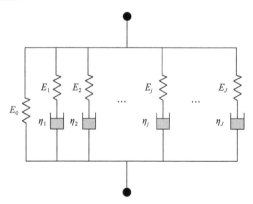

图 4-3　广义麦克斯韦模型

$$G(t) = G_0\left(1 - \sum_{j=1}^{J} g_j \cdot (1 - e^{-t/\tau_j})\right) \qquad （4-112）$$

式中：$G(t)$——剪切模量；

G_0——瞬态剪切模量，$G_0 = \dfrac{1}{2(1+\mu)}(E_0 + E_1 + \cdots + E_J)$；

g_j——归一化剪切模量，$\dfrac{E_j}{2(1+\mu)G_0}$；

τ_j——减缩时间，$\dfrac{\eta_j}{E_j}$；

E_0——弹性模量；

E_j，η_j——弹性模量和黏度，$j=1,2,\cdots,J$。

为推导移动荷载作用下黏弹性多层体系的解析解，时域的广义麦克斯韦模型的傅里叶变换应与基本方程的傅里叶变换一致，即对坐标 x、y 进行变换。由于移动荷载沿 x 轴方向移动，只对坐标 x 进行变换。

在黏弹性解推导过程中，根据弹性-黏弹性对应原理，并假设泊松比为定值，只需将弹性解中的常数，即剪切模量 G 替换成式（4-113），式中为时域的广义麦克斯韦模型的傅里叶变换乘以 $i\xi_1$，则可得到积分变换域下的黏弹性解；此后再进行傅里叶和伽利略逆变换，即可获得时域解析解。

$$G(\xi_1) = \frac{1}{2(1+\mu)}\left[E_0 + \sum_{j=1}^{J} E_j\left(1 - \frac{E_j}{E_j - i\xi_1 V\eta_j}\right)\right] \tag{4-113}$$

4.3.2　黏弹性多层体系解析解

对于黏弹性层传递矩阵的各个元素，可参照式（4-73）～式（4-108），并将其中的常数 G 替换成 $G(\xi_1)$ 即可，见式（4-114）～式（4-149）。

$$T_{11} = -\frac{\xi_1^2}{a^2-\alpha^2}(e^{bz}+e^{-bz}) + \frac{a^2+\alpha^2-2\xi_2^2}{2(a^2-\alpha^2)}(e^{az}+e^{-az}) \tag{4-114}$$

$$T_{21} = -\frac{\xi_1\xi_2}{a^2-\alpha^2}(e^{bz}+e^{-bz}) + \frac{\xi_1\xi_2}{a^2-\alpha^2}(e^{az}+e^{-az}) \tag{4-115}$$

$$T_{31} = \frac{i\xi_1 b}{a^2-\alpha^2}(e^{bz}-e^{-bz}) - \frac{i\xi_1(a^2+\alpha^2)}{2a(a^2-\alpha^2)}(e^{az}-e^{-az}) \tag{4-116}$$

$$T_{41} = -\frac{2G(\xi_1)b\xi_1^2}{a^2-\alpha^2}(e^{bz}-e^{-bz}) + \frac{G(\xi_1)[a^2(a^2-\alpha^2)+\xi_1^2(3a^2+\alpha^2)]}{2a(a^2-\alpha^2)}(e^{az}-e^{-az})$$

$$\tag{4-117}$$

$$T_{51} = -\frac{2G(\xi_1)b\xi_1\xi_2}{a^2-\alpha^2}(e^{bz}-e^{-bz}) + \frac{G(\xi_1)\xi_1\xi_2(3a^2+\alpha^2)}{2a(a^2-\alpha^2)}(e^{az}-e^{-az}) \tag{4-118}$$

$$T_{61} = \frac{G(\xi_1)i\xi_1(a^2+\alpha^2)}{a^2-\alpha^2}(e^{bz}+e^{-bz}) - \frac{G(\xi_1)i\xi_1(a^2+\alpha^2)}{a^2-\alpha^2}(e^{az}+e^{-az}) \tag{4-119}$$

$$T_{12} = T_{21} \tag{4-120}$$

$$T_{22} = -\frac{\xi_2^2}{a^2-\alpha^2}(e^{bz}+e^{-bz}) + \frac{a^2-\alpha^2+2\xi_2^2}{2(a^2-\alpha^2)}(e^{az}+e^{-az}) \tag{4-121}$$

$$T_{32} = \frac{\mathrm{i}\xi_2 b}{a^2 - \alpha^2}(\mathrm{e}^{bz} - \mathrm{e}^{-bz}) - \frac{\mathrm{i}\xi_2(a^2 + \alpha^2)}{2a(a^2 - \alpha^2)}(\mathrm{e}^{az} - \mathrm{e}^{-az}) \qquad (4\text{-}122)$$

$$T_{42} = T_{51} \qquad (4\text{-}123)$$

$$T_{52} = -\frac{2G(\xi_1)b\xi_2^2}{a^2 - \alpha^2}(\mathrm{e}^{bz} - \mathrm{e}^{-bz}) + \frac{G(\xi_1)[a^2(a^2 - \alpha^2) + \xi_2^2(3a^2 + \alpha^2)]}{2a(a^2 - \alpha^2)}(\mathrm{e}^{az} - \mathrm{e}^{-az})$$

$$(4\text{-}124)$$

$$T_{62} = \frac{G(\xi_1)\mathrm{i}\xi_2(a^2 + \alpha^2)}{a^2 - \alpha^2}(\mathrm{e}^{bz} + \mathrm{e}^{-bz}) - \frac{G(\xi_1)\mathrm{i}\xi_2(a^2 + \alpha^2)}{a^2 - \alpha^2}(\mathrm{e}^{az} + \mathrm{e}^{-az}) \quad (4\text{-}125)$$

$$T_{13} = \frac{\mathrm{i}\xi_1(a^2 + \alpha^2)}{2b(a^2 - \alpha^2)}(\mathrm{e}^{bz} - \mathrm{e}^{-bz}) - \frac{\mathrm{i}\xi_1 a}{a^2 - \alpha^2}(\mathrm{e}^{az} - \mathrm{e}^{-az}) \qquad (4\text{-}126)$$

$$T_{23} = \frac{\mathrm{i}\xi_2(a^2 + \alpha^2)}{2b(a^2 - \alpha^2)}(\mathrm{e}^{bz} - \mathrm{e}^{-bz}) - \frac{\mathrm{i}\xi_2 a}{a^2 - \alpha^2}(\mathrm{e}^{az} - \mathrm{e}^{-az}) \qquad (4\text{-}127)$$

$$T_{33} = \frac{a^2 + \alpha^2}{2(a^2 - \alpha^2)}(\mathrm{e}^{bz} + \mathrm{e}^{-bz}) - \frac{\alpha^2}{a^2 - \alpha^2}(\mathrm{e}^{az} + \mathrm{e}^{-az}) \qquad (4\text{-}128)$$

$$T_{43} = T_{61} \qquad (4\text{-}129)$$

$$T_{53} = T_{62} \qquad (4\text{-}130)$$

$$T_{63} = \frac{G(\xi_1)(a^2 + \alpha^2)^2}{2b(a^2 - \alpha^2)}(\mathrm{e}^{bz} - \mathrm{e}^{-bz}) - \frac{2G(\xi_1)a\alpha^2}{a^2 - \alpha^2}(\mathrm{e}^{az} - \mathrm{e}^{-az}) \qquad (4\text{-}131)$$

$$T_{14} = -\frac{\xi_1^2}{2G(\xi_1)b(a^2 - \alpha^2)}(\mathrm{e}^{bz} - \mathrm{e}^{-bz}) + \frac{a^2 - \xi_2^2}{2G(\xi_1)a(a^2 - \alpha^2)}(\mathrm{e}^{az} - \mathrm{e}^{-az}) \quad (4\text{-}132)$$

$$T_{24} = -\frac{\xi_1\xi_2}{2G(\xi_1)b(a^2 - \alpha^2)}(\mathrm{e}^{bz} - \mathrm{e}^{-bz}) + \frac{\xi_1\xi_2}{2G(\xi_1)a(a^2 - \alpha^2)}(\mathrm{e}^{az} - \mathrm{e}^{-az}) \quad (4\text{-}133)$$

$$T_{34} = \frac{\mathrm{i}\xi_1}{2G(\xi_1)(a^2 - \alpha^2)}(\mathrm{e}^{bz} + \mathrm{e}^{-bz}) - \frac{\mathrm{i}\xi_1}{2G(\xi_1)(a^2 - \alpha^2)}(\mathrm{e}^{az} + \mathrm{e}^{-az}) \quad (4\text{-}134)$$

$$T_{44} = T_{11} \qquad (4\text{-}135)$$

$$T_{54} = T_{21} \qquad (4\text{-}136)$$

$$T_{64} = T_{13} \qquad (4\text{-}137)$$

$$T_{15} = T_{24} \qquad (4\text{-}138)$$

$$T_{25} = -\frac{\xi_2^2}{2G(\xi_1)b(a^2 - \alpha^2)}(\mathrm{e}^{bz} - \mathrm{e}^{-bz}) + \frac{a^2 - \xi_1^2}{2G(\xi_1)a(a^2 - \alpha^2)}(\mathrm{e}^{az} - \mathrm{e}^{-az}) \quad (4\text{-}139)$$

$$T_{35} = \frac{\mathrm{i}\xi_2}{2G(\xi_1)(a^2 - \alpha^2)}(\mathrm{e}^{bz} + \mathrm{e}^{-bz}) - \frac{\mathrm{i}\xi_2}{2G(\xi_1)(a^2 - \alpha^2)}(\mathrm{e}^{az} + \mathrm{e}^{-az}) \quad (4\text{-}140)$$

$$T_{45} = T_{21} \qquad (4\text{-}141)$$

$$T_{55} = T_{22} \tag{4-142}$$

$$T_{65} = T_{23} \tag{4-143}$$

$$T_{16} = T_{34} \tag{4-144}$$

$$T_{26} = T_{35} \tag{4-145}$$

$$T_{36} = \frac{b}{2G(\xi_1)(a^2 - \alpha^2)}(e^{bz} - e^{-bz}) - \frac{\alpha^2}{2G(\xi_1)a(a^2 - \alpha^2)}(e^{az} - e^{-az}) \tag{4-146}$$

$$T_{46} = T_{31} \tag{4-147}$$

$$T_{56} = T_{32} \tag{4-148}$$

$$T_{66} = T_{33} \tag{4-149}$$

式中：$v_p^2 = \dfrac{\lambda(\xi_1) + 2G(\xi_1)}{\rho}$，$v_s^2 = \dfrac{G(\xi_1)}{\rho}$，$a^2 = \left(1 - \dfrac{V^2}{v_s^2}\right)\xi_1^2 + \xi_2^2$，$b^2 = \left(1 - \dfrac{V^2}{v_p^2}\right)\xi_1^2 + \xi_2^2$。

对于一个黏弹性多层体系，经伽利略和傅里叶变换后的任意深度 z 处力学响应可以由表面状态向量与各层的传递矩阵连乘表示，表达式与式（4-109）相同。

同理，表面荷载状态 $\tilde{\tau}_{zx}(\xi_1, \xi_2, 0)$、$\tilde{\tau}_{zy}(\xi_1, \xi_2, 0)$、$\tilde{\sigma}_z(\xi_1, \xi_2, 0)$ 可由式（4-41）～式（4-44）计算得到；而对于表面位移状态 $\tilde{u}(\xi_1, \xi_2, 0)$、$\tilde{v}(\xi_1, \xi_2, 0)$、$\tilde{w}(\xi_1, \xi_2, 0)$ 是未知的，可通过深度 z 趋近于无穷时的边界条件确定；进而，经伽利略和傅里叶变换后的任意深度 z 处力学响应可由式（4-109）计算得到；随后对其施加傅里叶和伽利略逆变换，即可推导出黏弹性多层体系任意点位的力学响应解析解。

4.4 复杂形状非均布移动荷载作用下多层体系解析解

实际车辆荷载对路面的作用力是非均匀分布的，同时轮胎接地印记也是极其复杂的。为了研究更加真实的车辆荷载对路面力学响应的影响，需计算任意复杂形状非均布移动荷载作用下弹性/黏弹性多层体系解析解。由于路面材料本构方程在前面几节中已假设为线性弹性或线性黏弹性（线性模型、小变形），可采用线性叠加原理来计算任意复杂形状非均布移动荷载作用下弹性/黏弹性多层体系解析解。

任意复杂形状非均布移动荷载（图 4-4）可非常容易地由一系列不同几何尺寸和不同荷载幅值的矩形均布移动荷载来近似表示。首先，每一个矩形均布移动荷载作用下的多层体系力学响应可在其局部坐标系下计算得出；其次，将所有局部坐标系下的力学响应转换到全局坐标系下，任意复杂形状非均布移动荷载作用下的多层体系力学响应可根据线性叠加原理计算得出。

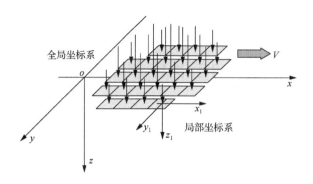

图 4-4　任意复杂形状非均布移动荷载

4.5　本章小结

本章主要利用直角坐标系下的连续介质力学公式，提出伽利略变换和傅里叶变换方法，并利用传递矩阵法，推导简单形状移动荷载和任意复杂形状非均布移动荷载作用下弹性/黏弹性多层体系解析解。

参 考 文 献

周光泉, 刘孝敏, 1996. 粘弹性理论[M]. 合肥: 中国科学技术大学出版社.

DONG Z, MA X, 2018. Analytical solutions of asphalt pavement responses under moving loads with arbitrary non-uniform tire contact pressure and irregular tire imprint[J]. Road Materials and Pavement Design, 19(8): 1887-1903.

第5章　沥青路面层状体系动力响应的数值求解

前面三章给出了轴对称条件下沥青路面层状弹性和黏弹性、移动荷载作用下层状弹性和黏弹性体系动力响应的一般解（即解析解）求解方法。从其一般解的表达式可以看出，由于应力与位移分量的表达式中包含汉克尔积分逆变换、拉普拉斯积分逆变换或傅里叶积分逆变换，其指数项及无穷积分的计算较为复杂，因此，动态荷载作用下沥青路面的动力响应必须采用数值方法进行数值求解。

本章首先以沥青路面多层黏弹性体系动力响应求解为例，给出其应力、位移分量计算流程；然后，讨论汉克尔逆变换、拉普拉斯逆变换和傅里叶逆变换的数值求解方法；最后，结合简单算例讨论沥青路面动力响应数值求解注意事项。

5.1　层状体系动力学数值求解流程

这里以沥青路面多层饱和黏弹性体系为例，给出其在动态荷载作用下的应力、位移分量的计算流程图如图 5-1 所示。

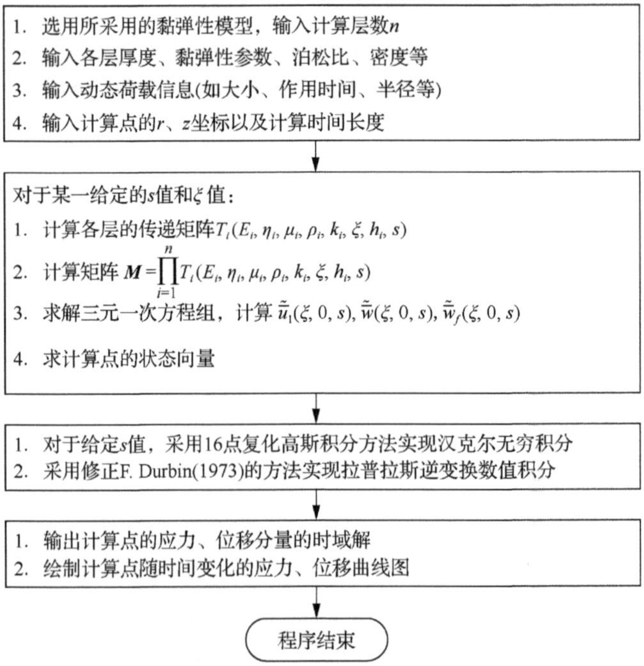

图 5-1　沥青路面黏弹性体系应力、位移分量计算流程图

从计算流程中可以看出，层状体系动力响应计算中除求解三元一次方程及矩阵连乘外，汉克尔积分逆变换和拉普拉斯积分逆变换是其中的关键计算部分，其精度对整个结果影响明显。

5.2　数值积分的实现

5.2.1　汉克尔逆变换的数值求解

汉克尔积分变换的数值求解从数学的角度而言方法很多，这里仅列出两类较为常用的方法。

（1）快速汉克尔变换（杨峻，1995；任瑞波，2000）

对于 k 阶汉克尔变换

$$F_k(r) = \int_0^\infty \xi f(\xi) J_k(\xi r) \mathrm{d}\xi$$

由恒等展开式（母函数）

$$\mathrm{e}^{\frac{1}{2}z\left(t-\frac{1}{t}\right)} = \sum_{k=-\infty}^{+\infty} t^k J_k(z)$$

令 $t = \mathrm{e}^{\mathrm{i}\theta}$，$z = \xi r$，并对上式两边同乘以 $\xi f(\xi)$，然后积分得

$$\int_0^\infty \mathrm{e}^{\mathrm{i}\xi r \sin\theta} \xi f(\xi) \mathrm{d}\xi = \sum_{k=-\infty}^{+\infty} \mathrm{e}^{\mathrm{i}k\theta} F_k(r) \tag{5-1}$$

令 $\Phi(\eta) = \int_0^\infty \mathrm{e}^{\mathrm{i}\xi\eta} \xi f(\xi) \mathrm{d}\xi$，即 $\eta = r\sin\theta$，由傅里叶级数展开理论，并考虑到 $\Phi(r\sin\theta)$ 的周期性，上式可以转化为

$$F_k(r) = \frac{1}{2\pi} \int_0^{2\pi} \Phi(r\sin\theta) \mathrm{e}^{-\mathrm{i}k\theta} \mathrm{d}\theta \tag{5-2}$$

因此，汉克尔变换的 $[0,\infty)$ 区间上的积分就转化为 $[0,2\pi]$ 区间上的积分，而积分核 $\Phi(r\sin\theta)$ 可以按快速傅里叶变换求得。

（2）高斯数值积分（任瑞波，2000；董泽蛟，2006；董泽蛟等，2007）

在积分区间 $[-1,+1]$ 上取 r_1 个插值点，则高斯数值积分公式可表达为下式：

$$\int_{-1}^1 f(t) \mathrm{d}t = \sum_{k=1}^n A_k f(t_k) \tag{5-3}$$

式中：t_k——高斯节点，可查相关表得到；

A_k——高斯系数，可查相关表得到。

应当指出，根据应力和位移分量系数表达式的特点，高斯节点数 n 应取偶数点，不要选用奇数点，这样对计算有好处。

从式（5-3）可以看出，高斯节点数愈多，其数值积分的计算精度也就愈高，但计算速度会越慢。因此，必须在节点数与计算速度上进行权衡，寻找计算精度和计算速度相适宜的节点数。

在实际计算中，一般积分区间为 $[a,b]$。为此，若令

$$x_k = \frac{a+b}{2} + \frac{b-a}{2} t_k \qquad (5-4)$$

则有积分区间 $[a,b]$ 的高斯数值积分式为

$$\int_a^b f(x)\mathrm{d}x = \frac{b-a}{2} \sum_{k=1}^n A_k f(x_k) \qquad (5-5)$$

对于层状体系，有 $a=0$，$b=x_s$。在实际应用中，一般采用复化高斯积分法。该法将积分区间 $[a,b]$ 划分为长度相等的 s 个子区间，每个子区间上采用 n 点高斯求积公式计算其积分值，然后再将 s 个子区间的积分值相加，求得整个区间的积分值，即

$$\int_a^b f(x)\mathrm{d}x = \frac{b-a}{2s} \sum_{j=1}^s \sum_{k=1}^n A_k f(x_k) \qquad (5-6)$$

式中：$x_k = \dfrac{b-a}{s}\left[\dfrac{1}{2}t_k + \left(j-\dfrac{1}{2}\right)\right]$。

若设子区间长为 L_s，则子区间数 s 可按下式确定：

$$s = [x_s / L_s] + 1 \qquad (5-7)$$

根据以往编程经验，建议采用 16 点高斯数值积分法，在满足工程精度前提下，其计算速度可以接受。

5.2.2　拉普拉斯逆变换的数值求解

对于简单的变换问题，可直接利用拉普拉斯逆变换表得到其逆变换的数学表达式，而对于本章所研究的问题，$F(s)$ 的表达式极其复杂，难以用解析式表示，需要采用数值法进行逆变换。由于逆变换的精确数值求解难度较大，也就出现了很多方法，主要包括：①最大精度法；②Cost 多数值法；③Schapery 配点法；④三角函数展开法；⑤勒让德（Legendre）多项式法；⑥Laugerre 多项式展开法；⑦正弦（sine）和余弦（cosine）函数变换法；⑧快速傅里叶变换法；⑨杜宾（Durbin）法。

这 9 种方法中采用实数表达式的为②、③、④及⑤，其他采用复数表达式。就运算精度而言，采用复数表达式运算精度较高，其中常用的精度较高的是杜宾（Durbin）法（1973）。下面主要介绍修正杜宾法。

对于拉普拉斯逆变换

$$f(t) = \frac{1}{2\pi i} \int_{\alpha - i\infty}^{\alpha + i\infty} F(s)\mathrm{e}^{st}\mathrm{d}s$$

设 $\mathrm{Re}(s) = a > 0$，且大于 $F(s)$ 所有奇点的实部，并设 $h(t) = \mathrm{e}^{-at} f(t)$。

在区间 $[nT, (n+1)T]$ 上分别对 $h(t)$ 作周期为 $2T$ 的奇式和偶式延拓，并进行奇式和偶式傅里叶级数展开，即可得到如下反演表达式：

$$f(t) = -\frac{2\mathrm{e}^{at}}{T} \sum_{k=0}^{\infty} \mathrm{Im}\left\{ F\left(a + \mathrm{i}k\frac{\pi}{T}\right) \right\} \sin k\frac{\pi}{T} t \qquad (5-8)$$

$$f(t) = \frac{2e^{at}}{T}\left[\frac{1}{2}\text{Re}\{F(a)\} + \sum_{k=1}^{\infty}\text{Re}\left\{F\left(a + ik\frac{\pi}{T}\right)\right\}\cos k\frac{\pi}{T}t\right] \tag{5-9}$$

令 $t = \dfrac{T}{2}$，并将上述两式相加，而后将 t 在区间 $[0,T]$ 上离散化，可得到杜宾法的数值公式为

$$f(t_j) = \frac{2e^{at_j}}{T}\left[-\frac{1}{2}\text{Re}\{F(a)\} + \text{Re}\left\{\sum_{k=0}^{N-1}[A(k) + iB(k)]W^{jk}\right\}\right] \tag{5-10}$$

其中

$$W = \cos\frac{2\pi}{N} + i\sin\frac{2\pi}{N} = e^{i\frac{2\pi}{N}}$$

式中：$t_j = j\Delta t = j\dfrac{T}{N}(j = 0,1,2,3,\cdots,N-1)$；

$A(k) = \displaystyle\sum_{l=0}^{L}\text{Re}\left\{F\left[a + i(k + lN)\frac{\pi}{T}\right]\right\}$（Re 表示取其实部）；

$B(k) = \displaystyle\sum_{l=0}^{L}\text{Im}\left\{F\left[a + i(k + lN)\frac{\pi}{T}\right]\right\}$（Im 表示取其虚部）；

T——总的计算时间段；

N——总的时间步数。

通常杜宾法进行拉普拉斯逆变换计算的精度较高，但最后的 1/4 样点上数值不稳定，误差较大，为能够分析整个计算时程内应力、应变分量的变化规律，需要提高计算时段内的精度和效率。

可以采用磨光函数的方法对其进行修正，具体方法如下：将整个时段分为 N 段，按照磨光函数的方法，求得一个 Lanczos（Lanczos, 1956）因子，令 Lanczos 因子为 $\chi_k(N) = \dfrac{\sin(k\pi/N)}{k\pi/N}$，$k = 0,1,2\cdots,N-1$。注意当 $k = 0$ 时，根据罗比塔法则，Lanczos 因子 $\chi_0(N) = 1$。

采用 Lanczos 因子修正的杜宾法的拉普拉斯逆变换数值公式为

$$f(t_j) = \frac{2e^{at_j}}{T}\left[-\frac{1}{2}\text{Re}\{F(a)\} + \text{Re}\left\{\sum_{k=0}^{N-1}\chi_k(N)[A(k) + iB(k)]W^{jk}\right\}\right] \tag{5-11}$$

需要指出，适当选择 a 值、$A(k)$ 及 $B(k)$ 的求和步数以及磨光宽度对于确保拉普拉斯逆变换数值的稳定性是必要的。同时，亦可以采用增长整个计算时间的方法，而后将后面 1/4 计算点结果舍去。

5.2.3　傅里叶逆变换的数值求解

对于移动荷载作用下层状弹性和黏弹性体系动力响应解析解，包含有二重傅里叶逆变换，如式（4-111）所示，是一个双重无穷积分。本节介绍两种数值计算

方法，即高斯积分法（与前述汉克尔逆变换的数值求解类似）和 IFFT 法。

（1）高斯积分法

由于式（4-111）中含有 2 个积分域在 $(-\infty,\infty)$ 的无穷积分，故将直角坐标系变换到极坐标系，可将 2 个无穷积分变换成 1 个积分域在 $[0,2\pi]$ 的有限积分和 1 个积分域在 $[0,\infty)$ 的半无穷积分，如式（5-12）所示。

$$R(x,y,z,t)=\frac{1}{2\pi}\int_0^{2\pi}\frac{1}{2\pi}\Big(\int_0^{\infty}\alpha\cdot\tilde{\tilde{R}}(\alpha,\theta,z)\cdot\mathrm{e}^{\mathrm{i}\alpha\cos\theta\cdot(x-Vt)}\mathrm{d}\xi_1\Big)\mathrm{e}^{\mathrm{i}\alpha\sin\theta\cdot y}\mathrm{d}\xi_2 \quad (5\text{-}12)$$

式中：$\alpha=\sqrt{\xi_1^2+\xi_2^2}$，$\theta=\arctan(\xi_2/\xi_1)$。

通过 16 点复化高斯积分，如式（5-13）所示，可将多层体系某一点任意时刻的力学响应计算出来：

$$R(x,y,z,t)=\sum_{k=1}^{M}\sum_{s=1}^{16}\sum_{l=1}^{4}\sum_{r=1}^{16}\frac{Q}{32\pi}\cdot q_r\cdot q_s\cdot\alpha_{ks}\cdot\tilde{\tilde{R}}(\alpha_{ks},\theta_{klr},z)\cdot\mathrm{e}^{\mathrm{i}\alpha_{ks}\cos\theta_{klr}\cdot(x-Vt)}\mathrm{e}^{\mathrm{i}\alpha_{ks}\sin\theta_{klr}\cdot y}$$

$$(5\text{-}13)$$

式中：M——积分步数，由计算容许误差决定；

Q——α 的积分步长；

θ——划分为四个积分区域，即 $[0,\pi/2]$、$[\pi/2,\pi]$、$[\pi,3\pi/2]$ 和 $[3\pi/2,2\pi]$；

q_r、q_s——高斯积分权重；

α_{ks}、θ_{klr}——高斯积分点。

（2）IFFT 法

快速傅里叶逆变换（inverse fast Fourier transformation，IFFT）法是一个高速有效的算法，它可以将积分变换域的力学响应变换为直角坐标系下力学响应。对于式（4-111），应用双重 IFFT，可直接通过积分变换域下的任意深度 z 处力学响应，求解出任意深度 z 处 x-y 平面内力学响应，如式（5-14）所示：

$$\begin{aligned}R_{m_2n_2}(z)=\frac{1}{4M_1N_1}&\left[\sum_{m_1=0}^{M_1-1}\sum_{n_1=0}^{N_1-1}\tilde{\tilde{R}}\left(\frac{\Psi_1m_1}{M_1},\frac{\Psi_2n_1}{N_1},z\right)\mathrm{e}^{\mathrm{i}\pi\left(\frac{m_1m_2}{M_1}+\frac{n_1n_2}{N_1}\right)}\right.\\&+\sum_{m_1=M_1}^{2M_1-1}\sum_{n_1=0}^{N_1-1}\tilde{\tilde{R}}\left(-\frac{\Psi_1(m_1-M_1)}{M_1},\frac{\Psi_2n_1}{N_1},z\right)\mathrm{e}^{\mathrm{i}\pi\left(\frac{m_1m_2}{M_1}+\frac{n_1n_2}{N_1}\right)}\\&+\sum_{m_1=0}^{M_1-1}\sum_{n_1=N_1}^{2N_1-1}\tilde{\tilde{R}}\left(\frac{\Psi_1m_1}{M_1},-\frac{\Psi_2(n_1-N_1)}{N_1},z\right)\mathrm{e}^{\mathrm{i}\pi\left(\frac{m_1m_2}{M_1}+\frac{n_1n_2}{N_1}\right)}\\&+\left.\sum_{m_1=M_1}^{2M_1-1}\sum_{n_1=N_1}^{2N_1-1}\tilde{\tilde{R}}\left(-\frac{\Psi_1(m_1-M_1)}{M_1},-\frac{\Psi_2(n_1-N_1)}{N_1},z\right)\mathrm{e}^{\mathrm{i}\pi\left(\frac{m_1m_2}{M_1}+\frac{n_1n_2}{N_1}\right)}\right] \quad (5\text{-}14)\end{aligned}$$

式中：Ψ_1、Ψ_2——ξ_1、ξ_2 的频率范围；

$2M_1$、$2N_1$——离散序列数目，$m_1=0,1,2,\cdots,2M_1-1$，$n_1=0,1,2,\cdots,2N_1-1$。

IFFT 的计算精度受 Ψ_1、Ψ_2、$2M_1$、$2N_1$ 取值的影响。

5.2.4　数值求解中注意事项

我国路面力学专家郭大智（2006）指出在层状体系数值求解编程过程中，应该满足运行速度快、计算精度高、计算范围广和使用方便等四个特点。为了达到这一目的，应该从计算公式和编程方法上下功夫，寻找出最佳的编程方案。郭大智（2001）在《层状弹性体系力学》一书中讨论了五个方面问题：①选择计算公式；②确定积分上限值；③选用数值方法；④推导表面余项公式；⑤检验程序正确性。这里对上述方法不加赘述，补充说明以下几个问题。

（1）计算点的时间和空间坐标

通常情况下，计算点与空间坐标一一对应。层状轴对称弹性体系中除需要给定 r 和 z 坐标以外，还需要指定层位才能唯一确定该点的位置，特别是层间接触条件为非完全连续状态；而在层状体系动力学分析中还需要注意计算点的时间变化，分析数据结果时往往需要绘制出某一响应的时程曲线，必要时给出时程曲线的峰值。

（2）单位制的统一

在编程过程中需要注意定义统一的单位制。对于常见的长度、质量和时间等基本单位容易统一，但对于一些导出单位，如饱水动力响应分析中的渗透性、黏弹性动力响应分析中的黏性系数等，需要根据定义的基本单位和量纲分析得到整个计算程序的单位制。这个单位并不一定采用国际单位制，而是根据具体的计算问题和计算参数选择适当的度量单位。

（3）减少误差累计的若干办法

误差的线性增长通常难以避免，仅能通过误差限进行适当的控制，而误差的指数增长则应当竭力避免。编程过程中需要对公式进行适当的化简，以提高计算效率和控制误差的累积，可以采用如下原则：①尽量避免两个相近数相减，这样会使有效数字严重损失，可以采用变换计算公式或增加有效位数的办法；②合理安排量级相差悬殊的数值间运算次序，避免大数吃掉小数；③尽量避免采用绝对值小的数作除数，如对于除法运算，当分母的绝对值较小时，其商的舍入误差可能会很大，从而导致数值计算不稳定；④简化计算步骤，减少运算次数，从而避免增加运算次数而可能导致的新的舍入误差（郭大智，2006）。

5.3　数值求解算例

5.3.1　轴对称动态荷载作用下三层黏弹性体系

（1）算例目的

为验证层状黏弹体系解析解及数值解的正确性，并与其退化后的层状弹性体系计算结果做比较，以相互验证。

（2）算例说明

三层沥青路面结构，沥青混凝土面层厚 18.0cm，材料黏弹性性质采用伯格斯模型来描述，其中 $E_{11} = E_{12} = E_1 = 2300.0\text{MPa}$，$\eta_{11} = \eta_{12} = \eta_1 = 2.06 \times 10^5 \text{Pa} \cdot \text{s}$，密度 $\rho_1 = 2.1\text{t} / \text{m}^3$，泊松比 $\mu_1 = 0.25$。基层与土基为弹性体，基层厚度为 35.0cm，弹性模量为 910.0MPa，泊松比 0.25，密度 $\rho_2 = 2.0\text{t} / \text{m}^3$，土基的弹性模量 100.0MPa，泊松比 0.25，密度 $1.9\text{t} / \text{m}^3$。路面结构如图 5-2 所示，荷载形式采用如图 5-3 所示的 FWD 荷载均匀作用在半径15.0cm 的圆内。

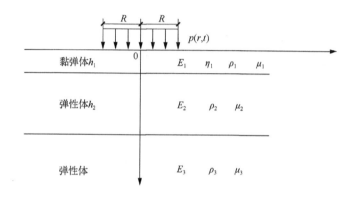

图 5-2　三层沥青路面结构体系

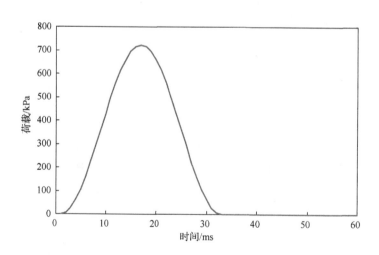

图 5-3　荷载时程图

（3）计算结果

利用上述参数，分别进行层状黏弹性体系计算和路面结构退化为线弹性后的层状弹性体系计算。路表弯沉时程计算结果及时程曲线如表 5-1、表 5-2 和图 5-4 所示，弯沉盆计算点 r 坐标（cm）分别为 0.0、22.0、33.0、51.0、81.0、127.0、150.0、180.0 及 210.0。

通过上面的分析可以看出，当荷载达到最大值时，考虑各层材料都为弹性情况时荷载中心处弯沉与荷载同时达到最大值，而考虑面层材料为黏弹材料时，荷载中心处的弯沉达到最大值的时间滞后，并且最大弯沉值偏大。当荷载为零后，各点具有残余变形。这体现了黏弹材料本身的特点，更加符合路面材料的实际特性。

表 5-1　动态荷载作用下荷载中心处弯沉时程

时间/ms	荷载/kPa	弹性解/10^{-6}	黏弹解/10^{-6}	时间/ms	荷载/kPa	弹性解/10^{-6}	黏弹解/10^{-6}
1	6.93	2.56	1.52	17	714.07	330.28	366.29
2	27.44	11.41	9.82	18	693.56	319.97	363.03
3	60.76	25.72	23.70	19	660.24	303.80	354.55
4	105.59	45.43	43.12	20	615.41	282.78	341.64
5	160.22	70.24	67.85	21	596.78	257.40	325.04
6	222.54	98.74	96.67	22	498.46	228.82	305.76
7	290.17	130.56	129.08	23	430.83	198.02	284.81
8	360.50	163.93	163.56	24	360.50	165.88	263.17
9	430.83	197.59	198.83	25	290.17	130.80	241.88
10	498.46	230.28	233.62	26	222.54	102.64	221.75
11	560.78	260.14	266.31	27	160.22	73.65	203.42
12	615.41	286.34	295.85	28	105.59	48.00	187.17
13	660.24	307.51	321.07	29	60.76	26.48	172.61
14	693.56	322.82	341.10	30	27.44	10.28	158.62
15	714.07	331.97	355.51	31	6.93	-0.05	142.73
16	721.00	334.34	363.86	32	0.00	-3.97	130.80

表 5-2　各计算点处最大弯沉值

弯沉计算点	1	2	3	4	5	6	7	8	9
弹性解/10^{-6}	334.34	257.34	226.92	197.93	160.31	118.76	103.40	87.37	74.89
黏弹解/10^{-6}	366.29	278.33	244.90	214.14	173.70	128.55	111.78	94.25	80.59

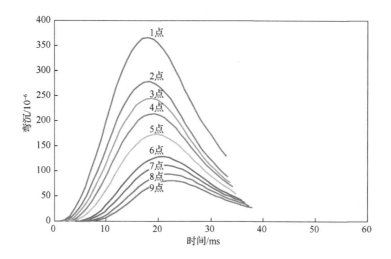

图 5-4　动态荷载作用下考虑面层黏弹性的路表弯沉时程曲线

5.3.2　简单形状移动荷载作用下三层弹性体系

通过简单形状移动荷载作用下弹性三层体系解析解和有限元解的对比，来验证解析解计算程序的准确性（马宪永，2019）。表 5-3 为简单形状移动荷载作用下弹性三层体系参数。

表 5-3　简单形状移动荷载作用下弹性三层体系参数

层号	模量/MPa	泊松比	密度/（kg/m³）	厚度/m
1	2000	0.3	2400	0.2
2	1000	0.2	2000	0.4
3	200	0.35	1500	

简单形状移动荷载尺寸如图 5-5 所示，其中四种移动荷载的速度均为 10m/s，荷载应力幅值均为 0.7MPa；矩形均布荷载、矩形余弦分布荷载、圆形均布荷载的接地面积相同，故矩形均布总荷载和圆形均布总荷载大小相同，矩形余弦分布总荷载是矩形均布总荷载的 $4/\pi^2$ 倍；椭圆形均布荷载的接地面积是矩形均布荷载的接地面积的 $\pi/4$ 倍，椭圆形均布总荷载是矩形均布总荷载的 $\pi/4$ 倍。

矩形均布移动荷载作用下三层体系有限元模型如图 5-6 所示。模型尺寸为沿移动荷载方向 6m、垂直荷载方向 3m、深度方向 2.6m；模型的单元为线性六面体单元；模型四周与底面均法向固定，且模型四周与底面附近的网格定义为无限元来减少边界的影响；通过编译 ABAQUS 中的用户自定义子程序 DLOAD，来施加矩形均布移动荷载［荷载形式如图 5-5（a）所示］。

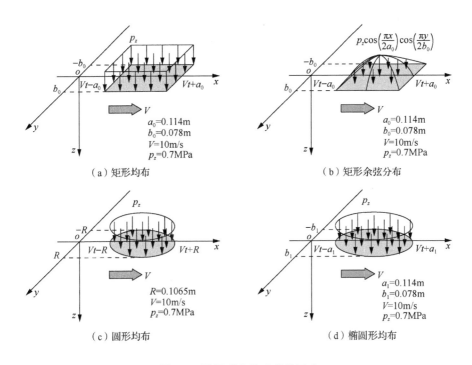

（a）矩形均布　　　　　　　　　　　　　　　（b）矩形余弦分布

（c）圆形均布　　　　　　　　　　　　　　　（d）椭圆形均布

图 5-5　简单形状移动荷载尺寸

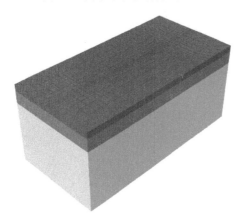

图 5-6　矩形均布移动荷载作用下三层体系有限元模型

　　图 5-7 和图 5-8 为四种简单形状移动荷载作用下力学响应解析解（应用高斯积分法计算）以及矩形均布移动荷载作用下力学响应有限元解的时程曲线，计算点在 x-z 平面内，z 等于 0.415 39m 处，正值为受拉、负值为受压。

　　可以看出，矩形均布移动荷载作用下力学响应解析解与有限元解的时程曲线形式、幅值基本相同，因此矩形均布移动荷载作用下力学响应解析解的计算结果是准确可靠的。矩形均布移动荷载和圆形均布移动荷载作用下力学响应解析解时程曲线基本重叠；根据圣维南原理，矩形均布总荷载和圆形均布总荷载大小相同，当 z 等于 0.415 39m（深度较深），基本可忽略荷载形状对力学响应造成的影响，故两种荷载作用下力学响应解析解时程曲线基本重叠。椭圆形均布移动荷载作用下力学响应略小于矩形均布移动荷载和圆形均布移动荷载作用下力学响应，矩形余弦分布移动荷载作用下力学响应最小。

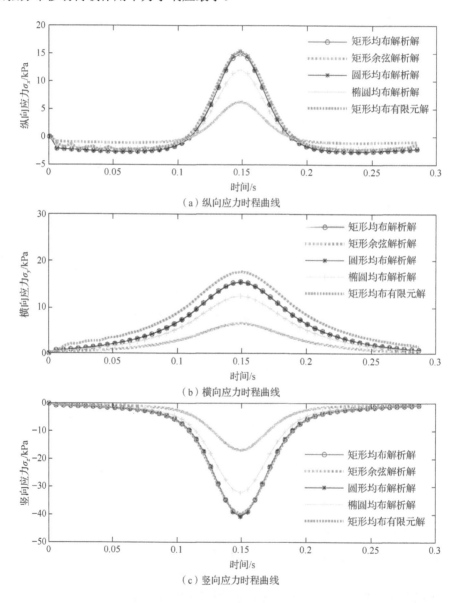

图 5-7　应力时程曲线

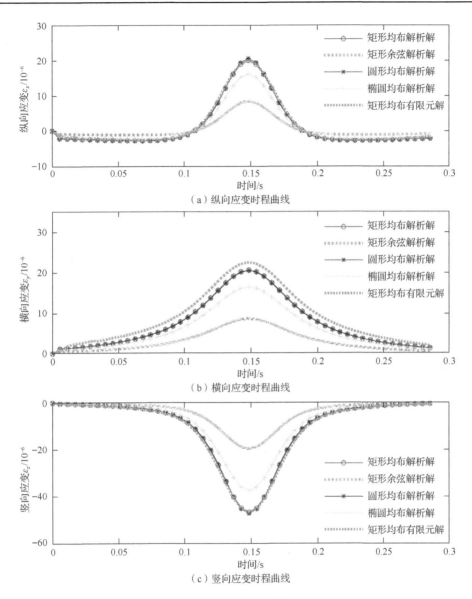

（a）纵向应变时程曲线

（b）横向应变时程曲线

（c）竖向应变时程曲线

图 5-8 应变时程曲线

为定量分析四种简单形状移动荷载作用下力学响应，取图 5-7 和图 5-8 中的力学响应时程曲线幅值进行分析，如表 5-4 所示。从表中可以看出：矩形均布和圆形均布移动荷载作用下力学响应解析解时程曲线幅值大小基本相同；矩形余弦分布移动荷载作用下力学响应解析解时程曲线幅值是矩形均布移动荷载的 0.42 倍，与矩形余弦分布总荷载是矩形均布总荷载的 $4/\pi^2$ 倍的关系基本相近；椭圆形均布移动荷载作用下力学响应解析解时程曲线幅值是矩形均布移动荷载的 0.80 倍，与矩形余弦分布总荷载是矩形均布总荷载的 $\pi/4$ 倍的关系基本相近。因此矩形余弦分布、圆形均布、椭圆形均布移动荷载作用下力学响应解析解的计算结果是准确可靠的。

表 5-4　力学响应时程曲线幅值

内容	矩形均布	矩形余弦分布		圆形均布		椭圆形均布	
	幅值	幅值	倍数	幅值	倍数	幅值	倍数
σ_x/kPa	15.02	6.35	0.42	15.43	1.03	12.09	0.80
σ_y/kPa	15.53	6.47	0.42	15.42	0.99	12.39	0.80
σ_z/kPa	−40.54	−17.06	0.42	−40.97	1.01	−32.52	0.80
$\varepsilon_x/10^{-6}$	20.02	8.47	0.42	20.54	1.03	16.11	0.80
$\varepsilon_y/10^{-6}$	20.63	8.62	0.42	20.53	1.00	16.48	0.80
$\varepsilon_z/10^{-6}$	−46.65	−19.62	0.42	−47.14	1.01	−37.42	0.80

图 5-9 为四种简单形状移动荷载作用下力学响应解析解在深度 z 等于 0.2m 处的 x-y 平面分布（应用 IFFT 法计算），正值为受拉、负值为受压。圆形均布移动荷载作用下力学响应解析解分布呈现圆形中心对称分布，而其他三种移动荷载作用下力学响应解析解分布呈现椭圆形分布，这与荷载的几何尺寸特征相对应；图 5-9（e）也反映了矩形荷载的尺寸特征，即矩形沿 x 轴方向长于 y 轴方向，故矩形均布移动荷载作用下沿 x 轴方向的应变略大于 y 轴方向的应变。

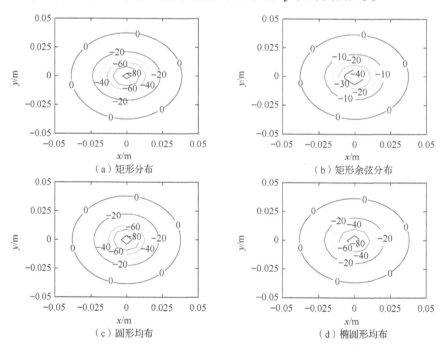

（a）矩形分布　　　　　　　　　　　（b）矩形余弦分布

（c）圆形均布　　　　　　　　　　　（d）椭圆形均布

图 5-9　竖向应变在深度 $z = 0.2$m 处水平面内分布

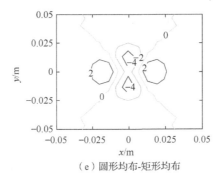

（e）圆形均布-矩形均布

图 5-9（续）

5.3.3　复杂形状非均布移动荷载作用下三层体系解析解

1. 弹性三层体系解析解

通过复杂形状非均布移动荷载作用下弹性三层体系解析解和有限元解的对比，来验证解析解计算程序的准确性（马宪永，2019）。表 5-5 为复杂形状非均布移动荷载作用下弹性三层体系参数。复杂形状非均布移动荷载如图 5-10 所示，由一系列矩形均布荷载组合而成。

表 5-5　复杂形状非均布移动荷载作用下弹性三层体系参数

层号	模量/MPa	泊松比	密度/（kg/m³）	厚度/m
1	4000	0.35	2400	0.2
2	1000	0.3	2000	0.4
3	200	0.4	1500	

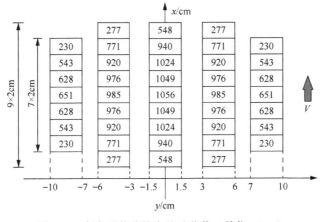

图 5-10　复杂形状非均布移动荷载（单位：kPa）

　　复杂形状非均布移动荷载作用下三层体系有限元模型如图 5-11 所示。模型尺寸为沿移动荷载方向 7m、垂直荷载方向 2m、深度方向 2m；模型的单元为线性六面体单元；模型四周与底面均法向固定，且模型四周与底面附近的网格定义为无限元来减少边界的影响；通过编译 ABAQUS 中的用户自定义子程序 DLOAD，来施加矩形均布移动荷载，移动速度为 10m/s、20m/s、25m/s 和 40m/s。

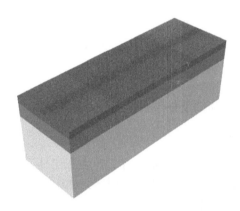

图 5-11　复杂形状非均布移动荷载作用下三层体系有限元模型

　　以移动速度 10m/s 的工况为例，图 5-12 为复杂形状非均布移动荷载作用下弹性三层体系力学响应解析解（应用高斯积分法计算）与有限元解的时程曲线，计算点在 x-z 平面内，z 等于 0.1m 和 0.2m 处，正值为受拉、负值为受压。从图中可以看出：复杂形状非均布移动荷载作用下力学响应解析解与有限元解的时程曲线形式、幅值基本相同，证明复杂形状非均布移动荷载作用下力学响应解析解的计算结果是准确可靠的。

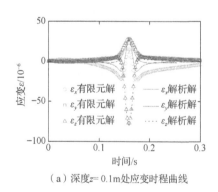

（a）深度 z= 0.1m 处应变时程曲线

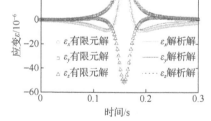

（b）深度 z= 0.2m 处应变时程曲线

图 5-12　弹性三层体系力学响应解析解与有限元解时程曲线比较

图 5-13 为复杂形状非均布移动荷载作用下弹性三层体系力学响应解析解（应

用 IFFT 法计算）和有限元解在深度 z 等于 0.2m 处的 x-y 平面分布。从图 5-13 中可以看出：复杂形状非均布移动荷载作用下力学响应解析解与有限元解在水平面的分布基本相同，也证明了复杂形状非均布移动荷载作用下力学响应解析解的计算结果是准确可靠的。

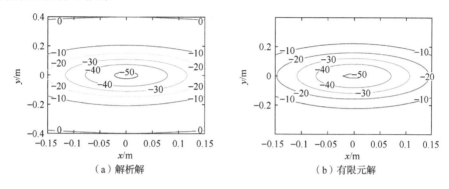

（a）解析解　　　　　　　　　　　　（b）有限元解

图 5-13　竖向应变在深度 z = 0.2 m 处水平面内分布

图 5-14 为不同速度的复杂形状非均布移动荷载作用下弹性三层体系竖向应变时程曲线（应用高斯积分法计算，计算点在 x-z 平面内，z 等于 0.2 m 处）。从图 5-14 中可以看出，力学响应的幅值与速度无关，这符合弹性体系性质。

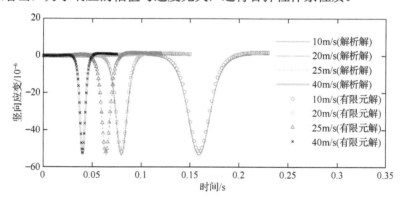

图 5-14　不同速度下弹性三层体系竖向应变时程曲线

2. 黏弹性三层体系解析解

对于黏弹性三层体系解析解验证，荷载形式和有限元模型与弹性三层体系解析解验证时的相同，见图 5-10 和图 5-11。复杂形状非均布移动荷载作用下黏弹性三层体系参数与弹性三层体系的一致，唯一不同的是第 1 层的模量为黏弹性模量，应用广义麦克斯韦模型来描述；用于解析解计算和有限元模拟的黏弹性参数如表 5-6 所示，其中解析解计算的黏弹性参数是弹性模量和黏度，有限元模拟的黏弹性参数是 Prony 级数。

表 5-6　用于解析解和有限元解的广义麦克斯韦模型

序号	解析解		模量 E_0/MPa	有限元解		瞬态模量/MPa
j	模量 E_j/MPa	黏度 η_j/(MPa·s)		减缩时间 τ_j/s	Prony 级数 g_j	
1	5.409 196	5 409.196		1 000	0.000 541	
2	9.015 326	901.532 6		100	0.000 902	
3	27.045 98	270.459 8		10	0.002 705	
4	76.630 27	76.630 27		1	0.007 663	
5	252.429 1	25.242 91	1 000	0.1	0.025 243	10 000
6	711.309 2	7.113 092		0.01	0.071 131	
7	1 487.529	1.487 529		0.001	0.148 753	
8	1 858.960	0.185 896		0.000 1	0.185 896	
9	4 571.672	0.045 717		0.000 01	0.457 167	

以移动速度 10m/s 的工况为例，图 5-15 为复杂形状非均布移动荷载作用下黏弹性三层体系力学响应解析解（应用高斯积分法计算）与有限元解时程曲线比较，计算点在 x-z 平面内，z 等于 0.2m 处，正值为受拉、负值为受压。从图中可以看出：复杂形状非均布移动荷载作用下力学响应解析解与有限元解的时程曲线形式、幅值基本相同，证明复杂形状非均布移动荷载作用下力学响应解析解的计算结果是准确可靠的。

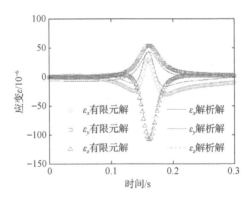

图 5-15　黏弹性三层体系力学响应解析解与有限元解时程曲线比较

图 5-16 为不同速度的复杂形状非均布移动荷载作用下黏弹性三层体系竖向应变时程曲线（应用高斯积分法计算，计算点在 x-z 平面内，z 等于 0.2m 处）。从图 5-16 中可以看出：力学响应的幅值与速度相关，即速度越快，应变越小，这符合黏弹性体系性质。

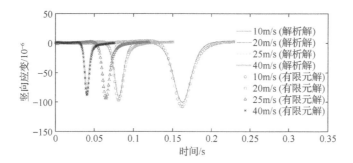

图 5-16 不同速度下黏弹性三层体系竖向应变时程曲线

5.4 本 章 小 结

本章首先给出了沥青路面层状体系数值求解的一般流程，然后给出了汉克尔积分逆变换、拉普拉斯积分逆变换、傅里叶积分逆变换的数值求解方法，并且给出数值计算编程中需要注意的事项，最后给出数值求解算例。

参 考 文 献

董泽蛟, 2006. 多孔介质理论下饱和沥青路面动力响应分析[D]. 哈尔滨: 哈尔滨工业大学.

董泽蛟, 谭忆秋, 曹丽萍, 等, 2007. 水-荷载耦合作用下沥青路面孔隙水压力研究[J]. 哈尔滨工业大学学报(自然科学版), 39(10):1614-1617.

郭大智, 冯德成, 2001. 层状弹性体系力学[M]. 哈尔滨: 哈尔滨工业大学出版社.

郭大智, 2006. 路面力学中的数值计算方法[R]. 哈尔滨: 哈尔滨工业大学.

马宪永, 2019. 随机荷载作用下沥青路面力学响应理论解与监测方法研究[D]. 哈尔滨: 哈尔滨工业大学.

任瑞波, 2000. 沥青路面结构计算方法与 FWD 应用技术的研究[D]. 哈尔滨: 哈尔滨建筑大学.

杨峻, 1995. 层状饱和土中波的传播[D]. 杭州: 浙江大学.

DONG Z, TAN Y, CAO L, et al., 2008. Numerical simulation of response of asphalt pavement subjected to water/loading coupling action[R]. Zurich: ISAP International Symposium on Asphalt Pavements and Environment, 8:81-84.

DURBIN F, 1972. Numerical inversion of Laplace transforms: an efficient improvement to dubner and Abate's method[J]. The Computer Jounal, 5(4):371-376.

LANCZOS C, 1956. Applied Analysis[M]. New Jersey: Prentice Hall.

第二篇　数　值　模　拟

第6章 沥青路面动力响应数值模拟现状综述

本章讨论沥青路面动力响应的理论求解问题，主要是基于轴对称条件，探讨弹性、黏弹性及饱和多孔介质体系在波动荷载作用下理论解的推导及其数值解的实现，是路面力学分析的理论基础，但在求解某些局部复杂边界条件问题时，由于数学求解的困难性，很多情况下无法得到解析解和数值解。

以车辆荷载为例，车辆荷载并非理想的均布轴对称荷载。南非 Beer 等（2005）基于动态应力（stress-in-motion，SIM）测试结果，指出轮胎施加于路表面的荷载呈现明显的非轴对称性（图 6-1）。而国内外路面动力响应研究中常采用的冲击荷载模型（荷载作用位置不变，仅幅值变化），虽可降低计算的复杂程度，但这种动态荷载作用无法反映移动荷载驶过前后主应力方向的变化过程（图 6-2），因而无法准确地描述路面结构内部真实的力学响应。

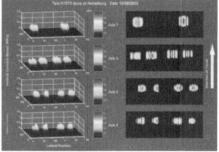

图 6-1 车辆荷载非均匀接地压力分布实测结果（Beer，2005）

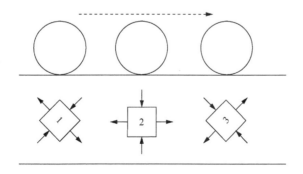

图 6-2 移动荷载作用主应力方向变化

综上所述，理论解析法研究沥青路面动力响应具有一定局限性：①理论计算得到的是应力、应变场中单点或多点的时程变化，不便于分析沥青路面整个应力、应变场的分布情况；②理论解的推导和数值求解需要专业的编程知识以及深厚的理论功底，推广应用较困难；③理论解析法无法处理复杂边界、荷载分布形式及位置变化、材料非线性等情况。基于有限元的数值模拟方法，采用大型通用的商业软件作为研究平台，且适合于处理复杂几何形状和边界条件的线性和非线性、均质及非均质等问题，因而得到更多青睐。

有限元是将求解区域分割成若干个有限的离散单元，对每一个单元内假设位移场或应力场，应用变分原理建立代数方程组，以节点处的广义位移或广义应力求解未知量。这一特点使得有限元法在处理复杂边界条件问题时显著优于理论解析法，且其分析对象的形状不受制约。目前，道路工程中常用的有限元软件包括 ANSYS、ABAQUS 和 ADINA。本章主要介绍基于这几种软件平台的沥青路面动力响应数值模拟分析工作。

6.1　沥青路面动力响应数值模拟现状

路面动力响应问题涉及路面结构模型、车辆荷载模型、路面材料本构关系及外界环境（温度及湿度）的数学描述，是探究路面破坏机理及预测路面使用寿命，进而有效优化路面设计的关键。获取真实的路面结构的力学响应一定程度上取决于合理地简化车辆荷载模型。

传统力学分析中，车辆荷载通常被简化为大小、位置均不随时间改变的恒载，或随时间作周期性变化的简谐荷载，抑或是在研究动力响应实测技术时所采纳的冲击荷载，如半正弦波荷载等。但真实的车辆荷载不仅大小随时间变化且空间位置也随时间变化，为典型非均布移动荷载，具有明显的随机性。

沥青路面的动力响应涉及更加复杂的车辆荷载因素，总结相关的国内外成果，该问题的研究可分为三个方面：①基于随机荷载分析车辆-路面交互作用，主要研究由路面不平度引起的作用于路面上的车辆荷载随机变化及车-路系统的相互影响，其侧重于分析车-路交互作用下施加于路面的荷载变化规律，即动荷系数；②基于层状体系的路面动力响应理论，引入层状弹性、黏弹性力学体系，对路面荷载加以假设，得到车辆荷载作用下路面动力响应的解析解和数值解；③基于数值模拟的路面动力响应，考虑车辆荷载的时间变化和空间位置变化历程，借用有限元、边界元等数值模拟分析手段，实现复杂移动荷载作用下的路面动力响应分析。本章主要介绍沥青路面动力响应数值模拟分析部分的国内外研究现状。

6.1.1　非均布移动荷载

车辆荷载通过轮胎将荷载传递给路面结构，在路面结构内部产生相应的力学响应。在车辆行驶过程中，由于自身因素（如发动机偏心转动、轮胎花纹、燃烧不均匀、驾驶员操作不稳定等）、路面不平度及车-路耦合作用，造成车体跳起与颠簸现象，进而产生随机动力荷载，而车辆又以一定速度向前运动，轮胎-路面接触荷载是随机的动态移动荷载，轮胎和路面接触面、路面结构力学响应也是高度动态的。

我国现行路面设计方法采用双圆垂直均布荷载作用下的多层弹性理论体系，需考虑水平荷载时，一般以垂直荷载乘以一定比例系数施加到双圆荷载作用面上，但国内外研究表明双圆均布荷载的作用方式与车辆轮胎对路面的实际作用方式有一定差距，这就有必要分析真实荷载作用下路面的动力响应，以便更好地为路面设计服务。

国内外学者研究了影响移动荷载非均布特性的因素及其相互关系，阐述了非均布移动荷载的分布规律。在国外，Ronald（1999）结合南非车辆路表压力传感器阵列装置（south african vehicle road surface pressure transducer array device，VRSPTA）的研究成果，提出车辆接地压力的非均布特性，给出了非均布接地压力的计算公式。Thomas（2002）结合实测 G159A11 R22.5 轮胎的接地面积，给出了简化荷载作用面积模型（图 6-3）。Wang（2005）采用动态应力传感器（stress-in-motion transducer pad）获取了非均匀分布的轮胎-路面接触应力模型（图 6-4）。Beer 等（2005）通过实测轮胎接地压力，发现重载车辆的轮胎接地压力呈凹形分布。Park 等（2005）通过对子午线轮胎和路面接触面积的实测分析，得出轮胎接地面积和轮胎荷载、胎压之间的线性关系。Steyn（2009）、Al-Qadi 等（2009）通过三向接触应力测量和轮胎数值模拟，实现了三向接触荷载作用下沥青路面动力响应数值仿真分析。在国内，同济大学的胡小弟等（2003）通过静态轮胎接地压力实测与数值模拟分析，证明荷载非均匀分布对路面结构的作用大于荷载的均匀分布情况。长安大学的谢水友（2003）研究了轮胎的类型和花纹形状对路面破坏的影响以及接触压力的分布情况，并指出轮胎与路面接触压力并不是均匀分布的，而是呈现边缘大中间小的特点。可见，影响移动荷载非均布特性的主要因素是轮胎接地面积和轮胎接地压力，而轮胎胎压、轮胎花纹、轮胎的材料、路面不平度又影响其接地面积及接地压力。

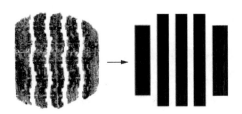

图6-3 G159A11R22.5 轮胎接地面积及其简化模型

Y/mm	-102	-85	-68	-51	-34	-17	0	17	34	51	68	85	102
132.5			15		62	7	157	64	74	40	35	13	
117.8		176	223	38	338	52	426	216	338	219	264	236	31
103.1		396	409	72	527	91	597	321	518	353	440	445	110
88.3	17	519	519	100	648	121	711	398	631	439	548	560	171
73.6	35	600	587	121	722	143	787	450	701	494	612	632	220
58.9	50	651	625	137	768	157	835	487	746	528	651	677	255
44.2	61	684	647	147	794	166	866	511	774	551	675	707	281
29.4	67	704	658	153	807	170	886	525	787	563	685	724	297
14.7	72	713	661	155	813	172	896	533	794	570	690	732	307
0.0	71	714	659	154	811	171	899	536	796	574	688	731	309
-14.7	68	704	649	151	803	169	896	534	792	573	679	720	303
-29.4	60	683	633	146	787	164	882	524	780	567	663	698	289
-44.2	48	651	608	135	757	156	855	506	757	554	639	666	267
-58.9	34	598	566	119	709	142	805	475	715	526	600	617	234
-73.6	19	517	499	97	631	142	725	423	648	478	541	546	192
-88.3	5	405	405	73	520	94	613	351	547	405	454	445	139
-103.1		241	265	46	362	62	458	258	406	301	327	293	78
-117.8		37	73	16	144	28	256	146	206	157	140	80	12
-132.5					4		38	24	20	17	7		

图6-4 动态应力传感器测量轮胎-路面接触应力（Wang，2005）

　　由于精确描述轮胎接地面积和接地压力相当困难，为了简化计算，多数研究采用了矩形接触面积模型。Thomas（2002）、Muhammad 等（2003）在力学模型中采用简化的接触面积模型，轮胎接触面积为 $0.5277L^2$，其中长为 $0.8712L$，宽为 $0.6L$。王丽健（2005）、杨阳（2005）、杨捷（2006）、陈勇（2009）等在研究车辆荷载作用下的路面结构力学分析时，也多采用简化的矩形轮胎接触面形式。然而，由于胎面花纹的存在，将荷载作用面积近似为矩形使得轮胎与路面真实的接地面积比印痕内的总接地面积要小，路面力学响应的结果也存在一定偏差，但现有研究在描述轮胎接地压力、接地面积方面也取得一些有益结论。①圆形均布模型不能准确反映轮胎接地压力在接地面积上呈现的三维应力分布特性。②轮胎花纹显著影响轮胎接地压力的分布形式，花纹凸起处和凹隙处荷载集度差异很大。③轮胎负荷量与气压决定轮胎压力峰值位置：高胎压时接地面积相对较小，压力峰值移向轮胎中部；低胎压时接地面积较大，压力峰值位于轮胎边缘；但对于相同的胎压，轮胎中部的压力值变化并不明显，其荷载的增减量基本反映在轮胎边缘。

综上所述，上述研究对更真实地描述非均布移动荷载奠定了良好的基础，但影响车辆非均布移动荷载分布形式的因素很多，准确确定这种动态荷载值是非常困难的。今后的研究仍需借助随机理论和有限元等工具，从不同角度进行适当的假设和简化，进而有效描述这种高度动态的、非轴对称的移动荷载。

6.1.2 基于数值模拟的路面动力响应分析

工程技术领域常用的数值模拟方法包括有限元、边界元、离散元和有限差分法，其中有限元法实用性强，应用较广泛。在国外，Olsson（1987）研究了有限元法处理匀速移动荷载下路面响应的适应性，并指出有限元法比解析法更适合处理路面的力学响应。Sameh（1993）采用 ABAQUS 分析了路面结构体系在移动荷载下的动力响应，指出有限元计算结果与实测结果较吻合。Daehyeon 等（2005）采用 ABAQUS 分析了宽基轮胎（wide base tire）对路面的影响，考虑了整个车轴的两侧车轮轮载、不同车轴数时的路面塑性变形；但其只对模型中间位置处路表单元加载，加载时间等于单元边长除以车速，荷载形式为梯形荷载，进行循环加载计算。Bassam 等（2005）运用 ADINA 分析了柔性路面结构的动力响应，采用三角形波加载，对比分析了荷载固定、车速为 50km/h、加载时间为 0.1s、基层和底基层采用不同材料模型时沥青面层底部最大拉应变和路基顶部最大压应变差异。

在国内，吉林大学车辆工程学院陈静等（2002）等建立了三层柔性路面体系在车辆动载作用下的有限元分析模型，并通过 ANSYS 对层状路面在动载作用下的动态响应进行了三维有限元分析。同济大学陆辉等（2004）以三维非线性有限元模型 NAAPS 为工具，对轮载作用下沥青路面的非线性响应进行了分析。浙江大学偶昌宝（2005）将路面不平度视为正弦函数，以此求出动荷载激励，建立了沥青路面三维有限元模型，分析了动荷载作用下的沥青路面力学响应。东南大学单景松等（2007）将车辆荷载简化为移动均布荷载，借助 ABAQUS 软件，利用三维动力有限元方法分析了移动荷载下车辆正常行驶状态、慢速行驶及刹车时路面结构内部应力响应规律。南京航天航空大学黄庆泓（2008）基于 ANSYS 研究了实测轮胎接触压力作用下沥青路面结构内的力学响应分析。长安大学郑慧慧（2009）基于 ANSYS 建立了路面三维模型，分析了车辆载重、车速对路面结构瞬态动力响应规律的影响，并给出不同深度范围内结构的动应力、应变及位移衰减规律。

综上所述，有限元技术使路面动力响应的数值模拟有了长足的发展，但在今后的研究中仍需关注如下问题。①动载是路面破坏的直接原因，基于静载的路面设计方法仅适合于车速较慢的情况，车速大于 80km/h 时静载代替实际动载会给路面设计带来偏差。②路面结构分析时，通常将车辆荷载简化为双圆均布竖向荷载和单向水平切向荷载，而实际上轴载、胎压均影响路面垂直压应力的分布；且行驶车辆除垂直荷载，还存在切向荷载、侧向荷载，需探讨三向荷载综合作用下的路面力学响应问题。③固定位置的动态荷载或均匀分布的移动荷载并非真实的动荷载，考虑具有时变性及空间变化的随机荷载将是未来的研究方向。此外，数值模拟突破了基于解析法的路面动力响应数学建模方面的制约，但数值模拟仍需结合现场实测，才能进一步提高路面动力响应研究对路面结构设计的支撑。

6.2 路面数值模拟分析基础

采用有限元进行沥青路面动力响应数值模拟分析需要明确道路材料本构模型（material property）、边界条件（boundary condition）、层间接触条件（interaction condition）、阻尼条件（damping condition）以及荷载条件（loading condition）等定义。其中，道路材料涉及本构模型较多，将在后面专门一章进行详细介绍，这里仅介绍边界条件、接触条件、阻尼及荷载等方面基础理论知识（ABAQUS，2010）。

6.2.1 无反射边界条件

路面结构有限元分析中，真实的边界条件是无穷远处应力、应变及位移分量为 0。如果选取很大的计算范围来满足此边界条件，则计算工作量惊人。因此，通常引入无限元模拟技术，以避免动力分析中散射波在人工约束边界的反射。使用无限元的优势在于其既能合理地反映真实边界条件，提高计算精度，同时又减少单元网格数量，降低计算工作量，提高计算效率（王后裕等，2001）。下面给出无限元技术的理论依据。

无限单元的动力响应是基于平面体波正交于边界情况进行考虑的，同时假定边界附近的响应较小，以至介质以线弹性形式作出响应。

平衡方程为

$$-\rho \ddot{u} + \frac{\partial}{\partial x} \cdot \sigma = 0 \tag{6-1}$$

式中：ρ——材料密度；

$\ddot{u}$——加速度；

σ——应力；

x——x 轴坐标位置。

假定材料响应是各向同性、线弹性的，因此本构方程为

$$\sigma = \lambda \amalg : \varepsilon + 2G\varepsilon \tag{6-2}$$

式中：ε ——应变；

　　　λ ——拉梅常数；

　　　G ——剪切模量。

将材料本构方程引入到平衡方程中，假定小应变，存在

$$\varepsilon = \frac{1}{2}\left\{ \frac{\partial u}{\partial x} + \left[\frac{\partial u}{\partial x} \right]^{\mathrm{T}} \right\} \tag{6-3}$$

将式（6-2）、式（6-3）代入式（6-1）中得

$$\rho \ddot{u}_i = G\frac{\partial^2 u_i}{\partial x_i \partial x_j} + (\lambda + G)G\frac{\partial^2 u_j}{\partial x_i \partial x_j} \tag{6-4}$$

考虑平面波沿着 x 轴传播，这个方程存在两个体波解。一个是描述平面内纵向波，具有下列形式：

$$u_x = f(x \pm c_p t), \ u_y = u_z = 0 \tag{6-5}$$

将其代入到控制方程（6-4）中，可以得到波速 c_p：

$$c_p = \sqrt{\frac{\lambda + 2G}{\rho}} \tag{6-6}$$

上述方程另外一个剪切波解为

$$u_y = f(x \pm c_s t), \ u_x = u_z = 0 \quad \text{或} \quad u_z = f(x \pm c_s t), \ u_x = u_y = 0 \tag{6-7}$$

将其代入到上述控制方程（6-4）中，可以得到波速 c_s：

$$c_s = \sqrt{\frac{G}{\rho}} \tag{6-8}$$

在任何情况下，$f(x-ct)$ 解表示波沿着 x 增加的方向移动，而 $f(x+ct)$ 解表示波沿着 x 减小的方向移动。

现在考虑在 $x < L$ 以内由有限单元描述介质的边界 $x = L$ 处情况，在边界上引入分布阻尼为

$$\sigma_{xx} = -d_p \dot{u}_x \tag{6-9}$$

$$\sigma_{xy} = -d_s \dot{u}_y \tag{6-10}$$

$$\sigma_{xz} = -d_s \dot{u}_z \tag{6-11}$$

确定阻尼常数 d_s 和 d_p 以避免纵向和剪切波能量反射回 $x < L$ 以内的介质平面。接近于边界的纵向波具有如下性质，即 $u_x = f_1(x - c_p t)$ 及 $u_y = u_z = 0$。如果其作为平面纵波完全反射，将会远离边界，满足条件 $u_x = f_2(x + c_p t)$，$u_y = u_z = 0$。

由于研究问题为线性，总位移 $f_1 + f_2$ 叠加将满足相应的应力条件 $\sigma_{xx} = (\lambda + 2G)(f_1' + f_2')$，其他应力 $\sigma_{ij} = 0$，速度 $\dot{u}_x = -c_p(f_1' - f_2')$。在边界 $x = L$ 上，上述阻尼行为的解须满足

$$(\lambda + 2G - d_p c_p)f_1' + (\lambda + 2G + d_p c_p)f_2' = 0 \tag{6-12}$$

因此，当 $f_2 = 0$（即 $f_2' = 0$）时，为了对任意 f_1 满足上式，可得

$$d_p = \frac{\lambda + 2G}{c_p} = \rho c_p \tag{6-13}$$

以此类推，对于剪切波存在

$$d_s = \rho c_s \tag{6-14}$$

因此，当无限单元内引入边界阻尼系数 d_s、d_p 时，即可模拟无穷边界条件。

6.2.2 层间接触条件

传统的沥青路面力学分析中对层间接触条件通常假定完全连续的或完全滑动，而实际路面状况多介于两者之间，即半连续半滑动状态。沥青路面层间接触条件可以采用经典的库仑摩擦模型来描述。

库仑摩擦模型的基本概念就是将两个接触体的界面间最大允许摩擦应力（剪应力）与其接触应力联系起来。在库仑摩擦模型中，两个接触面可以承受一定的剪应力，直至产生相对滑动。库仑模型定义这个临界剪应力 τ_{crit} 为

$$\tau_{crit} = \mu p \tag{6-15}$$

式中：μ——摩擦系数；

p——接触压力。

经典的摩擦模型中假定 μ 在各个方向上都相同（各向同性摩擦），对于三维有限元数值模拟而言，剪应力由接触体界面上互相垂直的部分构成，即 τ_1、τ_2。这两部分剪应力对接触面和接触单元上的滑动方向起作用。若将这两个剪应力合并为一个等效剪应力 τ_{eq}，即

$$\tau_{eq} = \sqrt{\tau_1^2 + \tau_2^2} \tag{6-16}$$

同时，将两个方向滑动速率合并为等效滑动率，即 $\dot{\gamma}_{eq}$，表示滑动速率幅值：

$$\dot{\gamma}_{eq} = \sqrt{\dot{\gamma}_1^2 + \dot{\gamma}_2^2} \tag{6-17}$$

因此，可在接触应力与剪应力坐标空间内定义一个滑动面，如图 6-5 所示。

目前，有两种方法来定义库仑摩擦模型：一种常用的方法是将摩擦系数定义为等效滑动率和接触压力的函数，另一种方法就是可以直接定义为静力和运动摩擦系数的函数。

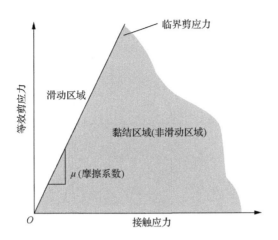

图 6-5　库仑摩擦模型中的滑动区域（ABAQUS，2000）

1. 采用函数定义摩擦系数

利用函数定义摩擦系数公式，即

$$\mu = f(\dot{\gamma}_{eq}, p, \bar{\theta}, \bar{f}^{\alpha}) \tag{6-18}$$

其中

$$\bar{\theta} = 0.5(\theta_A + \theta_B)$$
$$\bar{f}^{\alpha} = 0.5(f_A^{\alpha} + f_B^{\alpha}) \tag{6-19}$$

式中：$\bar{\theta}$ ——接触点的平均温度；

$\bar{f}^{\alpha}$ ——α 变量在接触点的平均场变量；

θ_A、θ_B、f_A^{α}、f_B^{α} ——接触面上 A 点和 B 点的温度和场变量，其中 A 点是从属接触面上节点，B 点为相对应的主接触面上最近点。

在 ABAQUS 中对临界剪应力设定了一个限制

$$\tau_{crit} = \min(\mu p, \tau_{max}) \tag{6-20}$$

式中：τ_{max} 为自定义。如果等效剪应力等于临界剪应力，即 $\tau_{eq} = \tau_{crit}$，滑动就会发生（图 6-6）。

剪应力限值通常是在很大的接触应力产生时才需要引入，如沥青路面结构力学分析过程中，库仑理论给出了一个超过路面材料屈服应力的临界剪应力 $\tau_{max} = \sigma_y / \sqrt{3}$，其中 σ_y 为接触面材料的 Mise 屈服应力。

如果摩擦是各向同性，滑动的方向与摩擦力的方向一致，表示为

$$\frac{\tau_i}{\tau_{eq}} = \frac{\dot{\gamma}_i}{\dot{\gamma}_{eq}} \tag{6-21}$$

式中：$\dot{\gamma}_i$ ——i 方向的滑动率。

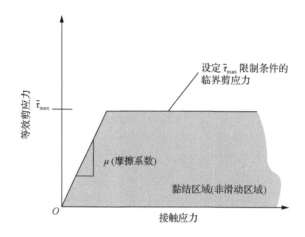

图 6-6　限制临界剪应力摩擦模型的滑动区域（ABAQUS，2000）

上述行为在 ABAQUS 有限元理论体系中有两个不同的方式模拟。默认条件下，无相对滑动条件可以用硬弹性行为模拟，从零剪切应力位置的相对运动可以采用 γ_{crit} 约束（γ_{crit} 为允许的最大弹性滑动）。

2. 直接指定静态和运动摩擦系数

以往研究表明，从一个黏结状态开始的初始滑动的摩擦系数有别于一个已经产生滑动的情况。前者一般认为是静摩擦系数，而后者认为是运动摩擦系数。一般来讲，静摩擦系数大于运动摩擦系数。

在通常情况下，ABAQUS 有限元理论体系中设定静态摩擦系数对应于零滑动率时的值，而运动摩擦系数对应于高滑动率时的值。静摩擦与动摩擦之间的转化由中间滑动率值定义。在模型中静摩擦和动摩擦可以为接触压力、温度和场变量的函数。

ABAQUS 有限元理论体系中提供了一个直接定义静摩擦和运动摩擦的模型。在这个模型中，摩擦系数假定为从静摩擦到运动摩擦以指数形式衰减，即

$$\mu = \mu_k + (\mu_s - \mu_k)\mathrm{e}^{-d_c\gamma_{eq}} \tag{6-22}$$

式中：μ_k ——运动摩擦系数；

μ_s ——静摩擦系数；

d_c ——自定义的衰减系数。

需要注意的是 ABAQUS 有限元理论体系中这个模型只能用于各向同性摩擦，且不能定义为接触应力、温度或场变量函数。指数衰减摩擦模型如图 6-7 所示。

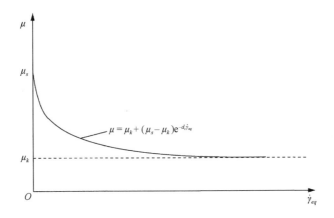

$$\mu = \mu_k + (\mu_s - \mu_k)e^{-d_c\dot{\gamma}_{eq}}$$

图 6-7　指数衰减摩擦模型（ABAQUS Inc.）

6.2.3　阻尼条件

在直接积分动态分析中，经常需要定义阻尼条件作为整个系统中的能量消散条件。如果系统中存在粘性、塑性等非弹性材料时，通常不需要引入额外的阻尼。然而，一些模型并没有这样的消散源，如沥青路面材料弹性本构模型。在这种情况下，引入一些通用的阻尼条件是必要的，如瑞利阻尼提供了对低频（质量相关）和高频（刚度相关）范围行为的阻尼作用。

为了定义瑞利阻尼，需要指定两个阻尼参数：α 为与质量成正比的阻尼，β 为与刚度成正比的阻尼。一般来讲，阻尼作为材料性质（material property）的一部分来定义。

对于给定模式 i 的临界阻尼系数 ξ_i 可以表示为阻尼参数 α、β 的函数形式：

$$\xi_i = \frac{\alpha}{2w_i} + \frac{w_i\beta}{2} \tag{6-23}$$

式中：w_i——模态 i 的自然频率。

一般来讲，与质量成正比的瑞利阻尼系数 α 对于低频起到阻尼作用，而与刚度成正比的瑞利阻尼系数 β 对于高频起到阻尼作用。

在 ABAQUS 有限元数值模拟平台中弹性材料一般需要输入阻尼参数 α、β，通常可根据结构的前两阶模态分析结果确定，根据式（6-23）有

$$\xi_1 = \frac{\alpha}{2w_1} + \frac{w_1\beta}{2} \tag{6-24}$$

$$\xi_2 = \frac{\alpha}{2w_2} + \frac{w_2\beta}{2} \tag{6-25}$$

容易得到

$$\alpha = \frac{2w_1 w_2 (w_2 \xi_1 - w_1 \xi_2)}{w_2^2 - w_1^2}$$ （6-26）

$$\beta = \frac{2(w_2 \xi_2 - w_1 \xi_1)}{w_2^2 - w_1^2}$$ （6-27）

式中：w_1、w_2——模态分析一阶、二阶自振频率，通过模态分析获得；

　　　α、β——瑞利阻尼系数；

　　　ξ_1、ξ_2——一阶、二阶模态的阻尼率（临界阻尼率，也可称为阻尼系数），对于沥青路面分析中的基层及土基材料通常可假设为 0.05 和 0.1。

若只采用一阶模态分析自振频率时，存在 $w_1 = w_2 = w$，$\xi_1 = \xi_2 = \xi$，则可以得出

$$\alpha = w^2 \beta$$ （6-28）

进而可以推出

$$\beta = \frac{\xi}{w}, \quad \alpha = \xi w$$ （6-29）

一般土质材料，临界阻尼率 ξ 通常为 2%～5%；一般结构系统的临界阻尼率通常为 2%～10%；当路面结构分析中存在着能量消散源（黏弹性材料、塑性材料、无穷边界条件时），可适当降低临界阻尼率或不设阻尼条件。

6.2.4　荷载条件

实际轮胎作用于路面的接地面积及压力分布相当复杂，并非传统的多层弹性理论体系中的圆形均布荷载形式。轮胎对路面作用的这种不规则性对路面力学响应产生较大的影响，在理论求解中由于数学推导的复杂性，仅能考虑某一特殊情况，而在基于有限元数值模拟分析中可以考虑。对于荷载的时程变化已在本书理论求解部分讨论，这里主要讨论荷载的空间分布及其有限元数值模拟的实现方法。

1. 荷载的空间分布

移动荷载的时程曲线已经描述了接地面积内荷载幅值随时间的变化（也是荷载空间分布的前后变化），空间分布中还需定义接地面积内的横向分布情况。轮胎接地压力分布可以通过两个途径获得：①采用传感器列阵进行非均布接地压力实测，该途径由于测试方法及设备的复杂性，很难推广使用；②采用轮胎-路面交互作用数值模拟得到轮胎的接地压力分布，该途径可以考虑一些典型的轮胎花纹，但对于复杂轮胎花纹，由于有限元网格划分和接触分析的收敛问题还难以精确获得。

简单花纹的轮胎-路面交互作用数值模拟将在第 8 章详细讨论，这里结合目前国内外的研究成果给出典型的非均布移动荷载的空间分布，双轮纵向轮胎花纹简化为 5 条矩形模型，荷载竖向、纵向及横向接触应力分布如图 6-8～图 6-11 和表 6-1（Al-Qadi et al.，2004；Pyeong et al.，2006；Wang et al.，2009）所示。

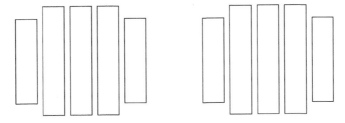

图 6-8　双轮纵向轮胎花纹简化矩形模型

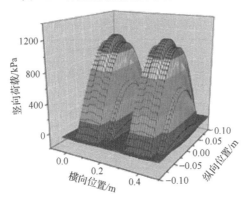

图 6-9　双轮纵向轮胎花纹移动荷载竖向接触应力分布

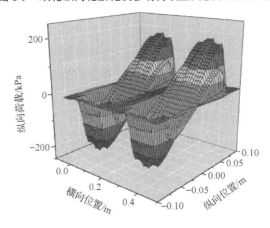

图 6-10　双轮纵向轮胎花纹移动荷载纵向接触应力分布

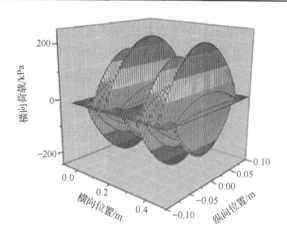

图 6-11　双轮纵向轮胎花纹移动荷载横向接触应力分布

表 6-1　双轮肋宽度荷载参数（Al-Qadi，2000）

内容	荷载参数				
	肋宽度（1）（肋间距为 1.0cm）	肋宽度（2）（肋间距为 1.5cm）	肋宽度（3）（肋间距为 1.5cm）	肋宽度（4）（肋间距为 1.0cm）	肋宽度（5）
竖向应力/kPa	600	1100	1200	1100	600
纵向应力/kPa	95	174	190	174	95
横向应力/kPa	−60	−220	−140	−100	−160
	160	100	140	220	60
长度/cm	14.0	18.0	18.0	18.0	14.0
宽度/cm	3.0	3.0	3.0	3.0	3.0

注：两轮胎内侧距为 8.0cm。

　　分析上述沥青路面所承受的三向接触应力的典型空间分布结果，竖向接触应力的特点是在行车方向和垂直行车方向，荷载都有折减，即轮胎接地面积在行车方向上荷载在中心点最大，向前后两侧递减；在轮胎接地面积横向方向，荷载幅值也是中心点最大向两侧递减，这种荷载分布形式的时程曲线接近于半正弦波形式。对于纵向接触应力而言，轮胎接地面积前部受向后的水平力，而轮胎接地面积后部受向前的水平力。同时，垂直于行车方向还承受非均匀分布的横向接触应力，其特点为每一个加载条左右两侧横向应力作用方向相反，幅值不同，但总横向接触应力合力接近于零，纵向和横向均呈现中间大、两侧小的特点。

2. 移动荷载的数值模拟实现

　　基于 ABAQUS 软件平台的沥青路面动力响应数值模拟中，为模拟非均布接地压力的移动，可以进行 DLOAD 及 UTRACLOAD 子程序二次开发以分别实现竖向移动荷载和水平向移动荷载（纵向和横向）的模拟。其原理为通过坐标函数 COORDS（*）控制荷载的作用区域以及某一位置处的荷载幅值，而后通过调用内部时间函数 TIME（*）实现荷载作用区域的移动，而荷载的移动时间步长根据 TIME 函数与设定的行车速度 V 的乘积确定（董泽蛟等，2009，2013）。因此，在 ABAQUS 软件平台中的时间和坐标的双重控制下就实现了非均布荷载按照设定的速度向前移动的这一加载形式。而当网格划分足够细且荷载在每一个单元格上的停留时间足够短时，可以认为是连续的移动荷载。

3. 变速移动荷载时间步的设定

在移动荷载作用下沥青路面动力响应的数值模拟分析中，荷载的时程曲线通常采用等时间步长的幅值变化表来定义。这种方法适合于定义匀速运动，而在车辆荷载加速或减速过程的数值模拟中应采用变时间步长。下面介绍变时间步确定方法为：

在匀速运动中，设施加于一单元上的荷载持续时间为 t_0，单元沿行车方向长度为 l，则此时的车速为

$$v = \frac{l}{t_0} \tag{6-30}$$

在匀变速过程中下列等式成立：

$$s = \frac{v_1^2 - v_2^2}{2a} \tag{6-31}$$

式中：s——匀变速距离，m；

　　　a——匀变速加速度，m/s²；

　　　v_1、v_2——加速过程中的最终速度和初始速度，减速过程中的初始速度和最终速度，m/s。

假设变速过程为直线加速，不考虑侧向力，此时匀变速加速度可为

$$a = \varphi g \tag{6-32}$$

式中：φ——沥青路面附着系数，通常取 0.8；

　　　g——重力加速度，m/s²。

当 $v_2 = 0$ 时，此时 $v_1 = \sqrt{2as}$。

当为匀减速运动时，整个制动距离分成 n 个加载单元为

$$n = \frac{v_1^2}{2al} \tag{6-33}$$

第 i 个加载单元的加载时间为

$$T_i = \frac{\sqrt{2a(n+1-i)l} - \sqrt{2a(n-i)l}}{a} \qquad i = 1, 2, 3, \cdots, n \tag{6-34}$$

当为匀加速运动时，第 i 个加载单元的加载时间为

$$T_i = \frac{\sqrt{2ail} - \sqrt{2a(i-1)l}}{a} \qquad i = 1, 2, 3, \cdots, n \qquad （6\text{-}35）$$

通过上述方法，可以实现移动荷载时间和空间变化的定义，为后续数值模拟分析工作奠定基础。

6.3　本章小结

本章主要对沥青路面动力响应数值模拟研究进行了综述，包括非均布移动荷载条件、无反射边界条件、层间接触条件、阻尼条件等。后续章节将详细介绍道路材料本构模型、轮胎-路面交互作用数值模拟、移动荷载作用下沥青路面动力响应数值模拟等内容。

参 考 文 献

陈静, 刘大维, 霍炜, 等, 2002. 路面对车辆动荷载响应研究[J]. 农业机械学报, 33(2): 11-14.

陈勇, 2009. 长大纵坡路段沥青路面车辙形成机理与防治对策研究[D]. 西安: 长安大学.

董泽蛟, 曹丽萍, 谭忆秋, 等, 2009. 移动荷载作用下沥青路面三向应变动力响应模拟分析[J]. 土木工程学报, 42(4): 133-139.

董泽蛟, 谭忆秋, 欧进萍, 2013. 三向非均布移动荷载作用下沥青路面动力响应分析[J]. 土木工程学报, 46(6): 122-130.

胡小弟, 2003. 轮胎接地压力分布实测及沥青路面力学响应分析[D]. 上海: 同济大学.

胡小弟, 孙立军, 2003. 不同车型非均布轮载作用力对沥青路面结构应力影响的三维有限元分析[J]. 公路交通科技. 20(1): 1-5.

黄庆易, 2008. 非均布荷载作用下沥青路面的力学响应研究[D]. 南京: 南京航空航天大学.

陆辉, 孙立军, 2004. 轮载作用下沥青路面三维非线性有限元分析[J]. 土木工程学报, 37(7): 64-67.

偶昌宝, 2005. 沥青路面结构动力响应分析[D]. 杭州: 浙江大学.

单景松, 黄晓明, 廖公云, 2007. 移动荷载下路面结构应力响应分析[J]. 公路交通科技, 28(5): 110-119.

王后裕, 朱可善, 言志信, 等, 2001. 三维多向映射无限元及其在道路工程中的应用[J]. 岩石力学与工程学报, 20(3): 293-296.

王丽健, 2005. 重载条件下沥青路面抗车辙性能研究[D]. 哈尔滨: 哈尔滨工业大学.

谢水友, 2003. 轮胎接触压力对沥青路面结构的影响研究[D]. 西安: 长安大学.

杨捷, 2006. 沥青车辙与拥包形成机理的粘弹性分析[D]. 南京: 东南大学.

杨阳, 2005. 高速公路沥青路面结构剪应力三维有限元分析[D]. 哈尔滨: 哈尔滨工业大学.

郑慧慧, 2009. 交通荷载作用下沥青路面的动力响应分析[D]. 西安: 长安大学.

ABAQUS, INC., 2010. ABAQUS Theory Mannual(Version 6. 10)[M]. Providnce: ABAQUS inc.

AL-QADI I L, ELSEIFI M, YOO P J, 2004. Pavement damage due to different tires and vehicle configurations[R]. Report of Michelin Americas Research and Development Corporation: 23-35.

BASSAM S, HANI M, HORMOZ P, 2005. Three-dimentional dynamic analysis of flexible conventional pavement foundation[J]. Journal of Transportation Engineering, 131(6): 460-469.

DAEHYEON K, RODRIGO S, ADOLPH G A, 2005. Effects of super single tire loadings on pavements[J]. Journal of Transportation Engineering, 131(10): 732-743.

DE BEER M, KANNEMEYER L, FISHER C, 1999. Towards improved mechanistic design of thin asphalt layer surfacings based on actual tyre/pavement contact stress-in-motion(sim)data in south africa[R]. 7th Conference on Asphalt Pavements for Southern Africa: 342-356.

MUHAMMAD N S HADI, BODHINAYAKE B C, 2003. Non-linear finite element analysis of flexible pavements [J]. Advances in Engineering Software. 34(11-12): 657-662.

OLSSON M, 1987. Pavement response under dynamic load using finite element method[J]. Joumal of Transportation Engineering, 6(120): 236-246.

PARK D W, EMMANUEL F, JOE L, 2005. Evaluation of prediced pavement response using measured tire contact stresses[R]. Washington DC: Transportation Research Record, n1919, 160-170.

PYEONG J Y, IMAD L. AL-QADI I L, 2006. Flexible pavement response to different loading amplitudes [J]. ASCE, 191(4): 39-49.

RONALD B, 1999. Introducing improved loading assumptions into analytical pavement models based on measured contact stresses of tires[D]. California: Dissertation of University of California: 56-65.

SAMEH Z, 1993. Deflection response of plate on winkler foundation to moving aceelerated loads[J]. Engineering Structure, 121(5): 321-341.

STEYN W J, 2009. Evaluation of the effect of tire loads with different contact stress patterns on asphalt rutting[J]. ASCE, Conf. Proc., 349(13): 23-30.

THOMAS D W, 2002. Contributions of pavement structural layers to rutting of hot mix asphalt pavements[R]. Mississippi: NCHRP Report 468, Mississippi State University: 103-134.

WANG F, 2005. Mechanistic-empirical study of effects of truck tire pressure on asphalt pavement performance[D]. Texas: Dissertation of University of Texas at Austin: 1-12.

WANG H, AL-QADI I L, 2009. Combined effect of moving wheel loading and three-dimensional contact stresses on perpetual pavement responses[R]. Washington DC: Transportation Research Board 2009 Annual Meeting CD-ROM: 1-14.

第7章　道路材料本构模型

沥青路面结构体系作为一个外部结构物，不但自身构造复杂，材料性质差异多样，而且受外界环境和荷载的反复作用。其中环境主要包括温度、湿度、阳光、空气等自然因素。因此，在研究沥青路面材料的本构关系时，应从沥青路面材料体系的内因和外因两方面入手进行考虑。

首先，从材料本身的角度来看，大多数的路基路面材料往往不仅具有弹性性质，而且在受力过程中表现出了黏性、黏弹性以及塑性等力学性质，并且具有线性和非线性两种特征；大多数的道路材料都是松散的粒状材料，在力学分析上可以作为离散介质（多孔介质）进行研究。在一定的情况下，为简化分析，对于那些比较均匀的材料，可以作为一个连续介质来进行研究；同时这些材料的不同结构层组合，即路面结构的不同，又造成了整个路面结构的宏观表现—路面性能的千差万别。

其次，从外部环境的影响角度来看，外部因素的作用使得路面结构的材料行为和结构行为变异性较大，表现为时变特性、温变特性、湿变特性和空间变异，外部环境的影响体现在以下方面。①荷载的作用。道路作为车辆行驶的外部载体，承受车轮荷载的反复作用，车辆轴载的分布、大小、动力特性的多样化造成了整个路面系统激励的复杂性。②温度的作用。一年四季的温度交替变化，甚至一天当中的温度交替变化都时刻影响道路结构的使用性能。沥青混凝土路面材料在低温时会产生较大的温度应力，导致材料的低温断裂；在高温时呈黏弹性质，抵抗变形能力变差，以致产生过大的永久变形。③湿度的作用。由于水的作用，或使材料发生松散；或使路面结构层的强度和刚度降低，引起结构承载力降低；或使土基的强度和刚度下降，引起路表下沉，产生裂缝，甚至出现龟裂。④光的作用。沥青作为一种高分子材料，在外界紫外线和红外线的照射下，在空气中易于发生老化，其路用性能逐渐降低。

综上所述，路面性能的宏观表现不是某个因素单独作用的结果，而是以上所有因素综合作用的结果。因此，建立一个理想的材料本构模型是非常困难的。在一定的条件下，很多路面设计理论的研究人员总是力图采用某些假设，抓住某些主要研究因素，忽略某些次要研究因素，逐渐完善沥青路面结构体系的力学模型，使得理论结果更加接近实际状况，但仍然会存在一定的差距。这种理论与实际的不一致性，可通过各种试验手段对理论结果加以修正，取得理论与实际的统一。

7.1　道路材料本构关系

7.1.1　概述

目前路面力学分析的理论基础是静力层状弹性力学体系，这是由于层状弹性力学模型可以合理解释路面材料物理特性沿深度方向的不均匀性，且其模型参数易于获得。在线弹性模型中，材料在变形过程中弹性常数保持不变，应力和应变是一一对应的，且与加载历史无关。但近年来，随着人们对沥青材料研究的不断深入，提出新的符合沥青混合料变形基本特征的本构模型及其模型参数的实验测定方法也已成为研究的热点。

沥青混合料是典型的黏弹塑性体，在低温小变形范围内接近线弹性体，在高温大变形范围内表现为黏塑性体，而在通常温度的过渡范围内为黏弹性体。在重复车辆荷载作用下，沥青混合料的永久变形由黏塑性部分和黏弹性部分组成。被用来表征沥青混凝土黏弹性特征的力学模型有许多，如麦克斯韦模型、开尔文模型、杰弗里斯（Jeffreys）模型（麦克斯韦模型与黏壶并联）、莱瑟西奇（Lethersich）模型（开尔文模型与黏壶串联）、伯格斯模型、修正伯格斯模型、五单元六参数模型（伯格斯模型与非线性黏壶串联）、广义麦克斯韦模型以及广义开尔文模型等。这些黏弹性力学模型将弹性和黏性特性分别看作"弹簧元件"和"阻尼器元件"，按不同方式组合的黏弹性力学模型可以反映不同材料的黏弹性特性。

以车辙为例，路面的永久变形是由粘性效应和塑性流动产生的，可以通过具有黏、弹、塑性特征的黏弹塑性模型来表征。法国国立公共工程学院（Ecole Nationale des Travaux Publicsdel Et，ENTPE）的研究指出沥青混合料具有瞬时弹性、瞬时塑性、黏弹性和黏塑性共存的特点，所以沥青混合料总应变应为以上四部分应变之和。目前国内考虑塑性的沥青混合料模型包括非线性黏弹-弹塑模型（彭妙娟，2005）、修正代尔夫特（Delft）-Xahu 模型（陈娆，2006）、约翰逊-库克（Johnson-Cook）模型（汪凡，2009）、德鲁克（Drucker）-普拉格（Prager）/Creep蠕变模型（田庚亮，2009）、佩尔济纳（Perzyna）黏弹塑性模型等。

国外的专家学者在黏弹塑性模型方面做了很多工作。Abdulshafi 等（1985）建立了一维黏-弹-塑性模型，其模型采用塑性单元与伯格斯模型串联的形式，塑性变形采用 Drucker-Prager 屈服函数。Bonnier 等（1991）提出采用弹性单元考虑瞬态弹性响应，开尔文-沃格特（Kelvin-Voigt）单元描述黏弹性能，而采用滑块与黏壶并联表征黏塑性，采用非相关流动准则和幂指数形式屈服函数。Lytton 等（1991）基于弗美尔（Vermeer）屈服面建立了混合料永久变形模型，并加入有限元分析中。Lu 等（1998）建立一个黏弹塑性本构模型，混合料的应变分解为弹性应变（胡克定律）、黏弹性应变（时间和应力的幂函数，应力硬化模型）和黏塑性应变（Perzyna 黏塑性理论）。Seibi 等（2001）采用不同温度下的单轴和三轴压缩试验，建立一个恒加载速率下的弹-黏-塑性本构模型，采用 Drucker-Prager 屈服面和 Perzyna 粘塑性理论描述各向同性硬化和应变率相关的力学行为。Huang 等（2002）在 Desai 等（1987）研究成果之上，在 HISS 塑性模型中加入温度和加载速率的影响。Oser 等（2004）建立了一个三维流变学模型，采用胡克体-开尔文-牛顿组合单元用来描述弹性、黏弹性和黏塑性行为，其屈服函数是由 Mises 屈服函数（拉伸区域）和 Drucker-Prager（压缩区域）构成，同时加入损伤-自愈单元以考虑混合料动态荷载作用下的损伤与自愈特性。

另外一些研究尝试将损伤模型引入到沥青混合料的力学特性描述中来。Sousa 等（1993，1995）开发了非线性黏弹损伤模型来预测 HMA 的永久变形。采用多个麦克斯韦模型的三维组合形式，其中弹簧用来描述膨胀与硬化，黏壶描述温度与应变率依赖性，在黏壶中加入了一个为剪应变函数的损伤参数。后来在此基础上，又加入米塞斯（Mises）屈服面的弹塑性单元。Scarpas 等（1997）将总应变分解为弹性和黏塑性单元，采用德赛（Desai）屈服面和 Perzyna 黏塑性本构关系模拟，并研究了不同荷载条件下路面损伤的发生与发展。Kim 等（1997）采用连续损伤黏弹性模型进行了沥青混合料本构研究，并且采用不同应变率下的常应变率拉伸试验验证了沙佩里（Schapery）黏弹对应原理。Chehab 等（2003）将模型分为黏弹性和黏塑性两部分，其中黏弹性是基于舍费尔（Schapery）连续损伤模型，而基于经验的应变硬化模型用来描述黏塑性行为。Collop 等（2003）开发了黏-弹-塑性本构模型（包括弹性、延迟弹性和黏塑性部分），连续损伤力学用来描述黏性流动过程中损伤机理。Gibson 等（2004）和 Schwartz 等（2004）基于 Schapery 连续损伤力学公式的扩展形式建立了由黏弹性（包括瞬态弹性）、黏塑性（包括瞬态塑性）和非线性黏弹性损伤（基于单轴无约束压缩试验）三部分构成的本构模型。

通过前期的研究积累以及国内外研究文献的调研，本章总结常见的道路工程材料的本构模型。其中，黏弹性本构模型在上篇中已经讨论，这里重点介绍道路材料弹性本构模型及黏弹塑性本构模型。

7.1.2　弹性本构模型

道路材料常用的弹性体本构模型包括线弹性模型和非线弹性模型两类，其中线弹性包括常用的各向同性线弹性及横观各向同性线弹性模型。

1. 各向同性线弹性模型

现行的沥青路面理论分析方法是基于各向同性的线弹性层状体系假设的，材料的力学性质由弹性模量 E 和泊松比 μ 两个参数决定，如著名的美国沥青协会（American Asphalt Institute）AI 法和美国联邦航空管理局（Federal Aviation Administration of the United States）FAA 法等，都采用线弹性的各向同性体假设。

在弹性力学中只考虑线性的本构关系，一般称为广义胡克定律。用矩阵形式写出的广义胡克定律具有如下形式：

$$
\begin{bmatrix} \sigma_{11} \\ \sigma_{22} \\ \sigma_{33} \\ \tau_{12} \\ \tau_{13} \\ \tau_{23} \end{bmatrix} = \begin{bmatrix} C_{11} & C_{12} & C_{13} & C_{14} & C_{15} & C_{16} \\ C_{21} & C_{22} & C_{23} & C_{24} & C_{25} & C_{26} \\ C_{31} & C_{32} & C_{33} & C_{34} & C_{35} & C_{36} \\ C_{41} & C_{42} & C_{43} & C_{44} & C_{45} & C_{46} \\ C_{51} & C_{52} & C_{53} & C_{54} & C_{55} & C_{56} \\ C_{61} & C_{62} & C_{63} & C_{64} & C_{65} & C_{66} \end{bmatrix} \begin{bmatrix} \varepsilon_{11} \\ \varepsilon_{22} \\ \varepsilon_{33} \\ \gamma_{12} \\ \gamma_{13} \\ \gamma_{23} \end{bmatrix} \tag{7-1}
$$

式（7-1）从左至右分别为应力列阵、六阶弹性矩阵（刚度阵）和应变列阵，由于存在

$$
C_{ij} = C_{ji} \tag{7-2}
$$

当为完全各向异性弹性模型时，应变矩阵存在 21 个独立的元素。当为完全各向同性弹性模型时，独立模型参数仅有 E、μ。存在

$$
G = \frac{E}{2(1+\mu)} \tag{7-3}
$$

此时应力-应变关系表达式为

$$
\begin{bmatrix} \varepsilon_{11} \\ \varepsilon_{22} \\ \varepsilon_{33} \\ \gamma_{12} \\ \gamma_{13} \\ \gamma_{23} \end{bmatrix} = \frac{1}{E} \begin{bmatrix} 1 & -\mu & -\mu & 0 & 0 & 0 \\ -\mu & 1 & -\mu & 0 & 0 & 0 \\ -\mu & -\mu & 1 & 0 & 0 & 0 \\ 0 & 0 & 0 & 2(1+\mu) & 0 & 0 \\ 0 & 0 & 0 & 0 & 2(1+\mu) & 0 \\ 0 & 0 & 0 & 0 & 0 & 2(1+\mu) \end{bmatrix} \begin{bmatrix} \sigma_{11} \\ \sigma_{22} \\ \sigma_{33} \\ \tau_{12} \\ \tau_{13} \\ \tau_{23} \end{bmatrix} \tag{7-4}
$$

2. 横观各向同性线弹性模型

对于实际的路面材料，如沥青混合料、粒状类基层和土质路基，国内外相关研究表明，这些材料具有明显的各向异性特性，与设计方法中采用的各向同性假设有一定差异。

当为正交各向异性弹性模型时，独立模型参数包括三个正交方向的杨氏模量 E_1、E_2、E_3，三个泊松比 μ_{12}、μ_{13}、μ_{23} 及三个剪切模量 G_{12}、G_{13}、G_{23}。此时应力-应变关系表达式为

$$
\begin{bmatrix} \varepsilon_{11} \\ \varepsilon_{22} \\ \varepsilon_{33} \\ \gamma_{12} \\ \gamma_{13} \\ \gamma_{23} \end{bmatrix} = \begin{bmatrix} 1/E_1 & -\mu_{12}/E_2 & -\mu_{13}/E_3 & 0 & 0 & 0 \\ -\mu_{12}/E_1 & 1/E_2 & -\mu_{23}/E_3 & 0 & 0 & 0 \\ -\mu_{13}/E_1 & -\mu_{23}/E_2 & 1/E_3 & 0 & 0 & 0 \\ 0 & 0 & 0 & 1/G_{12} & 0 & 0 \\ 0 & 0 & 0 & 0 & 1/G_{13} & 0 \\ 0 & 0 & 0 & 0 & 0 & 1/G_{23} \end{bmatrix} \begin{bmatrix} \sigma_{11} \\ \sigma_{22} \\ \sigma_{33} \\ \tau_{12} \\ \tau_{13} \\ \tau_{23} \end{bmatrix} \tag{7-5}
$$

在正交各向异性弹性模型中，如果材料的某个平面上性质相同，即为横观各向同性弹性模型，沥青混合料的各向异性可以一级近似为横观各向同性。假定 1—2 平面为各向同性平面，则存在

$$E_1 = E_2 = E \tag{7-6}$$

$$\mu_{13} = \mu_{23} = \mu' \tag{7-7}$$

$$G_{13} = G_{23} = G' \tag{7-8}$$

则应力-应变表达式为

$$\begin{bmatrix} \varepsilon_{11} \\ \varepsilon_{22} \\ \varepsilon_{33} \\ \gamma_{12} \\ \gamma_{13} \\ \gamma_{23} \end{bmatrix} = \begin{bmatrix} 1/E & -\mu/E & -\mu'/E' & 0 & 0 & 0 \\ -\mu/E & 1/E & -\mu'/E' & 0 & 0 & 0 \\ -\mu'/E & -\mu'/E & 1/E' & 0 & 0 & 0 \\ 0 & 0 & 0 & 1/G & 0 & 0 \\ 0 & 0 & 0 & 0 & 1/G' & 0 \\ 0 & 0 & 0 & 0 & 0 & 1/G' \end{bmatrix} \begin{bmatrix} \sigma_{11} \\ \sigma_{22} \\ \sigma_{33} \\ \tau_{12} \\ \tau_{13} \\ \tau_{23} \end{bmatrix} \tag{7-9}$$

即横观各向同性弹性模型的独立参数为 5 个，即为 E、E'、μ、μ'、G'。

3. 非线性弹性模型（$k\text{-}\theta$ 模型）

沥青路面基层及土基类材料多表现出非线性弹性性质。研究表明，级配碎石材料的力学行为与其所受应力状态相关，使得级配碎石回弹模量对应力状态具有依赖性（应力依赖性），而表现出非线性弹性特性，即

$$E = K_1 \theta^{K_2} \tag{7-10}$$

式中：E——级配碎石回弹模量，MPa；

θ——第一应力不变量（MPa），$\theta = \sigma_1 + 2\sigma_3$（基于三轴试验）；

K_1、K_2——回归系数。

4. 非线性弹性模型

土基材料常采用邓肯-张模型来描述，它是建立在增量应力-应变关系基础上的弹性模型，即切线模型。其模型中的参数加载切线模量 E_t、卸载切线模量 E_{ur} 和切线泊松比 μ_t 是应力的函数。

切线弹性模量为

$$E_t = (1 - R_f s)^2 E_i \tag{7-11}$$

其中：

$$E_i = kP_a \left(\frac{\sigma_3}{P_a} \right)^n \tag{7-12}$$

式中：E_i——初始模量，采用 Junbu 经验公式确定；

P_a——大气压力或称参考压力，引入 P_a 主要是为了量纲的需要，MPa；

k、n——无量纲的模量系数和幂次；

R_f——破坏比，其表达式为

$$R_f = \frac{(\sigma_1 - \sigma_3)_f}{(\sigma_1 - \sigma_3)_{ult}}$$ （7-13）

$(\sigma_1 - \sigma_3)_f$——破坏偏应力，MPa；

$(\sigma_1 - \sigma_3)_{ult}$——极限偏应力，MPa；

s——应力水平，其表达式为

$$s = \frac{\sigma_1 - \sigma_3}{(\sigma_1 - \sigma_3)_f}$$ （7-14）

而破坏偏应力 $(\sigma_1 - \sigma_3)_f$ 与侧限压力 σ_3 有关，可以由莫尔-库仑破坏条件确定，其表达式为

$$(\sigma_1 - \sigma_3)_f = \frac{2c\cos\varphi + 2\sigma_3\sin\varphi}{1 - \sin\varphi}$$ （7-15）

式中：C——黏聚力，MPa；

φ——内摩阻角，（°）。

为了反映土体变形的可恢复部分和不可恢复部分，邓肯-张模型在弹性理论的范围内，采用的卸载-再加载模量不同于初始加载模量，卸载模量 E_{ur} 取决于侧限压力 σ_3 的表达式为

$$E_{ur} = k_{ur} P_a \left(\frac{\sigma_3}{P_a}\right)^n$$ （7-16）

式中：k_{ur}、n——卸载再加载时的模量系数和幂次。

切线泊松比 μ_t 为

$$\mu_t = \frac{1}{2} - \frac{E_t}{6B_t}$$ （7-17）

式中：B_t——体变模量，假设其与侧限压力 σ_3 关系亦采用 Junbu 公式，表达式为

$$B_t = k_b P_a \left(\frac{\sigma_3}{P_a}\right)^{n_b}$$ （7-18）

式中：k_b、n_b——切线体积的模量系数和幂次。

确定上述参数即可得到邓肯-张模型的弹性矩阵为

$$[D] = \frac{E_t}{(1+\mu_t)(1-2\mu_t)} \begin{bmatrix} 1-\mu_t & \mu_t & \mu_t & 0 & 0 & 0 \\ \mu_t & 1-\mu_t & \mu_t & 0 & 0 & 0 \\ \mu_t & \mu_t & 1-\mu_t & 0 & 0 & 0 \\ 0 & 0 & 0 & \frac{1}{2}-\mu_t & 0 & 0 \\ 0 & 0 & 0 & 0 & \frac{1}{2}-\mu_t & 0 \\ 0 & 0 & 0 & 0 & 0 & \frac{1}{2}-\mu_t \end{bmatrix}$$ （7-19）

7.1.3　黏弹塑性本构模型

1. 塑性基础

对于材料的塑性变形，要做四方面的约定：破坏准则、屈服准则、硬化规律和流动规则。不同的弹塑性模型，这四个约定的具体形式也不同。

（1）破坏准则

材料达到破坏后，变形会迅速发展，与破坏前是截然不同的。建立材料的应力-应变关系，要弄清楚在什么情况下达到破坏，这就要给出一个判别破坏与否的标准，即破坏准则，可以写为

$$F(\sigma_{ij}) = k_f \tag{7-20}$$

式中：$F(\sigma_{ij})$——应力分量的某种函数，即破坏函数；

k_f——试验确定的常数。

若 $F(\sigma_{ij}) = k_f$，则破坏；若 $F(\sigma_{ij}) < k_f$，不破坏；$F(\sigma_{ij})$ 不可能超过 k_f。由于破坏与坐标的选取无关，函数 $F(\sigma_{ij})$ 的自变量应该是某种形式的应力不变量，常取主应力分量。函数 $F(\sigma_{ij})$ 在主应力空间内代表一曲面，即破坏面。若应力状态的点落在破坏面以内，则材料不破坏；若落在破坏面上，材料破坏。应力状态永远不能超出破坏面，破坏面也可以说是应力空间内达到破坏的那些点的轨迹。

主要的破坏准则如下所述。

1）Tresca 准则。该准则假定最大剪应力达到某一数值时材料发生破坏，即

$$\frac{\sigma_1 - \sigma_3}{2} = k_f \tag{7-21}$$

它在主应力空间内是以空间对角线（即 $\sigma_1 = \sigma_2 = \sigma_3$ 线）为中心轴的正六角柱面。

2）Mises 准则。该准则是假定偏应力 q 达到一定值的时候材料达到破坏，即

$$q = \frac{1}{\sqrt{2}} \sqrt{(\sigma_1 - \sigma_2)^2 + (\sigma_2 - \sigma_3)^2 + (\sigma_3 - \sigma_1)^2} = k_f \tag{7-22}$$

它在主应力空间为圆柱面。

3）莫尔-库仑准则

对土体而言，莫尔-库仑强度理论受到广泛应用，其破坏准则为

$$\frac{\sigma_1 - \sigma_3}{2} - \frac{\sigma_1 + \sigma_3}{2} \sin\varphi = c\cos\varphi \tag{7-23}$$

4）莱特-邓肯（Lade-Duncan）准则

莱特和邓肯根据砂土的真三轴试验提出该准则：

$$\frac{I_1^3}{I_3} = k_f \tag{7-24}$$

式中：I_1——第一应力不变量，$I_1 = \sigma_1 + \sigma_2 + \sigma_3$；

$\quad\quad I_3$——第三应力不变量，$I_3 = \sigma_1\sigma_2\sigma_3$。

它的破坏面是一曲边三角形。

（2）屈服准则

材料受力产生变形，在应力较小的时候往往是线弹性的，一旦应力超过了某种限度，则开始出现塑性变形，应力和应变的关系呈非线性，此时材料屈服了。屈服主要取决于所处的应力状态。对于复杂的受力情况，当应力分量的某种函数组合达到一定值时，材料屈服，用公式表示为

$$f(\sigma_{ij}) = k \tag{7-25}$$

式中：$f(\sigma_{ij})$——屈服函数。

$\quad\quad k$——试验确定的常数。

对于岩土类材料，屈服和破坏是不同的，以莫尔-库仑破坏准则为例，材料破坏是当剪应力达到抗剪强度；而在剪应力远小于抗剪强度时可能会屈服，甚至不受剪应力，只有体力作用时，也有塑性变形，也会屈服。屈服面是一系列的曲面，不像破坏面那样是一个固定的曲面。对于处于屈服状态的体系，即当前的应力处于屈服面上，施加一新的应力增量 $\mathrm{d}\sigma_{ij}$，将有以下三种可能。

1）$\mathrm{d}\sigma_{ij}$ 的方向指向屈服面的内部，这将使 $\mathrm{d}f = \dfrac{\partial f}{\partial \sigma_{ij}}\mathrm{d}\sigma_{ij} < 0$，也就是 $f(\sigma_{ij} + \mathrm{d}\sigma_{ij})$

$< k$，可见应力增加后进入弹性状态，此为卸载过程。

2）$\mathrm{d}\sigma_{ij}$ 的方向沿屈服面的切线方向，这将使 $\mathrm{d}f = 0$，也就是 $f(\sigma_{ij} + \mathrm{d}\sigma_{ij}) = k$，这表示应力状态改变后仍处于同一屈服面上，$\mathrm{d}\sigma_{ij}$ 不引起新的塑性变形，此为中性加载或中性变载。

3）$\mathrm{d}\sigma_{ij}$ 的方向指向屈服面的外部，这将使 $\mathrm{d}f = \dfrac{\partial f}{\partial \sigma_{ij}}\mathrm{d}\sigma_{ij} > 0$，新的应力状态趋向移出原屈服面，转到新的屈服面（加载面）上，同时 k 增加，发生塑性变形，此为加载。

常用的屈服准则有莫尔-库仑屈服准则和 Drucker-Prager 屈服准则。

（3）硬化规律

当材料屈服以后，屈服的标准要改变，即 k 要变化，k 随什么因素而变，如何变化，就是所谓的硬化规律。k 的变化有三种情况：屈服后增加，意味着材料变硬了，称之为硬化；k 减小了，称之为软化；k 不变，称之为理想塑性。可以采用塑性变形或塑性功作为衡量硬化发展的程度，称为硬化参数，用 H 表示，k 是硬化参数的函数。

$$k = F(H) \tag{7-26}$$

　　硬化规律是与屈服函数联系在一起的。如果硬化参数取为塑性功，当塑性功为某一确定值时，屈服函数就确定了，也就是确定了应力空间的一个屈服面。该屈服面上各点有相等的塑性功；若硬化参数取塑性体积应变，屈服面就成了应力空间内塑性体积应变相等的点的轨迹。

　　（4）流动规则

　　屈服函数和硬化规律给出了判别屈服的标准和屈服后这个标准如何发展，但是没有给出达到屈服后应变增量各分量之间按什么比例变化。处在弹性阶段，广义胡克定律规定了应变增量各分量。对塑性应变增量，其方向不是取决于应力增量，而是取决于应力全量。流动规则是用于确定塑性应变增量方向的假定。通常假定经过应力空间的任何一点，必有一塑性位势等势面存在，并假定塑性应变增量与通过该点塑性势面成正交关系，即符合相关联流动法则，则

$$\mathrm{d}\varepsilon_{ij}^{p} = \mathrm{d}\lambda \frac{\partial Q}{\partial \sigma_{ij}} \tag{7-27}$$

式中：Q——塑性势函数，代表材料在塑性变形过程中的某种位能和势能；

　　　　λ——非负的塑性标量因子，表示塑性应变增量的大小；

　　　　$\mathrm{d}\varepsilon_{ij}^{p}$——塑性应变增量。

　　流动规则有两种假定：

　　1）相关联的流动规则。这个假定塑性势函数 $g(\sigma_{ij})$ 和屈服函数 $f(\sigma_{ij})$ 一致，换言之屈服面就是塑性势面，即

$$g(\sigma_{ij}) = f(\sigma_{ij}) \tag{7-28}$$

　　2）不相关联的流动规则。对于岩土类材料，通常塑性应变增量的方向有时并不和屈服面正交，用相关联的流动规则算出的应力-应变关系与试验结果有较大偏离，所以提出了不相关联的流动规则，即

$$g(\sigma_{ij}) \neq f(\sigma_{ij}) \tag{7-29}$$

　　2. 莫尔-库仑塑性模型

　　该模型具有以下特征：①服从经典的莫尔-库仑屈服准则；②允许材料各向同性硬化或软化；③采用光滑的塑性流动势，该流动势在子午面上为双曲线形状，在偏应力平面上为分段椭圆形；④可与线弹性模型组合使用；⑤可用来模拟单调荷载作用下材料力学行为。

　　作用在某一点的剪应力等于该点的抗剪强度时，该点发生破坏，剪切强度是作用于该面的正应力的函数，即

$$\tau = c - \sigma \tan \varphi \tag{7-30}$$

　　根据莫尔圆，又可表示为

$$s + \sigma_{m} \sin \varphi - c \cos \varphi = 0 \tag{7-31}$$

式中：s——最大剪应力，$s = \dfrac{\sigma_1 - \sigma_3}{2}$；

σ_m——最大和最小主应力平均值，$\sigma_m = \dfrac{\sigma_1 + \sigma_3}{2}$。

采用应力不变量，莫尔-库仑准则可表示为

$$f(I_1, J_2, \theta) = \frac{1}{3} I_1 \sin\varphi + \sqrt{J_2} \sin\left(\theta + \frac{\pi}{3}\right) + \sqrt{\frac{J_2}{3}} \cos\left(\theta + \frac{\pi}{3}\right) \sin\varphi - c\cos\varphi = 0 \quad （7\text{-}32）$$

3. 扩展的 Drucker-Prager 模型

扩展的 Drucker-Prager 模型具有以下特征：①模拟土、岩石等摩擦材料，这些材料的屈服与围压有关，围压越大，材料的强度越高；②允许材料各向同性硬化或软化；③考虑了材料的剪胀性；④可以模拟蠕变特性以描述材料的长期非弹性变形；⑤可模拟单调加载下材料的力学行为。

其屈服准则取决于屈服面在子午面中的形状，可为线性、双曲线或一般指数函数形式。线性 Drucker-Prager 模型的屈服准则为

$$F = t - p\tan\beta - d = 0 \quad （7\text{-}33）$$

式中：p——等效围压应力，$p = -\dfrac{1}{3}(\sigma_1 + \sigma_2 + \sigma_3)$。

t——偏应力系数，$t = \dfrac{1}{2} q \left[1 + \dfrac{1}{K} - \left(1 - \dfrac{1}{K}\right)\left(\dfrac{r}{q}\right)^3 \right]$。

β——线性屈服面在 p-t 应力平面上（子午面）的倾角，通常指材料的摩擦角。

d——材料的黏聚力，其值与输入的硬化参数试验有关。当硬化参数由单轴压缩试验参数 σ_c 定义时，$d = \left(1 - \dfrac{1}{3}\tan\beta\right)\sigma_c$；当硬化参数由单轴拉伸试验参数 σ_t 定义时，$d = \left(\dfrac{1}{K} + \dfrac{1}{3}\tan\beta\right)\sigma_t$；而当硬化参数由纯剪切试验参数 d 定义时，为其自身，$d = \dfrac{\sqrt{3}}{2}\tau\left(1 + \dfrac{1}{K}\right)$。

K——三轴拉伸屈服应力与三轴压缩屈服应力之比，该值表征屈服面对中间主应力值的依赖性。

q——Mises 等效应力。

r——第三应力偏张量不变量。

当沥青混合料的变形特性采用经典的 Drucker-Prager/Creep 蠕变模型定义时，路面材料的等效蠕变应变 $\bar{\varepsilon}^{cr}$ 可以表示为温度 T、等效蠕变应力 $\bar{\sigma}_{eq}$ 和时间 t 的函

数，即

$$\bar{\varepsilon}^{\mathrm{cr}} = f(T, \bar{\sigma}_{eq}, t) \tag{7-34}$$

通常采用贝利-诺顿（Bailey-Norton）蠕变法则分析蠕变变形，当材料所受应力保持不变时，时间硬化蠕变模型的表达式为

$$\bar{\varepsilon}^{\mathrm{cr}} = a_1 \bar{\sigma}_{eq}^{a_2} t^{a_3} \tag{7-35}$$

式中：a_1、a_2 和 a_3 为依赖于温度的模型参数，可以通过材料参数试验确定。

式（7-35）两端对时间求导得

$$\dot{\bar{\varepsilon}}^{\mathrm{cr}} = \frac{\partial \bar{\varepsilon}^{\mathrm{cr}}}{\partial t} = a_1 a_3 \bar{\sigma}_{eq}^{a_2} t^{a_3 - 1} \tag{7-36}$$

若令

$$\begin{cases} A = a_1 a_3 \\ n = a_2 \\ m = a_3 - 1 \end{cases} \tag{7-37}$$

则有

$$\dot{\bar{\varepsilon}}^{\mathrm{cr}} = A \bar{\sigma}_{eq}^{n} t^{m} \tag{7-38}$$

式中：$\dot{\bar{\varepsilon}}^{\mathrm{cr}}$ ——等效蠕变应变率；

　　　$\bar{\sigma}_{eq}^{n}$ ——等效蠕变应力；

　　　t ——总时间；

　　　A、n、m ——Drucker-Prager 模型蠕变参数。

4. Delft 黏弹塑性模型

理论上讲，沥青混合料是一种典型的非线性黏-弹-塑性材料，在不同的荷载作用方式和作用时间下表现出的力学性质完全不同。在低温、高频荷载作用下其行为接近于弹性材料，在高温、低频荷载作用下则接近于黏性流体，在常温和常荷载频率作用下，则表现为一般的黏弹塑性体。在重复荷载作用下呈现出弹性、塑性、黏弹性和黏塑性应变组成，如图 7-1 所示，其应变可以表示为

$$\varepsilon(t) = \varepsilon_e + \varepsilon_p + \varepsilon_{ve}(t) + \varepsilon_{vp}(t) \tag{7-39}$$

式中：$\varepsilon(t)$ ——随时间变化的总应变；

　　　ε_e ——弹性应变，可恢复且与时间无关；

　　　ε_p ——塑性应变，不可恢复且与时间无关；

　　　$\varepsilon_{ve}(t)$ ——黏弹性应变，可恢复且有时间依赖性；

　　　$\varepsilon_{vp}(t)$ ——黏塑性应变，不可恢复且有时间依赖性。

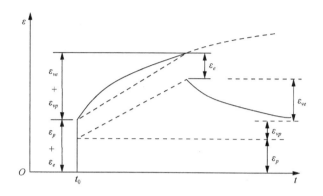

图 7-1　沥青混合料弹性、塑性、黏弹性和黏塑性应变组成

这里仅介绍 Delft 黏弹塑性模型，Delft-Xahu 模型的基本思想最早是由荷兰代尔夫特理工大学提出，如图 7-2 所示。而后国内学者进行了改进，如图 7-3 所示。

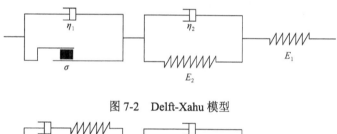

图 7-2　Delft-Xahu 模型

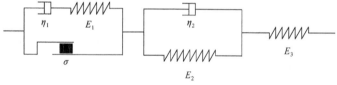

图 7-3　改进 Delft-Xahu 模型

以改进 Delft-Xahu 模型为例，给出其本构模型基本表达式。

1）在加载瞬时，模型为具有强化作用的弹塑性模型，其应力-应变关系为

当 $\sigma < \sigma_s$ 时，存在

$$\sigma = E_3 \varepsilon \tag{7-40}$$

当 $\sigma \geqslant \sigma_s$ 时，存在

$$\varepsilon = \frac{\sigma - \sigma_s}{E_1} + \frac{\sigma}{E_3} \tag{7-41}$$

2）在黏弹性阶段，流变本构关系为

$$\sigma + \frac{\eta_2}{E_2 + E_3}\dot{\sigma} = \frac{E_2 E_3}{E_2 + E_3}\varepsilon + \frac{E_3 \eta_2}{E_2 + E_3}\dot{\varepsilon} \qquad （7\text{-}42）$$

3）在塑性阶段，则有

$$\frac{d\varepsilon_{vp}}{dt} = \frac{1}{E_1}\frac{d(\sigma - \sigma_s)}{dt} + \frac{(\sigma - \sigma_s)}{\eta_1} \qquad （7\text{-}43）$$

$$\varepsilon_{ve} = \frac{\sigma}{E_2} - \frac{\eta_2}{E_2}\frac{d\varepsilon_{ve}}{dt} \qquad （7\text{-}44）$$

$$\varepsilon_e = \frac{\sigma}{E_3} \qquad （7\text{-}45）$$

流变本构关系为

$$\frac{d^2\varepsilon}{dt^2} + \frac{E_2}{\eta_2}\frac{d\varepsilon}{dt} = \frac{1}{E_3}\frac{d^2\sigma}{dt^2} + \frac{E_2 + E_3}{\eta_2 E_3}\frac{d\sigma}{dt} + \frac{1}{E_1}\frac{d^2(\sigma - \sigma_s)}{dt^2}$$

$$+ \left(\frac{\eta_2 E_1 + \eta_1 E_2}{\eta_1 \eta_2 E_1}\right)\frac{d(\sigma - \sigma_s)}{dt} + \frac{E_2}{\eta_1 \eta_2}(\sigma - \sigma_s) \qquad （7\text{-}46）$$

7.2　基于动态模量试验的黏弹参数获取

7.2.1　概述

目前，动态模量试验（dynamic modulus test）已经列入我国沥青混合料试验规程，由于本书的研究成果依据美国 ASTM D-3497（动态模量试验的标准试验方法），这里给出 ASTM D-3497 相应的试验条件。试验过程中，温度为-10℃、4.4℃、21.1℃、37.8℃和 54.4℃，荷载以峰值为某一定值的正弦波形式施加在直径为100mm 的圆柱体试件上（使得产生的轴向应变为指定范围），施加荷载的频率分别为25Hz、10Hz、5Hz、1Hz、0.5Hz 和 0.1Hz，试验采用简单性能试验机（simple performance test，SPT），试验原理如图 7-4 所示。

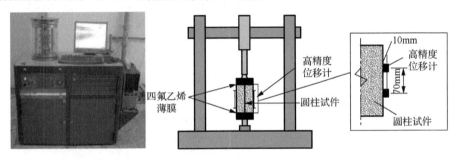

图 7-4　简单性能试验 SPT 系统及加载示意图

对于某一个加载频率试验结果，采用下列步骤获取动态模量与相位角：

1）选择最后 6 个周期的荷载和变形数据，从前面 5 个完整周期中计算正弦荷载和变形的平均幅值。

2）从前面 5 个完整周期中确定最大荷载和最大变形的平均时间差值 t_i。

3）计算加载应力 $\sigma_0 = \dfrac{P}{A}$，其中，A 是试件的面积，P 是平均加载幅值。

4）计算轴向回复应变 $\varepsilon_0 = \dfrac{\overline{\Delta}}{GL}$，其中，$\overline{\Delta}$ 是平均变形幅值，GL 是应变计的长度。

5）计算动态模量 $\left|E^*\right| = \dfrac{\sigma_0}{\varepsilon_0}$。

6）计算相位角 $\varphi = \dfrac{t_i}{t_p} \times 360$，其中，$t_i$ 是应力（荷载）与应变（变形）周期之间平均时间差值，t_p 是应力的平均周期时间。

7）对于每一个频率重复上述步骤。

8）对于每一个测试温度重复上述步骤。

7.2.2　动态模量与松弛模量的转换

在频域内的动态模量 $\left|E^*\right|$，可以转化为时间域的松弛模量 $E(t)$，本节采用 Park 和 Schapery（1999）所提出近似方法，基本步骤如下。

1）基于动态模量 $\left|E^*\right|$ 和相位角 φ，计算得到每一个频率下的储存模量 $E'(f) = \left|E^*\right|\cos(\varphi)$。

2）回归 $E'(f)$，并且计算每一个频率点局部双对数坐标下的斜率 $n = \dfrac{d\log(E'(f))}{d\log(f)}$。

3）计算调整函数 $\lambda' = \Gamma(1-n)\cos\left(\dfrac{n\pi}{2}\right)$，其中 $\Gamma(1-n)$ 为伽马（Gamma）函数。

4）计算松弛模量 $E(t) = \dfrac{E'(f)}{\lambda'}$，其中 $t = \dfrac{1}{f}$。

因此，松弛模量可以通过动态模量试验转化得到。而在有限元分析中需要给出粘弹性材料参数的时间和温度依赖性。

从热流变学角度来看，时间和温度对沥青混合料的影响可以通过一个参数表达出来，即移位因子。而主曲线可以通过不同加载频率和温度下的松弛模量平移建立起来，移位因子定义为

$$a_T = \frac{t}{\xi} \tag{7-47}$$

式中： a_T ——参考温度下 T_{ref} 的时温移位因子；

t ——转换前测试温度 T 下的时间；

ξ ——转换后参考温度 T_{ref} 下的松弛时间。

因此，每一个测试温度下的松弛模量可以通过在同一参考温度下的松弛模量主曲线表示出来：

$$E(\xi, T_{ref}) = E(t, T) \tag{7-48}$$

式中： $E(\xi, T_{ref})$ ——参考温度 T_{ref} 和松弛时间 ξ 下的松弛模量；

$E(t, T)$ ——测试温度和测试时间 $t\left(\dfrac{1}{f}\right)$ 下的松弛模量。

7.2.3　时温参数

在有限元数值模拟分析中，时间依赖性通常可以采用剪切模量比 $g(t)$ 的波朗尼（Prony）级数序列来表示。剪切模量 $G(t)$ 可以由松弛模量 $E(t)$ 计算得到

$$G(t) = \frac{E(t)}{2(1+\mu)} \tag{7-49}$$

而 $g(t)$ 可以通过瞬态剪切模量 G_0（加载频率趋于无穷大时的剪切模量）将 $G(t)$ 归一化后获取， $g(t)$ 可以表示为

$$g(t) = 1 - \sum_{i=1}^{N} g_i(1 - e^{-t/\tau_i}) \tag{7-50}$$

式中： N ——Prony 级数项数；

g_i ——材料常数；

τ_i ——延迟时间。

上述公式中每个指数项都称为一个 Prony 级数项。通常可以基于指定的 Prony 级数项数和平方根误差 RMSE 计算出 N 、 g_i 和 τ_i ，其中 RMSE 表示为

$$RMSE = \sqrt{\frac{1}{N}\sum_{i=1}^{N}[g_i(t) - \tilde{g}_i(t)]^2} \tag{7-51}$$

式中： $g(t)$ ——计算的剪切模量比；

$\tilde{g}(t)$ ——实测的剪切模量比。

一般来讲，Prony 级数项采用 5 项即可满足误差要求，图 7-5 采用的 Prony 级数项为 10 项，以保证拟合精度。

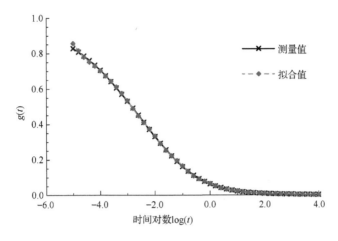

图 7-5　Prony 参数拟合结果

材料的温度依赖性主要通过使用威廉姆斯-兰德-费里（Williams-Landel-Ferry）（WLF）方程来获取：

$$\log(a_T) = \frac{-C_1(T - T_{ref})}{C_2 + (T - T_{ref})} \qquad (7\text{-}52)$$

式中：C_1、C_2——回归常数。

对于一种指定的沥青混合料，常数 C_1、C_2 依赖于参考温度。为了获取这些常数，松弛模量数据点首先要拟合为一个 S 形函数，这个函数来自于 AASHTO（2004）中，表达式为

$$\log(E(\xi)) = \delta + \frac{\alpha}{1 + \exp(\beta + \gamma \log(\xi))} \qquad (7\text{-}53)$$

式中：α、β、γ 和 δ——回归常数。

通过将松弛模量数据点拟合为上述 S 形函数，在选定的参考温度下的时间依赖性就可以确定，从而每一个测试温度下的移位因子就可以获取。常数 C_1、C_2 可以采用 WLF 方程拟合所有温度下的移位因子获得。图 7-6 给出了典型沥青混合料的松弛模量主曲线。

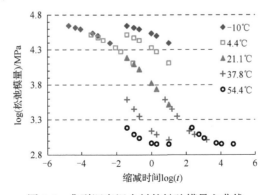

图 7-6　典型沥青混合料的松弛模量主曲线

7.2.4　典型试验结果

这里以北京地区常用的包括 SMA 类和 AC 类在内的 13 种沥青混合料为例，图 7-7 和图 7-8 给出其动态模量试验数据处理后的双对数坐标下松弛模量主曲线结果（时间单位为 s，松弛模量单位为 MPa）。

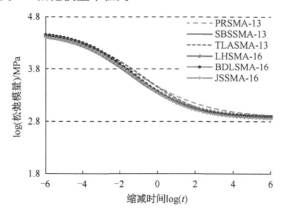

图 7-7　北京地区典型 SMA 类沥青混合料松弛模量结果

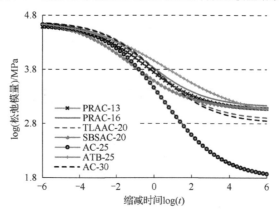

图 7-8　北京地区典型 AC 类沥青混合料松弛模量结果

从图 7-8 可以看出，尽管所用沥青种类、级配及最大粒径不同，文中列举的不同 SMA 沥青混合料动态模量差距较小。相比之下，AC 类沥青混合料模量差异较大，特别是在高温时段。其中六环高速公路 2012 年大修前旧路所用 AC-25 的高温松弛模量明显低于其他材料，而同样用于六环高速旧路的 AC-30 及 TLA AC-20 松弛模量也相对较低，验证了原六环高速公路设计时所用材料高温抗车辙能力相对较弱。

图 7-9 和图 7-10 分别给出了北京地区典型 SMA 类和 AC 类沥青混合料不同温度条件下的移位因子，即温度依赖性，可以看出六环高速公路改造前旧路所用

的 AC-25 和 AC-30 的温度依赖性明显。

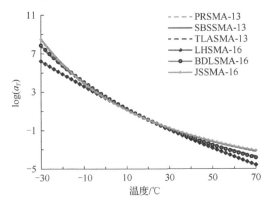

图 7-9　北京地区典型 SMA 类沥青混合料温度依赖性

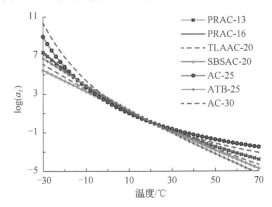

图 7-10　北京地区典型 AC 类沥青混合料温度依赖性

以 AC-25 为例，表 7-1 给出该沥青混合料在-10℃、4.4℃、21.1℃、37.8℃、54.4℃等典型温度条件下的 Prony 拟合参数结果。

表 7-1　AC-25 沥青混合料典型温度下 Prony 拟合参数

温度/℃	Prony 拟合参数								
	$\tau_1/10^4$	$\tau_2/10^3$	$\tau_3/10^2$	$\tau_4/10$	$\tau_5/10^0$	$\tau_6/10^{-1}$	$\tau_7/10^{-2}$	$\tau_8/10^{-3}$	$\tau_9/10^{-4}$
-10	0.1621	0.1878	0.2108	0.1533	0.0999	0.0574	0.0322	0.0174	0.0198
4.4	0.0192	0.0489	0.1238	0.1981	0.2081	0.1598	0.1027	0.0604	0.0716
21.1	0.0033	0.0078	0.0257	0.0747	0.1574	0.2116	0.1931	0.1364	0.1871
37.8	0.0012	0.0023	0.0071	0.0223	0.0670	0.1473	0.2101	0.1963	0.3445
54.4	0.0006	0.0010	0.0030	0.0085	0.0280	0.0789	0.1650	0.2062	0.5071

7.3　基于蠕变试验的黏弹参数获取

室内蠕变试验是基于沥青混合料流变特性的试验方法，能够反映沥青混合料黏弹性和黏塑性的变形性质。可以基于材料本构模型的蠕变方程，通过对室内蠕变试验曲线进行拟合得到相应的本构模型参数。

7.3.1　试件规格

蠕变试验中采用的试件形状主要有棱柱体和圆柱体两种，棱柱体试件主要用于弯曲蠕变试验中，而圆柱体试件主要用于单轴蠕变试验中。

对于试件尺寸的一般要求是使其能够反映沥青混合料特性，同时保证其和集料的粒径大小对混合料特性无影响的最小试件尺寸。圆柱体试件尺寸的重要指标是试件高度与试件直径之比（高径比，H/D）。Von 等（2000）认为如果试件两端无摩擦，则高径比可取为 1.0。Witczak 等（2002）通过对三种沥青混合料不同高度和不同直径的多组试件进行重复加载蠕变试验，分析试件尺寸对试验结果的影响表明：公称最大粒径不超过 37.5mm 的沥青混合料试件，能够准确描述混合料变形全过程的试件最小直径为 100mm，最小高径比为 1.5。Chehab 等（2003）认为试件沿高度方向易受空隙率变异性的影响，建议使用旋转压实成型，试件直径为 100mm，高度为 150mm。

参考国内外文献，最终确定单轴压缩动态蠕变试验采用圆柱试件，其直径×高度为 100mm×150mm，采用旋转压实成型以精确控制其尺寸和空隙率。

7.3.2　条件设定

沥青混合料是一种典型的温度敏感性材料，在不同温度下会表现出不同的力学行为，为反映低温、中温、高温下沥青混合料的黏弹性力学行为，典型的试验温度为 0℃、20℃、30℃、40℃和 50℃。

荷载波形是动态蠕变试验的一个重要参数，通常采用矩形波加载。加载时间 0.1s，间歇时间 0.9s，1s 为一周期（Witczak et al.，2002）。荷载幅值通常选择单轴压缩强度的 10%～20%，预压应力为加载应力水平的 2%～5%。试验加载时程图如图 7-11 所示。

沥青混合料单轴压缩动态蠕变试验的具体步骤如下。

1）试件控温。将试件置于控温箱中保温 24h，使试件内外均稳定到预设温度。

2）表面处理。加载前对试件端面进行处理，使试件表面平整，防止局部受压，为消除试件端部环箍效应对试验精度的影响，试验时试件两端各垫一张聚四氟乙烯薄膜，保证试件变形均匀。

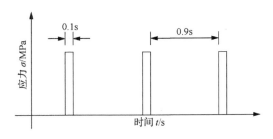

图 7-11　单轴压缩动态蠕变试验加载时程图

3）前期预压。为防止试件偏心受压进行预压，重复三次，每次加载时间 60s，间歇时间 120s。

4）试验加载。采用 MTS 或 UTM 设备施加矩形波动态荷载，持续加载时间为 3600s。

对于不同温度下的单轴压缩动态蠕变试验重复以上步骤。

7.3.3　材料参数的拟合与分析

沥青混合料的蠕变过程与其受力情况密切相关，大体可以分为两类。一类是在主应力比（σ_3/σ_1）比较小的情况下的蠕变，可分为迁移期、稳定期和破坏期三个阶段：迁移期，变形迅速增大，但应变速率随时间增加逐渐减小；稳定期，应变稳定增长，但应变速率基本保持不变；破坏期，应变、应变速率随时间增加迅速增大直至破坏。另一类是在主应力比（σ_3/σ_1）比较大的情况下的蠕变，这类蠕变可能仅包括迁移期和稳定期两个阶段。因此，单轴压缩试验（通常围压较小）的变形曲线常常表现出三个阶段，而车辙试验的仅表现出两个阶段。

传统模型难以描述沥青混合料变形的第三个阶段，即破坏阶段的变形。这里选择伯格斯模型、修正伯格斯模型、五元件模型（陈凤晨，2009）、七参数模型（程小亮，2010）、扩展的 Drucker-Prager 模型以及基于卡恰诺夫（Kachanov）损伤理论的蠕变模型（冯林，2008）以进行模型参数拟合，通过对蠕变曲线的非线性拟合可以得到沥青混合料不同本构模型的材料参数，总结各本构模型的蠕变方程如下。

伯格斯模型蠕变方程：

$$\varepsilon(t) = \sigma_0 \left[\frac{1}{E_1} + \frac{t}{\eta_1} + \frac{\left(1 - e^{-\frac{E_2}{\eta_2}t}\right)}{E_2} \right] \tag{7-54}$$

式中：E_1、η_1、E_2、η_2——伯格斯模型参数。

修正伯格斯模型蠕变方程：

$$\varepsilon(t) = \sigma_0 \left[\frac{1}{E_1} + \frac{(1-\mathrm{e}^{-Bt})}{AB} + \frac{\left(1-\mathrm{e}^{-\frac{E_2}{\eta_2}t}\right)}{E_2} \right] \tag{7-55}$$

式中：E_1、E_2、η_2、A、B——修正伯格斯模型参数。

五元件模型蠕变方程：

$$\varepsilon = \sigma_0 \left[\frac{1}{E_1} + \frac{t}{\eta_1} + \frac{\left(1-\mathrm{e}^{-\frac{E_2}{\eta_2}t}\right)}{E_2} + \frac{t^3}{6\eta_n} \right] \tag{7-56}$$

式中：E_1、η_1、E_2、η_2、η_n、n——五元件模型参数，这里 n 取 3。

七参数模型蠕变方程：

$$\varepsilon = \sigma_0 \left[\frac{1}{E_1} + \frac{t}{\eta_1} + \frac{\left(1-\mathrm{e}^{-\frac{E_2}{\eta_2}t}\right)}{E_2} + \frac{\left(1-\mathrm{e}^{-\left(\frac{t}{t_c}\right)^n}\right)}{E_3} \right] \tag{7-57}$$

式中：E_1、η_1、E_2、η_2、E_3、t_c、n——七参数模型参数。

扩展的 Drucker-Prager 模型蠕变方程：

$$\varepsilon = \frac{1}{m+1} A(\sigma_0)^n t^{m+1} \tag{7-58}$$

式中：A、n、m——扩展 DP 模型参数。

Kachanov 损伤蠕变模型：

$$\varepsilon = \frac{\sigma_0}{\left(1-\frac{t}{t_r}\right)^{\frac{1}{K+1}}(at^2+bt+c)} + O^P\left(1-\frac{t}{t_r}\right)^{-\frac{Q}{K+1}}(\sigma_0)^Q t^P \tag{7-59}$$

式中：a、b、c、t_r、K、O、P、Q——Kachanov 损伤理论蠕变模型参数。

根据上述蠕变方程，采用 Origin Pro 数据处理软件，基于列文伯格-马夸尔特（Levenberg-Marquardt）理论拟合方法即可得出相应模型的本构参数，以北京地区典型沥青混合料 AC-25 为例，图 7-12～图 7-18 和表 7-2 给出了基于单轴压缩蠕变试验结果的本构模型参数拟合结果。

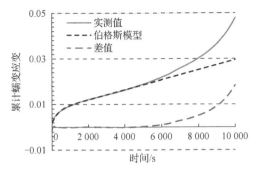

图 7-12　伯格斯模型拟合结果

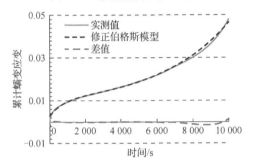

图 7-13　修正伯格斯模型拟合结果

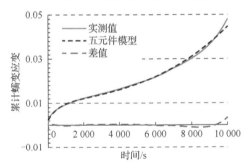

图 7-14　五元件模型拟合结果

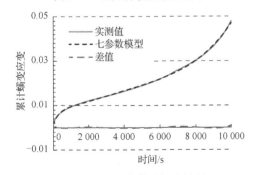

图 7-15　七参数模型拟合结果

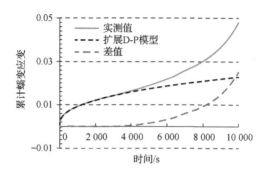

图 7-16　扩展 Drucker-Prager 模型拟合结果

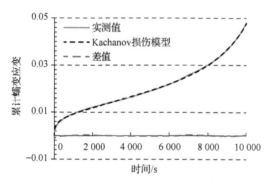

图 7-17　Kachanov 蠕变损伤模型拟合结果

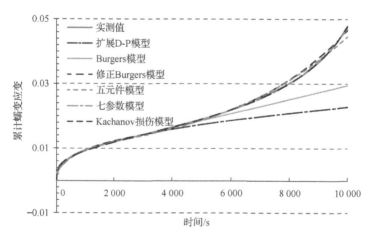

图 7-18　不同本构模型拟合结果对比

表 7-2　AC-25 沥青混合料不同本构模型参数汇总

模型	参数值						
伯格斯模型	E_1 /MPa	η_1 /MPa	E_2 /MPa	η_2 /MPa			
	205.0	174 132.0	65.0	23 359			
扩展 D-P 模型	A	n	m				
	9.900×10^{-4}	0.643	-0.586				
修正伯格斯模型	E_1 /MPa	E_2 /MPa	η_2 /MPa	A	B		
	131.1	47.7	37 947.3	4.756×10^5	2.500×10^4		
五元件模型	E_1 /MPa	η_1 /MPa	E_2 /MPa	η_2 /MPa	η_n /MPa	n	
	154.9	300 000.0	53.7	30 659.4	2.824×10^{12}	3	
七参数模型	E_1 /MPa	η_1 /MPa	E_2 /MPa	η_2 /MPa	E_3 /MPa	t_c /s	n
	232.9	166 349.7	66.2	20 125.4	0.352	20 000.3	5.983
Kachanov 蠕变损伤模型	a /MPa	b /MPa	c /MPa	t_r /s	K	O	P	Q
	3 750	1 500	1 550	11 996.5	0.133 54	0.000 13	0.291 27	4.283 07

从模型拟合效果对比来看，伯格斯模型和扩展 D-P 模型没有反映出沥青材料变形的第三阶段，而修正伯格斯模型、五元件模型、七参数模型以及 Kachanov 蠕变损伤模型能够一定程度上反映材料的加速破坏阶段。相比较而言，七参数模型和 Kachanov 蠕变损伤模型拟合效果较好，但参数较为复杂。因此，在研究中应该针对不同试验和计算目的选择合理的本构模型及参数。

7.4　本章小结

本章重点介绍了沥青路面材料常见的黏弹塑性本构模型，并且给出基于动态模量试验的黏弹性参数获取方法和基于蠕变试验的黏弹性材料参数获取方法。同时，采用北京地区典型沥青混合料进行了动态模量试验和单轴压缩蠕变试验，并给出松弛模量主曲线和本构模型参数拟合结果，为后续的沥青路面结构动力分析提供材料参数数据。

参 考 文 献

陈凤晨, 2009. 基于光纤光栅技术的沥青路面车辙预估方法研究[D]. 哈尔滨: 哈尔滨工业大学.

陈骁, 2006. 热态沥青混合料压实过程变形特性研究[D]. 长沙: 长沙理工大学.

程小亮, 2010. 基于非线性蠕变方程沥青混合料永久变形特性研究[D]. 哈尔滨: 哈尔滨工业大学.

冯林, 2008. 单轴压力下沥青混合料静动态蠕变模型的研究[D]. 长沙: 长沙理工大学.

彭妙娟, 2005. 沥青路面车辙分析的非线性理论和方法[D]. 上海: 同济大学.

田庚亮, 2009. 光纤传感技术监测沥青混合料应变响应有效性研究[D]. 哈尔滨: 哈尔滨工业大学.

汪凡, 2009. 基于流变学本构模型和动力有限元分析的沥青路面车辙计算[D]. 重庆: 重庆交通大学.

AASHTO. 2004. Guide for mechanistic-empirical design of new and rehabilitated pavement structures[R]. NCHRP Report. Washington, D.C., USA.

ABDULSHAFI A, MAJIDZADEH K, 1985. Combo viscoelastic-plastic modeling and rutting of aphaltic mixtures[R]. Transportation Research Record 968, Transportation Research Board, Washington D. C.: 19-31.

BONNIER P G, TROOST E, 1991. Numerical model for elastic-viscoelasticviscoplastic behaviour of bituminous concrete[R]. Proc. , International Conference on Computer Methods and Advances in Geomechanics: 575-580.

CHEHAB G R, KIM Y R, SCHAPERY R A, et al., 2003. Bonaquist R. Characterization of asphalt concrete in uniaxial tension using a viscoelastoplastic model[J]. Journal of the Association of Asphalt Paving Technologists, 72: 315-355.

COLLOP C, SCARPAS A T, KASBERGEN C, et al., 2003. Development and finite element implementation of a stress dependent elasto-visco-plastic constitutive model with damage for asphalt[J]. Transportation Research Record 1832, Transportation Research Board, Washington, D. C.: 96-104.

DESAI C S, ZHANG D, 1987. Viscoplastic model for geologic materials with generalized flow rule[J]. International Journal for Numerical and Analytical Methods in Geomechanics, 11(6): 603-620.

GIBSON N H, SCHWARTZ C W, SCHAPERY R A, et al., 2004. Confining pressure effects on viscoplasticity and damage in asphalt concrete[R]. 16th ASCE Engineering Mechanics Conference, Seattle, WA. : 3-8.

HUANG Y H. 1967. Deformation and volume change characteristics of a sand asphalt mixture under constant direct triaxial compressive stresses[J]. Highway Research Record (178): 60-74.

KAMIL E K, 2001. Simple performance test for permanent deformation of asphalt mixtures[D]. Arizona State University. Arizona State, USA.: 21-39.

KIM Y R, LEE H J, LITTLE D, 1997. Fatigue characterization of asphalt concrete using viscoelasticity and continuum damage theory[J]. J. Assoc. Asphalt Paving Technologists, 66: 520-569.

LYTTON R L, UZAN J, FERNANDO E G, et al., 1993. Development and validation of performance prediction models and specifications for asphalt binders and paving mixes[R]. The Strategic Highway Research Program Report No. SHRP-A-357, Washington, D. C.: 5-10.

LU Y, WRIGHT P J, 1998. Numerical approach of visco-elastoplastic analysis for asphalt mixtures[J]. Journal of Computers and Structures, 69(2): 139-147.

OESER M, MOLLER B, 2004. 3D constitutive model for asphalt pavements[J]. International Journal of Pavement Engineering, 5(3): 153-161.

PARK S W, SCHAPERY R A, 1999. Methods of interconversion between linear viscoelastic materials functions. part I -a numerical method based on prony series[J]. International Journal of Solids and Structures, 36(11): 1653-1675.

SEIBI A C, SHARMA M G, ALI G A, et al., 2001. Constitutive relations for asphalt concrete under high rates of loading[J]. Transportation Research Record 1767, Transportation Research Board, Washington, D. C. : 111-119.

SCARPAS A, AL-KHOURY R, VAN GURP C, et al., 1997. Finite element simulation of damage development in asphalt concrete pavements[J]. Proc., Eighth International Conference on Asphalt Pavements, University of Washington: 673-692.

SCHWARTZ C W, GIBSON N H, SCHAPERY R A, et al., 2004. Viscoplasticity modeling of asphalt concrete behavior[J]. Geotechnical Special Publication, 123: 144-159.

SOUSA J B, WEISSMAN S, 1995. Modeling permanent deformation of asphalt concrete mixtures[J]. Journal of the Association of Asphalt Paving Technologists, 63: 225-257.

SOUSA J B, WEISSMAN S, SACKMAN J, et al., 1993. A nonlinear elastic viscous with damage model to predict permanent deformation of asphalt concrete mixtures[J]. Transportation Research Record, 1384: 80-93.

VON Q H L, SCHEROCMAN J A, HUGHES C S, 1991. Asphalt aggregate mixture analysis system[R]. Transportation Research Board NCHRP Report 388. National Research Council. Washington: 35-53, 135-179.

WITCZAK M W, KALOUSH K, PELLINEN T, et al., 2002. Simple performance test for superpave mix design[R]. Washington DC: NCHRP Report 465, Transportation Research Board, National Research Council, National Academy Press: 465-471.

第8章 轮胎-路面交互作用数值模拟

车辆通过其传力媒介（轮胎）与路表接触将荷载传递给路面结构，使其产生相应的力学响应。研究表明轮胎-路面接触过程中的接地压力为高度的非均匀分布状态，而进行轮胎-路面交互作用数值模拟分析是获取路面非均匀接地压力分布的重要手段之一。接地压力的确切分布形式非常复杂且与诸多因素有关，如轮胎类型（斜交胎、子午胎、宽基轮胎），轮组类型（双轮组、单轮组），轮胎结构（几何尺寸、胎面花纹、橡胶、加强层），路表条件（纹理、粗糙度），加载条件（车辆轴载、充气压力）和轮胎滚动条件（自由滚动、加速、刹车、转弯）等。

由于轮胎-路面交互作用数值模拟中需要考虑轮胎高度不规则的几何特征、非线性材料参数、大变形、非线性边界条件及沥青路面的结构与材料特性，两者变形的耦合分析耗费巨大的计算资源。本章基于解耦思想，将轮胎-路面交互作用体系解耦成轮胎-刚性路面接触分析及三向接触应力作用下的沥青路面动力响应分析两阶段，通过轮胎-刚性路面接触分析获取沥青路面车辆行驶过程中的三向接触应力，为沥青路面的动力响应分析提供有效的荷载输入数据。

8.1 轮胎数值模拟理论基础

8.1.1 结构组成

子午线轮胎由于滚动阻力和产热性能较小而被广泛使用，而多数车辆采用全钢子午胎或半钢子午胎。子午线轮胎通常由胎圈、胎侧、胎面、缓冲层（或称带束层）、胎体帘子布层、内衬层组成。子午线轮胎的典型结构图如图8-1所示。

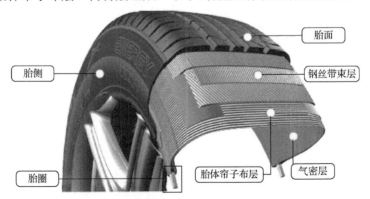

图 8-1　子午线轮胎的典型结构

各部分的主要功能如下。

1）胎圈是轮胎安装在轮辋上的部分，起固定轮胎作用。

2）胎侧是轮胎侧部的胶层，具有弹性，对胎体可以起到保护作用。

3）胎面是轮胎直接与路面接触的橡胶层，主要由合成橡胶、填充剂、增强油、抗老剂和硫化剂组成。轮胎与路面间相互作用力都是通过胎面的传递来完成的，其外部花纹可以增加轮胎与路面间的附着力。胎面胶还可以吸收震动能量，从而起到减震的效果。

4）带束层应具有良好的刚性，可采用多层不易伸张的纤维材料（如钢丝帘线、玻璃纤维等）制成。

5）胎体帘子布层由尼龙、人造丝或钢丝线层制成，其中钢丝线层多用于载重车的子午线轮胎。

6）轮胎的内衬层是由人造纤维和碘-异丁烯橡胶组成的，内衬层的功能是代替传统的内胎来密封内部空气，防止泄漏。

轮胎内部的橡胶材料不是单一材料。由于轮胎每个部位的功能及其所承受的力都不同，因此需要不同力学性质的胶料与其功能相适应，包括胎面胶、胎侧胶、带束层胶、胎体帘布胶、胎肩垫胶、胎圈三角胶等。

需要注意的是，这些不同部位橡胶的力学参数各不相同，在有限元数值模拟分析中需要定义不同的本构参数。

8.1.2　材料本构模型

轮胎数值模拟分析所涉及材料的本构模型包括各向同性线弹性材料（模拟钢丝圈）、各向异性线弹性材料（模拟复合加强层）、超弹性材料（橡胶材料）及粘弹性材料，这里主要介绍超弹性本构模型。

实体橡胶材料可以承受典型的大变形（最大可以达到百分之几百的应变），并仍保持弹性，此为超弹性。通常数值模拟分析中对于实体橡胶做了以下假设：①材料行为是弹性的；②应力-应变关系为高度非线性；③材料为各向同性；④材料近似不可压缩；⑤所有的变形瞬时发生；⑥通过包括一个独立的黏弹性或者滞后作用的模型来模拟黏弹性效应。

橡胶材料超弹性的力学行为通常以应变能的形式表达，即应变能是偏应变不变量 I_1、I_2 和弹性体积比 J_{el} 的函数关系为

$$U = U(I_1, I_2, J_{el}) \tag{8-1}$$

应变能可表示为应变不变量的形式，分为两类模型。①物理本质模型：阿鲁迈-波依斯（Arruda-Boyce）模型和范德华（Van Der Waals）模型。②唯象模型：Neo-Hookean 模型、Moony-Rivlin 模型、Yeoh 模型、Polynomial 模型及 Reduced Polynomial 模型等。其中，多项式（Polynomial 模型）的应变能函数形式如下：

$$U = \sum_{i+j=1}^{N} C_{ij}(I_1-3)^i(I_2-3)^j + \sum_{i=1}^{N} \frac{1}{D_i}(J_{el}-1)^{2i} \qquad (8\text{-}2)$$

式中：U——应变能；

　　　　C_{ij}——材料的剪切特性；

　　　　D_i——材料的压缩性。

如果材料完全不可压缩，则 D_i 为零。对于不可压缩的材料，多项式模型及缩减多项式模型可以退化为 Neo-Hookean、Moony-Rivlin 及 Yeoh 方程。Neo-Hookean 方程表达式为

$$U = C_{10}(I_1-3) \qquad (8\text{-}3)$$

Moony-Rivlin 方程为

$$U = C_{10}(I_1-3) + C_{01}(I_2-3) \qquad (8\text{-}4)$$

式中：C_{10}、C_{01}——正定常数。

Yeoh 方程为

$$U = C_{10}(I_1-3) + C_{20}(I_1-3)^2 + C_{30}(I_1-3)^3 \qquad (8\text{-}5)$$

式中：C_{10}、C_{20}、C_{30}——材料参数。

这是一个三次方程，该方程认为应变能函数 U 只与 I_1 有关，即应变能函数只与主伸长比第一不变量有关，与主伸长比的第二不变量 I_2 无关。

有限元数值模拟对于单元的应力和应变数据的提供都是按照单元材料方向为参考定义的，每一种单元类型都有默认的材料方向。对于实体单元而言，默认的材料方向是整体坐标系，默认的壳单元的材料方向在几何非线性分析中绕单元运动的方向旋转。实体单元的材料方向不会随着单元几何非线性分析的运动旋转，这样的行为对于非各向同性材料是不合适的，因为其材料方向应该随着组成结构的材料运动而旋转。因此，ABAQUS 分析中各向异性材料必须用*Orientation 选项来进行定义。用*Orientation 选项定义的材料方向随着材料运动进行旋转，以保证单元输出结果处于这些材料方向上（ABAQUS，2010）。

8.1.3 几何非线性

轮胎的大变形会引起几何的非线性问题。几何非线性问题的有限元分析，通常采用增量分析的方法。考虑直角坐标系内的物体，增量分析的目的是确定物体在一系列时间点 0、Δt、$2\Delta t$、$3\Delta t$、$\cdots$ 处于平衡状态的位移、速度、应变和应力。以下是增量法的虚功原理：

$$^t x_i = {^0 x_i} + {^t u_i}, \quad {^{t+\Delta t} x_i} = {^0 x_i} + {^{t+\Delta t} u_i}$$

式中：$^0 x_i$——描述初始时刻的物体内各点坐标；

　　　　$^t x_i$——描述时刻 t 的物体内各点坐标；

$^{t+\Delta t}x_i$ ——描述时刻 $t+\Delta t$ 的物体内各点坐标。

从 t 到 $t+\Delta t$ 的位移增量：

$$u_i = {}^{t+\Delta t}u_i - {}^{t}u_i$$

在 $t+\Delta t$ 时刻应用虚功原理：

$$\int_{{t+\Delta t}_V} {}^{t+\Delta t}\tau_{ij}\delta({}_{t+\Delta t}e_{ij})^{t+\Delta t}\mathrm{d}V = {}^{t+\Delta t}W \tag{8-6}$$

$$^{t+\Delta t}W = \int_{{t+\Delta t}_S} {}^{t+\Delta t}t_k\delta(u_k)^{t+\Delta t}\mathrm{d}V + \int_{{t+\Delta t}_V} {}^{t+\Delta t}f_k\delta(u_k)^{t+\Delta t}\mathrm{d}V \tag{8-7}$$

$$\delta({}_{t+\Delta t}e_{ij}) = \frac{1}{2}\delta({}_{t+\Delta t}u_{i,j} + {}_{t+\Delta t}u_{j,i}) = \frac{1}{2}\delta\left(\frac{\partial u_i}{\partial^{t+\Delta t}x_j} + \frac{\partial u_j}{\partial^{t+\Delta t}x_i}\right) \tag{8-8}$$

增量法求解的基本思想是：t 时刻的响应是已知的，$t+\Delta t$ 时刻的响应未知（待求）。有两种求解方法：

1）完全拉格朗日格式（total Lagrange formulation）以初始时刻的构型为参考构型。

2）更新拉格朗日格式（updated Lagrange formulation）以 t 时刻的构型为参考构型。

完全拉格朗日格式虚功原理可表示成

$$\int_{{}_0V} {}_0S_{ji}\delta({}_0\varepsilon_{ij})\mathrm{d}V + \int_{{}_0V} {}_0^tS_{ji}\delta({}_0\eta_{ij})\mathrm{d}V = {}^{t+\Delta t}W - \int_{{}_0V} {}_0^tS_{ji}\delta({}_0e_{ij})\mathrm{d}V \tag{8-9}$$

更新拉格朗日格式的表达式与完全拉格朗日格式类似。所不同的是，参考构型是 t 时刻的构型。表达式中的 0 指标改成 t，即可获得更新拉格朗日的表达式。

8.1.4　接触非线性

轮胎与路面间的相互作用包括接触面间的法向作用和切向作用。对于法向作用，通常使用"硬接触"（hard contact），其含义为：不限制轮胎与路面间接触压力大小的传递；接触压力变为 0 或负值作为判断两个接触面分离的依据，此时相应结点上的接触约束会被去掉。对于切向作用较为常用的摩擦模型为库仑模型。

黏结条件：$g = 0; p < 0; \left[\tau_1^2 + \tau_2^2\right]^{0.5} < \mu \cdot p$ $\qquad$ (8-10)

滑移条件：$g = 0; p < 0; \left[\tau_1^2 + \tau_2^2\right]^{0.5} = \mu \cdot p$ $\qquad$ (8-11)

分离条件：$g > 0; p = 0; \tau = 0$ $\qquad$ (8-12)

可以用拉格朗日乘子法、罚函数法和直接约束法来求解接触问题：

拉格朗日乘子法是一种带约束极值问题的描述方法，需满足非穿透约束条件；罚函数法则是在计算过程中直接施加接触约束；直接约束法是将接触所需要的运动约束和节点力作为边界条件施加在产生接触的节点上（庄苗，2009）。

ABAQUS/Standard 中的接触分为五种情况：变形体之间的有限滑移、变形体与刚体之间的有限滑移、变形体本身的接触（自接触默认为有限滑移）、变形体之间的小滑移及变形体与刚体之间的小滑移。轮胎分析中很少使用自接触和小滑移接触，因此，着重讨论有限滑移的接触。

运动变形体之间的有限滑移是最普通的现象。这样的滑移允许任意大的滑动，允许面具有任意大的转动和变形。当选择了几何非线性时（*STEP 中的 NLGEOM），所有的接触对默认为有限滑移。三维的有限滑移问题在接触发生时会产生非对称项。这些非对称项与主面的曲率成比例，高度弯曲的主面会产生很大的非对称项。因此，对于具有弯曲主面的三维问题建议使用非对称求解器（UNSYMM=YES）。

接触模拟可以基于表面（surface），也可以基于接触单元（contact element），主面一般是两个接触面中刚度比较大的表面。ABAQUS 中使用的主从面有着运动学上的含义：从面节点不能穿透主面，而主面的节点可以穿透从面。因此，需要注意主从面的选择，从面的网格必须更加细化。如果两个面的网格密度一样，那么从面应该是下层单元更软的面。接触方向垂直于主面，法向力可沿着法线方向传递，摩擦力沿着平行于主面的方向进行传递。即使是最简单的接触问题，用户也必须定义每一个面由什么组成、产生接触的面的位置以及主/从面。对于大多数的轮胎数值分析而言，主从面的选择是简单的。对于胎面花纹块之间的接触或者是变形体轮胎和变形体路面（泥或雪）间的接触的定义是需要特别注意的。

使用关键字*CONTACT PAIR 来定义轮胎与路面间的接触，该关键字中的从面节点可以自动进行调整以便于精确地处于接触、分开或穿透的位置上。这是由于在前处理过程中并没有精确地控制节点的位置，该步骤是非常重要。ABAQUS 在分析前可以自动修正从面的节点坐标，而这样的调整不会引起应变。

8.2　轮胎有限元模型的建立

8.2.1　轮胎结构二维模型

本节所介绍的轮胎是 6.50R16LT（6.50 代表轮胎名义断面宽度为 6.5in[①]，R 代表该轮胎结构为子午线轮胎，16 代表轮辋的名义直径为 16in，LT 代表该汽车为轻型载重汽车轮胎）轻型载重汽车普通断面子午线轮胎，其参数如表 8-1 所示。轮胎结构外轮廓图如图 8-2 所示。

表 8-1　子午线轮胎 6.50R16LT 参数

断面宽度/mm	外直径/mm	静负荷半径/mm	单胎负荷能力/kg	双胎负荷能力/kg	充气压力/kPa	最小双胎间距/mm
185	750	350	1060	925	670	220

① 1in=2.54cm，余同。

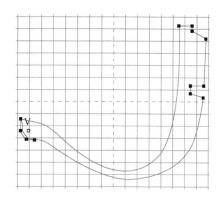

图 8-2　轮胎结构外轮廓图

8.2.2　材料参数

轮胎的橡胶部分本构模型采用可压缩的 Neo-Hookean 模型，其应变能函数为

$$U = C_{10}(I_1 - 3) + \frac{1}{D_1}(J - 1)^2 \qquad (8\text{-}13)$$

其材料参数如表 8-2 所示。

表 8-2　子午线轮胎橡胶材料参数

材料名称	C10	D1	密度/mm³
胎圈三角胶	6.0	0.003	1.1e-9
胎体层胶	0.6	0.030	1.1e-9
内胎胶	1.5	0.010	1.1e-9
胎侧胶	1.5	0.010	1.1e-9
胎面胶	0.5	0.040	1.1e-9

模型中所用子午线轮胎为尼龙子午胎，尼龙的密度为 1.5kg/cm³，其超弹性可由单轴压缩试验得到数据，这里采用常用材料参数，如表 8-3 所示。

表 8-3　子午线轮胎尼龙材料参数

尼龙 1		尼龙 2	
名义应力/MPa	名义应变	名义应力/MPa	名义应变
−5.18	−0.09	−7.25	−0.09
−4.53	−0.08	−6.34	−0.08
−3.90	−0.07	−5.46	−0.07
−3.29	−0.06	−4.61	−0.06
−2.70	−0.05	−3.78	−0.05

尼龙1		尼龙2	
名义应力/MPa	名义应变	名义应力/MPa	名义应变
-2.13	-0.04	-2.98	-0.04
-1.57	-0.03	-2.20	-0.03
-1.03	-0.02	-1.44	-0.02
-0.51	-0.01	-0.71	-0.01
0.00	0.00	0.00	0.00
49.26	0.01	68.96	0.01
97.07	0.02	135.90	0.02
143.49	0.03	200.89	0.03
188.56	0.04	263.99	0.04
232.33	0.05	325.27	0.05
274.85	0.06	384.79	0.06
316.16	0.07	442.63	0.07
356.30	0.08	498.82	0.08
395.31	0.09	553.43	0.09
433.23	0.10	606.52	0.10

图8-3为轮胎材料分布图，图中不同的灰度代表着不同的填充材料。

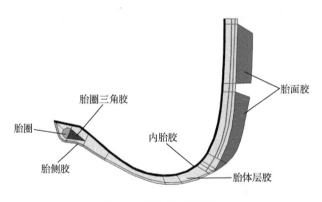

图8-3　轮胎材料分布图

8.2.3　加强层模拟

轮胎中既有帘线又有橡胶，是一种非常复杂的复合材料。橡胶基体与帘线存在很大的力学差异，如果单纯用线弹性材料来模拟这种复合材料，计算过程通常不稳定，且迭代过程很难收敛。为了解决这一问题，有限元数值模拟分析中通常应用单元重叠技术。使用离散分析来模拟大的、明显的加强层，母体和加强层之间的界面被设定为完全绑定，使用内埋单元约束来模拟实体单元中的加强层。ABAQUS 有限元平台中采用加强层（rebar layer，亦称加强筋层或加筋层）的面或膜单元内埋在实体单元构成的母体中，如图 8-4 所示。

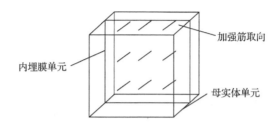

图 8-4　加强层模拟示意图

Rebar 单元特征线主要用来表征轮胎中骨架的材料特性，子午线轮胎中的骨架结构主要由以下部分组成。①带束层，主要位于胎冠部位。带束层的设计参数主要包括帘布层的层数以及每层帘布的位置、宽度、厚度和帘线的规格、铺设角度、间距等。②胎体层。胎体层的设计参数主要是轮廓形状、胎体反包高度和铺设间距等。③钢丝圈，位于胎圈内部。钢丝圈层的主要设计参数是钢丝（帘线）规格、数量以及排列方式等。这里所用加强层参数如表 8-4 所示。

表 8-4　加强层参数表（带束层）

横截面积/mm^2	根间距/mm	取向角度/（°）	伸长率	半径/mm
2	1	±65	0	293.632

8.2.4　单元类型

为满足橡胶材料的近似不可压缩性要求，可以选用杂交单元。由于轮胎数值模拟分析中由于包含较多的接触计算，单元的选择非常苛刻。因此，应在单元的选择过程中尽量用四边形单元或六面体单元，常选择的单元类型为：平面轴对称模型中用 CGAX4H（4 节点可扭转轴对称杂交实体单元），通过旋转后对应三维空间单元 C3D8H（8 节点杂交实体单元）；平面轴对称模型中用 CGAX3H（3 节点可扭转轴对称杂交实体单元），通过旋转后对应三维空间单元为 C3D6H（6 节点杂交实体单元）。为了对"沙漏"即单元严重畸变现象进行控制，需要对所有的减缩积分单元定义增强型沙漏控制（景立新，2007；杨守彬，2012）。

8.2.5　网格划分

网格质量是指网格几何形状的合理性，网格质量的好坏将直接影响到计算精度。直观上看，网格各边或各个内角相差不大、网格面不过分扭曲、边节点位于边界等分点附近的网格质量较好，网格质量可以用细长比、锥度比、内角、翘曲量、拉伸值、边节点位置偏差等指标度量（刘雪艳，2009）。划分网格时一般要求网格质量能够达到某些指标要求，结构的关键部位应保证划分高质量的网格，即使是个别质量很差的网格也会引起很大的局部误差；在结构次要部位，网格质量可以适度降低。当模型中存在质量很差的单元（畸形单元）时，计算过程将无法进行。通常可根据以下几个指标反复检查及划分网格，直到消除不符合条件的网格为止（李海峰，2012）。网格划分指标如下。

1）细长比（aspect ratio）。细长比为单元的最大边长与最小边长的比值，即式（8-14）所示。理论上细长比的最佳值为 1，即单元为正方形时能够得到最好的计算结果。但由于部件的几何形状所限，在进行网格划分时并不能严格保证所有的单元为正方形，经验认为当单元的细长比介于 1～5，其计算精度可以接受。

$$AR = L_{\max} / L_{\min} \tag{8-14}$$

2）扭曲角（skew angle）。扭曲角即对应边中点连线的夹角中最小角的余角，单元扭曲角的计算如式（8-15）和图 8-5 所示。扭曲角作为衡量网格歪斜程度的重要指标，在很大程度上影响模型收敛的难易程度。扭曲角的值为 0 时，单元为正方形，网格的质量最好。当扭曲角的值介于 0～60 时，模型的计算精度可以接受。

$$SA = 90 - \min[\delta_1, \delta_2] \tag{8-15}$$

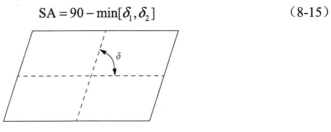

图 8-5　单元扭曲角的计算

3）翘曲角（warp angle）。依次沿四边形单元的对角线将四边形分为两个三角形，寻找这两个三角形所在面构成夹角的最大夹角，即为翘曲角，该指标表征了单元在单元的面外的翘曲程度，单元翘曲角计算如图 8-6 和式（8-16）所示。

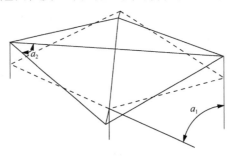

图 8-6　单元翘曲角的计算

$$WA = \max[a_1, a_2] \tag{8-16}$$

理论上讲，网格越密，计算结果的精度越高，当单元网格无限小时，计算值近似为实际值。但网格数量的增多，将导致计算时间的延长以及所占磁盘空间的增加。网格质量严重影响收敛的精度和难易程度，好的网格质量更容易得到精确的计算结果。

本研究中带有纵向花纹轮胎的模型结点总数为 297，模型单元数为 277，包括 25 个线性单元 MGAX1、250 个四边形单元 CGAX4 和两个三角形单元 CGAX3，带有纵向轮胎花纹的二维网格划分如图 8-7 所示。

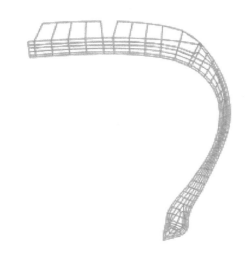

图 8-7　二维模型网格划分

8.2.6　轮胎结构三维模型

对于轮胎有限元分析而言，典型的模拟及加载顺序为装配轮辋、轮胎充气、印迹分析、竖向负载及滚动分析。轮辋装配和轮胎充气可以引起轴对称的变形，即只需要二维的横截面（轴对称模型）即可。而随后的印迹分析就不再是轴对称变形了，需要转化为三维模型继续分析。ABAQUS 软件平台的结果传递能力允许用户将轴对称分析中任何阶段得到的结果传递到新的三维模型中，并且作为新的三维分析中的初始状态。在三维模型中辨别对称或轴对称平面相对容易，如印迹分析中可能产生垂直于轮辋的中面变形。通过使用沿着中面的边界条件，只需要建立一半的轮胎模型。通过轴对称模型得到的解可以传递到部分或者完整的三维模型上，而沿着平面滚动的轮胎经常需要完整的三维模型来捕捉复杂的变形，从部分二维印迹分析得到的结果可以传递到完整的三维模型上，这种传递解在随后的分析中作为初始条件。从部分的三维模型到整体的三维模型有两种方法，即通过线反射或者通过面反射，在 ABAQUS 软件平台中分别对应*SYMMETRIC MODEL GENERATION, REVOLVE 和*SYMMERTIC MODEL GENERATION, REFLECT 命令，图 8-8 给出了本节所用的轮胎-路面有限元三维模型。

图 8-8　轮胎与刚性路面三维模型

8.3　静态工况下轮胎-刚性路面接触分析

本节基于解耦思想，将轮胎与沥青路面间交互作用分解为两个计算步骤完成：当车辆荷载作用于轮胎并传递到路面结构时，轮胎的变形要远大于道路结构产生的变形，此阶段假设路面为刚性路面，完成轮胎与刚性路面的接触计算，并提取接触应力的计算结果。而后，建立可变形的沥青路面结构有限元模型，并将轮胎与刚性路面的接触应力作为移动荷载施加于可变形的路面结构，完成沥青路面结构动力响应分析。本节主要讨论轮胎与刚性路面结构静态的接触应力分析结果。

8.3.1　充气状态下的有限元分析

轮胎充气过程数值模拟主要是实现在轮胎二维模型内表面施加均匀分布的充气压力。这里基于 ABAQUS 软件平台分别建立了光面轮胎及带有纵向花纹轮胎的有限元模型（175SR14 光面轮胎和 6.50R16LT 纵向花纹轮胎）。为了便于对比，这里充气压力均为 0.2MPa，方向垂直于轮胎的内表面。

两种轮胎的变形云图分别如图 8-9 和图 8-10 所示，图中的 U_1 为沿轮胎高度方向的变形，U_2 为沿轮胎宽度方向的变形。从图 8-9 可以看出，光面轮胎充气后发生了较大的变形。轮胎沿高度方向最大的变形发生在胎侧靠近胎面部位，光面轮胎其值为 0.74mm，如图 8-9（a）所示；轮胎沿宽度方向的最大变形发生在胎侧部位靠近胎圈处，其值为-0.55mm，如图 8-9（b）所示。

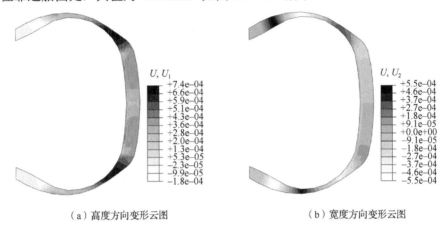

（a）高度方向变形云图　　　　　　（b）宽度方向变形云图

图 8-9　光面轮胎充气变形云图（单位：m）

从图 8-10 可以看出，有花纹轮胎在轮胎高度方向的最大变形为-1.95mm，轮胎宽度方向的最大变形为-3.04mm，变形最大的部位均发生在胎侧部位靠近胎圈处。轮胎充气过程中胎侧部位靠近胎圈处的变形普遍较大，说明其为轮胎充气过程的薄弱部位。

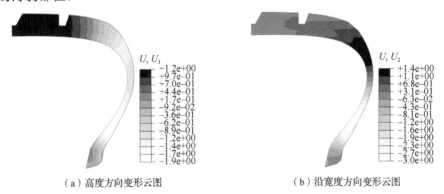

（a）高度方向变形云图　　　　　　（b）沿宽度方向变形云图

图 8-10　花纹轮胎充气变形云图（单位：mm）

光面轮胎与花纹轮胎建模过程结构上略有不同，带有花纹的轮胎在胎圈部位加有钢丝，在充气过程中其整体应力较大，如图 8-11 所示。

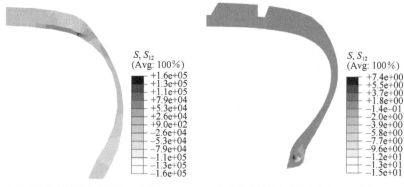

（a）光面轮胎高度方向应力云图(单位：Pa)　　　（b）花纹轮胎高度方向应力云图(单位：MPa)

图 8-11　轮胎充气应力云图

8.3.2　竖向加载状态下的有限元分析

轮胎竖向加载过程模拟是在轮胎质心上施加轮胎所需要传递的车辆荷载。分析中对光面轮胎除施以 0.2MPa 的充气压力外，还对轮胎施加 3.3kN 的竖向集中力，力的方向垂直于刚体，作用点在轮胎质心处；纵向花纹轮胎的充气压力为 0.67MPa，竖向负荷为 9.0kN，轮胎与路面间的摩擦系数为 0.5。

对于纵向花纹轮胎，相邻突出花纹间沟槽的接地压力为零。当轮胎与路面平面接触时，接触区域内的胎面橡胶被压缩，胎侧部分被拉伸，也正是胎侧部分的弯曲应力引起轮胎-路面接触区域内竖向压力的不均匀分布。同时，泊松比的影响及轮胎花纹的横向位移受到限制都会促使剪切应力的产生。所以，轮胎与路面间不仅存在竖向接触应力，同时还存在横向接触应力和纵向接触应力。

图 8-12 所示为轮胎接触节点面积云图，图中光面轮胎各节点的接触面积在轮胎中心区域最大，由接触中心向接触四周呈逐渐减小趋势；带有花纹的轮胎其接触面积分布规律则不同，其接触面积在每条花纹的中心处最大，而处于轮胎中心的两条纵向花纹的接触长度大于轮胎边缘两条花纹的接触长度。

图 8-13 给出以轮胎中心为原点，距轮胎中心的纵向长度和横向宽度为横坐标，节点接地面积为纵坐标绘制的曲线图。从图中可以看出，光面轮胎和带花纹轮胎节点接地面积沿纵向的分布规律是一致的，即沿纵向节点接地面积变化不大，随着距中心距离的增加，节点接地面积略有增加。但其沿横向的分布规律不一致，光面轮胎距离轮胎中心越近处，节点接地面积越大，有花纹轮胎则以每条纵向花纹为单位，处于轮胎每条纵向花纹内边缘处节点的接地面积明显减小。由此可见，轮胎-路面接触分析过程中，轮胎的花纹对轮胎的接地面积影响明显，光面轮胎和带花纹轮胎接地面积分布规律并不一致。

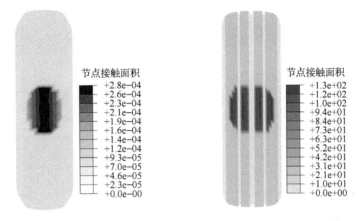

（a）光面轮胎节点接触面积云图(单位：m²)　（b）花纹轮胎节点接触面积云图(单位：mm²)

图 8-12　轮胎节点接触面积云图

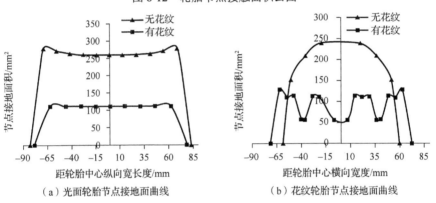

（a）光面轮胎节点接地面曲线　　　　　　（b）花纹轮胎节点接地面曲线

图 8-13　轮胎充气节点接地面积曲线图

图 8-14 为不同轮胎-刚性路面接触竖向压应力云图，图 8-15 为轮胎-刚性路面接触竖向压应力（法向应力）等高线图。轮胎-刚性路面接触竖向压应力沿轮胎纵向呈左右对称状态，图 8-15 对应于图 8-14 中轮胎纵向对称轴右侧部分。从图 8-14（a）、图 8-15（a）中可以看出，光面轮胎的轮胎-路面接触区域范围内，轮胎-刚性路面接触竖向压力并非沥青路面结构设计规范中的均匀分布。轮胎-刚性路面接触竖向压应力较大的区域为接触区域中部环形区域，由环形区域向内部及外部呈逐渐减小趋势，轮胎与刚性路面的接触区域并不是圆形，而是椭圆形区域。从图 8-14（b）、图 8-15（b）中可以看出，带有纵向花纹轮胎与光面轮胎的竖向压应力分布形式不同，对于靠近轮胎中心的两条花纹，距离轮胎纵向对称线较近的位置竖向压应力较大，向轮胎两侧方向逐渐减小；对于靠近轮胎两侧的两条纵向花纹，每条花纹的中心处竖向压应力最大，逐渐向四周减小。

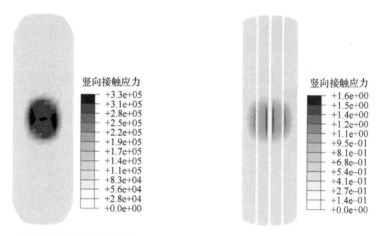

（a）光面轮胎压应力(单位：Pa) （b）花纹轮胎压应力(单位：MPa)

图 8-14 不同轮胎-刚性路面接触竖向压应力云图

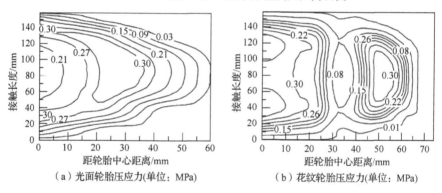

（a）光面轮胎压应力(单位：MPa) （b）花纹轮胎压应力(单位：MPa)

图 8-15 轮胎-刚性路面接触竖向压应力等高线图

图 8-16 为花纹轮胎-刚性路面接触竖向应力云图和空间分布图。从图中可以看出，轮胎-刚性路面接触区域为椭圆区域，接触区域内竖向接触应力为非均匀分布状态。竖向接触应力关于轮胎纵向中心线呈对称分布，靠近轮胎中心的两条纵向花纹的竖向接触应力要大于轮胎边缘两条花纹的接触应力，且竖向接触应力均为正值。

图 8-17 为轮胎-刚性路面横向接触应力云图和空间分布图，为更清晰地表述轮胎-刚性路面横向接触应力的空间分布规律，沿轮胎-刚性路面接触面从左至右分别建立 10 条分析路径，其中路径 1、路径 4、路径 7、路径 10 分别位于轮胎四条纵向花纹的花纹中心位置，其余路径均处于每条花纹边缘位置，具体路径示意图如图 8-18 所示。

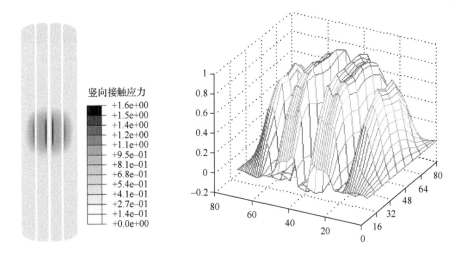

图 8-16　静态竖向加载工况下轮胎-刚性路面竖向接触应力云图和空间分布图（单位：MPa）

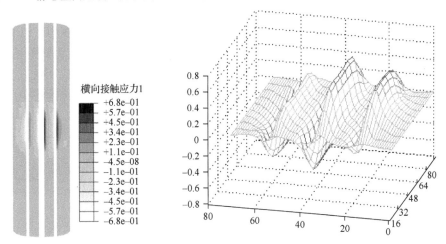

图 8-17　静态竖向加载工况下轮胎-刚性路面横向接触应力云图和分布图（单位：MPa）

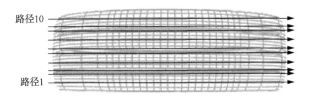

图 8-18　静态竖向加载工况下轮胎-刚性路面接触路径示意图

图 8-19 为对应于图 8-18 中 10 条接触路径上点的横向接触应力，可以看出中间两条纵向花纹中心处，即路径 4 和路径 7 处，横向接触应力接近于 0，其余路

径上，关于轮胎纵向中心对称位置上的横向应力大小基本相等，应力方向相反，如路径1与路径10，路径2与路径9，以此类推，横向应力合力为零。在轮胎中心位置，既路径5与路径6位置，横向接触应力最大，分别为-0.50MPa和0.52MPa。

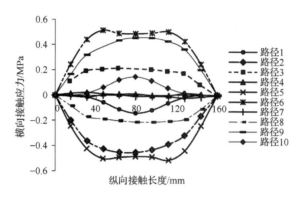

图 8-19　静态竖向加载工况下沿接触路径横向接触应力

图 8-20 为轮胎-刚性路面纵向接触应力云图和空间分布图，从图中可以看出，纵向接触应力也为非均匀分布，且其分布规律与竖向、横向接触应力皆不相同。同一条纵向花纹上的纵向接触应力有正有负，且正、负应力关于接触中心呈反对称分布，中间两条纵向花纹的纵向接触应力要大于两侧纵向花纹的接触应力。

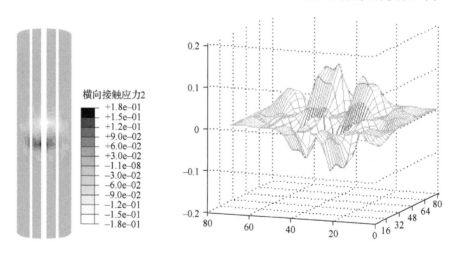

图 8-20　静态竖向加载工况下轮胎-刚性路面纵向接触应力图和空间分布图（单位：MPa）

8.3.3　静态工况下轮胎-路面接触影响因素分析

1. 充气压力

轮胎的充气压力对轮胎的接地印痕的形状和应力分布都有一定的影响，这将直接关系到路面结构的动力响应。这里为了分析不同充气压力对轮胎-路面接触应力的影响，对纵向花纹轮胎施加竖向荷载为 9kN，充气压力分别取 0.5MPa、0.6MPa、0.67MPa、0.7MPa、0.8MPa 和 0.9MPa，计算轮胎与路面间的竖向、横向及纵向接触应力。

为了分析方便，分别在轮胎-路面接触区域内沿轮胎靠近胎侧纵向花纹中心和靠近轮胎中心的纵向花纹中心建立两条分析路径 1、路径 2。图 8-21（a）为沿靠近胎侧花纹中心路径 1 的节点接触面积，从图中可以看出，充气压力增大，节点接触面积变小，且纵向接触长度变小；图 8-21（b）为沿靠近轮胎纵向中心花纹路径 2 的节点接触面积，可以看出，充气压力对路径 2 的节点接触面积影响虽然不明显，与路径 1 情况不同，随着充气压力的增加，节点接触面积增大，纵向接触长度有所减小。

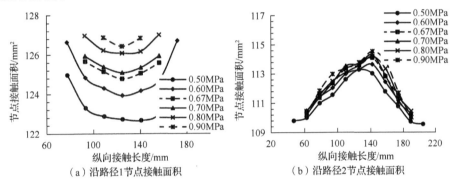

（a）沿路径1节点接触面积　　　　　（b）沿路径2节点接触面积

图 8-21　节点接触面积曲线

三向接触应力计算结果如图 8-22（a）所示，沿纵向接触长度方向竖向接触应力均为正值。在充气压力为 0.5MPa 和 0.6MPa 时，竖向接触应力沿接触长度方向出现先增加，然后基本持平，再减小的分布规律，曲线较为平缓，其峰值分别为 1.23MPa 和 1.46MPa；但当充气压力逐渐增大时，竖向接触应力沿接触长度方向增长较快，直至接触中心出现峰值，分别为 1.62MPa、1.69MPa、1.93MPa、2.15MPa，峰值过后竖向接触应力迅速减小。由此可见，竖向接触应力最大可达充气压力的 2.4 倍左右，当车辆轮胎充气压力过大时，会造成轮胎与路面竖向接触应力大幅提高，进而导致路面结构内部出现难以估计的应力和应变水平。

图 8-22（b）为轮胎纵向花纹中靠近纵向中心的一条接触路径的横向接触应力分布，当充气压力为 0.5MPa 和 0.6MPa 时，横向接触应力曲线出现平台，其峰值分别为 0.50MPa、0.61MPa，约为竖向应力的 40%。充气压力增大，则横向接触应力随之增大，其幅值分别为 0.68MPa、0.71MPa、0.82MPa 和 0.93MPa，此时横向接触应力几乎与充气压力相当。

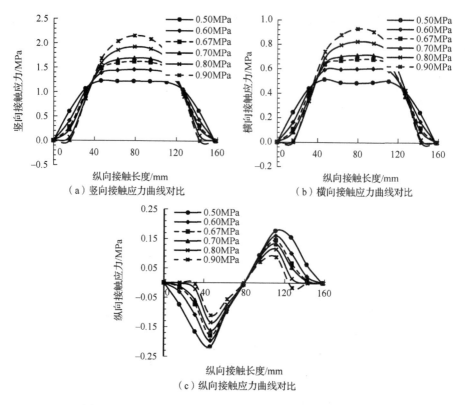

图 8-22　不同充气压力工况下轮胎-路面三向接触应力曲线

图 8-22（c）为轮胎-路面纵向接触应力曲线，沿纵向接触长度分布规律与轮胎-路面横向接触应力不同，纵向接触应力正、负应力同时存在，并且以接触中心为对称点呈反对称分布。不同充气压力下纵向应力曲线分布规律一致，与竖向应力、横向应力分布不同之处在于：随着充气压力的增大，纵向接触应力呈减小趋势。充气压力为 0.5MPa、0.6MPa 时，纵向接触应力幅值分别为 0.17MPa、0.16MPa，约为竖向应力的 15%。

2. 竖向负荷

车辆超载现象是目前国内道路领域的一个普遍存在的事实。为研究静态竖向负荷对轮胎-路面接触应力的影响，这里保持充气压力为 0.67MPa，分别对轮胎施加 10kN、15kN、20kN 和 25kN 的竖向负荷，计算轮胎与路面间的竖向、横向和纵向接触应力。

从图 8-23（a）可以看出，轮胎边缘花纹处，随竖向负荷增大，节点接触面积变小，但纵向接触长度变大；图 8-23（b）为沿靠近轮胎纵向中心花纹路径 2 的节点接触面积，竖向负荷对路径 2 的节点接触面积几乎没有影响，但随着竖向负荷的增加，纵向接触长度略有增加。

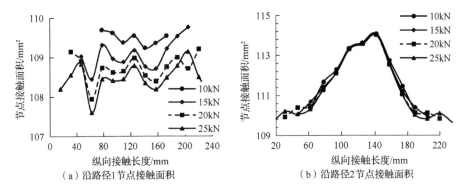

（a）沿路径1节点接触面积　　　　　　　　（b）沿路径2节点接触面积

图 8-23　节点接触面积曲线

图 8-24（a）为不同竖向负荷条件下竖向接触应力曲线。从竖向接触压力在纵向接触长度上零点的位置可以看出，随着竖向负荷增加，轮胎-路面接触面积增加，但分布规律基本一致，都是沿纵向接触长度方向，竖向接触应力急剧增加，在接触中心附近，竖向接触应力基本持平，然后竖向接触应力急剧减小。当竖向负荷从 10kN 增长到 25kN 时，其纵向接触长度从 127mm 增长到 250mm；竖向接触应力峰值基本保持在 1.6MPa。因此，竖向负荷的增加对竖向应力幅值的影响不大，但对轮胎-路面接触面积影响较大，竖向负荷越大，轮胎-路面接触面积越大。

图 8-24（b）为沿纵向接触长度轮胎-路面横向接触应力曲线，可以看出静态下竖向负荷对横向接触应力的幅值略有影响，竖向负荷从 10kN 增加到 25kN，其横向接触应力的绝对值从 0.68MPa 减小到 0.63MPa。竖向负荷的增加没有改变轮胎-路面接触横向应力的分布规律。

图 8-24（c）为沿纵向接触长度轮胎-路面的纵向接触应力曲线，可以看出竖向负荷越大，纵向应力幅值越大。竖向负荷为 10kN 时，纵向应力幅值为 0.20MPa，竖向负荷为 25kN 时，纵向应力幅值为 0.29MPa。因此，随着竖向负荷的提高，纵向接触应力提高，但纵向接触应力在接触区域内的分布规律相同。

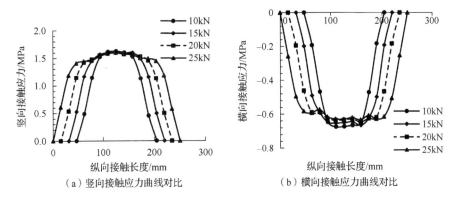

（a）竖向接触应力曲线对比　　　　　　　　（b）横向接触应力曲线对比

图 8-24　不同竖向负荷工况下轮胎-路面接触竖向应力曲线

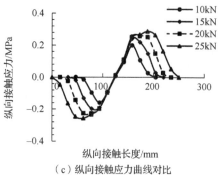

（c）纵向接触应力曲线对比

图 8-24（续）

3. 摩擦系数

轮胎与路面间的摩擦力是由于轮胎表面与路面表面相互接触，并有相对运动趋势或相对运动而产生的切向力。车辆在路面上行驶过程中，橡胶轮胎与路面间的摩擦系数 μ 会随着滑移速度和温度而发生变化，而在数值模拟计算中，为简化问题，通常将摩擦系数假定为定值。根据文献总结，橡胶轮胎与干燥沥青路面间的摩擦系数约为 0.6，雨天为 0.4，雪天为 0.28，路面结冰条件下为 0.18。本书分别取摩擦系数为 0.2、0.3、0.35、0.45 和 0.5 等五种情况，分析不同摩擦系数下轮胎-路面的接触应力变化规律。

从图 8-25（a）可以看出，轮胎边缘花纹处，随轮胎-路面摩擦系数增大，节点接触面积变小，纵向接触长度几乎不变。图 8-25（b）为沿靠近轮胎纵向中心花纹路径 2 的节点接触面积，随着摩擦系数的增加，节点接触面积在减小。由以上两点可以得出，随着摩擦系数增加，轮胎-路面接触面积减小。

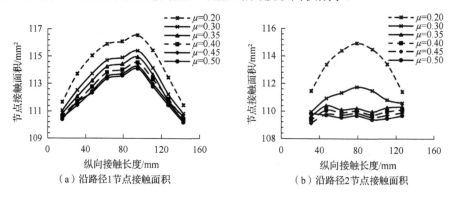

（a）沿路径 1 节点接触面积　　　　　　（b）沿路径 2 节点接触面积

图 8-25　节点接触面积曲线

图 8-26 为不同摩擦系数下轮胎-路面三向接触应力曲线。随着摩擦系数的增加，轮胎-路面三向接触应力均增加，但当摩擦系数由 0.45 增加到 0.50 时，三向

应力曲线基本处于重合状态，说明当摩擦系数增大到一定值时，摩擦系数的增加对轮胎-路面三向接触应力的影响减弱。

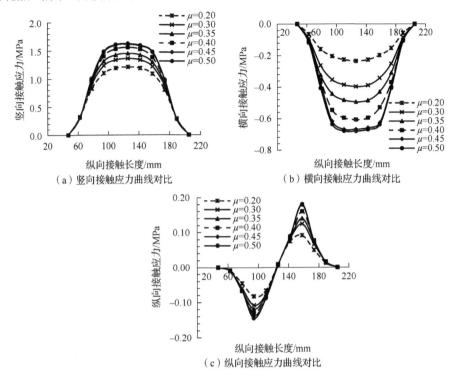

（a）竖向接触应力曲线对比

（b）横向接触应力曲线对比

（c）纵向接触应力曲线对比

图 8-26　不同摩擦系数工况下轮胎-路面三向接触应力曲线

8.4　稳态滚动工况下轮胎-刚性路面接触分析

路面上实际行驶的车辆在大多数时间为动态的，其中包括车辆行驶带来的位置移动及路面不平整带来的振动等，动载作用下路面结构的力学响应与静载作用下的响应有很大不同，因此有必要对动态工况下轮胎-路面接触进行分析。

8.4.1　自由滚动状态下轮胎-路面接触分析

滚动接触分析可以用传统的拉格朗日方法来模拟，但这种方法的参考构架随物体一起旋转，观察者基于该参考构架看到的滚动是一个与时间相关的进程，每一个点都承受着相同的变形历史，这样使得轮胎整体的网格划分非常细，使得计算成本增加。混合的拉格朗日/欧拉方法则不同，该方法的移动坐标系与旋转圆柱体的旋转轴相连接，观察者看到的组成圆柱体的材料在网格中流动，而描述圆柱体的有限单元的网格保持静止，因此，利用此种算法只需在轮胎与路面接触区域内细化网格即可，可以大大节约计算成本。

由于轮胎与路面间摩擦力的存在，牛顿法的收敛存在一定的困难。ABAQUS软件平台解决收敛问题一般是通过减小载荷增量步的方法，因此可以将摩擦系数从零增大到所需的数值，这在ABAQUS中可以通过*CHANGE FRICTION来实现，通过梯度增加摩擦系数，并确保摩擦力的变化随着荷载增量步而减小。

轮胎在路面上的滚动可分解为旋转的角速度和平移的线速度。旋转角速度即材料在网格中的流动速度，通过定义流线来实现。流线是材料通过网格过程的轨迹，本模型中的流线跟随网格线。转动角速度 ω 的模在数据行上定义。旋转轴 Y 和开始轴 X_0 通过*SYMMETRIC MODEL GENERATION 选项进行定义，必须对于旋转体上的所有节点定义移动速度；参考构架的运动即平移线速度，用*MOTION选项来描述直线滚动的平移。

轮胎自由滚动的参考指标为绕旋转轴 Y 轴的扭矩为零，如果扭矩不为零，则轮胎处于加速或减速的状态。由于轮胎的平动速度和转动速度是分别控制的，二者必须相互协调才能使扭矩为 0。如果轮胎的平动速度固定，那么轮胎是处于自由滚动、加速或减速状态取决于轮胎的滚动角速度；但由于平动速度的变化，轮胎的滚动半径也是在变化的，很难直接判断与平动速度相对应的转动速度，为此可基于 ABAQUS 软件平台进行相关子程序的二次开发予以解决；或者采用试算的方法，即平动速度一定，多次运算选取滚动半径计算滚动角速度，达到扭矩接近 0 的效果。

对于给定线速度，求轮胎自由滚动角速度比较有效的子程序有 UMOTION 和UAMP。UAMP 子程序中角速度为扭矩的函数，利用梯度下降法变化角速度来改变扭矩的幅值，直至扭矩达到零为止。自由滚动分析将分为两步。第一步分析中，轮胎的速度由零提高到期望值，同时摩擦系数由零提高到期望值。假设荷载半径为 r，轮胎充气半径为 R，轮胎平移速度 V，则

$$\omega_A = \frac{V}{r} \tag{8-17}$$

$$\omega_B = \frac{V}{R} \tag{8-18}$$

当滚动角速度处于 ω_A 时，则轮胎处于加速状态；当加速度处于 ω_B 时，轮胎处于制动状态，UAMP 子程序首先让轮胎的角速度值为 ω_B，使其处于制动状态。第二步分析中，角速度的值使用用户定义的幅值来控制，子程序中根据返回的扭矩值来调整角速度直到扭矩幅值为零。本节模型中花纹轮胎充气压力为 0.2MPa，竖向负荷为 3.3kN，轮胎自由滚动的线速度为 80km/h，角速度为 74.045rad/s，轮胎与路面间的摩擦系数为 0.5。

1. 轮胎-刚性路面接触空间分布特性

图 8-27～图 8-29 为轮胎在滚动工况下与路面间的三向接触应力分布图。总体而言，自由滚动工况下三向应力的分布规律与静态工况下三向应力分布规律基本一致，但三向应力幅值有一定差别。

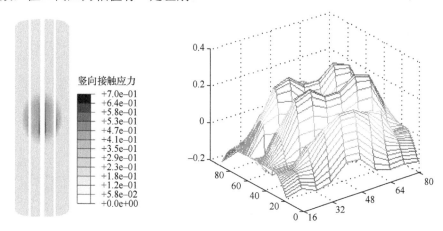

图 8-27　自由滚动工况下轮胎-路面竖向接触应力（单位：MPa）

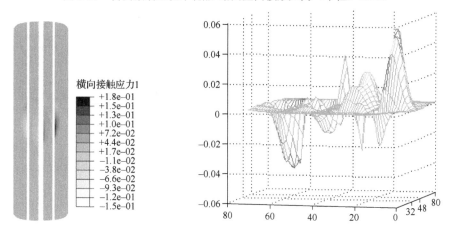

图 8-28　自由滚动工况下轮胎-路面横向接触应力（单位：MPa）

图 8-30 为采用相同充气压力、竖向负荷及摩擦系数时，静态与自由滚动工况下轮胎-路面三向接触应力曲线对比，从图 8-30（a）中可以看出静载工况下，竖向接触应力沿纵向接触长度方向关于接触中心呈对称分布，且幅值出现在接触中心处；动态荷载工况下竖向接触应力幅值向滚动方向增加，呈非对称分布。图 8-30（b）为横向接触应力对比曲线，静态工况与动态工况下横向接触应力规律不一致，所取路径在静态工况下横向接触应力均为负值，动态工况下横向接触应力先正向增加，达到正向峰值后减小直全负值，而后负向增加达到负向峰值后减小为零。

图 8-30（c）为纵向接触应力对比曲线，两种工况下纵向接触应力规律不一致，静态工况下的纵向接触应力为先负后正，动态工况下则为正负交替出现，先正后负再为正。静态工况应力幅值要大于动态工况应力幅值。

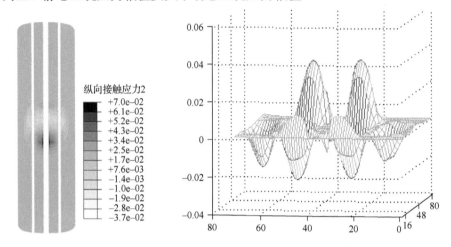

图 8-29 自由滚动工况下轮胎-路面纵向接触应力（单位：MPa）

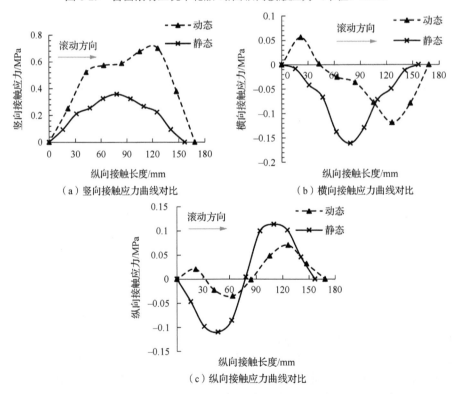

（a）竖向接触应力曲线对比

（b）横向接触应力曲线对比

（c）纵向接触应力曲线对比

图 8-30 静态与自由滚动工况下轮胎-刚性路面三向接触应力曲线对比

2. 轮胎-刚性路面接触应力时间分布特性

接下来对自由滚动工况下轮胎-路面接触应力的时间分布特性进行分析，建立如图 8-31 所示的分析路径，其时间分布对比曲线如图 8-32～图 8-34 所示（图中 Inc0～Inc5 为计算过程中的时间增量步）。可以看出，随着时间的延长，三向应力幅值向滚动方向移动，且边缘花纹的纵向接触长度要小于中心花纹的接触长度。由于轮胎-路面间的横向和纵向接触应力均正负同时存在，说明路面结构的同一分析点在车辆驶过前后经历了正负交替变化的荷载。

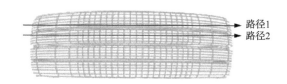

图 8-31　分析路径示意图

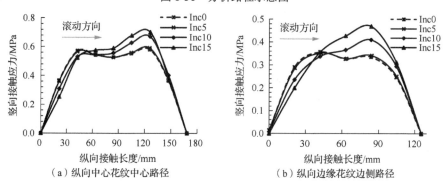

（a）纵向中心花纹中心路径　　　　　（b）纵向边缘花纹边侧路径

图 8-32　轮胎-刚性路面竖向接触应力不同时间分步对比曲线

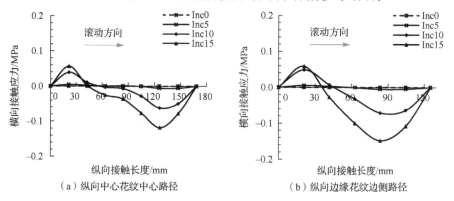

（a）纵向中心花纹中心路径　　　　　（b）纵向边缘花纹边侧路径

图 8-33　轮胎-刚性路面横向接触应力不同时间分步对比曲线

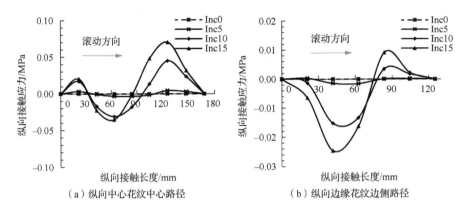

图 8-34　轮胎-刚性路面纵向接触应力不同时间分步对比曲线

8.4.2　制动、牵引时轮胎-路面接触分析

轮胎制动、牵引过程中轮胎-路面接触应力与静态、稳态自由滚动工况下均不相同，尤其是对路面结构剪应力影响尤为显著。因此，有必要分析轮胎在制动和牵引工况下的接触应力。

固定轮胎移动的线速度为 80km/h，通过轮胎不同转动角速度来模拟制动和牵引的工况。根据荷载半径 r（305mm）和充气半径 R（288mm）分别代入式（8-18）和式（8-19），得到 ω_A 为 72.8rad/s，ω_B 为 77.2rad/s。本节分析中轮胎制动（减速）时的角速度取 71rad/s，轮胎牵引（加速）时的角速度取 79rad/s（自由滚动时角速度为 74.045rad/s），其他荷载工况与 8.4.1 节中相同。图 8-35 为自由滚动、牵引及制动工况下轮胎-路面竖向接触应力云图，三种工况下轮胎-路面竖向接触应力分布规律基本一致，而幅值有所差异。牵引工况下竖向应力幅值最小，制动工况下竖向应力幅值最大。

图 8-36 给出不同行驶状态下的纵向中心花纹中心路径的三向接触应力图。可以看出，线速度相同的情况下，不同的角速度下轮胎-路面竖向接触应力分布规律相同，接触应力幅值随角速度的增大而减小。与自由滚动状态相比，制动时横向接触应力正向幅值减小，负向幅值增加，牵引时正向和负向幅值均减小。不同角速度对纵向接触应力影响较大，自由滚动时的纵向接触应力最小，且呈正负交替状态。牵引时纵向接触应力都为正值，制动时纵向接触应力均为负值，且牵引和制动工况下的峰值都明显大于自由滚动时的纵向应力峰值。

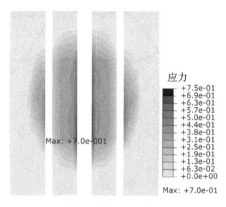

（a）轮胎自由滚动工况应力云图

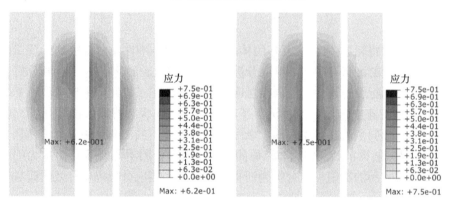

（b）轮胎牵引工况应力云图　　　　　　　　　　（c）轮胎制动工况应力云图

图 8-35　自由滚动、牵引及制动工况下轮胎-路面竖向接触应力云图（单位：MPa）

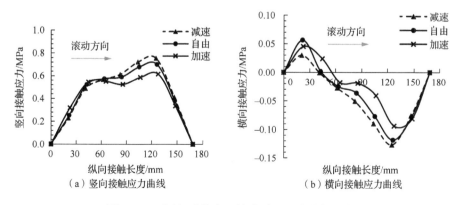

（a）竖向接触应力曲线　　　　　　　　　　（b）横向接触应力曲线

图 8-36　不同行驶状态下轮胎-路面三向接触应力

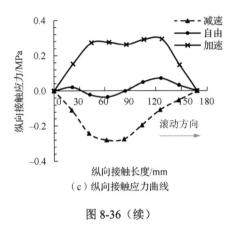

（c）纵向接触应力曲线

图 8-36（续）

8.5 本 章 小 结

本章主要将轮胎-路面交互作用体系解耦成轮胎-刚性路面接触分析及三向接触应力作用下的沥青路面动力响应分析两阶段，通过轮胎-刚性路面接触分析获取沥青路面车辆行驶过程中的三向接触应力。首先介绍了轮胎数值模拟理论基础及有限元模型的建立方法，而后进行了轮胎不同加载状态的数值模拟分析，包括轮胎充气、竖向负载、自由滚动、牵引和制动过程中的三向接触应力，并且分析了充气压力、竖向荷载及轮胎与路面间摩擦系数对轮胎-刚性路面接触应力的影响情况。本章轮胎的数值模拟分析为沥青路面的动力响应分析提供有效的荷载输入条件。

参 考 文 献

景立新, 2007. 全钢载重子午线轮胎特性有限元分析及验证[D]. 长春: 吉林大学.

李海峰, 吴冀川, 刘建波, 等, 2012. 有限元网格剖分与网格质量判定指标[J]. 中国机械工程, 23(3):368-377.

刘雪艳, 2009. 基于 ANSYS 的渐开线直齿行星齿轮有限元分析[D]. 西安: 西北农林科技大学.

杨守彬, 2012. 带复杂花纹载重子午线轮胎有限元分析[D]. 上海: 东华大学.

庄苗, 田小川, 廖剑晖, 等, 2009. 基于 ABAQUS 的有限元分析和应用[M]. 北京: 清华大学出版社.

ABAQUS INC., 2010. Theory Mannual (Version 6.10)[M]. Providence: ABAQUS Inc.

第9章　移动荷载作用下沥青路面动力响应数值模拟

传统的沥青路面力学理论计算中假定车辆荷载为静态圆形均布竖向荷载，而在沥青路面动力响应数值模拟中部分研究者将其简化为静态矩形均布/非均布荷载（吕光印，2010；范植昱，2011）或移动矩形均布/非均布荷载（Wang，2005；李海龙，2009）。上述假设可以降低计算量，使得研究问题得以简化。然而，轮胎-路面交互作用所产生的接触应力是一个高度非均布的三向移动荷载，荷载的非均布特性对沥青路面的动力响应具有显著的影响，因此，进行非均布移动荷载作用下的沥青路面动力响应分析具有重要意义。

本章主要基于前述轮胎-路面交互作用得到的三向接触应力分析典型结果，采用 ABAQUS 软件进行非均布移动荷载作用下沥青路面动力响应数值模拟分析，得到典型沥青路面动力响应时程变化和空间分布规律。

9.1　有限元模型的建立

9.1.1　有限元模型

结合依托项目北京市调查路段的实际路面结构与材料参数，基于 ABAQUS 软件平台建立三维有限元动力分析模型。图 9-1～图 9-3 分别给出了路面结构、计算模型的平面尺寸及整体有限元模型。

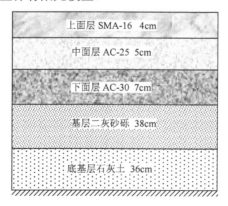

图 9-1　路面结构层材料与厚度（北京某高速公路）

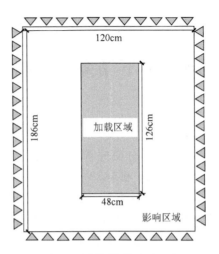

图 9-2　计算模型平面尺寸

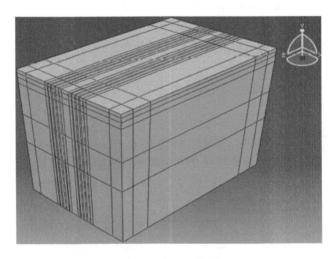

图 9-3　有限元模型

双轮荷载加载宽度为 48cm、长度为 18cm，考虑荷载运动到模型中间时，荷载影响范围在纵向印迹长度 3 倍以内；加载区域外侧设置影响区域，除加载面积以外，行车方向两侧各留 30cm，垂直于行车方向两侧各留 36cm。模型尺寸纵向 186cm、横向 120cm、竖向 160cm（考虑路面结构厚度）。当进行瞬态动力响应分析时，在模型的四周加入无限单元以反映无反射边界条件，同时由于结构中存在能量消散源-黏弹材料的存在，仅基层及土基的结构阻尼系数取 0.05。模型边界条件四周法向固定，底部三向固定。

9.1.2　路面结构及参数

沥青面层采用实测材料参数，基层及土基采用典型值。路面结构厚度统一采用北京某高速的 4-5-7 结构（分别对应上、中、下面层厚度，单位：cm），变化材料参数以进行对比分析。表 9-1～表 9-3 给出了分析中所用的路面结构及材料参数。

表 9-1　五种路面结构及材料参数

混合料类型	层位	所属结构	瞬态模量/ MPa（45℃）	泊松比	密度/ （kg/m³）	阻尼系数
LH SMA-16	上面层	LH	1 550	0.35	2 400	
SBS SMA-13		ALF	1 750	0.35	2 400	
AC-25	中面层	LH	1 250	0.35	2 400	
PR AC-20		ALF	3 150	0.35	2 400	
SBS AC-20			2 200	0.35	2 400	
TLA AC-20			2 900	0.35	2 400	
Duroflex AC-20			2 700	0.35	2 400	
AC-30	下面层	LH、ALF	2 450	0.35	2 400	
二灰砂砾	上基层		10 000	0.25	2 100	0.05
二灰土	下基层		2 000	0.35	1 900	0.05
土基	土基		250	0.4	1 900	0.05

表 9-2　WLF 方程参数

类型	方程参数		
	t_0	C_1	C_2
SBS SMA-13	21.1	10.9	116.3
LH SMA-16	21.1	41.1	388.9
AC-25	21.1	7.3	93.0
PR AC-20	21.1	38.6	360.3
SBS AC-20	21.1	102.1	1007.4
TLA AC-20	21.1	46.0	467.0
Duroflex AC-20	21.1	32.6	334.2
AC-30	21.1	9.2	96.5

注：t_0 为参考时间；C_1 和 C_2 为经验常数。

表 9-3　沥青混合料 Prony 参数

t_i	g_i							
	SBS	LH	PR	SBS	TLA	Duroflex	AC-25	AC-30
	SMA-13	SMA-16	AC-20	AC-20	AC-20	AC-20		
0.000 01	0.608 59	0.749 04	0.484 56	0.654 42	0.429 55	0.439 73	0.393 28	0.369 57
0.0001	0.204 86	0.106 34	0.182 50	0.197 59	0.206 33	0.216 16	0.235 69	0.201 12
0.001	0.075 80	0.064 34	0.147 27	0.053 59	0.177 32	0.169 97	0.186 73	0.194 23
0.01	0.045 05	0.029 04	0.081 45	0.042 26	0.097 43	0.083 53	0.116 78	0.122 30
0.1	0.021 61	0.014 49	0.039 94	0.013 06	0.043 00	0.035 90	0.043 84	0.057 38
1	0.006 68	0.006 77	0.018 18	0.008 89	0.017 39	0.014 59	0.015 29	0.023 50
10	0.007 45	0.003 60	0.008 84	0.003 60	0.007 58	0.006 49	0.004 42	0.010 00
100	0.001 01	0.001 66	0.003 95	0.002 10	0.003 16	0.002 69	0.000 71	0.004 12
1 000	0.001 96	0.001 28	0.002 80	0.000 54	0.002 08	0.001 69	0.001 83	0.002 67

注：t_i 为回归时间点；g_i 为回归系数。

9.2　基本规律分析

　　为了分析沥青路面在非均布移动荷载作用下的动力响应，沿荷载作用深度和水平方向选取路面结构内部典型点进行分析，点位值选择如图 9-4 所示，以两轮胎中心线为零点，水平距离 l 分别为 0m、0.04m、0.055m、0.095m、0.14m、0.185m、0.225m、0.24m 和 0.3m，深度方向 z 分别为 0.02m、0.065m、0.125m 和 0.35m。分别分析其时程变化及空间分布规律，本节主要分析竖向非均布移动荷载作用下路面动力响应的基本规律。

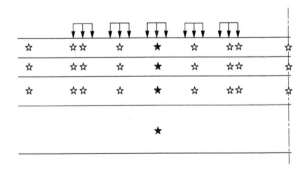

图 9-4　力学响应分析点位置选择

9.2.1　横向应力与应变

图 9-5 和图 9-6 分别给出了横向应变分析点的时程变化曲线及不同时刻的空间分布情况，图 9-7 和图 9-8 分别给出了横向应力分析点的时程变化曲线及不同时刻的空间分布情况。整个计算分 200 个增量步，每个增量步 0.0015s，第 48 个增量步时轮胎纵向中心到达路面结构中心断面。

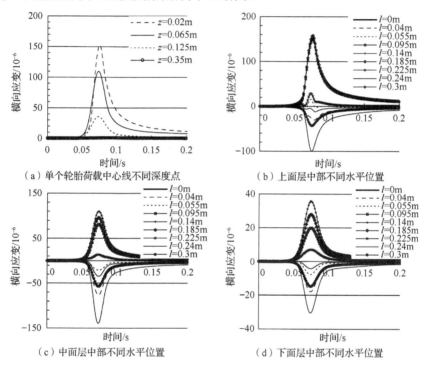

图 9-5　横向应变（ε_{11}）时程变化

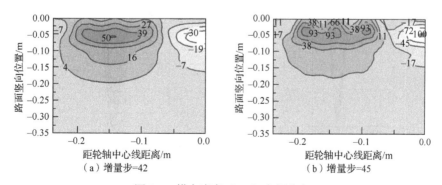

图 9-6　横向应变（ε_{11}）空间分布

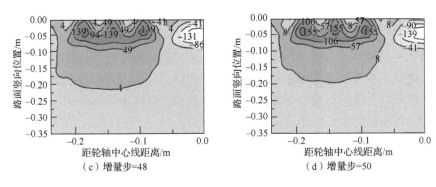

（c）增量步=48　　　　　　　　　（d）增量步=50

图 9-6（续）

　　轮胎荷载驶过前后，横向应力和应变幅值先增加，达到最大值后逐渐减小，荷载离开后存在一定的残余应变，且深度越小应变恢复越慢；荷载作用区域底部变形表现为横向拉应变，而轮胎荷载底部两侧区域变形表现为横向压应变，对应的横向应力为负值，说明轮胎驶过前后，轮胎荷载两侧虽然受到横向压应力，但应变则为横向拉应变和压应变并存，而且底部拉应变和两侧压应变大小相当，不可忽略。

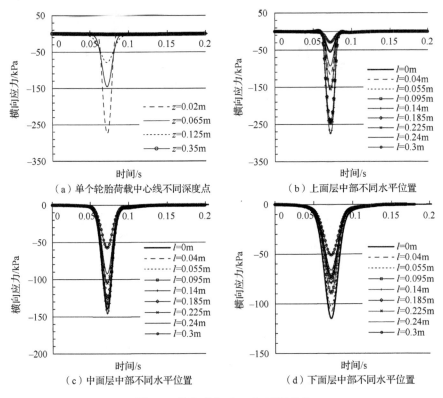

图 9-7　横向应力（σ_{11}）时程变化

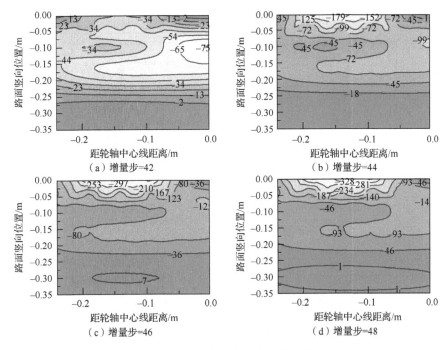

图 9-8　横向应力（σ_{11}）空间分布

横向应力随深度增加而减小，应变响应晚于应力响应，最大应力响应发生在荷载正好到达该点时，而最大应变响应发生在荷载纵向中心到达该点后的 0.015～0.03s（差时间步 1～2 个）。

9.2.2　竖向应力与应变

图 9-9 和图 9-10 分别给出了竖向应变分析点的时程变化曲线以及不同时刻的空间分布情况，图 9-11 和图 9-12 分别给出了竖向应力分析点的时程变化曲线以及不同时刻的空间分布情况。

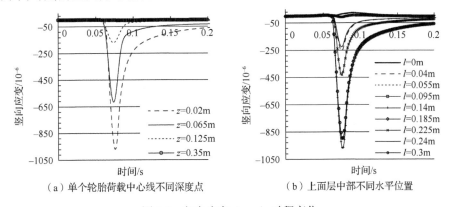

（a）单个轮胎荷载中心线不同深度点　　　（b）上面层中部不同水平位置

图 9-9　竖向应变（ε_{22}）时程变化

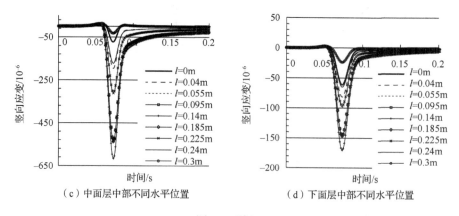

（c）中面层中部不同水平位置　　　　（d）下面层中部不同水平位置

图 9-9（续）

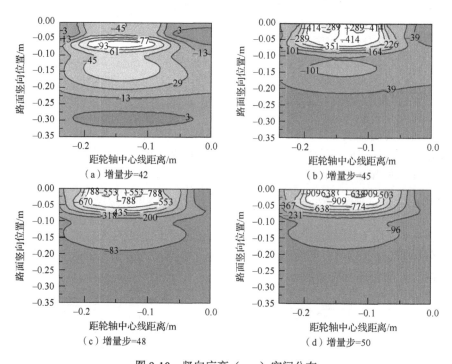

（a）增量步=42　　　　　　　　（b）增量步=45

（c）增量步=48　　　　　　　　（d）增量步=50

图 9-10　竖向应变（ε_{22}）空间分布

轮胎荷载驶过前后，首先出现一个微小的竖向拉应变，表现在外观上为略微的隆起，而后是数值较大的压应变。同样，当荷载离开后存在一定的残余变形，特别是表面层和中面层，不同深度及横向位置处竖向应变响应规律一致。在加载条下面出现较大的竖向应变和竖向应力集中区域。

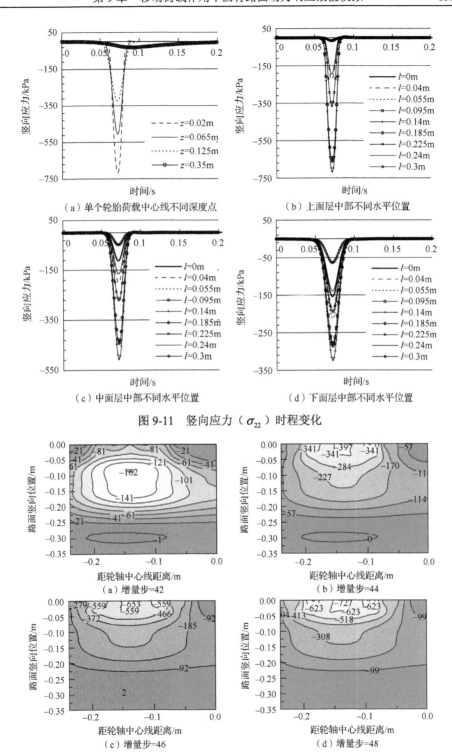

（a）单个轮胎荷载中心线不同深度点

（b）上面层中部不同水平位置

（c）中面层中部不同水平位置

（d）下面层中部不同水平位置

图 9-11　竖向应力（σ_{22}）时程变化

（a）增量步=42

（b）增量步=44

（c）增量步=46

（d）增量步=48

图 9-12　竖向应力（σ_{22}）空间分布

9.2.3 纵向应力与应变

图 9-13 和图 9-14 分别给出了纵向应变分析点的时程变化曲线及不同时刻空间分布情况，图 9-15 和图 9-16 分别给出了纵向应力分析点的时程变化曲线及不同时刻空间分布情况。

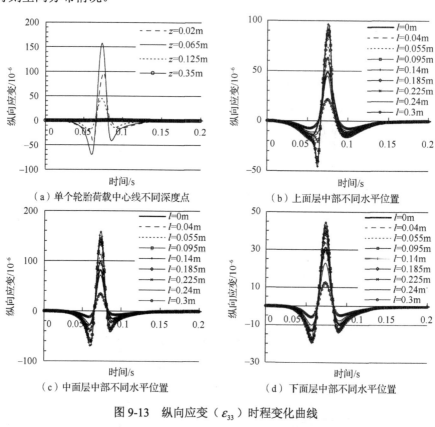

图 9-13　纵向应变（ε_{33}）时程变化曲线

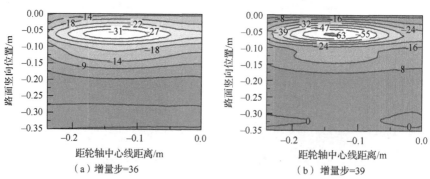

图 9-14　纵向应变（ε_{33}）空间分布情况

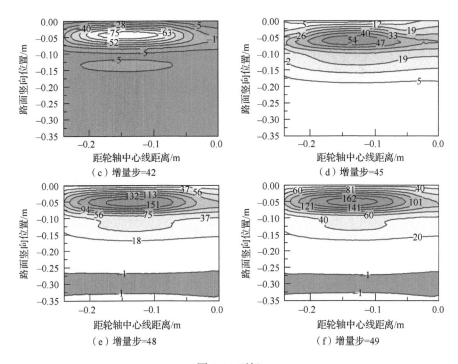

（c）增量步=42　　　　　　　　（d）增量步=45

（e）增量步=48　　　　　　　　（f）增量步=49

图 9-14（续）

荷载驶过前后，路面结构内部出现了纵向拉-压应变的交变变化，且拉压应变绝对值在一个数量级，不同深度及横向位置处纵向应变响应规律一致；在中面层出现较大的纵向应变区域。可以预见移动荷载作用下路面面层材料在纵向方向上出现反复的拉压变形是导致其疲劳破坏的一个重要原因。

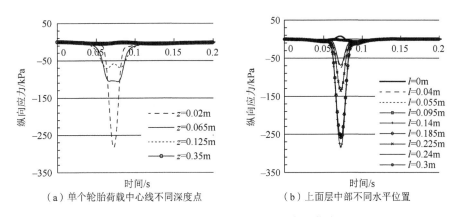

（a）单个轮胎荷载中心线不同深度点　　　　（b）上面层中部不同水平位置

图 9-15　纵向应力（σ_{33}）时程变化曲线

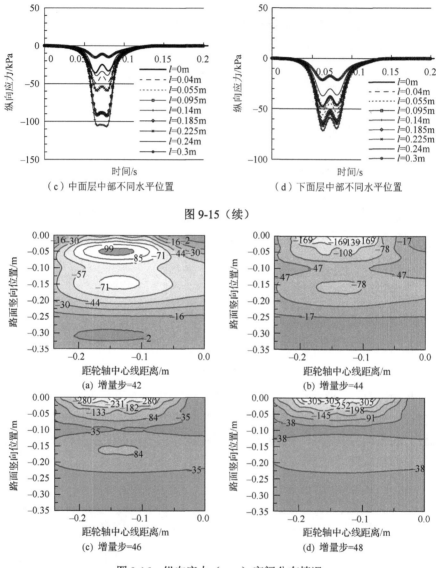

（c）中面层中部不同水平位置　　　　　　（d）下面层中部不同水平位置

图 9-15（续）

图 9-16　纵向应力（σ_{33}）空间分布情况

　　轮胎驶过前后，纵向应力始终为负值，即受车辆前进的相反方向的纵向应力，在路面中下面层中，轮胎加载瞬间出现微小波动。

9.2.4　剪应力与剪应变

　　图 9-17 和图 9-18 分别给出了剪应变 ε_{23} 分析点的时程变化曲线以及不同时刻空间分布情况，图 9-19 和图 9-20 分别给出了剪应力 τ_{23} 分析点的时程变化曲线以及不同时刻空间分布情况。

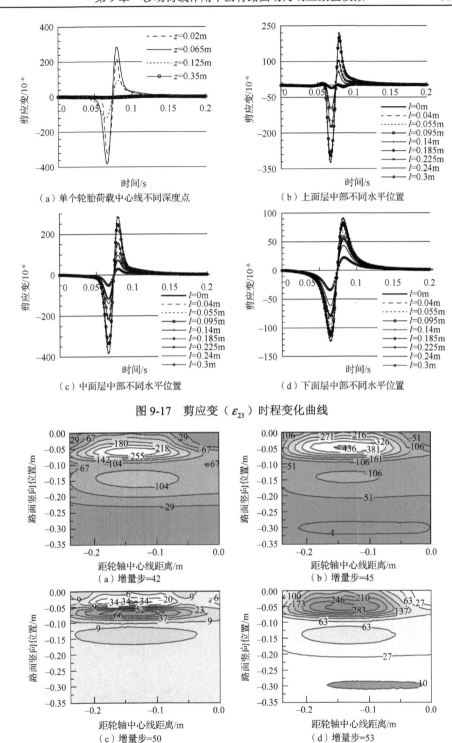

（a）单个轮胎荷载中心线不同深度点

（b）上面层中部不同水平位置

（c）中面层中部不同水平位置

（d）下面层中部不同水平位置

图 9-17　剪应变（ε_{23}）时程变化曲线

（a）增量步=42

（b）增量步=45

（c）增量步=50

（d）增量步=53

图 9-18　剪应变（ε_{23}）空间分布情况

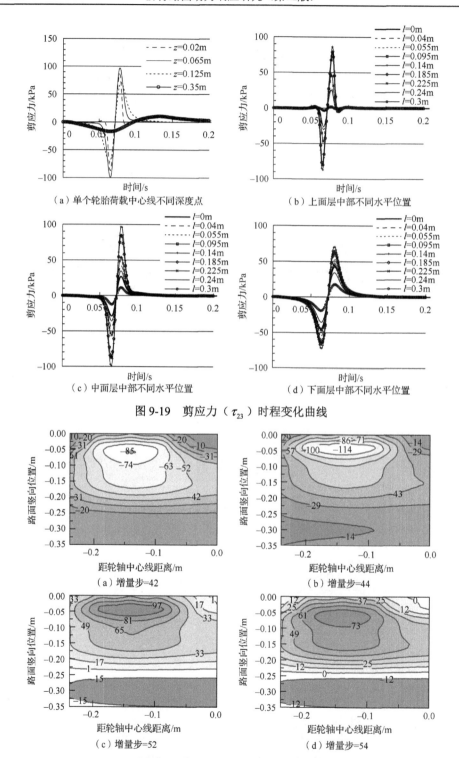

（a）单个轮胎荷载中心线不同深度点

（b）上面层中部不同水平位置

（c）中面层中部不同水平位置

（d）下面层中部不同水平位置

图 9-19　剪应力（τ_{23}）时程变化曲线

（a）增量步=42

（b）增量步=44

（c）增量步=52

（d）增量步=54

图 9-20　剪应力（τ_{23}）空间分布情况

在荷载驶过前后，路面结构内部出现了负-正剪应变的交变变化，且正、负剪应变的绝对值大小相当，不同深度及横向位置处剪应变响应规律一致；在中面层出现较大的剪应变区域。同样，移动荷载作用下中面层出现的正-负剪应变的交变变化也是导致其车辙破坏的一个重要原因。

9.3　沥青路面动力响应影响因素分析

本节主要分析不同结构、不同材料、不同温度、不同荷载作用时间以及水平荷载的加入等对路面结构动力响应的影响。

9.3.1　路面温度

选择五个不同温度条件，分析其对沥青路面动力响应的影响，包括 15℃、25℃、35℃、45℃和55℃等五个水平。以 AC-30 为例，不同温度条件下松弛模量主曲线如图 9-21 所示。

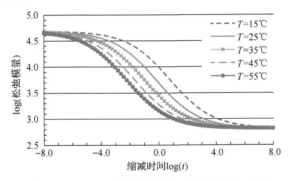

图 9-21　AC-30 不同温度条件下松弛模量主曲线

以单个轮胎中心线对应的中面层中间点为分析点，给出不同温度条件下沥青路面应变（包括横向应变、竖向应变、纵向应变和剪应变）以及应力（包括横向应力、竖向应力、纵向应力和剪应力）的时程变化，如图 9-22～图 9-25 所示。

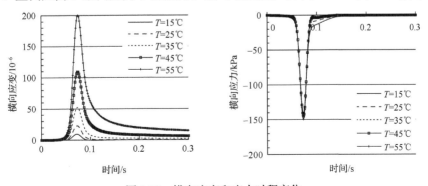

图 9-22　横向应变和应力时程变化

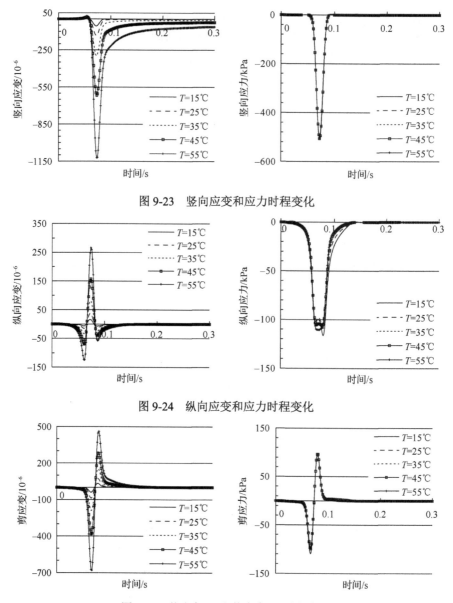

图 9-23　竖向应变和应力时程变化

图 9-24　纵向应变和应力时程变化

图 9-25　剪应变 ε_{23} 和剪应力 τ_{23} 时程变化

可以看出，不同温度下的动力响应时程变化规律基本一致，区别在于其幅值的大小和残余变形的恢复。随着温度升高，应变幅值逐渐增大，且残余变形恢复时间增大；而应力值随温度变化不敏感，不同温度下沥青路面结构受力大小基本相当。

9.3.2　结构因素

为分析不同结构在同一荷载条件下动力响应的差异，本节选择北京市三种典型路面结构，即北京某高速（简称 LH，原结构设计）、SBS 试验段（简称 SBS，常用结构）和 PR 试验段（简称 PR，抗车辙结构设计），通过这三个结构的对比分析路面结构的影响规律。

1. 力学响应空间分布对比分析

图 9-26～图 9-28 给出了 LH 高速、SBS 试验段和 PR 试验段实测参数下三向正应变分布规律。可以看出，LH 高速结构内部出现了更为明显的高应变区域，横向高应变出现在中面层和上面层底部，竖向高应变出现在轮胎作用的区域下方，纵向高应变出现在中面层中部。相比之下，SBS 试验段出现的高应变区域并不明显，而 PR 试验段应变分布比较均匀，说明在上、下面层模量大体相当时，提高中面层模量有助于改善整体路面结构受力状况。但中面层模量过高也容易引起导致变形集中在上面层。

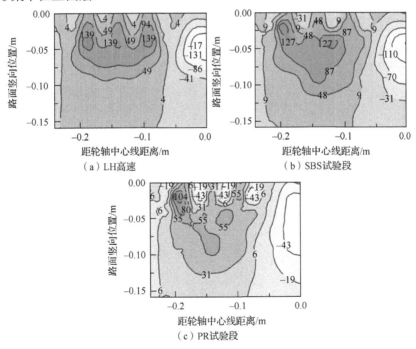

（a）LH 高速　　　　　　　　　　　　（b）SBS 试验段

（c）PR 试验段

图 9-26　沥青面层内横向应变（ε_{11}）分布规律

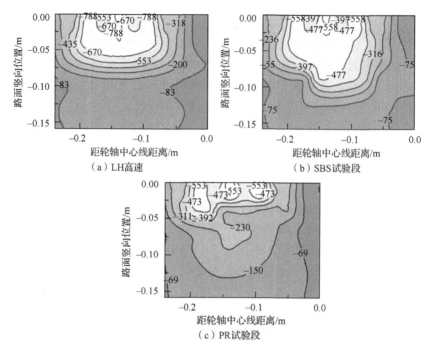

图 9-27　沥青面层内竖向应变（ε_{22}）分布规律

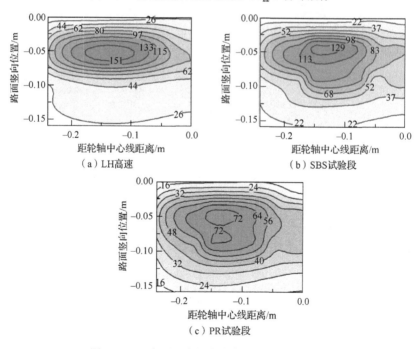

图 9-28　沥青面层内纵向应变（ε_{33}）分布规律

图 9-29～图 9-31 给出了 LH 高速、SBS 试验段和 PR 试验段实测参数下三向剪应变分布规律。同样可以看出，LH 高速结构内部出现了更为明显的高应变区域，剪应变 ε_{12} 在轮胎作用路表面及中面层出现较大值，剪应变 ε_{13} 在上面层底部和中面层出现高应变值区域。剪应变 ε_{23} 在中面层和上面层底部出现了高应变区域，最大值在 300×10^{-6} 左右。相比之下，SBS 试验段出现的高应变区域并不明显，而 PR 试验段应变分布比较均匀，说明 LH 高速公路原设计路面在高温情况下抵抗剪切破坏的能力较差，尤其是中面层容易出现车辙病害，这与实际路面损坏调查的结果是一致的。整体提高沥青面层模量尤其是中面层模量有助于改善路面结构整体力学响应，同时可以看出 LH 高速路面模量组合不合理是导致其车辙病害产生的重要原因。

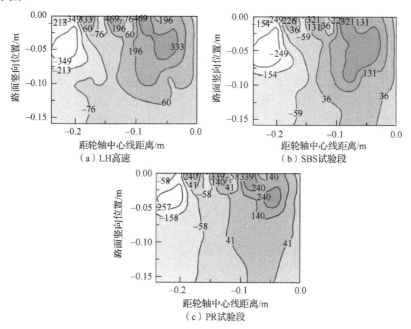

（a）LH高速　　　　（b）SBS试验段

（c）PR试验段

图 9-29　沥青面层内剪应变（ε_{12}）

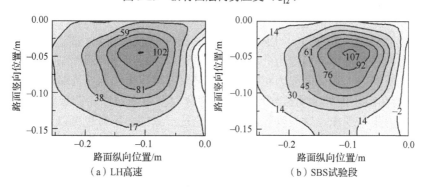

（a）LH高速　　　　（b）SBS试验段

图 9-30　沥青面层内剪应变（ε_{13}）

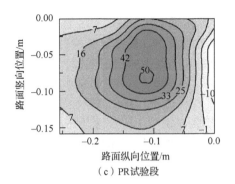

（c）PR试验段

图 9-30（续）

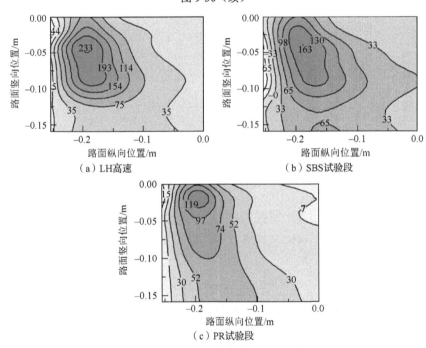

（a）LH高速

（b）SBS试验段

（c）PR试验段

图 9-31　沥青面层内剪应变（ε_{23}）

　　图 9-32～图 9-34 给出了 LH 高速路面、SBS 试验段和 PR 试验段实测参数下横向应力、竖向应力、剪应力分布规律。同样可以看出沥青路面结构内部在荷载作用下，横向应力和竖向应力在荷载作用路表区域下方出现应力集中现象，而剪应力 τ_{12} 则在路表面轮胎荷载作用的中间部分以及中面层车轮荷载作用的内外边缘出现应力集中现象，这与以往的研究结论是一致的。同时也可以看出，三种路面结构内部应力分布规律大致相当，高模量材料的采用对改善路面结构的应力分布状态改善不大，甚至部分应力响应有所提高，而对应变分布状态及幅值有明显的改善作用，这说明上、中面层高模量材料的采用有利于荷载向下传导，使路面各层结构共同受力，避免个别层位出现应变集中现象而导致车辙病害。

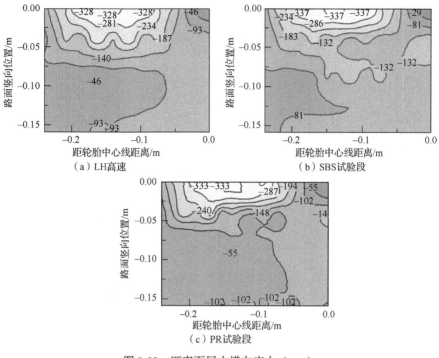

图 9-32　沥青面层内横向应力（σ_{11}）

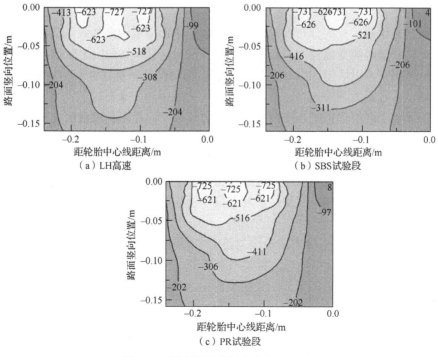

图 9-33　沥青面层内竖向应力（σ_{22}）

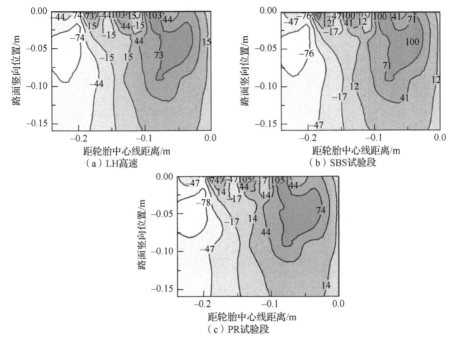

图 9-34　沥青面层内剪应力（τ_{12}）

2. 力学响应时程变化对比分析

根据力学响应空间分布规律，选择中面层中部荷载中间加载条边缘作为关键点，分析其随时间变化规律。彩图 1 给出了横向应变和横向应力时程变化规律。

从彩图 1 可以看出，PR 试验段中面层中部横向应变明显小于 LH 高速和 SBS 试验路，前者是后者的 50%左右，而横向应力减少 40kPa 左右。说明中面层模量低于或等于上面层模量时其横向应变和应力较大，而提高其模量至 1.5 倍以上时横向应力和应变可显著改善。

从彩图 2 可以看出，PR 试验段中面层中部竖向应变明显小于 LH 高速，前者是后者的 45%左右，而竖向应力大致相当。同时 SBS 试验路由于模量整体有所提高，其应变值较 LH 略有下降。说明提高中面层模量对于减小该层竖向应变效果明显。

从彩图 3 可以看出，PR 试验段中面层中部纵向应变明显小于 LH 高速，前者是后者的 50%左右，而纵向应力幅值略有下降。同时 SBS 试验路由于模量整体有所提高，其应变值较 LH 下降。说明提高中面层模量对于减小该层纵向应变效果明显。

彩图 4～彩图 6 给出中面层中间点剪应力及剪应变的时程变化规律。可以看出三种结构三向剪应力时程变化规律基本一致，即荷载驶过前后出现了正、负剪应力交变变化，且剪应力幅值差距不大；至于剪应变，PR 试验段中面层中部剪应变明显小于 LH 高速，说明提高中面层模量对于提高沥青路面抗车辙能力是有利的。

9.3.3　加载时间

考虑不同荷载作用时间条件下路面动力响应的变化规律，选择车速分别为 18km/h、36km/h、72km/h 和 108km/h 等四个水平，相应的单个单元（长度为 0.015m）作用时间分别为 0.003s、0.0015s、0.000 75s 和 0.0005s。图 9-35～图 9-38 分别给出了中面层中部荷载中间加载条边缘横向、竖向、纵向应变和应力，以及剪应变、剪应力的时程变化曲线图。

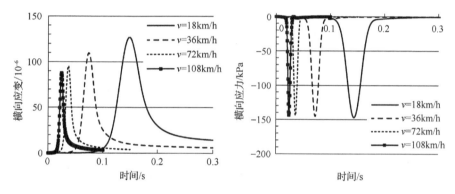

图 9-35　横向应变和应力时程变化曲线

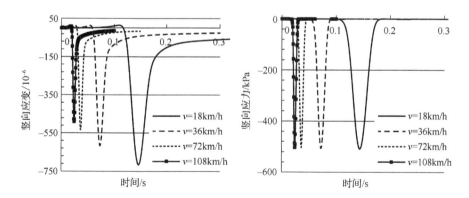

图 9-36　竖向应变和应力时程变化曲线

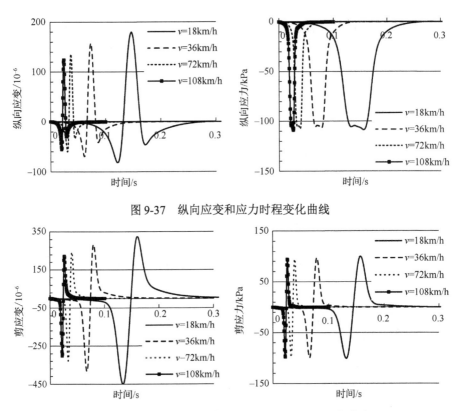

图 9-37　纵向应变和应力时程变化曲线

图 9-38　剪应变（ε_{23}）和剪应力（τ_{23}）时程变化曲线

可以看出，不同速度下应力和应变的时程变化规律基本一致；而随着车速的降低，应力的幅值增加较小，相比之下，应变的幅值增加较为明显；同时，随着车速的降低，所有动力响应的持续时间增长。

9.3.4　纵向水平力

路面除了主要承受竖向荷载以外，沿行车方向还承受非均匀分布的纵向荷载，其空间分布及时程变化如图 6-11 所示。其特点是车轮前部受向后的纵向水平力，而车轮后部受向前的纵向水平力。分析不同纵向水平力对沥青路面动力响应的影响，以表 6-1 中纵向水平力为基准，分别考虑 0.5 倍、1.0 倍及 2.0 倍纵向水平力（其倍数以 L 表示），下面给出荷载中间加载条中心点对应上面层中部点处的动力响应。

从图 9-39 可以看出，不同纵向水平力横向应变时程规律一致，而幅值随纵向水平力的加大而增加，从无水平力的 152.2×10^{-6} 增加到 192.2×10^{-6}；横向应力则从 -273.9kPa 变化到 -329.7kPa。相比之下，竖向应变幅值随着纵向水平力的增大而略微降低，从 967.7×10^{-6} 降低到 921.7×10^{-6}，竖向应力随着纵向水平力的增大而略微增大，从 716.3kPa 增加到 764.8kPa，如图 9-40 所示。

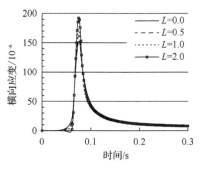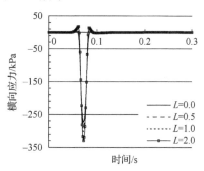

图 9-39 横向应变和应力时程变化曲线

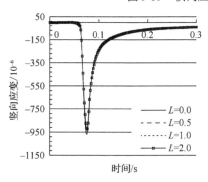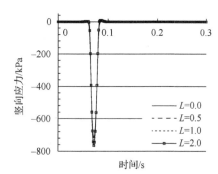

图 9-40 竖向应变和应力时程变化曲线

从图 9-41 可以看出，不同纵向水平力时纵向应变时程变化曲线差异较大，当纵向力较小时，其时程变化与无纵向力时基本一致，即先负后正再负；而当纵向力较大时，改变了纵向应变的时程，出现了先正后负再正的变化；而幅值的变化则为先减小后增加，从无纵向力的 $96.5×10^{-6}$，至 $48.8×10^{-6}$，再至 $15.9×10^{-6}$，最后最大纵向力幅值为 380kPa 时为 $109.8×10^{-6}$。当纵向应力的幅值由 283.3kPa 增加到 474.8kPa 时，荷载驶过前后出现了微小的反向纵向应力。

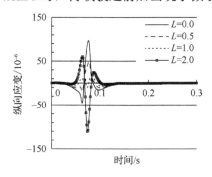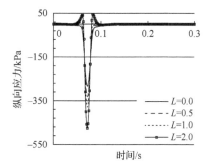

图 9-41 纵向应变和应力时程变化曲线

从图 9-42 可以看出，加入不同纵向水平力时，剪应变时程变化规律差异较大。当纵向力较小时，剪应变时程变化与无纵向力时基本一致，即先负后正的变化规律；而当纵向力较大至 380kPa 时，由于纵向水平力的干扰，出现了时程曲线的波动变化；同时，剪应力和剪应变的幅值变化则为逐渐减小。

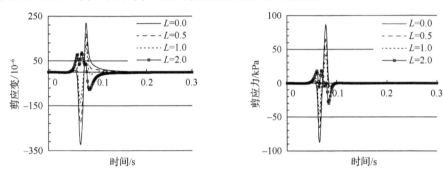

图 9-42　剪应变和应力时程变化曲线

9.3.5　横向水平力

路面除了主要承受竖向荷载以外，垂直于行车方向还承受非均匀分布的横向荷载，其空间分布及时程变化曲线如图 9-43 所示。其特点为每一个加载条左右两侧横向应力作用方向相反，幅值不同，但总横向应力合力接近于零；而幅值方面则表现为纵向和横向中间大、两侧小。本研究分析不同横向水平力对沥青路面动力响应的影响，以表 6-1 中横向水平力为基准，分别考虑 0.5 倍、1.0 倍、2.0 倍横向水平力条件下的动力响应规律（其倍数以 T 表示）。

从图 9-43 可以看出，加入不同横向水平力时，横向应变时程变化规律一致，而幅值则随着横向水平力的加大而减小，从无横向水平力的 152.2×10^{-6} 减小到 80.8×10^{-6}；横向应力随着横向水平力的加大而变大，从-273.9kPa 变化到-326.6kPa。

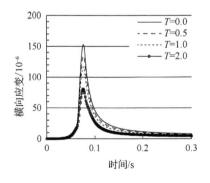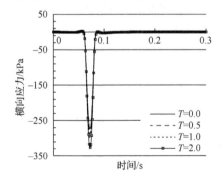

图 9-43　横向应变和应力时程变化曲线

从彩图 7 可以看出，横向水平力的加入对其表面层的横向应变分布影响较为明显，在轮胎作用外边缘上面层的中部出现了较大的拉应变，而在两个轮胎中心点上面层的底部出现较大的压应变；在有横向水平力时，最大应变为 $260.7×10^{-6}$，最小应变为 $-181.4×10^{-6}$，而无横向水平力时，最大应变为 $240.5×10^{-6}$，最小应变为 $-187.9×10^{-6}$。横向水平力的加入对沥青表面裂缝破坏形式影响明显。

从图 9-44～图 9-46 可以看出，竖向应变、纵向应变和剪应变随着横向水平力的加入，其时程变化曲线规律和幅值基本一致，说明横向水平力对其他响应的影响较小。

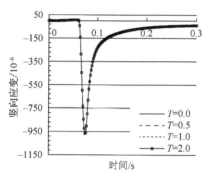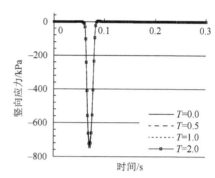

图 9-44　竖向应变和应力时程变化曲线

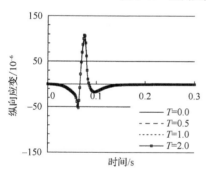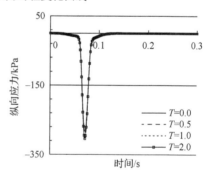

图 9-45　纵向应变和应力时程变化曲线

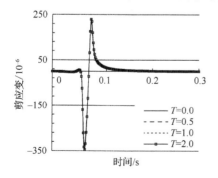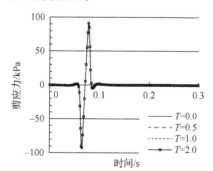

图 9-46　剪应变和应力时程变化曲线

9.4　本 章 小 结

　　本章建立了非均布移动荷载作用下沥青路面动力响应瞬态三维有限元模型，重点进行了非均布竖向移动荷载作用下沥青路面应力、应变时程变化规律和空间分布规律分析。同时，就部分因素对动力响应的影响进行了分析，包括外界环境温度、结构差异、加载速度、纵向水平力以及横向水平力的加入等。

参 考 文 献

范植昱, 2011. 荷载和温度对沥青路面 Top-Down 开裂影响的有限元分析[D]. 长沙: 长沙理工大学.

李海龙, 2009. 沥青路面表面裂缝扩展行为分析[D]. 郑州: 郑州大学.

吕光印, 2008. 柔性基层沥青路面 Top-Down 开裂机理研究[D]. 西安: 长安大学.

WANG F, 2005. Mechanistic-empirical study of effects of truck tire pressure on asphalt pavement performance[D]. Austin: The University of Texas at Austin.

第三篇　响 应 实 测

第 10 章　沥青路面动力响应实测综述

近年来，随着光纤光栅测试技术引入到沥青路面动力响应测试中，沥青路面动力响应实测已经逐渐成为目前道路领域研究的热点。路面动力响应实测主要通过在沥青路面内部埋入各种传感器，测试实际交通荷载或固定加速加载装置作用下的应力、应变、位移、温度等信息，研究路面动力响应规律，并用以进行沥青路面性能的评估与预测。总结沥青路面动力响应研究发现，其进展与路面足尺寸加速加载试验以及传感器测试技术的发展息息相关。下面首先介绍目前比较典型的大规模采用传感器进行观测的足尺寸试验路。

10.1　足尺寸试验路

10.1.1　MnRoad 试验路

美国明尼苏达试验路（MnRoad）（图 10-1）建设始于 1991 年，是继 AASHO 试验路之后的另一项重大道路试验计划，是当时世界上最大、最综合的室外道路试验。试验路由两条道路组成：一条是用于研究大交通量条件，日平均交通量在 28 000 辆，双车道长 5.6km；另一条是用于研究低交通量条件，双车道闭合环道，长 4km。试验道路包括 40 个 152.4m 的试验路段，其中 16 个为刚性路面结构，24 个为柔性路面结构，各试验段路面结构层厚度不同。大交通量道路通过转移州际 I-94 号公路上的西行交通量来进行加载。低交通量环道部分路段采用标准试验卡车来加载，以使其成为可控的足尺加速加载路面试验。

为了测定路面结构的响应状况，MnRoad 试验路埋设了大量的传感器，共有 17 个种类的 4572 个传感器，其中 1151 个用于观测沥青路面结构的动力响应，获取了大量的路基路面内的水平和垂直方向的应变、土压力、湿度及温度数据。明尼苏达试验路在每一个试验段中将沥青应变计沿轮迹线方向布置成三排，研究方案中侧重于传感器的选择，在传感器的布置与排列方面考虑较少，同时由于其缺少足够的轴型分布数据，难以标定路面响应模型。

（a）MnRoad整体

（b）MnRoad大交通量试验路部分

（c）MnRoad低交通量试验路部分

图 10-1 美国 MnRoad 试验路

根据 MnRoad 研究报告，在路面施工过程中，埋入路面一部分传感器出现了失效。在之后的使用过程中，又有部分传感器也出现了问题，使得关于路面结构响应的研究陷入了迟滞。其传感器失效原因被认为与所采用传感器本身的质量及其埋设工艺有关（Baker et al.，1994；Dai et al.，1996；Brent et al.，2000；Amir et al.，2003；Thomas et al.，2007；潘友强等，2005）。

10.1.2 NCAT 环道

美国国家沥青技术中心（National Center for Asphalt Technology，NCAT）环道试验（图 10-2）始于 2000 年，由亚拉巴马州、佛罗里达州、佐治亚州、印第安那州、密西西比州、北卡罗来纳州、俄克拉何马州、南卡罗来纳州、田纳西州等联合完成研究。在美国国家沥青技术研究中心 2.8 km 长的环道上，共铺筑了 46

个试验段，每段 200ft[①]左右。其中南北两段直道各 13 个试验段，东西两段弯道各 10 个试验段，具体平面布置如图 10-3 所示。

图 10-2　美国 NCAT 试验路

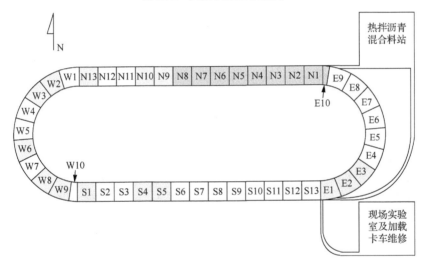

图 10-3　美国 NCAT 试验路平面布置

　　NCAT 根据研究目的的不同，持续不断在环道上施加车辆荷载，以在预定的时间内达到设计当量轴次。行驶的车辆是专门用于试验的，包括整车、半挂、拖挂等，轴载预先设置好，最多每天行驶 18h，使原设计寿命 10~15 年的路面在两年左右的时间通过试验车加载完毕。

　　2004 年 NCAT 在环道上的 8 个结构段中埋设大量传感器以观测路面结构的动态响应，埋设的传感器种类包括沥青应变计、土压力计、湿度计、温度计、轴位置仪等。值得一提的是，NCAT 传感器现场布设较为成功，成活率总体达到 80%以上。数据采集分为高速数据采集，用来采集应变计、土压力计的应变、应力响

① 1ft=3.048×10[-1]m，下同。

应；低速数据采集，用来采集温度、湿度等环境数据。其数据分析分阶段进行，主要用于对路面结构设计方法进行标定。目前 NCAT 的研究目标是验证路面力学响应模型，开发典型结构组合和沥青混合料的损伤函数，评价路面结构厚度和改性沥青对路面性能的影响（David et al.，2004，2005，2009；Angela et al.，2005，2009；Willis，2009；袁迎捷，2005）。

10.1.3　弗吉尼亚智能道路

弗吉尼亚智能道路（Virginia smart road）（图 10-4）是一条大型室外可环境控制的足尺寸试验路，由弗吉尼亚交通运输部及弗吉尼亚理工大学（Virginia Polytechnic Institute and State University, Virginia Tech）共同支持。该试验路长 2.2mi①，双车道包括 12 个柔性路面和 1 个连续配筋水泥混凝土路面（continuously reinforced concrete pavement，CRCP），每个试验段 100m 左右。最终将连接 Blacksburg 和 I-81 公路，成为公共交通系统的一部分。该试验路配置有降雨和降雪塔，因而能够模拟降雨、降雪、浓雾天气，配置了现场信息测试系统、道路天气信息系统和地理信息 GPS 系统。

图 10-4　弗吉尼亚智能道路

21 世纪初期，Al-Qadi 等（2003）在弗吉尼亚试验路上对 12 种不同柔性路面试验段进行应力、应变等动力响应测试，采用 Dynatest FTC A 系列传感器获得沥青路面水平应变（横向应变和纵向应变）。值得一提的是，其传感器的布设与 NCAT 试验路有些不同。为使传感器的间距控制在合理的范围内，以避免数据采集造成干扰，Al-Qadi 等（2004）将传感器的间距定为 0.5m、1.0m 和 1.5m。在动力响应测试方面，在试验路施工期间布设有土压力计、应变计、TDR 探针、热电偶和冻深计等，主要进行现场实测动力响应与数值模拟的相互验证及基于实测信息的疲劳寿命方程建立（Walid，2001；Mostafa，2003；Carlos，2005；Pyeong，2007；Al-Qadi et al.，2009）。

---

① 1mi=1.609 344km，下同。

10.1.4　SISSI 试验路

宾夕法尼亚州交通运输部（Superior Performing Asphalt Pavement）正在进行路面结构应力-应变响应研究（superpave in-situ stress-strain investigation，SISSI）。该项目通过结合大量的材料性能评价、详细的荷载响应测试、交通和环境数据采集及现场性能测试，达到验证 Superpave 设计体系以及为性能预测模型的验证提供基础数据的目的。表 10-1 示出 SISSI 研究项目中部分试验路段、传感器及路面结构。该项目在 7 条公路中选择 8 段试验路，分别在试验段中埋设相应的传感器，采集路面动力响应数据。SISSI 项目一个重要的部分就是测量不同荷载条件下的路面响应。其动态响应测试通过封闭交通，采用拖车进行连续加载，荷载条件包括两个不同荷载配置及三个不同车速。动态响应测试通过应变计、土压力计和弯沉计获取相应的荷载信息，定期进行数据采集（Mansour et al.，2009）。图 10-5 示出 SISSI 研究的路段。

表 10-1　SISSI 研究项目中部分试验路段、传感器及路面结构

路段编号	地点	公路编号	传感器	路面结构
Site 1	Tioga	SR-15	压力计、冻深计、温度计、湿度计、多点位移计、应变计	全厚式
Site 2	Mercer	I-80		全厚式
Site 3	Mercer	I-80		旧路罩面
Site 4	Warren	SR-6		旧路罩面
Site 5	Perry	SR-22		旧路罩面

图 10-5　SISSI 研究的路段

10.1.5　马奎特立交监测项目

马奎特立交监测项目（Maquette interchange instrumentation project）为威斯康星州（Wisconsin）公路研究计划中的一部分，由马奎特大学（Marquette University）交通研究中心实施。该项目主要目的是进行 Milwaukee 县北侧 I-43 与 I-94 相交的马奎特立交路段长寿命沥青路面信息监测。该立交公路最早建于 1968 年，到 2000年时日交通量达到 300 000 辆。该项目的施工从 2004 年开始，至 2008 年结束。该试验路段特别之处在于其实现了对实际交通荷载条件下动力响应的实时监测，测试数据存储到远程数据库中。传感器包括应变传感器、土压力计、湿度计、路面温度计、动态称重（weigh in motion，WIM）系统、车轮横向分布格栅（wheel-wander grid）及大量环境信息测试传感器（Hornyak et al.，2007，2008；Crovetti et al.，2008）。

10.1.6　山东滨州永久性路面

滨州永久性路面试验路位于山东省滨州市西，为国家高速公路长春至深圳高速公路的一段。试验路设计双向 4 车道，试验路总长度为 5km，分 5 个结构试验路段。试验路始建于 2003 年，2005 年建成通车，在正常通车条件下进行长期适时路面结构响应数据采集。

试验路五个结构段都分别安装由沥青应变计、土压力计、温度计及轴位置测量仪传感器组成的传感器组。传感器组用于观测路面结构在行车荷载及环境因素作用下的路面响应，包括沥青层底水平拉应变、土基顶面垂直压应力、路面结构内部温度场分布、车辆轮迹分布。整个试验路还安装有一套动态称重系统和一个气象站，可以实时采集所有过往车辆的轴载、轴型、车速等车辆信息以及试验路的降雨、温度、湿度及太阳辐射等气象信息（王林等，2011）。

10.2　加速加载试验装置

10.2.1　线型可移动式装置

线型可移动式加载装置最为典型的是 20 世纪 60 年代南非研制成功的"重载车辆模拟试验车"（heavy vehicle simulator，HVS），而后进行了第二代和第三代加速加载模拟系统产品的研发。目前，该技术已经在南非、美国、瑞典和芬兰等国家得到应用。南非研发的重载车辆模拟试验车运行速度为 14km/h，轮载为单轮或双轮的液压加载装置，轴载 20～100kN，对机场跑道试验，轮载可增加至 200kN，试验段宽 1.5m。目前该设备已在 500 多条试验路上模拟了 14 亿标准轴载作用次数。

1998 年南非开发出了最新一代移动式荷载模拟器（mobile loading simulator，

MLS）系列检测系统，即"第四代检测系统"。最新一代检测系统可模拟的最高直线运行时速能达到 26km/h。由南非、美国和瑞士联合开发的第四代路面荷载模拟器有多种型号，如 HVS、MMLS3、MLS10、MLS66，如图 10-6 和图 10-7 所示。MMLS3 轮压荷载较小；MLS10、MLS66 轮压荷载较大，可以实现大型足尺试验，并可以连续工作 3 个月，预测 20 年内公路运营状况。我国同济大学、辽宁省交通科学研究院已引进该设备（李传林，2008）。

图 10-6　南非 HVS 模拟器　　　　　　图 10-7　南非 MMLS3 模拟器

　　20 世纪 80 年代初期，澳大利亚引进南非"加速加载模拟系统"，设计了可移动、野外足尺加速加载设备（accelerated loading facility，ALF）（图 10-8），它同样可以实现可移动式及可控制的车轮荷载，模拟实际交通荷载对路面结构的破坏作用。澳大利亚设计的线型加速加载设备采用单轴双轮在 12m 长的试验段上进行加载，加载速度为 20km/h，荷载为 40～80kN，ALF 采用单向加载。我国交通部有关部门引进了该设备。

图 10-8　澳大利亚 ALF 加载设备

　　目前，直线型加速加载设备数量较多，其特点为占地面积小，多为可移动式，便于进行试验路现场加速加载试验。可以模拟轴载的横向分布特性，且运行费用相对较低。但其加载速度较低，主要是受其加载长度的限制，同时对于自然环境的模拟具有一定的局限性。

10.2.2　固定环形试验道

固定环形加速加载试验装置的代表为法国的路桥中心实验室（Loboratoire Central des Points et Chaussees，LCPC）和西班牙的公共设施研究实验中心（Centro de Estudios Y Experimentacion de Obras Publicas，CEDEX）。法国南特的 LCPC 环道（图 10-9）是世界上最大的环道设备。这个设备内环道直径 30m，外环道直径 40m，用一个四臂加载系统加载。这套加载系统可以从一条试验环道移到另外两条试验环道上，以便在一条环道试验的同时，对其他两条进行建设和测试工作。试验速度为 0～105km/h，荷载为单轴双轮，可施加单轴载 80～150kN。它同时还能够模拟以低速运行的 280kN 双联轴加载。该设备 1978 年开始投入应用研究。

图 10-9　法国南特 LCPC 环道

西班牙研制的大型试验道（图 10-10）包括两个平行的、长 25m 的直线段及相应的半圆环连接段。试验路面修建在 U 形混凝土槽中，宽 8m，深 2.6m，直线段是封闭的，可以控制温度，模拟雨季环境。荷载通过两个加载车施加，轮载可更换单轮、双轮等，轴载范围 110～150kN，运行速度 0～60km/h。

图 10-10　西班牙试验道

环形加速加载试验装置多为固定式，因此可模拟一定的自然环境条件，但其移动性差。其优点在于加载速度可以达到较高水平，如 LCPC 最高可以达到

120km/h，能够模拟实际高速行车荷载，同时减少加速加载试验时间（John et al.，1996；Sharp，2004；潘友强等，2005）。

10.3　沥青路面用传感器及应用现状

目前，传感器的种类很多，分类方式也多种多样，下面主要探讨路面结构测试用传感器。沥青路面的动力响应实测信息主要包括路面结构内部信息（水平应变、竖向应变、土压力、温度、湿度及路表弯沉）、荷载信息（轴重、轴数、车速、轮载作用位置）及外界环境信息（环境温度、湿度、光照、风力）等。而根据测试信息的不同，传感器的类型及测试原理也有所不同。首先，给出常见路用传感器的类型、基本测试原理及路用情况。

10.3.1　电阻式传感器

电阻式传感器的基本原理就是利用金属材料的电阻-应变效应，即金属材料在外力作用下产生机械变形时其电阻会产生变化，从而将被测参量的变化转换为电阻变化。常用的电阻式传感器包括电位器式、电阻应变片式和热敏效应式，目前路面测试的应变传感器多数属于电阻应变片式传感器。

图 10-11 给出金属电阻应变片的结构示意图，主要由敏感栅、基底、盖片、引线四部分构成。敏感栅是应变片的核心，它粘贴于绝缘基片上，并用盖片覆盖，两端焊接引出导线。

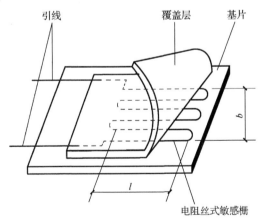

图 10-11　金属电阻应变片结构示意图

路用电阻应变式传感器是将电阻应变片与弹性敏感元件（测试导杆）粘贴在一起，当弹性敏感元件感受到外力、位移、加速度等参数的作用时，敏感元件的变形引起电阻应变片的电阻值变化，并通过测量电路将其转变成电信号输出，电信号变化的大小反映了被测物理量的大小。路用电阻应变式传感器由电阻应变片、测试导杆（盘）、测量电路和封装材料（为适应道路恶劣施工条件起保护作用）四部分组成，其典型结构如图 10-12 所示。

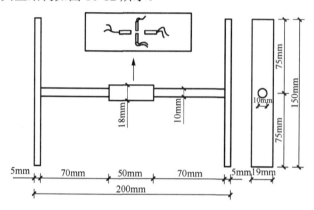

图 10-12　路用电阻应变片式传感器典型结构

总结电阻应变片式传感器的优缺点，包括：①结构简单，使用方便；②性能稳定可靠，易于实现测试过程中自动化和多点同步测量、远距离测量；③灵敏度高，测量速度快，适合静态、动态测量；④长时间使用后，应变片易变形，需重新校正；⑤在潮湿和有腐蚀环境下寿命短，精度差；⑥易受电磁干扰（陶红艳，2010）。

目前，路用电阻应变片式应变传感器可以分为 3 类，即金属薄片类、圆盘类和细条类。金属薄片类由于测量元件与金属薄片粘接在一起，而金属材料与沥青混合料的模量相差较大，会造成两者不能协同变形问题，同时由于对测量元件保护较差，其成活率偏低；而圆盘型传感器，也称 O 形传感器，如图 10-13 所示，也存在与被测试材料的协同变形问题。

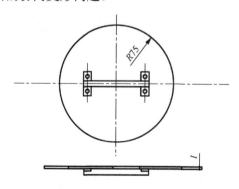

图 10-13　O 形沥青混凝土应变传感器

现阶段使用最多的是细条类应变片式传感器，其多数呈现 H 形，又称"工"字形传感器。由于设计了两侧翼板，有利于固定在沥青混合料中，其得到了广泛的使用。该类应变传感器主要有以下几种。

（1）CTL（construction technology laboratories）应变传感器

CTL 轴向沥青路面应变计有多种型号。其中，ASG-152 应变计应用最多。其核心部分是一个 350Ω的惠斯通电桥，装在尼龙棒上，外观呈现 H 形。尼龙棒的模量大约 2345MPa，与典型的沥青混合料模量相当。每一个应变计配备独立校准片。应变计的最大测量范围是±1500$\mu\varepsilon$，该测量范围适用于大多数柔性路面，如图 10-14 所示。

（a）水平向应变计　　　　　　　　　　（b）竖向应变计

图 10-14　CTL 应变传感器

NCAT 试验路对该类型传感器拥有大量的实际使用经验。MnRoad 试验路也大量应用了该类型传感器。马奎特大学的相关研究也表明，CTL 传感器在可靠性方面要优于其他传感器（Willis et al.，2008）。

（2）Dynatest 传感器

Dynatest PAST FTC IIA 传感器是由伊利诺伊大学（University of Illinois）研发的。是一个 120Ω的 1/4 电桥。呈工字形，大小约是 CTL 传感器的 2/3，如图 10-15 所示。由于采用了玻璃纤维材料，其最大模量能达到 320MPa，有研究表明，该型号 Dynatest 传感器不适用于偏细的沥青混合料。

从 Dynatest 传感器在俄亥俄州（State of Ohio）和弗吉尼亚州（Virginia）的试验路上应用效果来看，其较好地平衡了造价和测量精度问题。在 MnRoad 试验路上，Dynatest 传感器在初期采集了良好的数据，但部分传感器 2～3 年后出现问题。有学者研究发现这些传感器失效问题并不是因为导线短路或者安装失误造成的，其相关问题还有待于查找。

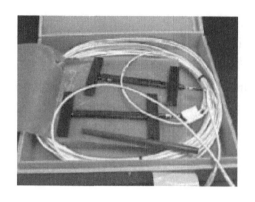

图 10-15　Dynatest 水平向应变传感器

（3）Tokyo-Sakki 系列传感器

Tokyo-Sakki 系列传感器常用型号有 KM-100HAS。该型传感器是一个由 350Ω 的全电桥组成，可以自动进行温度补偿，最大量程为±5000×10^{-6}，如图 10-16 所示。据相关研究发现，该型传感器在坚固性和耐用性方面都有很强的优势，其成活率能达到 90%。该传感器上有管状结构用以对拉伸或压缩的荷载作用做出相应的力学响应。其最大的特点是易于安装，但不足之处在于测量精度不够高。它可以对荷载做出线性的力学响应，但不确认其在实际现场应用中测量的精度，为此，在实际应用中还需要借助一个高精度的测量仪器对其进行标定。

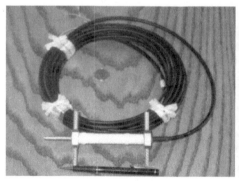

图 10-16　Tokyo-Sakki 水平向应变传感器

在佛罗里达州的试验路上运用了 Tokyo-Sakki 传感器，采集的数据准确，其优良的性价比也得到认可。在 MnRoad 试验路上，该型传感器被证明是优秀的。大量的实践证明：与 Dynatest 传感器不同的是，该类型传感器的损坏主要来自于安装过程中的不合理操作，而非传感器本身的问题（Willis et al.，2008）。

（4）Kyowa 传感器

Kyowa 水平向应变传感器（图 10-17）呈 H 形，其最大的特点就是能很好地适应沥青混合料在铺设过程中的高温环境，其是由 4 个惠斯通电桥组成，用以减少信号处理时的复杂性。每个传感器中有 4 个电阻式应变计，其中两个是横向的，两个是纵向的。它们的最大量程为 $\pm 1500 \times 10^{-6}$。该类型传感器在使用过程中的最大问题是可靠度不高（Amara et al.，2001）。

（5）Vishay 传感器和 TML 传感器

关于这两种传感器的研究不是很多，只有佛罗里达州和堪萨斯州运用过这两种传感器，并打算在今后继续使用。其中，2007 年佛罗里达州在水泥试验路中布设了 Vishay 水平向应变传感器（图 10-18），并获取了大量的数据。在堪萨斯州的试验段上使用了型号为 PML-60-2L 的应变传感器。由于其价格较高，只使用了横向应变计。同时，部分该型传感器在压路机的碾压过程中出现了失效问题。

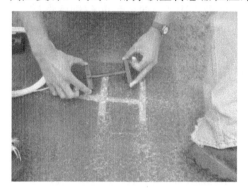 

图 10-17　Kyowa 水平向应变传感器　　　　图 10-18　Vishay 水平向应变传感器

以下是六种美国路面检测中使用最多的应变传感器，即 Kyowa、Dynatest、Tokyo Sokki、CTL、Texas Measurements（TML）和 Vishay。表 10-2 中为各类型传感器在试验路中的应用情况。

表 10-2　各试验路中所使用的传感器

使用地点	传感器类型					
	Kyowa	Dynatest	Tokyo Sokki	CTL	TML	Vishay
俄亥俄州		√				
佛罗里达州			√			√
NCAT				√		
MnRoad	√		√	*		
堪萨斯州					√	

使用地点	传感器类型					
	Kyowa	Dynatest	Tokyo Sokki	CTL	TML	Vishay
路易斯安那交通研究中心（Louisiana Transportation Research Center, LTRC）			√			
弗吉尼亚智能道路	√	√				

注：√为已使用；*为即将使用。

总结国内电阻类传感器在沥青路面结构应变测试中的应用现状可以看出，电阻式应变片类传感器占据主导地位，且主要用于理论验证。叶国铮等（1979）使用三个电阻应变片呈 45°（应变花）粘贴于圆柱形沥青混合料试件表面，埋设于固定深度处进行柔性路面应变测试研究。张起森（1985）通过路面结构内部应力、应变的测量工作验证了弹性层状理论体系的实用性和可靠性，其中沥青层底拉应力通过薄膜式应变花拉力计得到。肖鉴勇（1988）应用应变花薄膜传感器进行沥青面层底部应变测试，以对比最大拉应力的理论值和实测值。查旭东等（2000）改进了应变片防潮处理方法，自制路面结构层应变测量传感器，并将其用于沥青路面结构拉应力验证中。黄永强（2010）采用 BH-2 型埋入式电阻应变传感器和 BY-1 型电阻应变式双油腔结构动土压力传感器进行沥青路面结构层动力响应测试。实践表明，电阻式应变传感器具有一定的不足：埋置传感器的试件块与结构层难以很好地结合，防潮效果差，应变片焊点易脱落以及测得的数据比较离散。

目前工字形电阻式应变传感器发展迅速。山东大学姚学亮（2007）采用工字形钢杆粘贴应变片设计出沥青路面应变计，通过调节两侧挡板与长直圆柱形钢条的截面积比例克服因钢材与道路材料模量悬殊大而导致的变形不协调问题，同时采用两者机械连接方式解决传感器偏心受压问题。李传林（2008）采用 Vishay 公司的 H 形电阻式应变传感器进行沥青路面水平应变测试，并给出了基于内部传感测量的沥青路面结构试验方法。孔庆强（2009）采用 H 形电阻应变式传感器进行了加速加载设备 ALF 作用下不同荷载幅值、速度和温度条件下的沥青路面纵向和横向应变的时程曲线。韦金城等（2009）采用 CTL 电阻应变传感器进行永久性沥青路面水平应变测试，分析了电阻式应变传感器电压超量程问题，并给出了初始电压以及采样频率的确定方法和应变信号关键点的确定方法。

10.3.2 振弦式传感器

按照不同的分类方式，振弦式传感器结构示意图如图 10-19 所示。属于数字式（准数字式）、频率式或谐振式传感器的一种，主要是利用振弦频率与弦拉力的变化关系来获取测试变量的大小。以单线圈间歇振弦传感器为例，振弦式传感器主要由导磁体、振弦、线圈、信号电缆、振弦夹紧装置及软铁片组成。

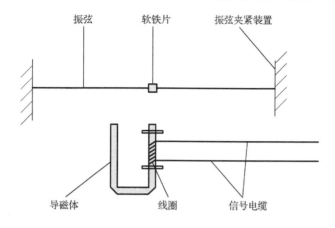

图 10-19　振弦式传感器结构示意图

振弦式传感器是典型的无源传感器，它通过外部激励使其中的振弦起振，然后再通过振弦式传感器内的电感线圈接收振弦的脉冲信号并转换成可测定的电信号，并将此电信号分离出来，送入传感器测量系统加以评测或标示。

路面常用的振弦式传感器包括振弦式孔隙水压力计及振弦式温度计（图 10-20），以及振弦式土压力计及振弦式埋入式应变计（图 10-21）等。总结振弦式传感器的优缺点包括：①适于长距离的信号传输，其输出为频率信号，处理过程无须进行 A/D 和 D/A 转换，不会因传输而降低其精度；②抗干扰能力强、稳定性好，高品质的谐振特性决定传感系统的抗振动、抗电磁干扰能力强；③工作可靠性高，传感器内无电子元器件，牢固的整体结构，对绝缘要求不高，完全密封不怕水，可浸泡水中工作；④体积偏大，不利于沥青路面现场布设；⑤外封装材料多为金属，模量大，与沥青路面材料协同性差，更适合于水泥混凝土面层和半刚性基层测试用；⑥难以实现高速动态测量。

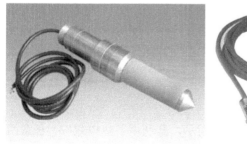

图 10-20　振弦式孔隙水压力计及振弦式温度计

图 10-21　振弦式土压力计及振弦式埋入式应变计

振弦式传感器在道路中应用研究包括：查旭东等（2000）采用振弦式双膜压力盒进行路基土压力测试；刘朴等（2002）在上海外环线东二大道采用振弦式渗压计进行路面超孔隙水压力准静态量测，用以分析沥青路面水损坏机理；刘卫（2005）依据振弦式传感器原理，开发出振弦式动态车辆计重收费系统；吕惠卿（2008）将振弦式应变计埋入水泥混凝土路面内进行水泥路面应变与温度关系测量，结果表明传感器具有良好的线性、试验数据重复性和长期的稳定性；敖卓男（2008）采用振弦式应变计进行水泥稳定碎石基层和沥青碎石基层的变形监测，并尝试利用移动网络实现数据无线传输；胡俊峰（2008）将振弦式应变计埋入旧水泥混凝土沥青路面加铺层中进行沥青路面应变响应测试，并尝试进行路面长期性能监测。

在国外，振弦式应变计多用于水泥混凝土路面中，主要是测试水泥混凝土板收缩应力及环境荷载下静态应变随时间变化的规律。例如，MnRoad 试验路布设有 182 个 Geokon 4200 型和 8 个 4202 型振弦式应变计，该传感器在 MnRoad 研究一期中使用效果较好，耐久性较好，最长服役年限 14 年。而弗吉尼亚智能试验路同样采用 Geokon 4200 型振弦式应变计，用于土基和水泥稳定碎石基层的静态应变测试中，但该应变计耐久性较差。测试表明，其 1 年后损坏率为 16%，2 年后损坏率为 35%，3 年后损坏率达到 61%（Walid，2001；Al-Qadi，2004）。

10.3.3　热电式传感器

热电式传感器是将温度变化转换为电量变化的装置，它是利用某些材料或元件的性能随温度变化的特性来进行测量的。例如，将温度变化转换为电阻、热电动势的变化，再通过适当的测量电路达到检测温度的目的。通常把温度变化转换为电势的热电式传感器称为热电偶；把温度变化转换为电阻值的热电式传感器称为热电阻。

1. 热电偶

热电偶的测温原理图如图 10-22 所示，其利用了热电效应。任意两种材质不同的金属导体或半导体 A 和 B 首尾连接成闭合回路，只要接点 T 和 T_0 的温度不同，就会产生热电势，并在回路中产生热电流，这就是热电效应。热电偶就是利用这种原理及热电偶基本定律（中间导体定律、中间温度定律、参考电极定律）进行温度测量的，其中直接用于测量介质温度 T 的一端叫作工作端（也称为测量端），另一端叫作冷端（也称为补偿端，温度 T_0），如图 10-22 所示。

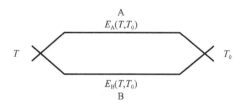

图 10-22　热电效应原理图

当 $T>T_0$ 时，回路中将产生两个温差电势及两个接触电势，总电势可表示为温差电势和接触电势的代数和。总热电势的大小与金属材料的材质及热电偶两端的温差有关，而与电极的长度、直径无关。对于一定材质的热电偶，其两端的温度与热电势间有固定的函数关系。若冷端温度固定，利用这个关系，并将冷端与显示仪表连接，显示仪表会显示出所产生的热电势，就可以求得热端的温度。工程测量中，为保持冷端温度恒定，实现绝对温度测量，就必须对热电偶进行冷端补偿或修正。常用方法包括：冷端恒温法，补偿导线法及计算修正法。

典型热电偶主要由 4 部分构成，其结构示意图如图 10-23 所示。

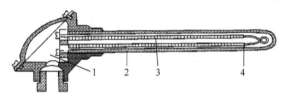

1—接线盒；2—保护套管；3—绝缘套管；4—热电偶丝。

图 10-23　热电偶结构示意图

热电偶是工程中最常用的温度检测元件之一，其优缺点包括：①测量精确，热电偶直接与被测对象接触，不受中间介质的影响；②测量范围广，常用的热电偶测温范围为-50～1600℃，某些特殊热电偶测试的最低温度可达-269℃（如金铁-镍铬），最高可达 2800℃（如钨-铼）；③利用热电效应原理工作，对于温度变化响应迅速；④构造简单，使用方便，而且不受大小和形状的限制；⑤输出信号为电压，测量时无须外加电源；⑥测量精度不够，很难达到 0.1%以上；⑦受测温环境限制，在高温下长期工作时，需要定期检查和修正；⑧要求参考端温度恒定，需采用冷端温度补偿或补偿导线，将增加成本。

热电偶可按分度号进行分类，见表 10-3，不同分度号的热电偶对应不同的测温范围和精度，沥青路面温度测试多使用 T 型热电偶，如图 10-24 所示（陶红艳等，2010）。

表 10-3　热电偶按分度号分类

分度号	材料	测温范围/℃	允许误差
B	铂铑 30-铂铑 6	0～1800	1.5℃/0.25%量程
S	铂铑 10-铂	0～1600	1.5℃/0.25%量程
R	铂铑 13-铂	0～1600	1.5℃/0.25%量程
K	镍镉-镍硅	−200～1300	2.5℃/0.75%量程
E	镍镉-康铜	−200～800	2.5℃/0.75%量程
T	镍镉-康铜	−200～350	2.5℃/0.75%量程

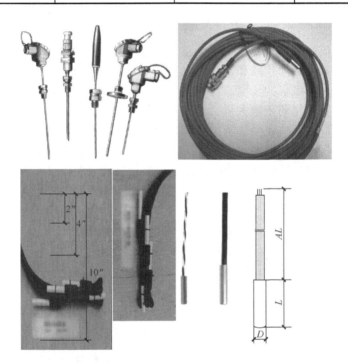

图 10-24　沥青路面测温用热电偶

在道路工程温度测试方面，热电偶的应用包括：赵延庆等（2006）在江苏省某高速公路柔性基层沥青路面段，在不同沥青层埋设 T 形热电偶，对沥青路面温度分布进行测试；路畅等（2009）在沥青路面各个深度处布置 T 形热电偶，对路面结构温度进行监测，分析温度变化对沥青混合料动态模量的影响，并阐述了我国路面结构分析和设计中考虑昼夜温差及温度随深度变化的必要性；刘凯（2010）采用热电偶温度传感系统对长深高速公路山东滨州至大高路段永久性试验路的温度数据进行采集，并结合实测温度场数据和气象资料，采用统计方法建立沥青路面温度场预估模型；胡小圆（2011）分别采用分度号为 T 形及 K 形热电偶，对四川省广巴高速公路路面内部及路表面温度进行测量，并分析得到沥青路面温度随时间、深度的变化规律及温度梯度变化规律。

在国外，热电偶在道路工程中的应用更早：Bouzid 等（1995）在佛罗里达混凝土路面板的不同深度处布置热电偶监测温度，以分析温度梯度对混凝土板的影响；Magnus（2000）分别在多孔透水沥青面层和不透水沥青面层路面内 0.2～0.4m 范围安装 12 支热电偶，于 1994～1996 年每两周进行温度数据采集，统计分析结果表明多孔介质沥青路面具有更强的抗冻结能力；David 等（2001）采用热电偶监测施工过程中沥青路面的冷却速率；Golden 等（2006）利用热电偶监测路面温度，并分析了路面对菲尼克斯地区热岛效应的影响，以便寻求相应的缓解策略。

2. 热电阻

热电阻温度传感器的工作原理是：利用金属导体的电阻与温度呈一定函数关系的特性，通过电阻值的变化来反映温度的高低。

热电阻可分为金属热电阻和半导体热敏电阻。铂、铜、铁、镍、锰是常用的金属热电阻材料，其中以铂热电阻和铜热电阻使用最为广泛。金属热电阻温度传感器结构包括热电阻、导线、绝缘管、保护管、接线盒和盖，如图 10-25 所示。半导体热敏电阻按电阻随温度变化特征可分为负温度系数（negatire temperature coefficient，NTC）热敏电阻、正温度系数（positive temperature coefficient，PTC）热敏电阻、突变型负温度系数热敏电阻等。热敏电阻多为以不同比例复配的金属氧化物经高温烧结而成。热敏电阻温度传感器结构示意图如图 10-26 所示。

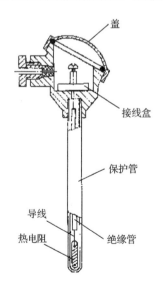

图 10-25　金属热电阻温度传感器结构示意图　　　图 10-26　热敏电阻传感器结构示意图

　　热敏电阻具有如下特点：①电阻温度系数大，测量灵敏度高；②结构简单，制作方便，体积小，可以测量点温度；③电阻率高，热惯性小，可以实现动态测量；④阻值大，适用于远距离测量；⑤易于维护，使用寿命长；⑥成本较低，应用广泛；⑦线性度较差，精度不高。

　　常用金属热电阻及热敏电阻温度传感器如图 10-27 所示。考虑到沥青路面内部状况复杂，为提高测量精度和分辨率，防止腐蚀和氧化，道路工程中常用铂热电阻监测沥青路面内部温度，沥青路面用热电阻温度传感器（束）如图 10-28 所示。

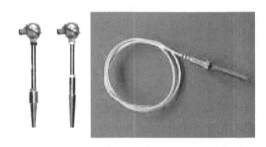

（a）铂热电阻

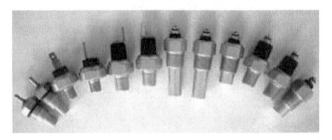

（b）铜热电阻

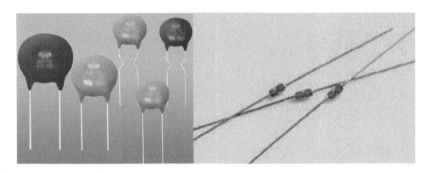

（c）热敏电阻

图 10-27　热敏电阻温度传感器

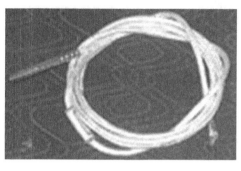

图 10-28　道路工程用热电阻温度传感器（束）

热电阻在道路工程温度测试中部分应用包括：周晋辉（2005）采用铂电阻温度传感器对湖南省临湘—长沙高速公路临湘收费站附近沥青路面温度进行监测，并建立路面最高温度回归模型；黄立葵等（2006）采用铂电阻温度传感器对长沙市郊某高速公路路面夏季温度进行采集，以验证数值模拟计算结果的准确性；隋向辉（2007）采用电阻温度传感器，对陕西、甘肃、宁夏、新疆等地试验路面内部温度进行长期观测，建立温度数据库，并对道路温度场进行分析与预测；康海贵等（2007）在沥青混凝土路面内部埋入热电阻温度计，每天整点时刻采集路面不同深度的温度值，统计分析得到沥青路面温度场的分布规律；李浩天等（2010）在江苏省镇江地区扬溧高速公路试验段柔性基层沥青路面内部埋设电阻式温度传感器，采集温度数据，并建立温度场预估模型。

10.3.4　电容式传感器

电容式传感器以各种类型的电容器作为传感元件，将被测量参数的变化转换成电容量的变化，然后再通过测量转换电路将电容量的变化转换成电压、电流等信号进行输出。最常见的平行板电容器结构示意图如图 10-29 所示。

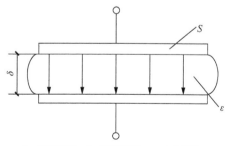

δ—极板间距；S—极板面积；ε—介电常数。

图 10-29　平行板电容器结构示意图

电容式传感器按其工作原理可分为变面积型（又分为角位移式和线位移式）

电容器、变介电常数型（分为并联式和串联式）电容器和变极板间距型电容器，可实现对角位移、线位移、液面深度、材料厚度及应变、应力等物理量的变化进行测量。

总结电容式传感器特点如下：①测量范围大，$\Delta C/C$ 可达 100%；②精度、灵敏度高，相对变化量可达 10^{-7}；③动态响应时间短，能在几兆赫的频率下工作，适用于动态信号的测量；④结构简单，易于制造，且适应恶劣环境能力强；⑤可以进行非接触式测量；⑥自身发热小，热损失小，绝缘介质损耗小；⑦输出阻抗高，故负载能力较差。

在道路工程应用中，电容式传感器常用作湿度传感器以监测路面或土基内部湿度状况，图 10-30 为土基湿度传感器和温度-湿度双参量传感器。电容式湿度传感器的工作原理是，基于两电极之间的介电常数随环境湿度的变化而变化，从而导致电容的变化（水的介电常数为 80，干土约为 2.7，电容器的电容量对土中含水量变化敏感）。此外，电容式传感器也常用作料位传感器和液位传感器，用于道路施工时控制集料、沥青的用量。

图 10-30　土基湿度传感器和温度-湿度双参量传感器

在道路工程中的部分应用如下：刘尧军等（2002）等利用电容器的工作原理，自制湿度传感器对砂土的含水量进行测量，开发了快速、经济实用的现场湿度测试方法；刘尧军等（2004）利用电容式湿度传感器对现场黏土路基的含水量进行测量，并证明其测试的可行性；黄瑜等（2007）采用电容式数字温湿度传感器，研究室内环境条件下普通混凝土和高强混凝土试件不同深度处相对湿度的发展规律。

在国外，伊利诺伊大学香槟分校（1972）研发了一种基于电容式测试方法的混凝土相对湿度 RH 传感器，精度为 1.8%RH（<80%）；Tenwolde 等（1985）对电容式湿度传感器监测建筑物含水量的原理及存在的问题进行了介绍，并与电阻式测试方法进行比较；Peter 等（1994）采用电容式传感器对路面内部湿度及盐浓度进行测量，以研究盐在公路上的应用对水分冰点的影响；Albrecht 等（2003）

采用聚合物电容传感器对六种土壤和三种砂的含水量进行了测试，结果表明，其监测土壤湿度的精确度约为 3%，且对温度不敏感；Justin 等（2008）设计并制造了可实现对含水量进行无线动态测试的埋入式电容湿度传感器，并利用其测试三种不同粒径的砂以及混凝土固化时的含水量，以证明其应用于土木建筑中的可行性；Ryan 等（2012）采用 Stevens Hydra Probe II 电容式传感器测试土壤的湿度和盐度。

10.3.5　压电式传感器

压电式传感器基于压电材料的压电效应原理工作。当压电材料沿其一定方向受到压力或拉力时，会产生变形，此时这种材料的两个表面将产生符号相反的电荷。当去掉外力后，它又重新回到不带电状态，这种现象称为压电效应。常见的压电材料包括压电晶体和压电陶瓷两类。

压电式传感器在道路中主要用于动态称重方面。当前公路车辆动态称重系统的传感器一般采用秤台式或弯板式，其主要测量元件为应变式电阻传感器。相比于上述称重系统而言，压电式称重系统具有以下优点：①适用车速范围大，从准静态到高速，特别适应于高速测量，加减速及横向力影响小；②温度漂移小，受环境因素影响小；③寿命较长，维护工作量小。

压电式传感器由于其体积较小，宽度也小于轮胎接触路面面积，荷载在传感器上的重量是轮胎接触路面被分散的一部分轴重。因此，需要对轮胎通过时的输出值进行积分，再乘以速度来计算轴重，如图 10-31 所示。

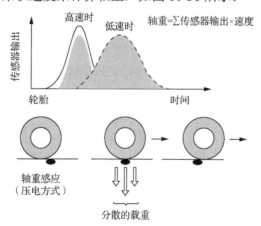

图 10-31　压电式称重传感器测试原理

压电式传感器基本结构：利用多个石英晶体片和电极板直接安装在特制的梁式承载器内，即形成压电石英称重传感器。其总体结构如同 1m 长的工字梁，工字梁的腹板为圆形空心截面，实际上其空心是由平行于工字梁上下翼缘的两个平面形成的矩形通孔，压电式传感器的结构示意图如图 10-32 所示。

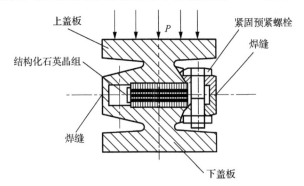

图 10-32　压电式传感器的结构示意图

应用压电式传感器的公路动态称重系统如图 10-33 所示。通过安装在最上游和最下游的感应线圈，检测进入和退出测量区域的车辆。根据来自压电传感器的信号计算车辆的总质量、轴重、轴间距离及速度等。

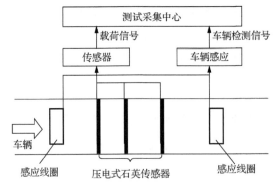

图 10-33　应用压电式传感器的公路动态称重系统

在国内，杨国岳（2007）和黄永强（2010）采用 4 个压电式传感器通过永久磁铁固定在前后车桥的轴头处用于量测车轮轴头处的垂直振动加速度，以分析车辆随机荷载与柔性路面相互作用。李磊（2008）采用石英压电传感器进行了路面动态称重系统的研发。蒋泽民等（2012）进行了适合于测量动水压力的压电传感器的设计及现场测量技术的探索性研究。

佛罗里达理工大学 Cosentino 等（1997）进行了光纤光栅式动态称重系统和压电式传感器动态称重系统对比研究，以尝试开发新型动态称重系统。Salman（1998）在弗吉尼亚智能道路中采用四个压电式传感器埋设于沥青表面层，两个传感器作为信息获取的触发，另两个作为动态称重传感器，同时采用环氧树脂（E-100 和 G-100）对传感器切槽处进行处理。动态称重系统应用中的最新报道是 IRD 公司（International Road Dynamics Inc.）生产的 AS400 和 AS405 型传感器组成的动态称重系统，如图 10-34 所示，该系统可以获取轴重、车速以及轮胎横向作用位置，该系统在 NCAT 试验路和山东滨州永久性路面中进行了应用。

图 10-34　滨州永久性沥青路面中采用的动态称重系统（杨永顺，2008）

10.3.6　光纤布拉格光栅传感器

光纤布拉格（Bulag）光栅传感器是用光纤光栅制成的一种新型传感器。光纤光栅是 20 世纪 90 年代发展起来的一种新型全光纤无源器件，利用光纤光栅可以制成多种传感器，如温度、应变、应力、渗压、加速度及压强的传感器等。

（1）光纤及传感器基本结构

光纤是光导纤维的简称，是工作在光波波段的一种介质波导，通常是圆柱形。光纤的基本结构（图 10-35）由纤芯、包层、涂敷层（亦称保护层）、增强纤维和保护套组成，其中纤芯和包层是光纤的主体，直径约为 125μm，对光波的传输起决定性作用，涂敷层、增强纤维和保护套主要起隔离杂光、提高光纤强度和保护的作用。

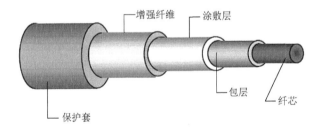

图 10-35　光纤基本结构

不同类型光纤光栅传感器整体上都是由其核心-光纤和外封装材料两大部分构成，其中外封装材料主要的作用是为了保护内部光纤在安装或埋设、测试过程中不被破坏，目前光纤光栅传感器的外封装材料主要有纤维增强树脂（fiber reinforced polymer，FRP）、金属、合金等。图 10-36 为现有常见的路用光纤光栅传感器。

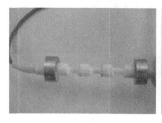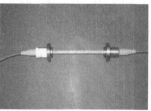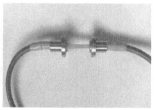

（a）水平向应变传感器

（b）竖向应变传感器

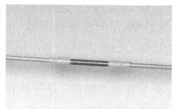

（c）温度传感器

（d）土压力传感器

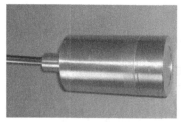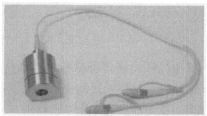

（e）渗压传感器

图 10-36　常见的路用光纤光栅传感器

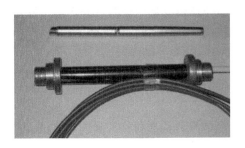

（f）低模量水平应变传感器

图 10-36（续）

（2）光纤布拉格光栅传感器的工作原理

光纤布拉格光栅传感器是以光纤布拉格光栅为基础发展起来的一种本征波长调制型传感器。在外界温度、压力、应变变化时引起光纤光栅传感器的布拉格波长移动，通过测量布拉格波长的移动量可实现外界物理量的测量。光纤光栅是利用掺杂（如锗、磷等）光纤的光敏特性，通过某种工艺方法使外界入射光子和纤芯内的掺杂粒子相互作用导致纤芯折射率沿纤轴方向周期性或非周期性的永久变化，在纤芯内形成空间相位光栅。当向光栅中注入宽带光时，在其中传输的光波就在这种折射率微扰下产生模式耦合，在光栅的入口反射出布拉格波长的反射谱，光纤光栅传感器的工作原理如图 10-37 所示。

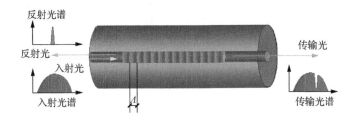

图 10-37　光纤光栅传感器的工作原理

光纤布拉格光栅（fiber Bragg grating，FBG）的工作原理是：外界激励加在 FBG 上，根据光纤耦合模理论，当一宽光谱光源注入光纤，将产生模式耦合，FBG 将反射回一个中心波长为布拉格波长的窄带光波，其布拉格波长为

$$\lambda_{\mathrm{B}} = 2n_{\mathrm{eff}}\Lambda \tag{10-1}$$

式中：λ_{B}——光栅布拉格中心波长；

　　　n_{eff}——光纤纤芯有效折射率；

　　　Λ——光纤光栅呈周期性变化的周期长度。

由式（10-1）可知，任何使 n_{eff} 和 Λ 发生改变的物理过程都将引起光栅布拉格波长的漂移，而引起光栅布拉格波长漂移的外界因素主要是应变和温度两个参量。例如，当沿光纤光栅轴向施加应力时，光纤产生应变，光栅的布拉格波长发生漂移，这就是光纤光栅的应变效应，可表示为

$$\Delta\lambda_{B} = \lambda_{B}\left(\frac{\partial\Lambda}{\Lambda}\frac{\partial l}{l} + \frac{\partial n_{eff}}{n_{eff}}\frac{\partial l}{l}\right)\frac{\Delta l}{l} \tag{10-2}$$

式中：$\Delta\lambda_{B}$——由于应变效应光栅布拉格波长所产生的漂移；

l——光栅的长度。

任何对光栅的激励如温度或应变，都将导致 FBG 波长的改变，这个改变可以从光栅的反射光谱中检测出来，并且将这个改变的布拉格波长与以前没受激励时的布拉格波长进行比较，可以测定光栅受激励程度，然后通过标定漂移，进而通过计算和分析，得到不同点上所受到的温度和应变的大小。

分布式光纤光栅解调系统是在一根传感光纤上制作多个布拉格光栅，每个光栅的工作波长相互分开，经 3dB 耦合器取出反射光后，用波长探测解调系统同时对多个光栅的波长偏移进行测量，从而检测出相应被测量的大小和空间分布，分布式光纤光栅解调原理示意图如图 10-38 所示。

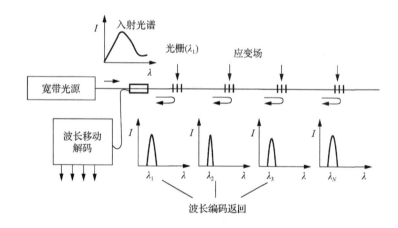

图 10-38　分布式光纤光栅解调原理示意图

（3）光纤光栅的温度补偿

光纤布拉格光栅的温度灵敏度比应变灵敏度大许多，因此当温度变化较大时，用光纤光栅作应变传感必须考虑如何剔除温度的影响，否则，会因温度的变化而影响应变测量的精度。尤其在结构的长期健康监测中，这个问题十分突出，可以说没有考虑温度补偿的光纤光栅实际结构应变长期监测是没有意义的。

当温度作用于光纤光栅上时，一方面，由于热胀效应，光栅周期发生变化；

另一方面，热光效应使得有效折射率发生变化。当不考虑波导效应时，即不考虑光栅的轴向形变引起光栅折射率的变化，对式（10-1）的温度 T 取导数，可以得到

$$\mathrm{d}\lambda_B = 2\left[\Lambda\frac{\mathrm{d}n_{\mathrm{eff}}}{\mathrm{d}T} + n_{\mathrm{eff}}\frac{\mathrm{d}\Lambda}{\mathrm{d}T}\right]\mathrm{d}T \qquad (10\text{-}3)$$

将式（10-3）除式（10-1），可得

$$\frac{\mathrm{d}\lambda_B}{\lambda_B} = \left[\frac{1}{n_{\mathrm{eff}}}\frac{\mathrm{d}n_{\mathrm{eff}}}{\mathrm{d}T} + \frac{1}{\Lambda}\frac{\mathrm{d}\Lambda}{\mathrm{d}T}\right]\mathrm{d}T = (\xi + \alpha)\mathrm{d}T \qquad (10\text{-}4)$$

式中：ξ——热光系数，$\xi = \dfrac{1}{n_{\mathrm{eff}}}\dfrac{\mathrm{d}n_{\mathrm{eff}}}{\mathrm{d}T}$；

α——热膨胀系数，$\alpha = \dfrac{1}{\Lambda}\dfrac{\mathrm{d}\Lambda}{\mathrm{d}T}$。

式（10-4）即为光纤布拉格光栅由温度变化引起的波长变化数学表达式，它是处理光纤光栅温度传感的基本关系式。可以看出，当光纤光栅的材料确定后，光纤光栅对温度的传感特性系数基本上为一与材料系数相关的常数，这就从理论上保证了光纤光栅作为温度传感器有很好的线性输出。

令 $\alpha_T = \xi + \alpha$，可得

$$\Delta\lambda_B = \alpha_T \cdot \Delta T \cdot \lambda_B \qquad (10\text{-}5)$$

式中：$\Delta\lambda_B$——温度变化导致的中心波长的变化量；

α_T——光纤光栅温度传感的灵敏度系数；

ΔT——相对标定温度（20℃）的温度变化。

式（10-5）即为光纤光栅波长变化与温度变化关系，它可以方便地将波长变化数据处理成温度增量结果。有文献给出了常用的石英光纤常数 $\alpha = 0.55\times10^{-6}/℃$，$\xi = 6.8\times10^{-6}/℃$，故 $\alpha_T = 7.35\times10^{-6}/℃$；在 $-20\sim80℃$ 的温度范围内，α 和 ξ 都接近常数，因此光纤的波长漂移与温度的变化间的关系是近似线性的。

当光纤光栅经过封装后，封装材料会极大地改变光纤光栅的温度传感特性，因此不同的光纤光栅需经过标定才能用作实际测量。若不考虑波导效应，即不考虑光纤光栅因受轴向应力而产生轴向变形对折射率的影响，则轴向应力将主要引起光栅栅距的变化，在光纤的有效弹性范围内，微应变与温度的变化有如下关系：

$$\frac{\mathrm{d}\Lambda}{\mathrm{d}T} = \alpha_s \cdot \Delta T \qquad (10\text{-}6)$$

式中：α_s——传感器热膨胀系数。

封装材料的热膨胀系数不同于光纤的热膨胀系数，光纤光栅受到轴向张力的作用，在封装材料弹性范围内可认为是一常数。封装后的光纤布拉格光栅在温度和轴向应力作用下，有

$$K_{\mathrm{T}} = \alpha + \xi + (1 - P_{\mathrm{c}})\alpha_{\mathrm{s}} \tag{10-7}$$

式中：K_{T}——与封装材料有关的常数；

P_{c}——光弹系数，$P_{\mathrm{c}} \approx 0.18$。

于是，可以得到

$$\Delta\lambda_{\mathrm{B}} = K_{\mathrm{T}} \cdot \Delta T \cdot \lambda_{\mathrm{B}} \tag{10-8}$$

试验表明，在 20～100℃的范围内封装材料的热膨胀系数 α_{s} 为一个常数，于是通过式（10-8）即可得出光纤光栅传感器的温度灵敏度系数。

光纤光栅应变传感器的应变值 ε 由下式确定：

$$\varepsilon = (\Delta\lambda_{\mathrm{B}} - \alpha_{\mathrm{T}}\Delta T) / \alpha_{\varepsilon} \tag{10-9}$$

式中：$\Delta\lambda_{\mathrm{B}}$——光纤光栅中心波长变化；

α_{T}——传感器的温度灵敏度系数；

α_{ε}——传感器的应变灵敏度系数。

光纤光栅类传感器在道路工程中的应用尚处于探索阶段，如由德国、法国、丹麦、芬兰、希腊、匈牙利、荷兰、英国等共同参与完成的欧洲加速加载试验计划 COST 347，以及美国的全尺寸加速加载试验计划 AFD 40 等，已将光纤光栅传感技术用于沥青路面中，并基于实体项目进行了相应的路用光纤光栅应变传感器、位移计、压力计等传感器的开发。Chang 等（2000）开发了两种光纤光栅土压力计，并在美国陆军寒区研究工程实验室中采用 FWD 进行了响应测试。Stephen 等（2006，2007）采用非本征法布里-珀罗干涉（extrinsic Fabry-Perot interferometer，EFPI）类型光纤应变传感器（fiber-optic strain sensor，FOSS）进行沥青层水平应变测量，其传感器设计类似 CTL 的工字形，测试了施工过程中施工车辆以及 FWD 作用下动力响应，并与多层弹性体系力学分析进行对比。Bueche 等（2009）基于 FBG 采用多通道应变温度测试技术（multiPlexed strain and temperature，MuST）设计了沥青路面应变测试用 MuST 传感器，并且与传统的 Kyowa 电阻式应变传感器在相同的加速加载条件下进行对比测试，并指出体积更小的光纤式传感器也可应用于沥青路面测试中的结论。有学者提出采用分布式光纤传感网络进行采矿过程中的道路路面应变连续监测。在动态称重方面，早在 1990 年，Ahmad 等（1990）设计了一个低费用的光纤动态称重传感器系统，该系统包括一个镶嵌在橡胶垫中的充满不可压缩流体的气压管，一个将压力转化为位移的光圈以及一个光纤位移

传感器。Jeong 等（2004）进行了基于非本征法布里-珀罗干涉动态称重系统的开发以替代压电式传感器动态称重系统。

在国内，2005 年华南理工大学联合交通部科学研究院在国内高速公路的路基上分别埋设了表面焊接式和埋入式两种光纤传感器，并通过足尺 ALF 试验来观测路面的长期性能。试验证明采用光栅应变传感器测量路面不同层位底部的应变是基本可行的（陈少幸等，2006）。同年，山东泰莱高速公路改造工程中，哈尔滨工业大学、山东大学及山东省公路局联合对改造后的路面结构层尝试采用光纤光栅传感器进行现场测试，该研究为后续的采用光纤类传感器进行沥青路面动力响应数据采集提供一定的借鉴作用。

值得一提的是，哈尔滨工业大学联合北京市政路桥建材集团采用光纤光栅传感器进行了一系列沥青路面动力响应研究。2006 年在北京六环高速路沥青路面布设了三向光纤光栅 FRP 封装应变传感器与埋入式 FRP 封装光纤光栅温度传感器，结合路面探地雷达、车辙裂缝智能检测车以及现场钻孔取芯等手段，对大修前六环高速的车辙、裂缝病害进行综合诊断，并提出相应的路面维修方案。2007 年在交通部公路试验场埋设了大量的三向光纤光栅 FRP 封装应变传感器、埋入式 FRP 封装光纤光栅温度传感器、振弦式孔隙水压力传感器，通过加速加载试验过程中各响应信息的变化规律分析四种沥青路面结构的抗车辙性能。同年，为了验证公交专用车道沥青路面车辙机理，埋设了多个光纤光栅应变传感器和温度传感器，以获取公交车辆荷载作用下的路面应变响应。为了验证沥青路面用低模量光纤光栅应变传感器的有效性，项目组在南中轴线大红门桥桥面铺装上埋设了一定数量的低模量光纤光栅传感器。试验证明，低模量光纤光栅传感器测的数据噪声较大，这与其模量较低有关，其协同变形性较好，但成活率难以保证。

其后，国内陆续开展了相关研究。2007 年底大连理工大学耿立涛等在沥青路面试验现场布设了多个光纤光栅温度传感器和光纤光栅应变传感器，用于监测气温变化规律及路面结构不同深度温度、应变的变化规律（耿立涛，2009）。山东大学李文振等通过室内试验进行了基于水泥混凝土试块的光纤光栅传感器与电阻应变片对比研究，通过不同级别静态加载，得到了不同力学条件下的理论应变值、传感器应变值与电阻应变片值的对比关系（李文振，2009）。

光纤光栅传感器与沥青路面材料的协同变形是准确监测路面结构信息的保证，也是研究的难点问题。针对由于模量不匹配造成的现有光纤光栅传感器实测数据不能直接用于评价沥青路面受力状况的特点，哈尔滨工业大学田庚亮等设计了室内简单受力状态及复杂受力状态下传感器响应有效性分析试验，建立了传感器在纯受拉状态下的应变实测值理论修正公式，并基于三维有限元数值模拟确定了用于沥青路面监测的传感器合理模量范围及传感器端部扩径直径（田庚亮等，2009）。董泽蛟（2011）研究了传感器与沥青路面基体材料长期协同变形的机理及测试信息的修正方法。探讨传感元件的几何和物理参数对基体材料应力场的影响，并且建立不同基体受力状态下应变的修正关系。同时基于相似理论建立室内小尺寸结构应变测试方法，研究复杂应力状态下寿命周期内路面结构应变信息的有效性与修正方法，为沥青路面动力响应数值模拟及实测奠定了基础（Dong et al.，2009）。

　　针对传感器与沥青路面变形不协调的问题，可能的解决途径之一是通过降低传感器模量使二者模量匹配。基于这个目的，哈尔滨工业大学的刘艳萍开发了一种专门用于沥青路面测试的橡胶封装 FBG 竖向应变传感器，并把开发的橡胶封装 FBG 传感器埋入到沥青混凝土试件中，检验实际路用性能，但测试结果显示传感器的灵敏度偏低（刘艳萍，2008）。南京航空航天大学的王晓洁开发专门用于沥青路面荷载监测的高灵敏度 FBG 压力传感器，并将开发的传感器埋入 SMA-13 车辙试件中，通过动、静载试验对车辙试件进行测试，探讨了压力传感器的埋入工艺，但是由于压力传感器采用聚合物和金属材料封装，材料的稳定性、耐久性不好，聚合物与金属板粘接不良，传感器线性度不佳（王晓洁，2010）。刘树龙采用环氧树脂与固化增韧剂作为基体材料进行传感器封装，基体材料模量为 2.8～3.1GPa，传感器灵敏度系数为 1.7pm/$\mu\varepsilon$，封装材料与沥青混合料之间的协调变形较好。并将研发的传感器埋入 SMA-13 沥青混合料车辙试件中进行动、静载试验，但传感器的耐久性不佳（刘树龙，2011）。因此可以看出，想要通过降低传感器封装材料的模量来达到传感器与沥青混合料变形协调的目的，还有待于深入研究，探索更好的解决方案。

　　通过在沥青路面埋入传感器对路面进行长期监测，一些研究人员根据所得到的数据进行了路面性能的初步预测。2009 年，哈尔滨工业大学陈凤晨等针对沥青路面的车辙病害，进行了基于光纤光栅传感技术的车辙预估研究。利用交通部公路试验场内的 ALF 试验装置进行了路面的加速加载试验，通过在四种不同试验段中埋设光纤光栅传感器检测了沥青路面结构内部动力响应状况。并利用温度传感器对所检测到的应变进行了修正。在此基础上，进行了沥青路面车辙的初步预估（陈凤晨，2009）。孙宗杰借助室内小梁试件三点弯曲试验方法，将电阻式应变片测试的梁底弯拉应变信息与理论应变进行对比，建立传感器测试结果的标定公式。通过室内三点弯曲疲劳试验，建立了路面材料疲劳方程，结合路面动力响应实测信息，探讨了试验路段路面疲劳寿命预估方法（孙宗杰，2011）。

10.4　本　章　小　结

本章主要总结了国内外足尺寸试验路、加速加载试验装置、路用传感器技术原理和应用现状。国内外足尺寸试验路包括 MnRoad 试验路、NCAT 环道、Virginia 智能道路、SISSI 试验路、Maquette 立交监测项目、山东滨州永久性路面等。加速加载试验装置包括线型可移动式装置、固定环形试验道等；路用传感器包括电阻式、振弦式、热电式、电容式、压电式、光纤式传感器等。后续章节将详细介绍路用传感器测试标定、沥青路面动力响应实测方法、动力响应实测数据分析等研究工作。

参 考 文 献

敖卓男, 2008. 沥青混凝土道路基层的动力和疲劳分析[D]. 广州: 广东工业大学.

陈凤晨, 2009. 基于光纤光栅技术的沥青路面车辙预估方法研究[D]. 哈尔滨: 哈尔滨工业大学.

陈少幸, 张肖宁, 徐全亮, 2006. 沥青混凝土路面光栅应变传感器的试验研究[J]. 传感技术学报, 19(2): 396-410.

董泽蛟, 2011. 基于智能监测技术及非线性动力仿真的沥青路面结构行为研究[R]. 哈尔滨: 哈尔滨工业大学: 12-16.

耿立涛, 2009. 沥青路面温度应力及超孔隙水压力计算[D]. 大连: 大连理工大学工学.

胡俊峰, 2008. 移动荷载下复合路面的数值分析与检测技术研究[D]. 广州: 广东工业大学.

胡小圆, 2011. 沥青路面温度场测试与分析[D]. 西安: 长安大学.

黄立葵, 贾璐, 万剑平, 等, 2006. 沥青路面高温温度场数值分析与试验验证[J]. 岩土力学, 27(增刊): 40-45.

黄永强, 2010. 高速公路路基沉降及路面动力特性研究[D]. 长沙: 中南大学.

黄瑜, 祁锟, 张君, 2007. 早龄期混凝土内部湿度发展特征[J]. 清华大学学报(自然科学版), 47(3): 309-312.

蒋泽民, 高俊启, 季天剑, 等, 2012. 压电传感器测量路面动水压力研究[J]. 传感器与微系统, 31(4): 17-19.

康海贵, 郑元勋, 蔡迎春, 等, 2007. 实测沥青路面温度场分布规律的回归分析[J]. 中国公路学报, 20(6): 13-18.

孔庆强, 2009. 沥青路面加速加载试验的动力学仿真研究[D]. 西安: 长安大学.

李传林, 2008. 基于内部传感测量的沥青路面结构试验方法研究[D]. 西安: 长安大学.

李浩天, 贾渝, 白琦峰, 2010. 柔性基层沥青路面温度场的预估模型[J]. 武汉理工大学学报, 32(24): 84-89.

李磊, 2008. 动态称重系统关键技术研究[D]. 西安: 长安大学.

李文振, 2009. 光纤光栅传感器在沥青类路面检测中的应用研究[D]. 济南: 山东大学.

刘凯, 2010. 沥青路面温度场分布规律研究[D]. 西安: 长安大学.

刘朴, 凌宏伟, 韩骥, 等, 2002. 沥青路面超空隙水压力的测试[J]. 上海公路, 4: 20-22.

刘树龙, 2011. 光纤 Bragg 光栅在沥青路面性能健康监测中的试验研究[D]. 南京: 南京航空航天大学.

刘尧军, 黄祖光, 2002. 电容法测定砂土含水量的试验研究[J]. 石家庄铁道学院学报, 15(2): 10-12.

刘尧军, 叶朝良, 岳祖润, 2004. 黏土路基工后含水量的电容法测定试验研究[J]. 铁道标准设计(8): 16-18.

刘卫, 2005. 振弦式动态车辆计重收费系统[J]. 公路交通技术, 6: 123-126.

刘艳萍, 2008. 橡胶封装 FBG 沥青路面竖向应变传感器的开发与研究[D]. 哈尔滨: 哈尔滨工业大学.

路畅, 黄晓明, 张志祥, 2009. 沥青路面温度场的现场观测与分析[J]. 公路工程, 32(6): 34-37.

吕惠卿, 2008. 破损水泥混凝土路面的修复设计及可靠性研究[D]. 广州: 广东工业大学.

潘友强, 杨军, 2005. 国内外足尺加速路面试验研究概况[J]. 中外公路, 25(6): 137-140.

隋向辉, 2007. 沥青路面温度场预测及应用[D]. 西安: 长安大学.

孙宗杰, 2011. 路面结构动力响应信息初步监测及分析[D]. 哈尔滨: 哈尔滨工业大学.

陶红艳, 余成波, 2010. 传感器与现代检测技术[M]. 北京: 清华大学出版社.

田庚亮, 董泽蛟, 谭忆秋, 2009, 光纤光栅传感器与沥青混合料间协调变形研究[J]. 武汉理工大学学报, 31(10): 72-76.

王林, 韦金城, 2011. 滨州永久性沥青路面试验路初期阶段研究综述[J]. 上海公路, 4: 1-7.

王晓洁, 2010. 基于光纤光栅传感器的沥青路面性能监测研究[D]. 南京: 南京航空航天大学.

韦金城, 王林, David H T, 2009. 沥青层应变传感器数据采集及处理方法研究[J]. 公路工程, 34(2): 45-47.

肖鉴勇, 1988. 路基路面应力应变测量[J]. 华东公路, 3: 23-29.

杨国岳, 2007. 车辆随机荷载与柔性路面相互作用的研究[D]. 长沙: 中南大学.

杨永顺, 韦金城, 高雪池, 等, 2008. 永久性沥青路面设计方法研究[R]. 山东省交通厅公路局.

姚亨亮, 2007. 沥青类路面结构力学响应与检测技术研究[D]. 济南: 山东大学.

叶国铮, 李秩民, 刘浩熙, 等, 1979. 柔性路面应力应变的研究[J]. 湖南大学学报, (3): 120-136.

袁迎捷, 周进川, 2005. 美国 NCAT 环道试验第一阶段成果综述[J]. 中外公路, 25(6): 109-112.

查旭东, 张起森, 2000. 沥青路面结构室内直槽试验验证的研究[J]. 土木工程学报, 33(5): 92-96.

张起森, 1985. 弹性层状体系理论的实验验证及应用[J]. 土木工程学报, 18(4): 63-76.

赵延庆, 白琦峰, 宋宇, 2006. 柔性基层沥青路面温度场测量与分析[J]. 中外公路, 26(6): 22-25.

周晋辉, 2005. 沥青路面温度状况试验研究[J]. 中南公路工程, 30(2): 185-187.

AHMAD S J, SIAMAK A A, MAJID M, 1990. A low-cost fiber optic weigh-in-motion sensor[R]. SHRP report UFR-90-002, Washington, D. C.

AMIR K, HENRYK S, 2003. Assistance in the validation of the MnRoad database[R]. Report 2002MRRDOC003, University of Minnesota, MN.

ALBRECHT B A , BENSON C H, BEUERMANN S, et al., 2003. Polymer capacitance sensors for measuring gas humidity in drier soils[J]. GeotechnicalTestingJournal, 26(1): 3-11.

AL-QADI I L, AMARA L, MOSTAFA E, et al., 2004. The Virginia smart road: the impact of pavement instrumentation on understanding pavement performance[J]. Journal of the Association of Asphalt Paring Technologists, 73: 427-465.

AL-QADI I L, WANG H, 2009. Evaluation of pavement damage due to new tire designs[R]. Report FHWA-ICT-09-048, Illinois.

ANGELA L P, DAVID H T, 2009. Methodology and calibration of fatigue transfer functions for mechanistic-empirical flexible pavement design[R]. NCAT Report 06-03, Auburn, AL.

ANGELA L P, DAVID H T, WILLIAM E B, 2005. Mechanistic comparison of wide-base single vs. standard dual tire configurations[R]. NCAT Report 05-03, Auburn, AL.

BAKER, H B, BUTH M R, VAN D, Minnesota et al., 1994. A road research project: Load response instrumentation installation and testing procedures[R]. Report No. MN/PR-94/01, Minnesota Department of Transportation, Maplewood: 1-34.

BOUZID C , MANG T, 1995. Analysis and verification of thermal gradient effects on concrete pavement[J]. Journal of Transportation Engineering. 121(1): 75-81.

BRENT T, JOSEPH F L, ANDREW D, 2000. Calibration of an earth pressure cell[R]. Report MN-RC-2000-34, Minnesota DOT.

BUECHE N, RYCHEN P, DUMONT A G, et al., 2009. Optical fiber feasibility study in accelerated pavement testing Facility[J]. The sixth international conference on maintenance and rehabilitation of pavement and technological control(MAIREPAV), Torino: 1064-1073.

CARLOS R G, 2005. Verification of mechanistic-empirical pavement deterioration models based on field evaluation of in-service pavements[D]. Blacksburg: Virginia Polytechnic Institute and State University.

CHANG C, JOHNSON G, VOHRA S, et al., 2000. Development of fiber Bragg grating based soil pressure transducer for measuring pavement response[C]. Proceedings of SPIE-The International Society for Optical Engineering, 3986: 480-488.

COSENTINO P J, GROSSMAN B G, 1997, Development of fiber optic dynamic weigh-in-motion systems[R], Florida Institute of Technology, Melbourne FL.

CROVETTI J A, TITI H, COENEN A, et al., 2008. Materials characterization and analysis of the marquette interchange HMA perpetual pavement[R]. MRUTC Report 08-08. Midwest Regional University Transportation Center, Madison, Wisconsin.

DAI S, DAVE V D, 1996. Digital signal processing for MnRoad offline data[R]. Report MN-PR-1996-09, Minnesota DOT.

DAVID H T, ANGELA L, 2004. Dynamic pavement response data collection and processing at the NCAT test track[R]. NCAT Report 04-03, Auburn, AL.

DAVID H T, ANGELA L PRIEST, 2005. Wheel wander at the NCAT test track[R]. NCAT Report 05-02, Auburn, AL.

DAVID H T, ANGELA L PRIEST, THOMAS V, 2004. Design and instrumentation of the structural pavement experiment at the NCAT test track[R]. NCAT Report 04-01, Auburn, AL.

DAVID T, RANDY W, ANGELA P, et al., 2006. Phase II NCAT test track results[R]. NCAT Report 06-05, Auburn, AL.

DAVID H T, VAUGHAN R V, LEE E, et al., 2001. A multi-layer asphalt pavement cooling tool for temperature prediction during construction[J]. International Journal of Pavement Engineering, 2(3): 169-185.

DAVID T D, 2009, Construction and instrumentation of the 2006 test track structural study [R]. NCAT Report 09-01, Auburn, AL.

DONG Z, TIAN G, TAN Y, et al.,2009. Research on coordinating deformation between fiber Bragg grating strain sensor and asphalt mixture[R]. 7th Int. RILEM Symposium on Advanced Testing and Characterisation of Bituminous Materials, Greece Rhodes. 05: 377-386.

GOLDEN J S, KALOUSH B K E, 2006. Mesoscale and microscale evaluation of surface pavement impacts on the urban heat island effects[J]. International Journal of Pavement Engineering, 7(1): 37-52.

HORNYAK N J, CROVETTI J A, 2008. Perpetual pavement instrumentation project for the marquette interchange project - phase II final report. WHRP Report 08-04. Wisconsin Highway Research Program, Madison, WI.

HORNYAK N J, CROVETTI J A, NEWMAN, D E, et al., 2007. Schabelski. perpetual pavement instrumentation project for the Marquette interchange project-phase i final report[R]. WHRP Report 07-11. Wisconsin Highway Research Program, Madison, WI.

JEONG HO O, 2004. Field monitoring and modeling of pavement response and service life consumption due to overweight truck traffic[D]. College Station: Texas A&M University.

JOHN B M, BATON R, 1996. Application of full-scale accelerated pavement testing[R]. NCHRP Synthesis 235, Transportation Research Board, Washington, D. C.

JUSTIN B O, Y Z, JULIAN M B, et al., 2008. A wireless, passive embedded sensor for real-time monitoring of water content in civil engineering materials[J]. IEEE Sensors Journal, 8(12): 2053-2058.

LOULIZI A, AL-QADI I L, SAMER L, et al., 2001. Data collection and management of instrumented smart road flexible pavement stections[C]//Transportation Research Record 1769, TRB National Research Council, Washington, D. C. : 22-33.

MAGNUS B, 2000. Ground temperature in porous pavement during freezing and thawing[J]. Journal of Transportation Engineering, 126(5): 375-381.

MANSOUR S, SHELLEY M S, YIN H, et al., 2009. Superpave in-situ stress/strain investigation-phase II final report Vol. I: Summary report[R]. Project No. HA2006-02, Pennsylvania Department of Transportation Pennsylvania.

MOSTAFA A E, 2003. Performance quantification of interlayer systems in flexible pavements using finite element analysis, instrument response, and non destructive testing[D]. Blacksburg: Virginia Polytechnic Institute and State University.

PETER E W, GENE T, Dr. ROBERT O. G, et al., 1994. Effectiveness of salt applications on a section of route 104 in Rochester, New York[C]//Proceeding of the 7th International Road Weather Conference (SIRWEC), Birmingham: 123-134.

PYEONG J Y, 2007. Flexible pavement dynamic response analysis and validation for various tire[D]. Champaign: University of Illinois at Urbana-Champaign.

RICHARD W J, DAVID H T, 2009. Field-based strain thresholds for flexible perpetual pavement design[R]. NCAT Report 09-09, Auburn.

RICHARD W J, DAVID H T, 2009. Repeatability of asphalt strain gauges[R]. NCAT Report 09-07, Auburn, AL.

RICHARD W J, DAVID T, RANDY W, 2009. Phase III NCAT test track findings[R]. NCAT Report 09-08, Auburn, AL.

RYAN DE C, RYAN DE C, STEPHEN F, 2012. Salinity in bitumen-sealed unbound granular road pavements[C]. 25th ARRB Conference-Shaping the future: Linking policy, research and outcomes, Perth, Australia.

SALMAN A B, 1998. Mechanistic-Empirical Pavement Design Procedure For Geosynthetically Stabilized Flexible Pavements[D]. Blacksburg: Virginia Polytechnic Institute and State University.

SHARP K G, 2004. Full scale accelerated pavement testing: A southern hemisphere and asian perspective[C]//Second International Conference on Accelerated Pavement Testing, Minneapolis.

SOLAIMANIAN M, STOFFELS S M, HUNTER D A, et al., 2006. Superpave in-situ stress/strain investigation-phase I Vol. I: Final report[R]. Project No. 0R-02, Pennsylvania Department of Transportation.

STEPHEN R S, KHALED A G, MOHAMED K E., 2006. Using fiber-optic sensor technology to measure strains under the asphalt layer of a flexible pavement structure[R]. Virginia Transportation Research Report VTRC 07-R5, Charlottesville, VA.

STEPHEN R S, KHALED A G, MOHAMED K E, 2007. Fiber-optic sensors strain measurements under an asphalt layer during and after construction[C]//86th Annual Meeting of Transportation Research Board, Washington D. C.

TEN W A, COURVILLE G E, 1985. Instrumentation for measuring moisture in building envelopes[J]. Available Techniques and Applications, 22(3): 1101-1115.

THOMAS R B, AHMED T, SESHAN S, 2007. Development of a computer program for selecting peak dynamic sensor responses from pavement test[R]. Report MN-RD-2007-49, Mnnesota DOT.

WALID M N, 2001. Utilization of instrument response of superpavetm mixes at the virginia smart road to calibrate laboratory developed fatigue equations[D]. Blacksburg: Virginia Polytechnic Institute and State University.

WILLIS J R, 2008. A synthesis of practical and appropriate instrumentation use for accelerated pavement testing in the united states[C]//International Conference on Accelerated Pavement Testing, Madrid.

WILLIS J R, TIMM D H, 2008. Repeatability of asphalt strain measurements under full-scale dynamic loading[C]//Proceeding of Transportation Research Board Annual Meeting, Washington, D.C.USA.

第11章 沥青路面材料与传感元件协同变形研究

由于需要适应沥青路面粗放式施工条件和恶劣的服役环境，路用传感元件通常采用高模量的封装材料予以保护，如纤维增强树脂 FRP 和钢材等。传感元件自身的刚度将影响被测介质的性质，甚至可能产生错误的测试结果。也就是说，当把被测介质——沥青路面材料看作是一种基体材料时，传感元件就相当于掺在基体材料的一个夹杂体，其存在必然会造成基体材料受力状态的改变，进而影响测试结果（Zafar et al., 2005）。因此，研究夹杂体-路用传感元件与基体材料-路面材料两者间的协调变形是分析传感器实测数据有效性的重要途径。对于近年来应用于沥青路面测试较多的光纤光栅传感器而言，该问题尤其值得关注。光纤光栅传感元件（FRP 封装材料，模量 50～70GPa）布设于沥青路面（沥青混合料，模量 1～10GPa，具有明显温度、应力依赖性）结构中，高模量弹性夹杂体与低模量黏弹性基体间的相互作用及耦合效应是路面应变准确测试所必须解决的问题。迄今为止，尚未得到高模量传感元件与低模量黏弹性沥青路面基体材料受力状态或损伤过程的相互作用机理及耦合效应的相关结果。

11.1　传感元件与路面基体材料相互作用机理

为了研究沥青路面基体材料与传感元件之间的相互作用机理，本研究基于室内结构车辙试验加载模式，建立含有传感元件的结构车辙试件模型，采用前述沥青路面材料实测弹性和黏弹参数进行两者间相互作用的数值模拟分析。

11.1.1　有限元模型的建立

应用 ABAQUS 软件平台建立植入竖向应变传感元件和 LFRP（水平向应变传感器）传感元件的结构车辙试件有限元模型，分析传感元件的有无对于试件各力学参数的影响以及传感元件模量及基体材料模量组合对试件应力场和应变场的影响。图 11-1 及表 11-1、表 11-2 给出典型路用竖向应变传感器和水平向传感器结构图及其细部尺寸。

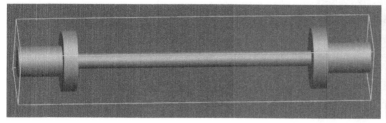

图 11-1　路用光纤光栅水平和竖向应变传感器结构图

表 11-1　竖向应变传感器细部尺寸　　　　（单位：mm）

位置	顶锚头	主体	底锚头
直径	25	5	25
长度	5	25	20

表 11-2　水平向应变传感器细部尺寸　　　（单位：mm）

位置	侧锚（一）	锚头（一）	主体	锚头（二）	侧锚（二）
直径	10	20	5	20	10
长度	15	5	80	5	15

　　建立植入传感器元件的结构车辙试件三维有限元模型，结构车辙模型平面尺寸为 30cm×30cm，高度为 17cm，分上、中、下三层沥青混合料。沥青混合料材料参数采用动态模量试验获得的松弛模量主曲线以及蠕变试验获得的扩展 Drucker-Prager 模型 Creep 蠕变参数定义；竖向应变传感元件置于下面层顶部 2～7cm 位置，水平向应变传感元件置于下面层顶部 1.5～3.5cm。传感元件与沥青混合料间采用连续接触条件，试件和传感元件皆采用 C3D8R（8 节点六面体二次减缩积分单元），植入传感元件的试件整体及局部、传感元件网格划分如图 11-2 和图 11-3 所示。

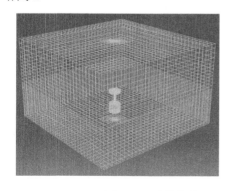

图 11-2　试件整体、局部及竖向应变传感元件网格划分

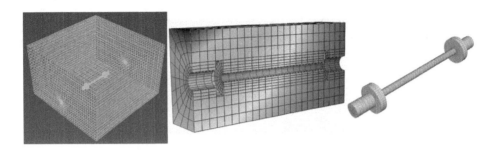

图 11-3　试件整体、局部及 LFRP 传感元件网格划分

有限元模型荷载条件采用室内车辙试验的荷载条件，荷载作用面积为 2.5cm（加载长度）×5.0cm（加载宽度），荷载移动速度为 0.02m/s，一个移动步长为 0.5cm。

11.1.2　传感元件对沥青混合料应力-应变场的影响分析

选取距水平传感器中部 FRP 圆心点±0.25cm、±1.0cm、-2.75cm（传感器下方）以及传感元件中心作为分析对象，其位置如图 11-4 所示。

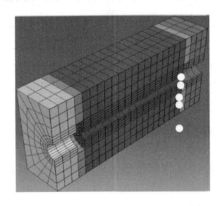

图 11-4　试件局部及分析点位置

注：从上至下依次为 d=1.0cm、d=0.25cm、d=-0.25cm、d=-1.0cm、d=-2.75cm。

1. 纵向应变传感元件

为了分析纵向传感元件的存在对沥青混合料应力、应变的影响，选择三种情况进行对比分析：嵌入高模量（50GPa）传感元件、嵌入低模量（1GPa）传感元件以及嵌入沥青混合料材料（即为基体材料）。通过三种情况下的横向应变、竖向应变、纵向应变、剪应变以及横向应力、竖向应力、纵向应力、剪应力的时程曲线变化来对比传感元件对基体材料的影响，如图 11-5～图 11-12 所示。

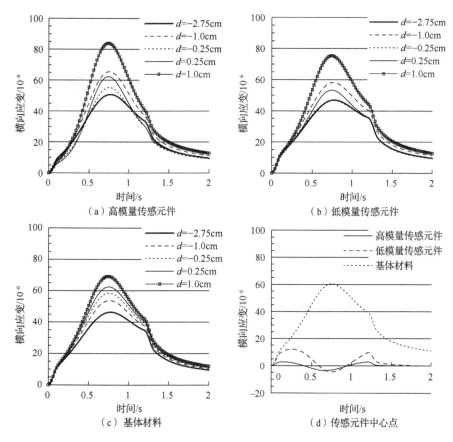

图 11-5　纵向应变传感元件对基体材料横向应变的影响规律

从图 11-5 可以看出，纵向应变传感元件的存在对其周围材料的横向应变存在一定的影响，特别是上部 1cm 处的应变，嵌入高模量传感元件增加 14.7×10^{-6}，而嵌入低模量传感元件时增加 6.2×10^{-6}；当距离传感元件中心 2.75cm 时，传感元件的存在对沥青混合料的横向应变影响变小，增加 4.4×10^{-6}。总体而言，传感元件的嵌入使得传感元件周围局部区域横向应变增大，如彩图 8 所示。而由于外部高模量介质的嵌入，传感元件中心点的横向应变明显减小，从基体材料的 60×10^{-6} 降低到低模量传感元件存在时的 10×10^{-6} 和高模量传感元件存在时的 5×10^{-6}。

从图 11-6 同样可以看出，纵向应变传感元件的存在对其周围材料的竖向应变存在相当大的影响，特别是上部 1cm 处的应变，嵌入高模量传感元件时增加 15.3×10^{-6}，而嵌入低模量传感元件时增加 20.5×10^{-6}；当距离传感元件中心 2.75cm 时，传感元件的存在对沥青混合料的竖向应变影响很小，仅增加 0.5×10^{-6}，总体而言，传感元件的嵌入使得传感元件周围局部区域竖向应变增大，如彩图 9 所示。而由于外部高模量介质的嵌入，传感元件中心点的竖向应变明显减小，从基体材料的 170.1×10^{-6} 降低到低模量传感元件的 35.7×10^{-6} 和高模量传感元件的 4.6×10^{-6}。

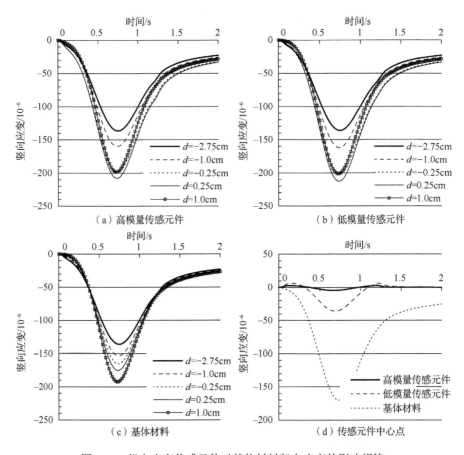

图 11-6　纵向应变传感元件对基体材料竖向应变的影响规律

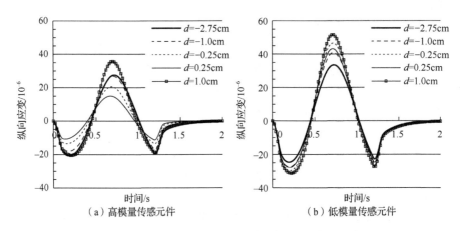

图 11-7　纵向应变传感元件对基体材料纵向应变的影响规律

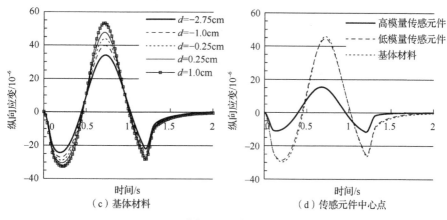

（c）基体材料　　　　　　　　　（d）传感元件中心点

图 11-7（续）

从图 11-7 可以看出，与前述横向应变、竖向应变影响规律不同，纵向应变传感元件的存在导致其周围材料的纵向应变减小，如上部 1cm 处，嵌入高模量传感元件减小 $17.5×10^{-6}$，而嵌入低模量传感元件时仅减小 $1.7×10^{-6}$；当距离传感元件中心 2.75cm 时，传感元件的存在对沥青混合料的纵向应变影响很小。总体而言，高模量纵向应变传感元件的嵌入使得传感元件周围局部区域纵向应变减小，如彩图 10 所示。由于外部高模量介质的嵌入，传感元件中心点的纵向应变明显减小，从基体材料的 $45.7×10^{-6}$ 降低到低模量传感元件的 $44.5×10^{-6}$ 和高模量传感元件的 $15.4×10^{-6}$。

图 11-8 给出了纵向应变传感元件的存在对基体材料剪应变的影响规律。可以看出，该传感元件的存在导致其周围材料的剪应变幅值增加，如上部 0.25cm 处，嵌入高模量传感元件时正负剪应变幅值分别增加 $170.2×10^{-6}$ 和 $109.6×10^{-6}$。总体而言，纵向应变传感元件的嵌入使得传感元件周围局部区域，特别是两侧锚头区域剪应变增加，如彩图 11 所示。而由于外部高模量介质的嵌入，纵向应变传感元件中心点的剪应变幅值明显减小，从基体材料的 $-97.1×10^{-6}$ 和 $65.5×10^{-6}$ 变化到低模量传感元件存在时的 $-17.1×10^{-6}$ 和 $16.4×10^{-6}$，以及高模量传感元件存在时的 $-0.6×10^{-6}$ 和 $0.6×10^{-6}$。

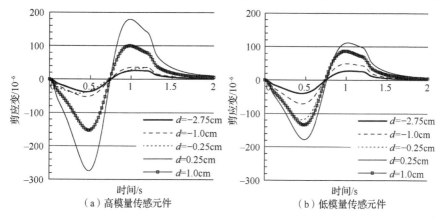

（a）高模量传感元件　　　　　　　（b）低模量传感元件

图 11-8　纵向应变传感元件对基体材料剪应变的影响规律

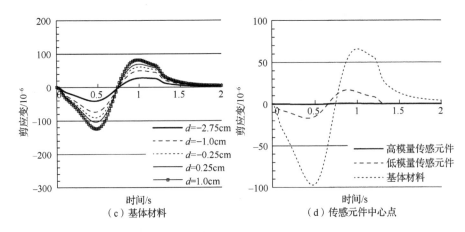

（c）基体材料　　　　　　　　　　　　（d）传感元件中心点

图 11-8（续）

　　图 11-9～图 11-12 分别给出了纵向应变传感元件的存在对基体材料横向应力、竖向应力、纵向应力及剪应力的影响规律，可以看出，该传感元件的存在导致其周围材料的应力发生变化。周围材料所受横向应力增加，且时程变化规律发生变化，特别是±0.25cm 处，与之相对的是竖向应力和剪应力仅幅值略有增加。同样，周围材料所受纵向应力增加，且时程变化规律发生变化，尤其是±0.25cm 处。而且需要特别注意的是，纵向应变传感元件中心点的纵向应力在高模量传感元件存在时特别大，正负纵向应力分别为-555.9kPa 和 763.4kPa，而嵌入低模量传感元件能够明显降低传感元件所受的纵向应力。

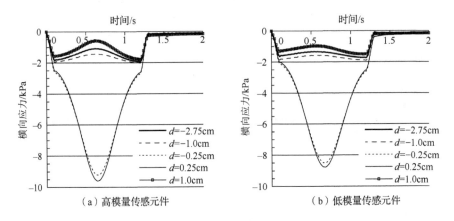

（a）高模量传感元件　　　　　　　　　（b）低模量传感元件

图 11-9　纵向应变传感元件对基体材料横向应力的影响规律

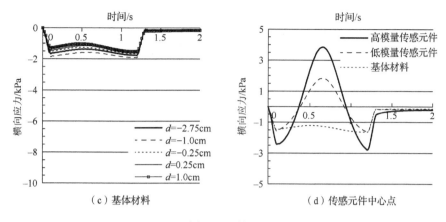

（c）基体材料　　　　　　　　　（d）传感元件中心点

图 11-9（续）

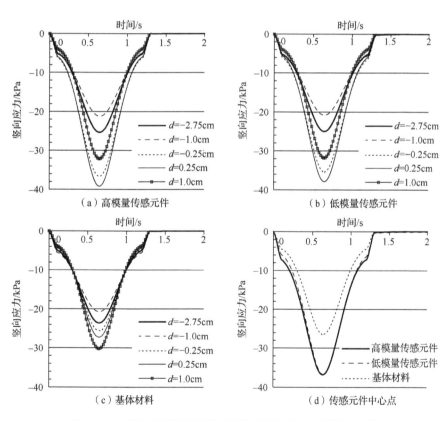

（a）高模量传感元件　　　　　　　　（b）低模量传感元件

（c）基体材料　　　　　　　　　（d）传感元件中心点

图 11-10　纵向应变传感元件对基体材料竖向应力的影响规律

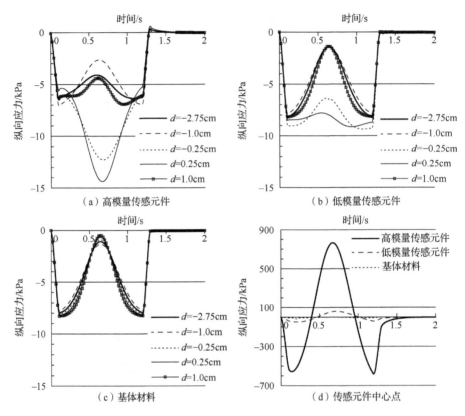

图 11-11　纵向应变传感元件对基体材料纵向应力的影响规律

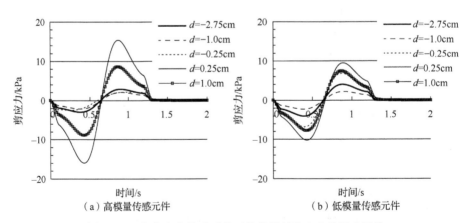

图 11-12　纵向应变传感元件对基体材料剪应力的影响规律

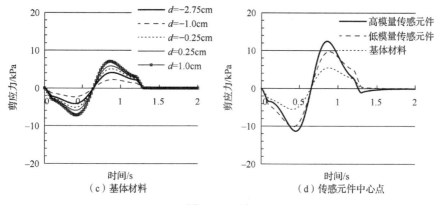

（c）基体材料   （d）传感元件中心点

图 11-12（续）

2. 横向应变传感元件

为了分析横向传感元件的存在对沥青混合料应力、应变的影响，同样选择三种情况进行对比分析：嵌入高模量传感元件、嵌入低模量传感元件以及嵌入沥青混合料。通过三种情况下的横向应变、竖向应变、纵向应变、剪应变以及横向应力、竖向应力、纵向应力、剪应力的时程变化来对比传感元件对基体材料的影响规律，如图 11-13～图 11-20 所示。

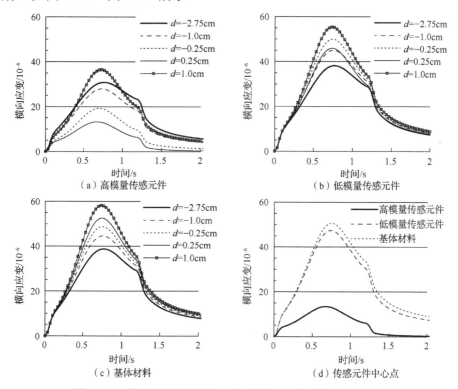

（a）高模量传感元件   （b）低模量传感元件

（c）基体材料   （d）传感元件中心点

图 11-13 横向应变传感元件对基体材料横向应变的影响规律

　　从图 11-13 可以看出，横向应变传感元件的存在对其周围材料横向应变的影响与纵向应变传感元件的正好相反，如上部 1cm 处的应变，嵌入高模量传感元件降低 21.7×10^{-6}，而嵌入低模量传感元件时增加 2.7×10^{-6}；而对距离传感元件中心点 0.25cm 处影响更加明显，嵌入高模量传感元件时横向应变降低 39.3×10^{-6}，当距离为 2.75cm 时横向应变影响变小，嵌入高模量传感元件时较基体材料降低 7.8×10^{-6}。总体而言，横向应变传感元件的嵌入使得该传感元件周围局部区域横向应变减小。由于外部高模量介质的存在，横向应变传感元件中心点的横向应变明显减小，从基体材料的 50.6×10^{-6} 降低到低模量传感元件存在时的 47.4×10^{-6} 和高模量传感元件存在时的 13.4×10^{-6}。

　　从图 11-14 同样可以看出，横向应变传感元件的存在对其周围材料的竖向应变存在影响，对于上部 1cm 处的应变，三种情况下幅值基本相当；当距离传感元件中心 0.25cm 时，高模量传感元件的嵌入使得沥青混合料的竖向应变增加 23.2×10^{-6}。总体而言，横向应变传感元件的嵌入使得传感元件周围局部区域竖向应变增大。而由于外部高模量介质的存在，传感元件中心点的竖向应变明显减小，从基体材料的 141.7×10^{-6} 降低到低模量传感元件的 33.5×10^{-6} 和高模量传感元件的 3.9×10^{-6}。

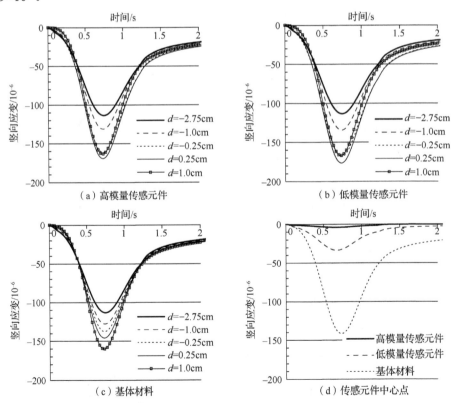

图 11-14　横向应变传感元件对基体材料竖向应变的影响规律

从图 11-15 可以看出，与纵向应变传感元件不同，横向应变传感元件的存在导致其周围材料的纵向应变增加，如上部 1cm 处，嵌入高模量传感元件时增加了 15.3×10^{-6}，而嵌入低模量传感元件时增加 5.7×10^{-6}；距离传感元件中心点 2.75cm 位置处，传感元件的存在对沥青混合料的纵向应变影响较小，在 5×10^{-6} 以内。总体而言，传感元件的嵌入使得传感元件周围局部区域纵向应变增加。由于外部高模量介质的存在，传感元件中心点的纵向应变明显减小，从基体材料的 37.5×10^{-6} 降低到低模量传感元件存在时的 -14.3×10^{-6} 和高模量传感元件存在时的 -3.1×10^{-6}。

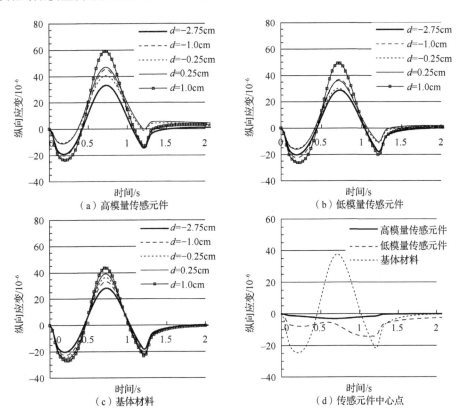

图 11-15　横向应变传感元件对基体材料纵向应变的影响规律

图 11-16 给出了横向应变传感元件的存在对基体材料剪应变的影响规律，可以看出与纵向应变传感元件存在时不同，横向应变传感元件对周围材料的剪应变影响较小，整体水平仅有微小的减小。由于外部高模量介质的存在，传感元件中心点的剪应变幅值明显减小，减小幅度与纵向应变传感元件情况大体相当，从基体材料的 -80.5×10^{-6} 和 54.3×10^{-6} 变化到低模量传感元件存在时的 -11.9×10^{-6} 和 11.5×10^{-6}，以及高模量传感元件存在时的 -0.4×10^{-6} 和 0.4×10^{-6}。

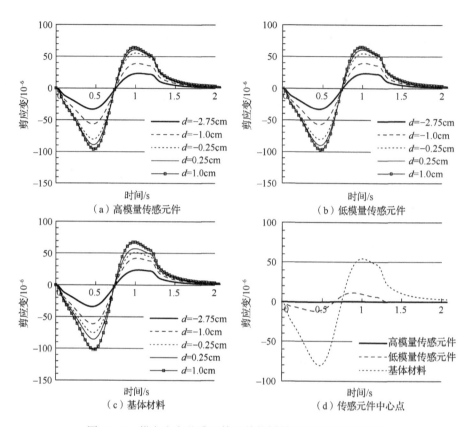

图 11-16　横向应变传感元件对基体材料剪应变的影响规律

图 11-17～图 11-20 分别给出了横向应变传感元件的存在对基体材料横向应力、竖向应力、纵向应力及剪应力的影响规律，可以看出，横向应变传感元件的存在导致其周围材料的应力发生变化。周围材料所受横向应力增加，且±0.25cm处时程变化规律发生变化。特别注意的是，传感元件中心点的横向应力在高模量传感元件存在时明显增大，达到664.3kPa，低模量传感元件存在时达到66.3kPa，与之相比的是基体材料在该点处所受横向应力为-1.4kPa，嵌入传感元件模量的降低能够明显降低传感元件所受的纵向应力。而竖向应力和剪应力仅幅值略有增加，纵向应力时程变化规律发生变化，尤其是±0.25cm 处。

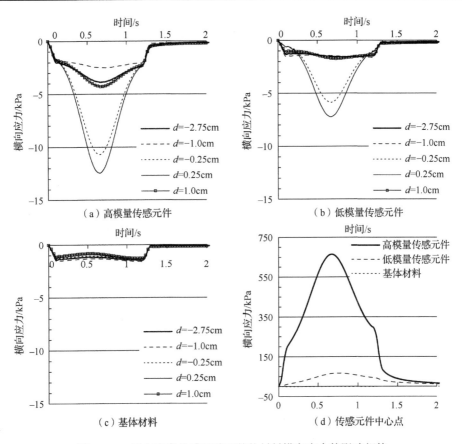

图 11-17　横向应变传感元件对基体材料横向应力的影响规律

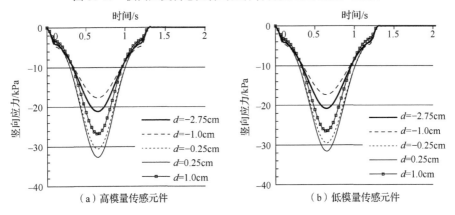

图 11-18　横向应变传感元件对基体材料竖向应力的影响规律

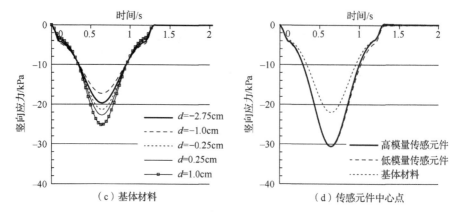

图 11-18（续）

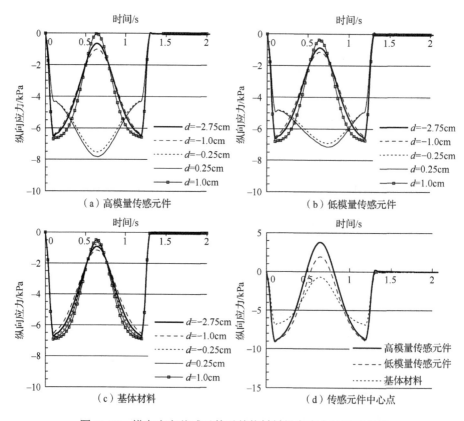

图 11-19　横向应变传感元件对基体材料纵向应力的影响规律

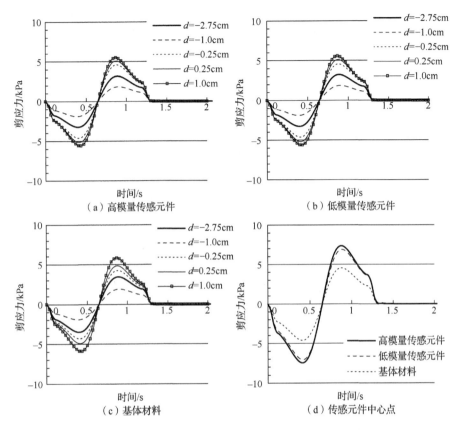

图 11-20　横向应变传感元件对基体材料剪应力的影响规律

综上所述，传感元件的存在对其局部应力、应变产生了一定的影响，而这种影响与嵌入传感元件的模量以及与传感元件中心的距离有关。

11.1.3　传感元件对沥青混合料蠕变行为的影响

沥青混合料是典型的黏弹性材料，长期服役过程中，其在荷载的反复作用下会发生蠕变变形，在分析传感元件与基体材料相互作用机理时需要特别注意。相比之下，由于传感元件封装材料模量高以及体积所占比例小，其蠕变行为相对较弱，可以忽略其影响。本节针对沥青路面基体材料的蠕变特性，建立考虑基体材料蠕变特性的沥青混合料与光纤光栅应变传感元件相互作用有限元分析模型，探讨传感元件的存在及其物理特性对基体材料蠕变行为的影响及两者间相互作用的规律。

本节蠕变分析加载时间采用累计等效作用时间 10 800s，对应 100 万次重载条件下路面的车辙变形情况（董泽蛟，2011）。路面结构仍采用前述的三层 4cm、5cm、7cm 结构车辙试验试件尺寸。

　　以竖向应变传感元件为例，分析传感元件的存在对基体材料蠕变行为的影响，分析中选取若干控制点，通过蠕变应变空间分布规律及其时程变化规律来分析传感元件对基体材料蠕变的影响，试件局部及分析点位置如图 11-21 所示。

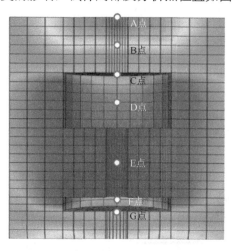

图 11-21　试件局部及分析点位置（为建模方便模型倒置，下同）

　　彩图 12 和彩图 13 给出了有无高模量传感元件时的沥青混合料横向蠕变应变时程及其应变对比。

　　从彩图 12 中可以看出，在没有传感元件的基体材料中随着深度的增加，横向蠕变应变逐渐减小，至 D 点后减小幅度变小，D、C、B、A 点蠕变变形大致相当；而当高模量传感元件存在时，传感元件所在区域横向蠕变应变急剧减小，尤其是传感元件中间区域，由于竖向应变传感元件锚头的保护作用，其横向蠕变应变很小；同时高模量夹杂体的存在导致其底部区域横向蠕变应变明显增大，如传感元件底部 A 和 B 点，蠕变变形增大 2 倍至 3 倍。同样，从彩图 13 也可以看到上述情况，传感元件中部及两侧蠕变应变较基体材料明显变小，传感元件底部蠕变应变明显增大。

　　彩图 14 和彩图 15 给出了有无高模量传感元件时的沥青混合料竖向蠕变应变对比及应变时程。

　　从彩图 14 中可以看出，基体材料中随着深度的增加，竖向蠕变应变逐渐减小，传感元件顶部为-10 000 微应变，底部为-4000 微应变左右；而当高模量传感元件存在时，其周围的蠕变行为发生改变，传感元件的底部出现了较大的蠕变压应变，约-16 000 微应变，较无传感元件时增大 4 倍；而其中部则出现了一定的蠕变拉应变，这与传感元件锚头的存在有一定的关系。

　　从时程曲线（彩图 15）中也可以看出来，传感元件中部及左右两侧竖向蠕变应变较基体材料明显变小，传感元件底部竖向蠕变应变明显增大。没有传感元件的基体材料随着深度的增加，竖向蠕变应变逐渐减小，至 D 点后减小幅度变小，

D、C、B、A 点蠕变变形大致相当；而当高模量传感元件存在时，传感元件所在区域竖向蠕变应变急剧减小，尤其是传感元件中间区域，由于竖向应变传感元件锚头的保护作用，其竖向蠕变应变很小；同时高模量夹杂体的存在导致其底部区域竖向蠕变应变明显增大，如传感元件底部 A 点和 B 点，蠕变变形增大 3 倍至 4 倍。

彩图 16 和彩图 17 给出了有无高模量传感元件时的沥青混合料纵向蠕变应变时程及其应变对比。

与横向蠕变应变的对比规律相似，彩图 16 中没有传感元件的基体材料中随着深度的增加，纵向蠕变应变逐渐减小，至 D 点后减小幅度变小，D、C、B、A 点蠕变变形大致相当；而当高模量传感元件存在时，传感元件所在区域纵向蠕变应变急剧减小，尤其是传感元件中间区域，由于竖向应变传感元件锚头的保护作用，其纵向蠕变应变很小；同时高模量夹杂体的存在导致其底部区域纵向蠕变应变明显增大，如传感元件底部 A 和 B 点，蠕变变形增大 2 倍至 3 倍。同样，从彩图 17 也可以看到类似规律，传感元件中部及两侧蠕变应变较基体材料明显变小，传感元件底部蠕变应变明显增大。

彩图 18 和彩图 19 给出了有无高模量传感元件时的剪切蠕变应变 ε_{23} 对比及其时程变化。

与正向蠕变应变相比，传感元件的存在对于其周围的剪切蠕变 ε_{23} 影响范围较小，主要是传感元件顶部和底部锚头位置处，如 D、F、G 点（彩图 19）。D 点（传感元件底锚头中部）剪切蠕变幅值增大 7 倍左右，F 点（传感元件顶锚头中部）剪切蠕变不仅幅值增大 5 倍左右，而且方向发生改变。E 点（传感元件中部）由于传感元件锚头的保护作用，幅值明显降低（彩图 19）。

综上所述，传感元件的介入不仅明显改变了被测基体材料的应力、应变场的瞬态响应大小和分布规律，同时由于沥青混合料是一种典型的黏弹性材料，其温度、时间、应力依赖性使得这些影响变得更加复杂，传感元件的存在对其周围沥青混合料的长期蠕变行为也产生明显的影响，如何验证及修正传感元件测试结果是路面动力响应测试的难题之一。

11.2　室内传感器标定试验方法设计

目前对于植入沥青路面中的传感器数据标定的做法是在室内进行传感器自身的标定，或者以环氧树脂或沥青混合料为基体材料做成试件，而后进行静态应变修正，如欧洲加速加载试验 COST ACTION 347 计划中进行了室内传感器应变校核与修正试验，采用环氧树脂作为基体材料进行静态荷载下的标定试验（Malene，2003）；Michael（2005）在室内同样采用四点弯曲试验和环氧树脂作为基体材料进行应变修正；Wang（2006）采用光纤光栅应变传感器进行室内劈裂试件应变测试，并基于试件的有限元模拟进行了应变测试结果的修正；Nicholas（2007）等讨论了进行室内不同类型传感器标定的方法及仪器。由于后者在一定程度上考虑了传感元件与基体材料受力状态的相互作用，该做法较前者（采用环氧树脂）合理。

　　然而，传感器数据的标定最关键的问题就是如何找到被测基体材料真实的应变值。需要注意的是，由于实际路面所处的温、湿环境的复杂性以及荷载的多样性和不可控性（荷载的作用位置、荷载分布、行驶状态的稳定性等，特别是在高速条件下），很难进行实际路面实测数据的标定与修正。这里采用四点弯曲试验（纯拉伸模式）、单轴压缩试验（纯压缩模式）以及结构车辙试验（复杂受力模式）进行研究（田庚亮，2009；陈凤晨，2009）。

11.2.1　四点弯曲试验

1. 设计原理

　　考虑到梁式试件在受竖向荷载作用下的四点弯曲模式中，梁体中间区域受力状态简单（以中性轴为界，梁底部为纯受拉区，梁顶部为纯受压区），能够一定程度上模拟实际路面内受拉和受压的状态。同时，梁体中距中性面任意位置处的应变可根据梁体的几何尺寸、梁底竖向挠度和至中性面距离计算得出（Michael，2005），而与所采用的梁体材料无关。四点弯曲梁体中性轴下水平应变理论计算示意图如 11-22 所示。

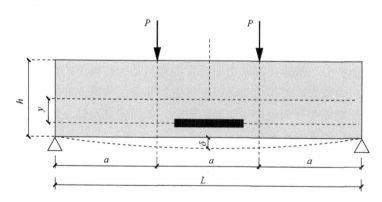

图 11-22　梁试件理论应变计算示意图

　　梁试件中性轴以下任意跨中点的应变公式容易得出

$$\varepsilon = \frac{M}{EI}y = \frac{Pa}{EI}y = \frac{PL}{3EI}y = \frac{L}{3EI}\frac{24EI}{23a^3}\delta y = \frac{24\delta}{23a^2}y \qquad (11\text{-}1)$$

式中：ε——传感器的理论水平应变；

a——加载段长度的 1/3，m；

δ——梁中轴线最大挠度，m；

L——加载段长度，m；

y——传感器中心到中性面距离，m。

设计梁试件的长×宽×高为 10cm×10cm×40cm，在四点弯曲加载条件下梁试件中间 1/3 段中性轴以下为零剪力的纯拉段，将传感器布设其中。传感器中心距梁试件底面 15mm，试验加载模具及传感器布置示意图如图 11-23 所示。

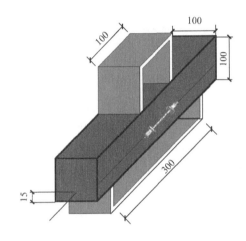

图 11-23　四点弯曲试验加载模具及传感器的布置示意图（单位: mm）

2. 试验方法

采用万能材料试验机 MTS-810 进行四点弯曲静态和动态加载，试验温度在低温至常温 20℃之间选择。梁底中心处设置两个 LVDT 位移传感器，用以测试梁体中心底部的挠度。四点弯曲上部压头及底部支座实物图，以及加载试验准备如图 11-24 和图 11-25 所示。

图 11-24　四点弯曲上部压头及底部支座实物图

图 11-25　四点弯曲试验加载试验准备

　　数据采集系统及光纤光栅解调仪如图 11-26 所示，采集的数据包括梁底中心两个 LVDT 位移传感器所测定的梁底最大挠度及光纤光栅解调仪所测定的埋设水平向应变传感器的波长，两者可以分别得到传感器的理论应变和实测应变值，以此做为数据标定和修正的原始数据。

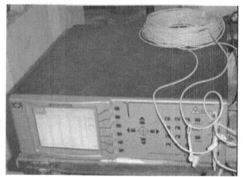

图 11-26　LVDT 数据采集系统及光纤光栅解调仪

11.2.2　单轴压缩试验

1. 设计原理

　　考虑到圆柱试件受竖向荷载而发生单轴压缩变形时，其受力状态简单清晰，受其他因素影响较小。植入传感器的圆柱试件，进行单轴动态压缩试验以模拟实际路面中车轮荷载的反复压缩作用，同时在圆柱体试件外均匀布置 LVDT，测试整个试件的平均应变作为单轴压缩试件的理论应变计算示意图如图 11-27 及式（11-2）所示。

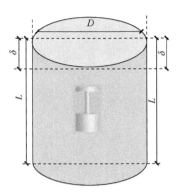

图 11-27　圆柱体试件理论应变计算示意图

$$\varepsilon = \frac{\delta}{L} \qquad (11\text{-}2)$$

式中：ε——传感器的理论竖向应变；

　　　δ——试件轴向变形，m；

　　　L——试件高度，m。

2. 试验方法

考虑到边界效应和应力集中的影响，设计沥青混合料圆柱试件直径×高度为150mm×150mm，受压 SFRP 系列光纤光栅传感器竖直埋设在圆柱试件的中心位置，单轴压缩试件成型及传感器植入如图 11-28 所示。

图 11-28　单轴压缩试件成型及传感器植入

进行圆柱试件无侧限单轴动态压缩试验，应用 MTS-810 自带控温箱控制试验温度，分别采用 20℃、30℃、40℃和 50℃；使用 MTS-810 施加竖向荷载，为确保试件在全部温度范围内变形不至过大，保持试验的连续性，荷载幅值根据各温度下单轴压缩强度确定，一般采用 0.2MPa、0.3MPa 或 0.4MPa。动态加载方式采用单轴压缩动态蠕变试验的加载方式（矩形波加载，加载时间为 0.1s，间歇时间为 0.9s）。试验加载准备如图 11-29 所示。

图 11-29　动态单轴压缩蠕变试验加载准备

数据采集同样包括圆柱体试件外接高精度 LVDT 传感器及试件内部的光纤光栅竖向应变传感器，实测数据为 LVDT 的变形值及光纤光栅传感器的波长值，数据采集过程如图 11-30 所示。

图 11-30　单轴压缩试验数据采集过程

11.2.3　结构车辙试验

1. 设计原理

基于现有车辙试验与实际路面结构力学模型的相似性分析，确定结构车辙试验是最为合理模拟实际道路结构复杂受力模式的室内小尺寸试验。结构车辙试件试验尺寸为 300mm×300mm×170mm（高度），可以分为上、中、下三层沥青混合料，与大部分路面面层结构类似（程小亮，2009；田庚亮，2009）。然而，由于室内结构车辙试验模式下传感器处于复杂受力状态，其真实应变难以获得，现有的验证方法是基于试验温度下被测沥青混合料的实测黏弹参数，进行室内结构车辙试验的数值模拟分析（Dong et al.，2009）。

2. 试验方法

试件成型时需要在车辙模具一侧挡板中间位置上切出宽 1cm、长 10cm 的凹槽,以引出光纤光栅传感器的铠装线缆,结构车辙模具加工、传感器布设及试件成型过程如图 11-31 所示。

图 11-31 结构车辙试验传感器的布设及试件成型过程

采用有关规程中沥青混合料车辙试验加载条件,橡胶轮与试件的接触压强为 0.7MPa。为了得到不同温度条件下沥青混合料的应变响应,试验温度分别采用 30℃、40℃、50℃和 60℃,试验时由低温向高温逐步进行。试验中先进行短期 10 个循环加载获取瞬态响应,而后进行标准车辙试验获取混合料长期变形特性,试验环境控制及加载过程如图 11-32 所示。数据采集主要可以获得试验温度下传感器波长的时程变化及车辙深度变化。

图 11-32 结构车辙试验系统及加载过程

11.2.4 室内传感器标定方法讨论

总体而言,考虑传感器与被测基体材料相互作用而进行传感器测试数据的验证、标定乃至修正过程中,其理论应变的获取存在相当的难度,主要表现如下。

1) 采用梁式试件时,理论应变容易由公式获得,但采用预埋式时传感器与混合料的黏结性较差,且梁体自重不可忽略,该试验方式仅适用于低温条件和小荷载条件。

2) 采用单轴压缩试件时,理论应变可以通过外置高精度位移传感器换算得到,但采用预埋式时传感器成活率较低，且难以保证传感器处于绝对竖直状态，导致测试数据的准确性难以保证（Li et al.，2007）。

3）由于国内开发的传感器采用圆柱体式，若采用后埋入式，试件刻槽工艺复杂，虽然黏结性及定位得到保证，但黏结胶对测试结果存在的影响难以评估，而且该种方式对试件本身结构产生一定破坏作用。

4）采用结构车辙试验时，理论应变难以真实测量得到，现有研究多采用理论推导或数值模拟方式获得，其作为验证手段说服力较差（黄莹，2008；韦金城，2009）。

5）低模量封装材料的传感器能够有效降低传感器周围材料的应力、应变集中状态，然而由于沥青混合料是一个具有明显的温度、应力、时间依赖性的材料，真正做到传感元件与被测材料模量适时匹配是难以实现的，同时低模量传感器也会明显降低数据采集的稳定性（刘艳萍，2008；王川，2009）。

综上所述，目前路用传感器的标定仅为传感器自身测量结果的修正，相关研究结果可参见参考文献（田庚亮等，2009；陈凤晨，2009；董泽蛟，2011），这里不加赘述。总体来看，考虑材料与传感元件间的相互作用乃至考虑被测材料的黏弹特性的标定试验方法开发得还不成熟，有待于进一步的研究工作。

11.3　本章小结

本章重点进行了传感元件与沥青混合料基体材料相互作用分析，采用瞬态动力有限元分析，获取传感器的存在对其周围材料应力、应变的影响规律；同时，考虑基体材料的蠕变特性，分析高模量传感器的存在对其周围材料蠕变行为的影响；最后，结合室内传感器的标定方法，初步提出传感器数据标定的理论应变计算方法，并简述现有方法的不足之处。

参 考 文 献

陈凤晨, 2009. 基于光纤光栅技术的沥青路面车辙预估方法研究[D]. 哈尔滨: 哈尔滨工业大学.

程小亮, 董泽蛟, 谭忆秋, 等, 2009. 室内车辙试验的相似性分析[J]. 哈尔滨工业大学学报, 41(9):59-64.

董泽蛟, 2011. 基于智能监测技术及非线性动力仿真的沥青路面结构行为研究[R]. 哈尔滨工业大学.

黄莹, 2008. 光纤光栅与基体损伤的长期耦合效应分析[D]. 哈尔滨: 哈尔滨工业大学.

刘艳萍, 2008. 橡胶封装 FBG 沥青路面竖向应变传感器的开发与研究[D]. 哈尔滨: 哈尔滨工业大学.

谭忆秋, 董泽蛟, 田庚亮, 等, 2009. 光纤光栅传感器与沥青混合料协同变形评价方法[J]. 土木建筑与环境工程, 31(2):100-104.

田庚亮, 2009. 光纤传感技术监测沥青混合料应变响应有效性研究[D]. 哈尔滨: 哈尔滨工业大学.

田庚亮, 董泽蛟, 谭忆秋, 等, 2009. 光纤光栅传感器与沥青混合料间协调变形研究[J]. 武汉理工大学学报, 31(10):72-76.

王川, 2009. 结构新型聚丙烯基 FRP 筋、OFBG 传感器及其性能[D]. 哈尔滨: 哈尔滨工业大学.

韦金城, 王林, David H. Timm, 2009. 沥青层应变传感器数据采集及处理方法研究[J]. 公路工程, 34(2): 45-47.

DONG Z, TAN Y, CAO L, et al.,2009. Combining strain measurement and FEM simulation to obtain dynamic response of asphalt pavement[J]. International Journal of Pavement Research and Technology, 2(5):231-235.

LI H, ZHOU G, REN L, et al., 2007. Strain transfer analysis of embedded fibe Bragg grating sensor under nonaxial stress[J]. Optical Engineering, 46(5): 1-8.

MALENE H, 2003. Laboratory testing on strain gauges[R]. COST (Co-opetion in the Field of Scientific and Technical Research) Action 347, Mission 4 and 5, Denmark Copenhagen.

MICHAEL W, JACQUES P, 2004. Comparative strain measurement in bituminous layers with the use of ALT[R]. Washington, D. C.: Transportation Research Board.

NICHOLAS H, JAMES A C, DAVID E, 2007. Asphalt pavement instrumentations: the quest for truth[R]. Washington, D. C.: Transportation Research Board.

WANG J, TANG J, CHANGA H, 2006. Fiber Bragg grating sensors for use in pavement structural strain-temperature monitoring[J]. Smart Structures and Materials, Proceeding of Soclety of Photo-Optical Instrumentation Engineers, 6174: 61743S-1.

ZAFAR R, NASSAR W, ELBELLA A, 2005. Interaction between pavement instrumentation hot mix asphalt in flexible pavements [J]. Emirates Journal for Engineering Research, 10(1): 49-55.

第 12 章 沥青路面结构动力响应实测

沥青路面结构动力响应实测信息主要包括荷载（轴载大小、分布、作用位置等）、环境（温度、湿度等）、应力、应变、弯沉等，通过分析实际荷载、环境和结构因素共同作用下路面动力响应规律，可以掌握沥青路面性能衰变规律，预测路面使用寿命乃至提出新的路面设计方法。沥青路面动力响应实测工作内容一般包括传感器的选择、布设方案的制定、传感器现场布设及调试、数据的采集、数据的传输及存储及最终的数据分析等方面。

12.1 传感器选择与布设方案

12.1.1 传感器的选择

根据沥青路面动力响应测试信息的用途选择布设传感器的种类及数量，表 12-1 给出了路用常见传感器类型及测试变量，以及可能的布设层位，详细说明如下。

表 12-1 传感器类型及测试变量

传感器类型	简化示意图	测试信息	布设层位
横向应变传感器		垂直于行车方向的水平应变	沥青层层底
纵向应变传感器		平行于行车方向的水平应变	沥青层层底
竖向应变传感器		竖直方向应变	土基顶部、沥青层
温度传感器		温度	沥青层
湿度传感器		湿度	土基、基层
渗压传感器		孔隙水压力	土基、基层、面层

续表

传感器类型	简化示意图	测试信息	布设层位
土压力传感器		竖向压力	土基、基层、面层
位移传感器 （位移计）		竖向位移	土基、基层、面层
动态称重系统		荷载信息	面层顶部
轴位置传感器		轴载作用位置	面层顶部
气象信息系统		测试点处气象信息	测试路段附近

（1）三向应变传感器

水平应变传感器主要埋设于沥青层底部，测量车辆荷载和环境作用下的横向应变和纵向应变。沥青层底的拉应变是控制沥青路面疲劳开裂的重要指标，一般认为沥青层底的弯拉应变不大于 70×10^{-6} 或 100×10^{-6} 时，沥青面层不会出现疲劳开裂破坏。水平应变也可以用来预估沥青路面的疲劳寿命。水平应变传感器一般采取每排 3 个、前后两排的矩阵式布设方式，用以获取车辆荷载轮迹带内的应变分布。

竖向应变传感器主要布设于土基顶部和沥青面层中部，用以测量土基顶部和沥青层中部最大压应变。土基顶部的压应变主要用于控制路面结构不会由于土基过量永久变形而导致的沥青路面结构型车辙病害。而沥青层中部竖向应变主要是用来控制沥青层内部不出现过量的剪切变形而导致的沥青面层失稳型车辙病害。研究表明，沥青层内部的剪应力/剪应变过大是沥青面层车辙病害的主要原因，而由于剪应力/剪应变的测量难以实现，因此采用竖向应变作为间接控制指标。竖向应变传感器由于成活率偏低，布设时应考虑平行数据点数目。

（2）土压力和位移传感器

土压力传感器通常布设在土基顶部或沥青层底部，水平位置处于外轮迹带的中间位置，用于测定车辆移动荷载作用下传递到测试点的垂直压力。土压力测量结果可直接得到路面内待测位置处的实际应力状态，可以用于评定路基或沥青面层对抵抗车辙和防止疲劳开裂的贡献。一般来讲，土压力传感器布设的成活率比较高，具有良好的耐久性和可靠性，其布设数量可以适当控制。土压力传感器的选型应充分考虑布设时最大压实荷载水平及使用过程中测量荷载水平的平衡关系。

位移传感器可以布设于沥青路面结构中指定层位顶部，车辆轮迹带中间位置，用以测量路面各层相对于土基无穷远处的竖向变形，也称单点/多点位移计。路面各层相对于土基无穷远处的竖向位移，即道路工程的弯沉，主要表征路面各层抵抗垂直变形的综合能力，反映路基路面结构的整体刚度，用以控制路面结构的强度和变形能力。位移计一般而言体积较大，多采用后安装式，同时测量多个层位的弯沉时，可以选择多点位移计。

（3）温度、湿度及渗压传感器

温度传感器主要埋设于各沥青层中，根据测试要求选择测点密度，为不受荷载的影响通常布设于路肩或靠近中央分隔带位置。温度传感器主要用于长期连续观测沥青路面内部不同深度处的温度变化规律，可得到路面内短期、长期和日温度变化规律以及路面内温度的空间分布状况，该结果对于路面结构性能研究和确定路面内部温度季节性变化具有重要意义。除特殊用途外，由于基层和土基材料并不具有沥青面层材料类似的温度敏感性，路面基层及土基通常不布设温度传感器。

湿度传感器和渗压传感器通常布设于土基或基层结构中，测量土基的湿度状况及孔隙水压力，用以评估土基材料的压实特性和土体的稳定性。而随着人们对沥青面层材料水损害问题的关注，采用渗压计进行沥青层内部孔隙水压力（超孔隙水压力）的测试也开始出现。湿度传感器由于埋设深度较深，受荷载影响相对较小，其水平位置可以根据需要选择。就目前而言，道路工程中湿度传感器较其他传感器的应用还不成熟，选择时应充分注意其耐久性和可靠性。

（4）动态称重系统和轴位置传感器

动态称重系统通常在路面结构施工完毕以后安装在沥青层顶部位置，用于获取通过的车辆信息，一般包括轴重、轴组重、整车重、车轴数量、轴型、车型、轴距、车速等。动态称重系统是获取路面结构动力响应信息的重要补充，能够明确测试路段通过的车辆荷载的大小、速度及轴载谱，为评估路面服役状态及预估路面使用寿命提供重要的基础数据。动态称重系统一般包括弯板式和压电式两种，布设过程中需特别注意传感器与路面材料的接缝处理及其耐久性。

轴位置传感器通常与动态称重系统搭配布置，也采用后安装式，布设于沥青层顶部，与路表面齐平。轴位置传感器主要用来获取车辆轴载作用位置，亦可以获取车辆行驶速度信息。其原理是通过多个传感器固定角度 Z 字形布置计算得到轴载的横向作用位置。与可控的路面结构加速加载试验不同，路面结构现场动力响应测试中，车辆荷载大小、速度和横向分布是难以精确控制的，而应力、应变等动力响应的大小和分布又与轴载加载位置密切相关。因此，在实际路面随机车辆荷载条件下动力响应测试工作中，轴位置传感器是对动态称重系统的一个非常重要的补充。

（5）气象信息系统

气象信息系统通常安装于测试路段附近道路外侧，主要用来获取测试路段的空气温度、相对湿度、风向和风速、太阳辐射、降水量、蒸发量及日照时间等。气象信息可用来建立测试路段结构内部环境因素与外界环境因素间的相关关系，以此建立路面结构内部环境因素的预估公式，也是路面动力响应测试中不可或缺的组成部分。一般而言，由于高速公路为一个随地形变化的条形构造物，不同测试路段的部分气象信息可能差别较大，因此，气象信息系统的安装位置要充分考虑其代表性。

12.1.2　布设方案的制定

传感器布设方案的制定需要针对所测试路段的路面结构情况、测试目的、传感器可靠性及投入经费等情况综合考虑，最终确定试验段传感器布设类型、数量和空间位置等。以吉林省长寿命沥青路面结构信息监测项目为例，图 12-1 和图 12-2 给出了监测路段结构一的传感器水平面和垂直面位置图。图 12-3 给出了动态称重传感器布设方案（孙宗杰，2011；李生龙，2013）。

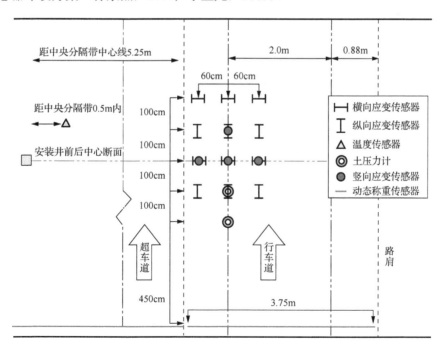

图 12-1　传感器布设水平面位置图

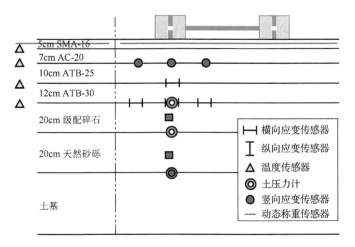

图 12-2　传感器布设垂直面位置图

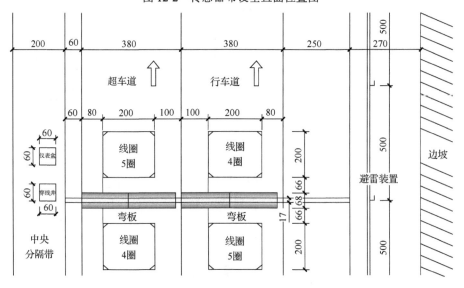

图 12-3　动态称重传感器布设方案

结合上述路面结构，传感器布设方案及一般原则如下。

1）8 个横向应变传感器：2 个位于 10cm ATB-25 沥青层层底，沿轮胎中心线前后布置；6 个位于 12cm ATB-30 沥青层层底，沿轮胎中心线左右对称布设共 3 个，沿轮胎中心线前后布置 2 排，形成横向应变测试矩阵。

2）8 个纵向应变传感器：2 个位于 10cm ATB-25 沥青层层底，沿轮胎中心线前后布置；6 个位于 12cm ATB-30 沥青层层底，沿轮胎中心线左右对称布设共 3 个，沿轮胎中心线前后布置 2 排，形成纵向应变测试矩阵。

3）5 个竖向应变传感器：3 个位于 7cm AC-20 沥青层层底，沿轮胎中心线左右对称布置；2 个位于土基层顶部，沿轮胎中心线前后布置。

4）4 个温度传感器：位于每一沥青层底部，为减少行车荷载的影响，布设于距中央分隔带 0.5m 处。

5）12 个湿度传感器（可选）：位于上、下基层中部以及距土基顶 0.1m 处，沿轮胎中心线前后布置 4 个。

6）6 个土压力计：上基层底部、沥青层底部及土基顶部各 2 个，其中沥青层底及土基顶部各沿轮胎中心线前后布置。

7）2 套轴位置传感器（可选）：位于沥青路面上面层，距离应变传感器测试矩阵大于 4m，垂直于车辆行驶方向，长度单车道按 3.75m 计，行车道和超车道各布设 1 套。

8）1 套多点位移计（可选）：距离应变传感器测试矩阵大于 2.5m，沿深度方向布置三个测试点，分别为面层顶部、基层顶部及土基顶部。

9）1 套动态称重传感器（可选）：位于沥青路面上面层，距离应变传感器测试矩阵大于 4.5m，垂直于车辆行驶方向，单车道长度按 3.75 m 计，共两个车道，采用后安装式。

12.2　传感器现场埋设及调试

12.2.1　动力响应及环境测试传感器布设

动力响应及环境测试传感器布设主要包括温度传感器、湿度传感器、横向应变传感器、纵向应变传感器、竖向应变传感器和土压力传感器、位移计等，布设位置主要在土基顶部、基层中部、沥青层底部及中上面层层底。不同路面结构、不同类型和不同位置处的传感器的布设方法不完全一致，但整体思路相近，故以土基和基层顶部传感器的安装为例，说明传感器的布设方法，布设过程可主要分为以下几个步骤。

（1）初步定位

根据设计方案确定的传感器埋设位置，对传感器埋设位置进行定位，并用喷漆标记。埋设位置定位后还需确定传感器接线整个走向，如图 12-4 所示。

图 12-4　传感器埋设位置的确定和标记

（2）挖槽

利用镐、锹、钢钎等工具开挖传感器埋设点和导线槽，如图 12-5 所示。土压力盒埋设位置挖成直径 28cm、深 5cm 左右的坑槽，竖向传感器埋设位置挖成直径 7.5cm、深 10cm 左右的坑槽，导线槽为顶部宽 7cm，深 5cm 的倒三角形，同时清除粒径较大或棱角尖锐的石块，避免传感器及导线局部受到集中力作用导致测量结果不准确或线路损坏（挖槽尺寸跟传感器细部尺寸有关）。对于光纤类传感器，还要保证导线在埋设时不存在大的弯折角度，以免产生较大的光损。

图 12-5　开挖传感器埋设点和导线槽

（3）绝对位置确定

各个结构层传感器指定埋设位置的导线槽开挖好后，采用全站仪对每一个传感器所在位置进行定位，如图 12-6 所示。严格设定基准点，精确测量，得出并保证各传感器的空间绝对位置。

图 12-6　全站仪定位传感器位置

（4）安装传感器

用钢卷尺测量坑槽的深度，并使用公称最大粒径 2.36mm 的细料将坑槽底部铺平，用铁锤夯实。传感器放置好后，使用小型水准仪和球水准仪分别对土压力传感器和竖向传感器进行调平，以确保其受到竖直方向力作用时，在传感器内部不产生水平方向的分力，传感器的精确安装如图 12-7 所示。

图 12-7　传感器的精确安装

（5）绑扎

将传感器导线整理后进行绑扎，使布设在邻近位置处的一组传感器导线组成整体，从而避免意外拉扯而导致的传感器损坏。因此，在传感器及导线摆放完成后，使用扎带将交会在一起的传感器导线进行整理和绑扎，如图 12-8 所示。

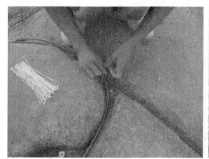

图 12-8　导线的整理和绑扎

（6）夯实

采用 2.36mm 筛对安装传感器和导线埋设位置的填充材料进行筛分，并用筛分后的细土对传感器和导线进行保护和人工夯实，夯实过程不可采用过大的力，以免传感器被损坏，传感器和导线的保护如图 12-9 所示。

图 12-9　传感器和导线的保护

（7）碾压

传感器埋设好后，尽快铺设上层结构材料，避免传感器长期暴露在外由于施工机械而造成的损坏。在上层结构材料的摊铺过程中，调整摊铺机使其车轮尽量跨过传感器，避免车轮直接作用在传感器上。在传感器附近位置进行碾压时，前两遍碾压需关闭振动，上层结构材料铺筑和碾压如图 12-10 所示。

图 12-10　上层结构材料铺筑和碾压

（8）编号和保护

在传感器埋设过程中要对传感器进行标记，传感器的编号需要区别埋设结构、层位、类型、位置等，避免混淆，并且要及时对引入路边保护盒或检查井的传感器端部及接线进行保护，做到防水和防腐蚀。注意传感器的导线不能被施工机械截断，应将其多余导线盘起来包好，传感器的标记和端头保护如图 12-11 所示。

图 12-11　传感器的标记和端头保护

对于沥青层传感器的安装还需要注意以下事项。

1）使用较细的沥青混合料作为沥青层传感器布设的填充料，避免大或尖锐石料损坏传感器导线，填充料使用时需要控制温度，温度过低难以保证填充效果，而温度过高容易熔损传感器导线，沥青层底部传感器的埋设如图 12-12 所示。

图 12-12　沥青层底部传感器的埋设

2）对于部分传感器采取预留传感器及导线埋设槽，以避免沥青混合料压实冷却后开挖困难，如图 12-13 所示。

图 12-13　预留传感器埋设坑槽

3）传感器埋设点需进行局部处理（图 12-14），以保证传感器水平放置。同时传感器调整放好后，使用细料填充传感器和导线周围，并使用橡胶锤人工夯实，细料填充以保护传感器，如图 12-15 所示。

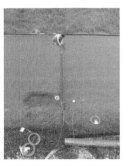

图 12-14　埋设点局部处理

图 12-15　细料填充以保护传感器

12.2.2　动态称重系统的安装

动态称重系统的安装在路面修筑完成以后进行，两组称重弯板及线圈分别安装在行车道和超车道上。安装时，首先在施工后的路面上按照设计方案规定的尺寸进行切割，切出弯板埋设槽、导线槽和线圈槽等。当称重设备各部件安装到指定位置后，需使用填缝材料对埋设弯板和线圈时路面形成的缝隙进行填塞，避免水进入路面内部导致的路面损害。现场数据采集箱安装在中央分隔带内或道路外侧。一般动态称重系统需要持续的电力支持，可以直接连接电源或者使用太阳能电池板。依托项目动态称重系统的布设位置现场环境和安装过程如图 12-16 和图 12-17 所示。

图 12-16　动态称重布设位置现场环境

图 12-17　动态称重系统安装过程

动态称重系统能否良好工作，在很大程度上取决于它所连接的感应线圈，因此其车辆检测器必须安装在离探测线圈尽可能近的、防水的环境里，安装时必须注意以下几点。

（1）线圈串扰

当两个感应线圈靠的很近，两个线圈的磁场叠加在一起，相互造成干扰，这种现象称为串扰。串扰会导致错误的检测结果和车辆检测器的死锁，因此相邻但属于不同感应器的线圈间要消除串扰。

（2）线圈电缆及接头

线圈电缆和接头最好采用多芯铜导线，导线的线径不小于 1.5mm，最好采用双层防水线。在电缆和接头之间最好不要有接线端，如果必须有接线端，也要保证连接可靠，使用烙铁焊接起来。

（3）线圈形状及安装

检测线圈应该是长方形，且在四个角上做成 45° 倒角，防止尖角破坏电缆。埋设电缆时，要留出足够的长度以便连接到车辆检测器，绕好线圈电缆以后，将电缆通过引出线槽连出。

12.2.3　传感器成活率及初值测试

由于沥青路面施工条件属于粗放式，而路用传感器结构精细及导线需要横跨一定距离，在埋设和施工过程中容易由瞬时超载、导线弯折过大、集料尖锐等造成传感器失效。因此，及时进行传感器的成活率测试，并尽可能采取补救措施以提高传感器的整体存活率。

值得注意的是，某些类型传感器或测试量需要测试传感器初始电压值或波长值，因此在埋设前和埋设后都要及时进行测试。图 12-18 是对光纤光栅类传感器进行初始波长现场测试情况。

图 12-18　传感器初始波长现场测试情况

12.3　数据采集及传输

沥青路面结构信息采集可以按照采样频率、信息类型、采集方式等进行分类，其中路面内部的温度和湿度、测试路段的气象信息等属于低频采集，采样间隔一般选择 1h 至 1d 不等，整个数据信息量相对较小；而应力、应变、弯沉等动力响应信息属于高频采集，采样频率根据荷载条件的不同在 100～1000Hz，其数据信息量巨大，而动态称重系统的数据采集属于触发式，整体来讲数据量不大。

数据量的大小决定了数据的传输方式，对于数据量较小的信息数据可以采用现场存储定期存取或者无线传输的方式获得数据。而对于动力响应信息由于其采样频率高导致的数据量大、测试过程复杂、测试设备供电等问题，现有的研究多采用定期适时现场采集方式。随着数据融合、视频采集等技术的发展及应用，这部分的数据采集也可以实现实时远程在线的方式。

12.3.1　适时现场采集

目前，沥青路面动力响应信息数据采集多采用定期现场测试的方式，其主要原因是多数测试路段位于野外，采集设备现场无法长期供电。同时，数据测试多在标准车或 FWD 等可控的荷载条件，且并不进行长期随机车辆荷载条件下的路面动力响应测试。这种采集方式的动力响应信息系统主要包括埋设的传感器、数据采集设备（光纤类传感器采集设备为解调仪）、采集用计算机、用户计算机及建立的数据库，其系统构成如图 12-19 所示。

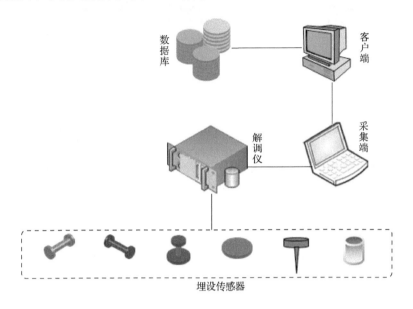

图 12-19 路面动力响应现场采集系统构成

以依托项目为例，现场应力、应变传感器全部为光纤光栅类传感器，所以采集设备采用国内某厂家研制的光纤光栅解调仪，可以用于现场埋设光纤光栅传感器的数据采集和提取，其主要技术参数如表 12-2 所示。图 12-20 和图 12-21 示出了现场所用的光纤光栅解调仪及动态称重系统数据采集仪。

表 12-2 TFBGD-9000 解调仪主要技术参数

性能	参数
光学通道	72
波长范围	1510～1590nm
波长分辨率	1pm
重复性	2pm
扫描频率	1～300Hz
供电方式	220V 交流电
通信接口	10M 以太网
机械尺寸	480mm×60mm×180mm

图 12-20　光纤光栅解调仪

图 12-21　动态称重系统数据采集仪

　　适时现场采集方式获取路面动力响应的优势在于不用考虑高频数据采集的数据压缩问题。不足之处在于数据样本有限，一般仅测量代表车型或 FWD 等可控荷载作用下的路面动力响应，同时往返现场测试成本高。

12.3.2　实时在线采集

　　相比于前种数据采集方式，沥青路面动力响应远程实时在线采集由于不需要往返现场，且可实现连续数据采集以及数据样本量较大，已逐渐成为新的动力响应数据采集方式，其系统构成如图 12-22 所示。

　　远程实时在线采集方式获取路面动力响应的优势在于可以实现全天候不间断的数据采集。不足之处在于数据信息量巨大，必须编制专业的数据实时处理软件系统；路面车辆荷载及外界环境因素耦合在一起，导致路面动力响应时程曲线千差万别，数据快速识别、压缩及处理技术等方面还需要进一步完善。

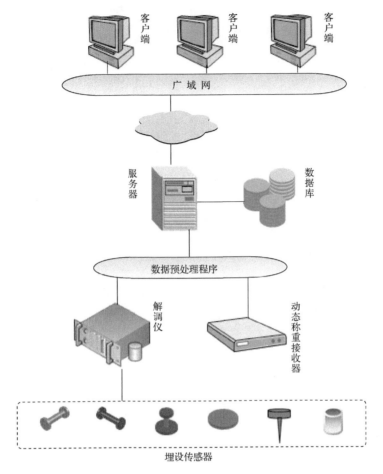

图 12-22　路面动力响应远程实时在线采集系统构成

图 12-23～图 12-25 示出了吉林省长寿命沥青路面结构信息监测项目数据采集系统实施过程中的现场情况及设备。室内监测设备包括 ODF 配线架、光纤光栅解调仪、数据分析服务器和显示器等。

图 12-23　现场光纤熔接及光缆的铺设

图 12-24　光纤解调仪与传输光纤连接

图 12-25　吉林长寿命沥青路面动力响应监控中心设备

12.4　路面动力响应现场实测案例

本节主要介绍本书作者完成的基于光纤光栅智能测试技术的沥青路面动力响应信息监测的部分应用案例，包括项目目标、方案设计、现场布设以及现场测试方案等。通过实测路面结构在实际交通荷载和环境因素作用下的响应信息，可以为明确沥青路面病害机理、评估沥青路面路用性能、预测沥青路面使用寿命，以及路面养护维修决策提供数据支持。

12.4.1　北京六环高速公路车辙病害诊断及维修决策（2005～2007 年）

1. 项目背景及目标

北京六环高速公路于 2001 年开始建设，至路面损坏调查时已建成通车

131km，车辆可以从昌平西沙屯向东、向南再向西一路畅行直达房山良乡镇。调查路段六环高速公路西沙屯—马驹桥段，它于 2003 年建成通车，全长 78km，图 12-26 示出其采用的路面结构设计图。项目主要任务是进行现有交通条件下的沥青路面车辙病害状况调查，明确车辙病害产生的机理，为后续的路面养护维修决策提供理论依据和数据支持。

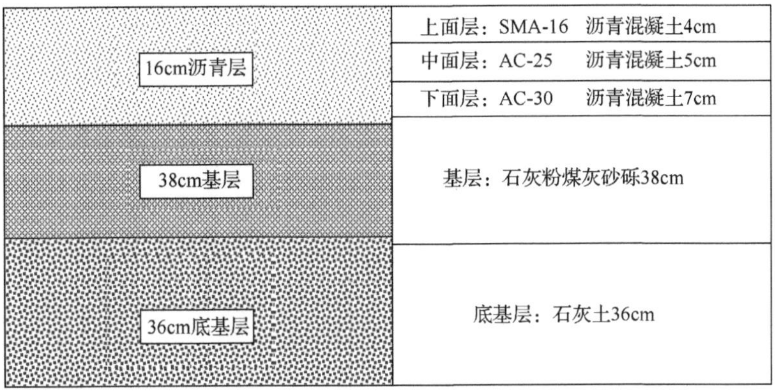

	上面层：SMA-16　沥青混凝土4cm
16cm沥青层	中面层：AC-25　沥青混凝土5cm
	下面层：AC-30　沥青混凝土7cm
38cm基层	基层：石灰粉煤灰砂砾38cm
36cm底基层	底基层：石灰土36cm

图 12-26　六环高速公路大修前路面结构设计图

针对调查目标，制定实施的总体方案如下：①选取车辙病害典型路段，在现有沥青路面结构中布设三向光纤光栅FRP封装应变传感器与埋入式FRP封装光纤光栅温度传感器，测量实际荷载条件下的路面动力响应；②结合路面探地雷达、智能检测车以及现场钻孔取芯等手段，对六环高速公路的车辙、裂缝病害进行综合诊断；③结合现场实测及理论分析，最终确定车辙病害产生的荷载条件、路面结构与材料设计等方面的原因，并提出相应的路面维修方案。

2. 项目的实施过程

图 12-27 示出了现场传感器的布设位置，在中面层和下面层的每个测点测量 1 个竖向应变和 2 个水平应变。为保证 3 个传感器的正确布设方向，采用尼龙节点将其固定为传感器组。总共布设 8 套三向应变传感器组，并将其两两编为一对，共计 2 个断面 4 对传感器。在靠近中央分隔带处布设 2 个光纤光栅温度传感器。

由于是在已建道路上进行传感器的埋设，需要对原有路面结构进行切缝铣刨，铣刨面积兼顾传感器的布设及路面接缝要求，确定为 80cm×80cm，铣刨深度为 15cm，传感器现场埋设施工过程如图 12-28 所示。

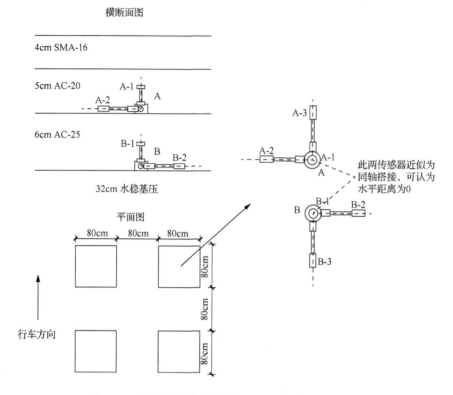

图 12-27　传感器布设位置（5cm AC-25+7cm AC-30）

图 12-28　传感器现场埋设施工过程

北京六环高速公路调查段现场测试信息包括：①标定加载车辆轴重与接地面积，获取标准车的荷载信息；②分析标准车不同轴重、速度对应变场的影响；③分析六环高速公路实际随机车辆荷载作用下的动力响应极值及分布情况。

现场测试设备及测试情况如图 12-29 和图 12-30 所示，采用 MOI SM425 型光纤光栅解调仪，采样频率为 250Hz。车辆荷载的标定是为了确定额定轴载下的路面动力响应，特别准备了两台型号、车况相同的载重汽车，装以不同的载重量分别模拟超重车和标准车进行测试。在称重站准确称取车辆的总重和各轴的轴载，通过复写纸实测轮胎的接地面积，进而计算出接地压力值，现场测试车辆荷载示意图如图 12-31 所示，测试速度选择 15km/h、30km/h、45km/h 和 60km/h 四个车速。

图 12-29　现场测试设备

图 12-30　现场测试情况

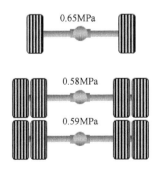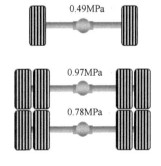

图 12-31　现场测试车辆荷载示意图

12.4.2　交通部公路试验场抗车辙试验段加速加载评估（2006～2009 年）

1. 项目背景及目标

该项目主要是为了检验四种改性沥青混合料及其路面结构的抗车辙性能，为北京市高速公路维修和北京长安街大修改造工程提供新型抗车辙沥青路面结构和材料。2006 年 10 月，在北京市通州区交通部公路科学研究院综合试验场内铺筑了试验路。试验路段南北方向长 50m，东西方向宽 11m。试验路路面结构为：原有路面铣刨 10cm，再加铺两层沥青混合料面层，其中上面层所有四个结构皆为 4cm SMA-13，下面层所用的沥青结合料种类不同，分别为 SBS 改性、PR 改性、德国抗车辙剂和湖沥青，下面层与原路面、上下面层之间均撒布 SBS 改性乳化沥青黏层油，图 12-32 为试验材料布置情况示意图。

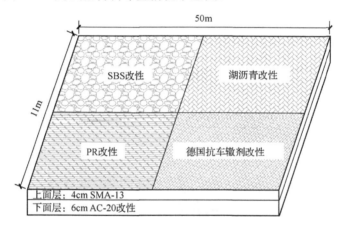

图 12-32　试验材料布置情况示意图

针对研究目标，制定项目实施的总体方案为：①布设三向光纤光栅应变传感器、埋入式 FRP 封装光纤光栅温度传感器以及振弦式孔隙水压力传感器，用以掌握试验路段结构内部应变场与环境场；②加速加载试验前进行不同车速标准车和 FWD 荷载条件下的试验路段动力响应对比；③进行控温条件下的加速加载试验，动力响应全程数据采集的同时，采用激光断面仪和 FWD 定期获取沥青路面路用性能数据，全面对比四种结构与材料的优劣。

2. 项目的实施过程

采用尼龙节点固定的三向应变传感器组，共 11 组。同时在沥青路面的上下面层分别布设 2 个光纤光栅温度传感器、2 个光纤光栅温度补偿传感器及 4 个振弦式渗压传感器。公路试验场试验段现场传感器布置方案如图 12-33 所示。

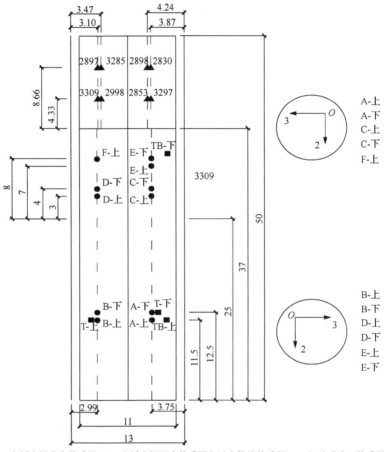

●光纤光栅应变传感器　■光纤光栅温度传感器和温度补偿传感器　▲振弦式渗压传感器

（a）传感器的平面布置图（单位：m）

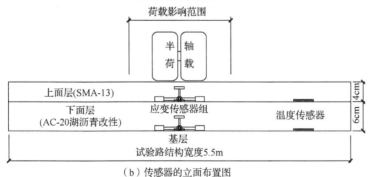

（b）传感器的立面布置图

图 12-33　公路试验场试验段现场传感器布置方案

该项目采用后埋设的方法布设传感器。提前定线确定传感器埋设位置后，在相应的埋设点挖除材料，而后布设传感器并填上原材料，最终进行上层材料的摊铺和碾压。传感器埋设完成后测试传感器的成活率，所埋设的 37 个光纤光栅传感器中有 31 个正常工作，成活率为 85%。图 12-34 为传感器的施工现场。

图 12-34　交通部公路试验场施工现场

加速加载前现场测试信息包括：①标定每辆车的实际轴载，计算实际接地压力的大小；②测试接地压力相同速度不同时，各结构层应变场的变化情况，分析车速对应变场的影响；③测试接地压力不同速度相同时，各结构层应变场的变化情况，分析接地压力对应变场的影响；④测试车辆启动、制动状态下的应变时程变化情况；⑤测试 FWD 加载条件下的应变时程变化情况。

由于试验场地的距离限制，试验时加载车辆的速度定为 5km/h、10km/h 和 20km/h。现场测试情况如图 12-35（a）所示。

加速加载过程中全程记录埋设传感器的动力响应，其试验条件包括：①荷载采用半轴 80kN，轮胎压力为 0.8MPa，实测轮胎接地压强为 0.78MPa；②试验时空气温度控制在 55℃±2℃，路表以下 5cm 处的温度控制在 50℃±2℃，通过埋设的热电偶进行实时控制；③模拟无降雨状态；④采用正态窄分布模型（75cm 的分布宽度）进行均匀预压，预压作用的次数为 3100 次。然后采用正态窄分布的横向分布形式进行加载；⑤采用单轴双轮在 12m 长的试验段上进行加载，加载速度为 20km/h；⑥试验的结束条件为断面最大车辙深度超过 2cm。

利用预先布设的光纤光栅传感器对试验路段内部的响应信息进行全程实时采

集，采用 BGK-FBG-8125 型光纤光栅解调仪，最大采集频率为 1000Hz。现场考虑到信号连续采集的数据量和精度，加速加载试验时采集频率为 62.5Hz，现场采集状况如图 12-35（b）所示。

（a）交通部公路试验场载重车测试情况　　　　　　（b）光纤光栅传感器的数据采集

图 12-35　试验场现场动力响应测试情况

非光纤类传感器数据采集系统构成如图 12-36 所示，可以对路面结构的各种参数和状态进行及时测定，内容包括路表弯沉、路表横断面变形和路面结构层内的温度等。另外，通过人工观测获取试验路周围的自然环境状况如日最高气温、路表最高温度、路面结构温度场、日降雨量等内容，可以建立路面结构状态和加速加载次数在特定条件下的定量关系，以探讨和研究路面结构使用性能在连续荷载作用下的发展变化规律。

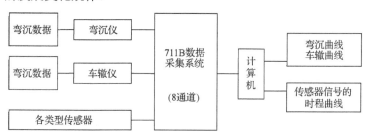

图 12-36　非光纤类传感器数据采集系统组成

12.4.3　大广高速公路按功能设计沥青路面结构信息测试（2010～2012 年）

1. 项目背景及目标

传统的沥青路面材料设计没有将材料设计对策与各结构层所处的三向应力特征及其相应的功能要求结合在一起，因此进行基于沥青路面各层功能需求的按功能设计沥青路面材料方法研究具有实用性。该项目研究目标之一是获得按功能设计的沥青路面结构实际动力响应信息，并且与传统沥青路面的响应做对比，以从结构响应的角度评估新型路面结构与材料设计的合理性。

试验路段位于大广高速公路的大庆至肇源段，路面宽度 11.25m，面层结构总厚度 18cm，与原路面设计厚度一致，试验路段路面结构为 2cm 超薄磨耗层+14cm 高模量沥青混合料层+2cm 应力吸收层。两种路面结构及基层状况如图 12-37 及图 12-38 所示。

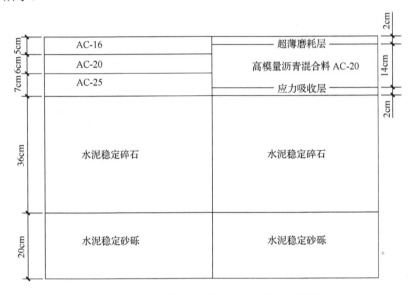

图 12-37　按功能设计的试验路与原路面结构

图 12-38　试验路段基层状况

针对研究目标，制定项目实施的总体方案为：①在试验路段上、中、下沥青层布设光纤光栅横向、纵向和竖向应变传感器以及光纤光栅温度传感器，用以获取新结构的应变响应；②采用固定载重车定期测试试验路段实际动力响应；③结合基于实测材料参数的 ABAQUS 有限元数值模拟分析，验证按功能设计的沥青路面结构的合理性。

2. 项目的实施过程

大广高速公路试验路段传感器埋设示意图及现场传感器埋设情况如图 12-39 和图 12-40 所示。

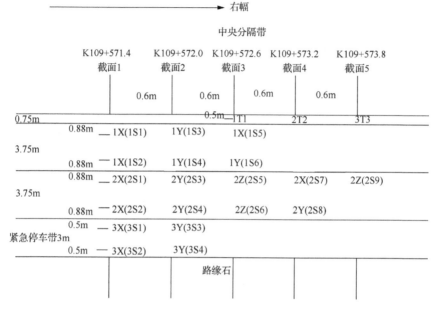

1—应力吸收层；2—AC-20 高模量中面层；3—超薄磨耗层；

X—横向应变传感器；Y—纵向应变传感器；Z—竖向应变传感器；T—温度传感器。

图 12-39　传感器埋设示意图

图 12-40　大广高速传感器现场埋设情况

现场测试车辆型号为东风牌平板车（EQ1120GL），车上配重 7.5t 石块，现场实测其车辆轴载及轮胎接地面积。动力响应应变测试车速度控制在 30km/h，大广高速公路动力响应测试现场如图 12-41 所示。

图 12-41　大广高速公路动力响应测试现场

12.4.4　通丹高速公路长寿命沥青路面结构信息长期监测（2010～2013 年）

1. 项目背景及目标

传统的路面结构信息采集可以归结为定期的、现场的、荷载条件控制式的离线测试系统，如何建立一套长期的、远程的、实时的、实际荷载条件的沥青路面结构信息在线监测系统具有一定的挑战性。项目的目标为立足于吉林省典型柔性基层沥青路面结构的对比，建立一套囊括车辆荷载信息、路面动力响应信息及路面内部环境信息的长期远程实时在线监测系统，构建沥青路面动力响应模型。

试验路位于通丹高速公路（鹤大高速公路吉林境内部分）通化市境内通化至新开岭段。试验路四种结构为长寿命沥青路面，其中结构一和结构三为柔性基层沥青路面，沥青层相对较厚，结构二和结构四为复合基层沥青路面。四种路面结构的沥青层厚度分别为结构一 34cm、结构二 27cm、结构三 29cm 和结构四 22cm，每个试验段平均长 2km 左右。路面结构设计方案如图 12-42 所示。

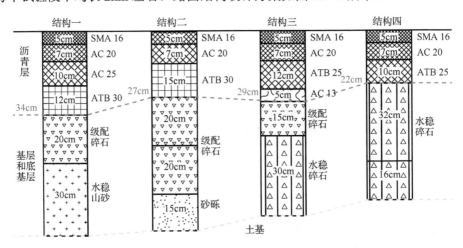

图 12-42　吉林通丹高速公路长寿命试验路段路面结构设计方案

　　项目实施总体方案：①布设动态称重系统和轴位置传感器，获取经过试验段的所有车辆荷载信息；②布设不同类型光纤布拉格光栅传感器，对路面内部不同位置处的温度、湿度、三向应变（横向、纵向和竖向应变）、压力、弯沉等信息进行监测；③通过长距离传输光缆将路面现场采集的数据传输至中央监测室，而后通过网络有线传输，远端用户可登录远程客户端，通过 Internet 访问服务器，并对现场情况进行在线监测、查询和统计等操作；④结合配备的数据分析软件、服务器和大容量存储设备能对采集的数据进行离线数据处理、分析和存储，实现沥青路面结构信息数据库的建立。

2. 项目的实施过程

　　传感器安装位置位于各结构段靠近中点附近，数据采集及监测设备安装于高速公路收费站的监测室内，数据监测中心距离四种路面结构传感器埋设位置由远及近分别为 11.2km、7.5km、5.5km 和 4.4km。

　　传感器布设方案及现场布设情况见 12.1 节～12.3 节。针对沥青路面结构信息长期实时监测的需求，开发了沥青路面结构信息监测系统软件。该软件基于 C# 平台开发完成，实现沥青路面结构信息的长期在线采集和远程实时监测。软件系统包括服务器端软件"长期在线采集软件"和客户端软件"远程实时监测软件"两部分，其中数据采集软件界面、数据实时监测界面、数据分析模块初始化设置和统计分析功能界面如图 12-43～图 12-46 所示。

图 12-43　长期监测系统数据采集软件界面

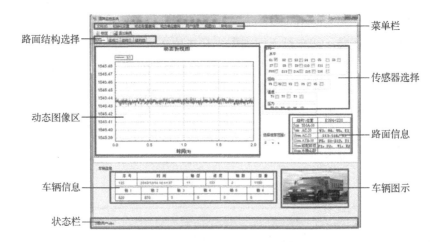

图 12-44　长期监测系统实时监测界面

（a）灵敏度设置

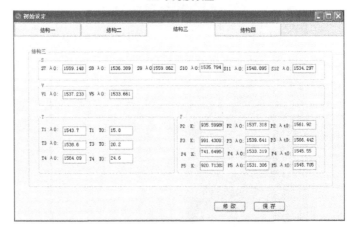

（b）初值设定

图 12-45　长期监测系统数据分析模块初始化设置界面

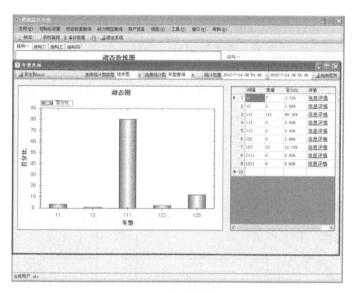

（a）统计柱状图

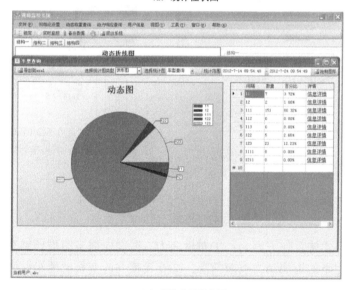

（b）统计分析饼状图

图 12-46　长期监测系统统计分析功能界面

12.4.5　重庆机场道面信息监测及性能评估（2012～2014 年）

1. 项目背景及目标

机场联络道沥青路面由于飞机行驶速度较慢以及长时间等候起飞等原因，容易产生过大的永久变形，了解飞机荷载与环境耦合作用下道面结构的力学状态，对于制定及时、合理、科学的养护维修策略和保障机场的安全运营具有重要的意义。依托重庆机场沥青道面改造工程项目，尝试采用光纤光栅智能传感技术建立机场沥青道面的健康监测系统，以便实时监测和评估道面结构的"健康状况"、准确预估道面剩余寿命。

试验路段位于重庆江北国际机场 AG 联络道，以 P202+19.5/H45+12.25 横断面作为机场道面测试断面，如图 12-47 所示。新建路面结构为原路面铣刨 15cm 而后加铺。AG 联络道宽度为 38m，路肩两侧宽度各 10.5m。

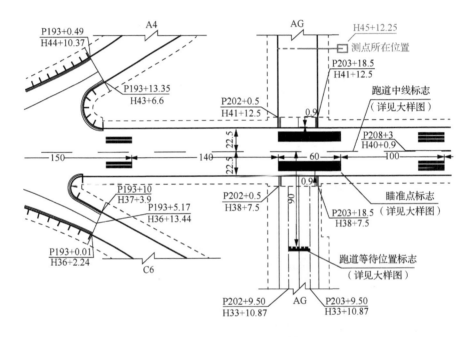

图 12-47　机场道面测试断面

试验项目实施总体方案为：①布设应力、三向应变及温度传感器，获取不同飞机荷载作用下的道面动力响应信息；②布设横向应变传感器组获取飞机轴载作用位置信息；③采用现场定期实测获取飞机荷载下的动力响应样本；④通过短距离无线传输技术将现场采集的数据传输至数据监测室，避免频繁进入飞行控制区；⑤编制飞机动力响应数据分析软件系统。

2. 项目的实施过程

根据重庆机场主要机型及半轴距参数，跑道中心线右侧 2.5～6.25m 为飞机主轴通过区域。考虑飞机行驶的偏移量，将飞机跑道的 0～9m 作为荷载监测区，16～19m 的范围作为环境监测区。在联络道中心线间隔 50cm 布设偏移中心线的传感器，偏移量在 20～120cm 内间隔 20cm。传感器应变最大的点为前轴的一个轮的作用位置，其识别精度为 20cm，传感器布设方案如图 12-48 所示。

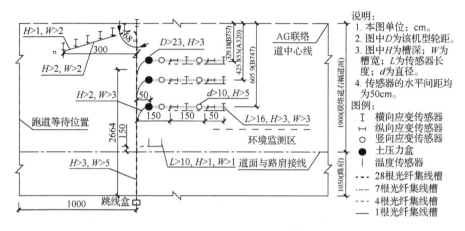

图 12-48 传感器布设方案

重庆机场联络道共计布设 19 个水平向应变传感器、6 个竖向应变传感器、3 个土压力传感器和 2 个温度传感器。传感器现场布设的准备情况如图 12-49 所示。

图 12-49 传感器现场布设准备情况

数据采集分为样本数据现场采集和无线传输两种方式，其中前者采用 MOI SI425 型光纤光栅解调仪进行样本数据采集，数据采集按机型分开进行，每次采集的信息包括飞机轴载作用位置判定信息、固定机型的响应信息及道面温度信息。传感器现场布设如图 12-50 所示，现场采集与无线传输采集的设备如图 12-51 所示。

图 12-50　传感器现场布设

图 12-51　现场采集与无线传输采集的设备

12.5　本 章 小 结

　　本章主要以通丹高速长寿命沥青路面结构信息长期监测项目为例，分别阐述沥青路面动力响应测试所涉及传感器选择、布设方案制定、现场埋设以及数据采集、传输等方面的工作。同时，结合实际依托的研究工作，给出了不同沥青路面动力响应现场实测的实际案例。

参 考 文 献

李生龙, 2013. 沥青路面结构信息监测与疲劳性能预估[D]. 哈尔滨: 哈尔滨工业大学.

孙宗杰, 2011. 路面结构动力响应信息初步监测及分析[D]. 哈尔滨: 哈尔滨工业大学.

第13章　沥青路面动力响应实测结果分析

沥青路面动力响应测试信息的批量处理是有效进行沥青路面力学行为分析的前提条件。在实际路面动力响应测试中，获得的测试信息受到很多因素的影响，如实时的温度（某些情况下湿度也是影响因素之一）、荷载的作用位置、车辆的振动、传感器的布设深度等，所获得的动力响应的时程曲线千差万别。另外，采集的数据经常出现噪声、基线漂移、异常值等现象，个别传感器的时程曲线不合理，应作为错误数据予以剔除。

目前包括离线适时采集和在线实时采集两种方式进行现场信息的实测都会产生大量的测试数据，如果采用人工的方式逐一进行时程曲线的识别、判断、处理和关键信息的提取，其工作量将极为巨大。以依托的吉林省长寿命沥青路面结构信息监测为例，动力响应信息采用触发式采集，每天测试车道通过车辆按 1000 计算，则每月产生的时程曲线为 72 条/辆×1000 辆/d×30d=216 万条，若采用全人工处理，将是不可能完成的任务。因此，需要编制一套批量数据处理程序，特殊数据可结合人工处理方式，从而有效地处理沥青路面动力响应的海量信息。实测数据的处理步骤一般包括不合理数据剔除、数据噪声处理、关键信息提取及信息统计分析等。

13.1　实测数据的处理

13.1.1　常见问题

由于多种因素光纤光栅类传感器实测时程曲线有可能出现异常，其中部分为不合理的数据信息，以下传感器数据信息需要特别注意。

1）过大的噪声及波动。由于传感器的服役环境恶劣，采集信息受外界干扰而产生大幅波动［图 13-1（a）］；当荷载作用横向位置距离传感器较远或者是当轻型车辆荷载作用于路面结构时，传感器产生的动力响应较小，其响应信号信噪比较低［图 13-1（b）］，此时传感器获得的信息噪声较大，难以提取有用信息。

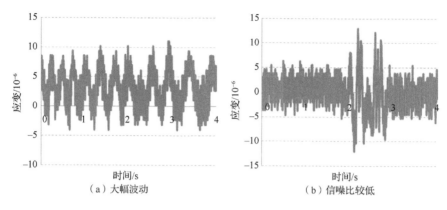

图 13-1　产生波动的传感器信号

2）极大的动力响应数值。传感器由于冬季温度较低或者在施工过程中造成损坏，传感器测试信息会出现极大值，如应变传感器会出现数千至数万微应变，此时传感数据已经失真，需要予以过滤，受干扰的传感器信号如图 13-2 所示。

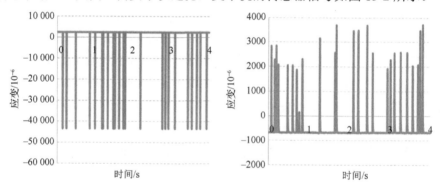

图 13-2　受干扰的传感器信号

3）基准线漂移（图 13-3）。由于外界环境条件、荷载条件或传感器自身突然发生变化，实测数据的基准线（也称零点）可能会发生突然漂移，即基准线跳跃，如图 13-3（a）所示，该种情况下数据出现异常，需要谨慎处理。还有一种情况是由于重载或高温条件，车辆驶过以后，传感器数据基线短时间内未恢复到初始状态，产生响应基准线漂移，如图 13-3（b）所示，说明此时路面结构可能出现永久变形，或者变形需要较长的恢复时间。

4）数据处理造成的削峰。由于部分实测数据的初始信号信噪比较低，对于这部分信号，在进行分析之前需要进行降噪处理，通常采用数字滤波手段来提升其信噪比。然而在对数字信号进行滤波的同时，难免会损耗其波峰，俗称削峰现象，如图 13-4 所示。采用移动平均方法对信号进行滤波后，峰值降低到不足原始信号波峰的 1/2。

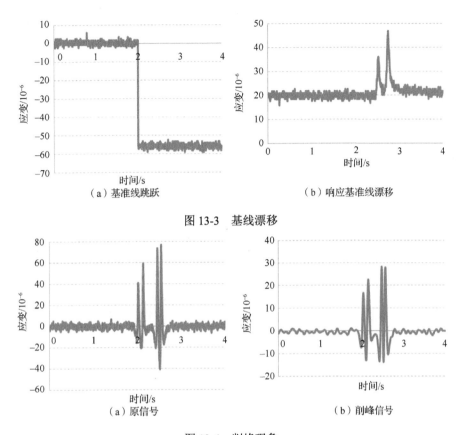

（a）基准线跳跃　　　　　　　　（b）响应基准线漂移

图 13-3　基线漂移

（a）原信号　　　　　　　　（b）削峰信号

图 13-4　削峰现象

5）联轴信号重叠（图 13-5）。在某些重型车辆荷载作用下，双联轴或者三联轴引发的传感器实测响应信号可能会相互重叠。产生这种现象是由于车速较快或传感器归零较慢，或者荷载引起路面的残余变形恢复较慢。这种发生重叠的联轴响应信号有时会与传感器的多峰现象产生混淆，给关键信息的提取带来麻烦。

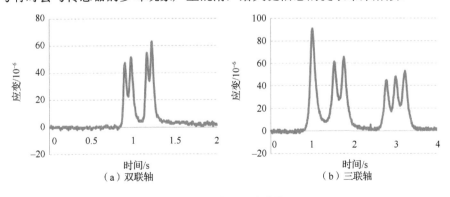

（a）双联轴　　　　　　　　（b）三联轴

图 13-5　联轴信号重叠

13.1.2 数据处理方法

1. 典型时程曲线及合理性验证

沥青路面动力响应典型单轴时程曲线规律可以详细参考 13.2 节中的移动荷载数值模拟分析部分，这里需要注意的是，当车辆荷载中含有双联轴或三联轴时，其时程曲线可能出现应变叠加现象。

为了验证现场测试结果的合理性，可以采用相似工况条件下现场测试结果与数值模拟结果进行对比。需要注意的是，由于现场测试条件复杂，车辆速度、作用点位置、当时的气候条件、操作人员等因素都会造成结果的变异。这里以北京六环高速公路现场响应实测为例，将实测数据与有限元数值模拟结果进行比较。在有限元数值模拟分析中采用车速 36km/h，面层材料参数基于松弛模量主曲线的平移采用 45℃结果，荷载采用现场测试接地压力等效换算结果，提取中面层和下面层中点数值模拟结果进行对比。而现场应变实测中控制车速 35km/h，空气温度 30℃。下面给出两者三向应变的比较结果（柳浩，2010）。

从图 13-6 竖向应变结果对比中可以看出：两者时程变化的趋势基本一致，即在轴载接近测点时出现一个微小拉应变，表现在外观上为略微的隆起；当轴载到达该点时为压应变，其绝对值达到最大，此时为受压状态；而后当轴载驶离时，该点从受压状态快速恢复并出现一个微小的残余应变。两者不同之处在于，荷载接近测点时现场实测反映出的竖向拉应变相对较大，驶离时应变恢复较慢。分析原因，一方面是现场实测车辆速度很难精确控制，另一方面传感器由于周围材料的约束，本身响应会受到影响。总体而言，数值模拟分析与现场实测结果的规律具有很好的一致性，两者幅值中面层相差 3%左右，下面层相差 7%左右。

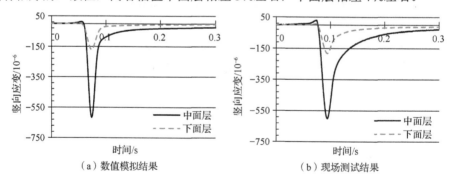

（a）数值模拟结果　　　　　　　　（b）现场测试结果

图 13-6　竖向应变结果对比

从图 13-7 纵向应变结果对比中可以看出两者时程变化的规律是一致的，在荷载经过前后，路面结构内部出现了拉-压应变的交变变化，且拉压应变绝对值在同一数量级，说明在实际路面结构中，车辆荷载的反复作用会导致路面结构内部出现反复的纵向拉、压应变交变变化，可以预见这种长期的交变作用必然会导致材料疲劳的产生。两者不同之处主要集中于纵向应变的幅值上，现场实测结果整体高于数值模拟，同时压应变相对较大，两者中面层幅值相差 18%左右，下面层幅值相差 30%左右。分析其原因，可能是实际车辆在移动过程中对路面不仅施加竖向力，同时还存在一个由速度变化所引起的水平力，从而导致实际路面中出现相对较大的纵向应变。这说明数值模拟分析没有考虑水平力，具有一定的局限性。

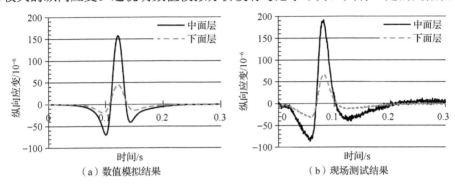

图 13-7　纵向应变结果对比

从图 13-8 横向应变结果对比中可以看出两者时程变化的规律是一致的，车辆驶过前后的路面结构内部测点处始终处于受拉状态，且示出荷载离开后拉应变需要一定的恢复时间。两者的差异在于数值模拟分析中横向应变恢复速度较慢，存在一定的残余应变。这一方面是由于数值模拟分析中考虑了沥青材料本身的黏弹性，另一方面也与目前路面结构应变测试方法和应变测试元件有关。目前的测试元件多为高模量弹性体，当采用这种元件测试黏弹性介质时可能损失了被测介质的黏弹特性。两者幅值中面层相差 6%左右，下面层相差 20%左右。

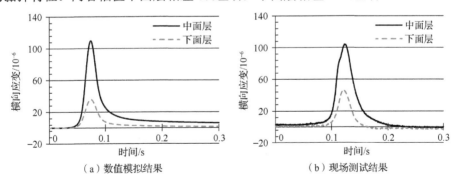

图 13-8　横向应变结果对比

此外，还可以通过车辆驶过水平传感器阵列式时整个水平传感器阵列的应变响应判断测试结果的合理性。当车辆通过传感器阵列时，所有传感器均产生动力响应，纵、横向应变传感器产生的最大应变响应值各不相同，不同横向位置传感器产生的响应值与车轮驶过的横向位置有关。这里以吉林省长寿命沥青路面动力响应监测为例，如图 13-9 所示为连续两辆四轴车通过结构一测试断面时，传感器阵列的动力响应情况，图 13-10 给出了两车后轴的横向相对位置判定。

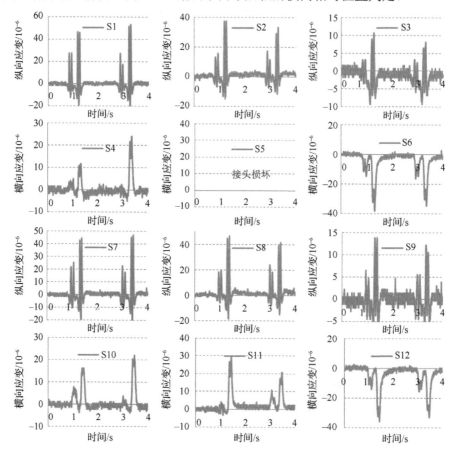

图 13-9　传感器阵列动力响应情况

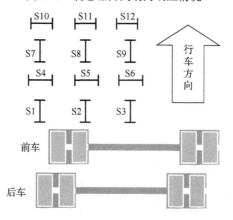

图 13-10　两车后轴的横向相对位置判定

由传感器阵列的动力响应曲线可以看出：对于不同作用横向位置处的纵向应变，其时程变化规律均相同，但响应峰值大小有较大差异，车轮荷载直接作用区域内的纵向应变较大，在作用区域外则随着与荷载中心距离的增大，响应峰值逐渐减小；对于横向应变，车轮荷载作用区内表现为拉应变，区域外部为压应变，同样，横向拉应变峰值随着与荷载中心距离的增大而减小。

2. 常见数据处理方法

（1）数据过滤

对于海量原始数据，其格式多为 txt 文本文件，可采用批量处理的方法对文本数据进行过滤。为降低数据量，动力响应在线实时采集多采用触发式，即通过某一传感器响应的幅值大小判定来车，而后全部通道进行数据采集，造成部分传感器数据无用，因此应首先对其进行数据过滤。数据过滤的同时，还可以剔除掉不合理数据。数据过滤可以通过设计一个阈值，对每一段原始数据信号依次进行判定，当数据中的极值超过设定的阈值，则将极值点前后若干数据点作为一条有效的动力响应信息保存下来。阈值的选择需根据经验及测试路段荷载、环境条件选定，阈值下限通常设置为 $(5\sim15)\times10^{-6}$，而阈值上限通常根据路段可能通过最大荷载水平设定，数据批量处理阈值/极值判定如图 13-11 所示。

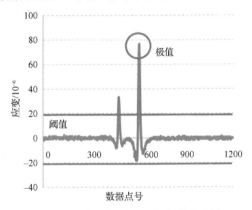

图 13-11　数据批量处理阈值/极值判定

（2）基线归零

在对响应进行处理前，对其进行平移操作，使其基准线归零。对该响应变形点之前的一段数据取平均值，令此平均值归零，即所有数值点均减去此均值，则信号图像由图 13-12 中上方曲线变为下方曲线。此时其基准线处于零点位置，该曲线上的数据点值代表绝对应变响应值。

（3）数据点加密及滤波

为了消除数据噪声，通常采用移动平均滤波法对数据进行降噪处理，直至响应数据的信噪比满足要求，然而需要注意的是采用移动平均滤波后削峰现象比较明显。为避免响应峰值产生较大损失，可以对原始数据点进行局部加密，采用线性插值方法在原始数据点间插入若干个数据点，以控制数据滤波对峰值的影响。图 13-13 给出了插值前后响应数据点加密，图 13-14 为数据移动平均滤波，图中给出了滤波前后响应数据，可以看出滤波后响应数据的信噪比有较大的提高，而响应峰值并没有下降。

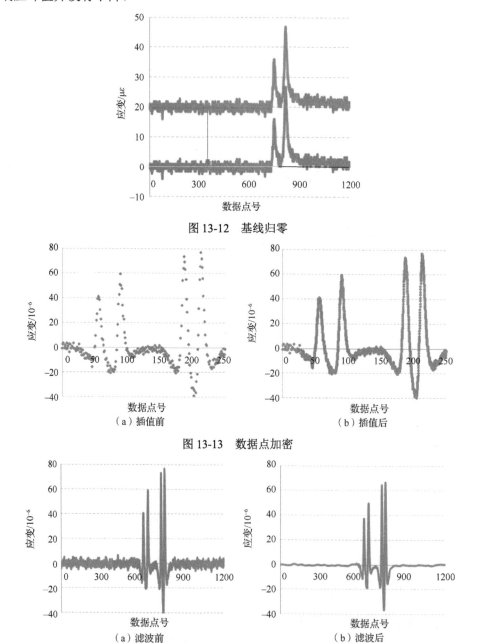

图 13-12　基线归零

（a）插值前　　　　　　　（b）插值后

图 13-13　数据点加密

（a）滤波前　　　　　　　（b）滤波后

图 13-14　数据移动平均滤波

（4）关键信息的提取

海量监测信息数据传输及数据库存储过程中要求尽量减小数据量，而进行沥青路面动力响应数据分析时也不需要详细的时程曲线，因此需要提取其关键信息。图 13-15 为纵向应变传感器在两轴汽车荷载作用下产生的应变响应时程曲线。在关键信息点上，数据切线的斜率有较大变化，因此可以根据其导数的变化对关键点进行识别及提取。

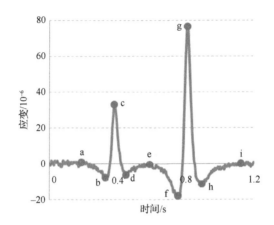

a~i 点—该响应曲线的关键信息点，其中 a 点、e 点和 i 点为基准点，

b 点、d 点、f 点和 h 点为极小值点，c 点和 g 点为极大值点。

图 13-15　应变响应时程曲线

此外，应变的响应时间也是响应中的关键信息。图 13-15 中，a 点和 e 点、e 点和 i 点的时间间隔为响应持续时间，而 b 点和 d 点、f 点和 g 点的时间间隔为荷载的加载时间，二者均为路面动力响应及性能预估的重要指标。平均应变和应变率累计也是分析应变响应的重要指标，平均应变代表该响应的应变水平，应变率累计实际是应变响应曲线的长度，其二者计算式分别如式（13-1）和式（13-2）所示。

$$\bar{\varepsilon}=A \,/\, t_r \tag{13-1}$$

式中：$\bar{\varepsilon}$ ——平均应变；

A ——应变响应与时间轴围成的面积；

t_r ——应变响应时间，如 a、e 两点的时间间隔。

$$\varepsilon_a = \int_b^a \left|\frac{\partial \varepsilon}{\partial t}\right| \mathrm{d}t + \int_c^b \left|\frac{\partial \varepsilon}{\partial t}\right| \mathrm{d}t + \int_d^c \left|\frac{\partial \varepsilon}{\partial t}\right| \mathrm{d}t + \int_e^d \left|\frac{\partial \varepsilon}{\partial t}\right| \mathrm{d}t \tag{13-2}$$

式中：ε_a ——应变率累计。

13.2　典型实测数据结果分析

本节以通丹高速公路为例，介绍实测数据的典型分析结果，包括荷载信息、温度信息及动力响应信息等。

13.2.1　车辆荷载信息

采用弯板式动态称重系统，对通行在试验段四种路面结构的车辆信息进行长期实时监测，分析数据选择从 2012 年 9 月 29 日开始到 2013 年 3 月 22 日期间的车辆情况。在约半年时间内，经过试验段的车辆总数为 56 944 辆，总轴数 131 976，通过分析得到了该时间段内车辆速度分布规律、实测日交通量变化规律、通行车辆轴型分布规律、车辆小时分布系数、实测轴载谱等交通荷载信息。

1. 速度分布

通过对图 13-16 分析可知，通行在试验段内的车辆速度主要集中在 60～100km/h 区间。在 40～60km/h 区间的车辆占总数的 8.7%，60～80km/h 区间的车辆占总数的 32.0%，80～100km/h 区间的车辆占总数的 34.6%，100～120km/h 区间的车辆占总数的 15.0%，120～140km/h 区间的车辆占总数的 4.1%，而小于 40km/h 和大于 140km/h 速度行驶的车辆总计不超过 5%。

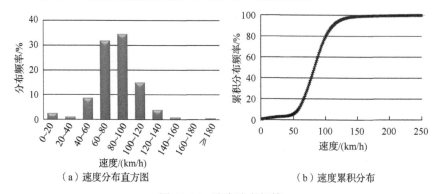

（a）速度分布直方图　　　　　　　　（b）速度累积分布

图 13-16　速度分布规律

2. 交通量

交通量作为路面设计研究的重要参数，是指单位时间内通过道路某一断面的车辆数。通过对交通量的实测和分布规律统计，能够掌握试验段路面所承受车辆荷载时间和类型分布情况，进而结合实测路面温度随时间分布规律，对于路面性能评估和预测具有重要意义。下面对实测日交通量和车辆小时分布率进行分析。

（1）日交通量

对日交通量进行统计分析，其分布图如图 13-17 所示。由图 13-17 可知，正常情况下，该路段日交通量平均在 200～400 辆范围内，个别天数处于 200 辆以下或大于 400 辆，但最大值不超过 600 辆，且主要以小汽车为主。在 10 月 1 日至 10 月 7 日期间，交通量有明显增加，最高时可达到 1600 辆左右，结合图 13-17（b）可知，该现象的出现主要是小汽车通行量的剧烈增长，而大于 3 轴的重载车数量增加并不明显，始终不超过 100 辆，日平均值约为 36 辆，这与我国在国庆节期间小汽车免费通行政策有关。日平均交通量 Q_{ave} 计算公式如下：

$$Q_{ave} = \frac{1}{n} \sum_{i=1}^{n} Q_i \tag{13-3}$$

式中：Q_{ave}——日平均交通量；

　　　n——计算日平均交通量的天数，d；

　　　Q_i——计算时间段内的日交通量，辆/d。

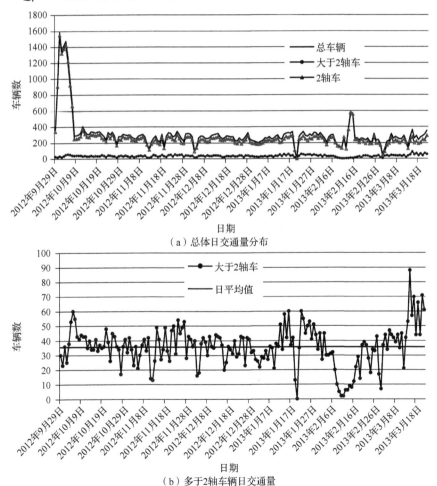

（a）总体日交通量分布

（b）多于2轴车辆日交通量

图 13-17　日交通量分布图

（2）车辆小时分布率

为了解车辆在一天内不同时间段的分布规律，对试验段不同轴数车辆进行了小时分布率统计，计算公式如下：

$$m_{i,j,ave} = \frac{\sum\limits_{k=1}^{n} q_{i,j,k}}{\sum\limits_{k=1}^{n} Q_{i,k}} \times 100\% \tag{13-4}$$

式中：$m_{i,j,ave}$——i 轴车在第 j 个小时区间的车辆小时分布率；

　　　　i——车辆轴数；

　　　　j——第 j 小时（从 0 时起将一天划分为 24 个小时区间，每个区间时长 1h）；

　　　　n——计算小时分布率的天数；

　　　　$q_{i,j,k}$——i 轴车第 kd 第 j 个小时区间内车辆数；

　　　　$Q_{i,k}$——i 轴车第 k 天通行车辆总数。

例如，计算从 2012 年 9 月 29 日至 2013 年 3 月 22 日期间，2 轴车 8:00～9:00 的车辆小时分布率 $m_{2,9,ave}$，即 $i=2$、$j=9$、$k=175$，计算过程如下：

$$m_{2,9,ave} = \frac{\sum\limits_{k=1}^{175} q_{2,9,k}}{\sum\limits_{k=1}^{175} Q_{2,k}} \times 100\% = \frac{3247}{50\ 984} \times 100\% = 6.37\%$$

通过以上方法，分别对 2 轴车～6 轴车在 24 个小时区间内的车辆分布率进行计算，车辆小时分布率如图 13-18 所示。

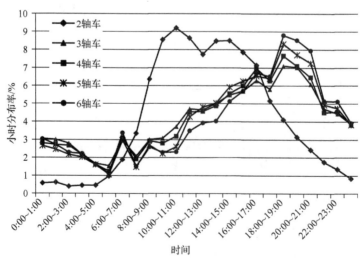

图 13-18　车辆小时分布率

由结果可以看出，2 轴车与其他类型车辆小时分布规律明显不同，故应分别进行分析。2 轴车在深夜 0:00 以后至早晨 5:00 前通行数量非常少，期间各小时分布率约为 0.5%，7:00 之后开始迅速增大，10:00～11:00 达到一天中最大值，12:00～13:00 有小幅度下降，13:00～15:00 期间又达到一次峰值，17:00 之后迅速减少，由此看出 2 轴车通行较接近人们正常生活习惯和出行规律。3 轴车～6 轴车车辆小时分布率总体趋势接近，且各小时区间内的分布率值大小也相差不大。一天中 5:00～6:00 行驶数量最少，继而从 6:00～7:00 出现一个幅值不大的早高峰，约占一天通行车辆总数的 3%，然后开始逐渐增多，18:00～21:00 为晚高峰区间，达到一天中最大值，3h 通行车辆总数约占全天的 25%左右，然后又逐渐减少。此现象的产生主要是因为 3 轴及以上轴数车辆多为货车，遵循货运出行时间规律。

3. 轴型与轴重分布

（1）轴型分布

图 13-19 给出了详细的车辆轴型分布结果。结果显示，2 轴车所占比重最大，占通行车辆总数的 88.5%；3 轴～6 轴车辆总计占 11.5%，分别为 3 轴车 2.4%，4 轴车 3.0%，5 轴车 1.0%和 6 轴车 5.1%。说明除 2 轴车小汽车外，通行在该路段的 6 轴车大型车辆也占有较高比例。

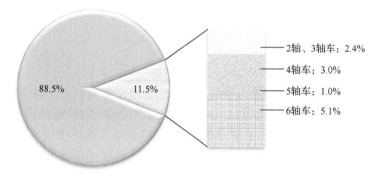

图 13-19　车辆轴型分布结果

（2）轴重分布

图 13-20 为车辆轴重分布，图 13-20（a）为所有车辆轴重分布情况，结果显示 0～1t 内轴数最大，占 65.8%，1～2t 轴数比例为 12.2%，2～3t 为 7.5%，3～4t 和 4～5t 轴比例分别为 4.8%和 4.9%，而轴重大于 5t 总数量不超过 5%。

所有车辆中，因 2 轴车数量最多且轴重较轻，因此对 2 轴车和 3 轴车及以上轴数车辆分别进行轴重统计。由图 13-20（b）可知，2 轴车轴重绝大多数小于 1t，多为轻型车辆。图 13-20（c）给出了 3 轴车及以上轴数车辆的总体轴重分布情况，通过轴重分析可以看出，试验段通行的重载车数量较少。

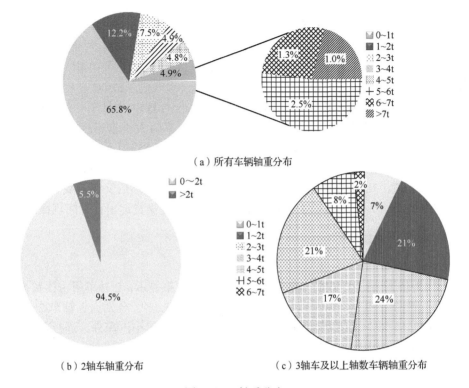

（a）所有车辆轴重分布

（b）2轴车轴重分布　　　　　　　（c）3轴车及以上轴数车辆轴重分布

图 13-20　轴重分布

4. 车辆轴载谱

根据交通量和车辆轴载分布结果可知，试验段路面通行的 2 轴车轴重绝大部分在 2t 以下，这些主要是小轿车或吨位较小的小型货车，对路面的破坏作用较小，因此在车辆轴载谱计算过程中将轴重小于 2t 的 2 轴车辆不考虑在内。通过对半年期间车辆轴载及相应的作用次数进行统计，可得到路面实测轴载谱分布，3 轴车及以上车辆轴重分布如图 13-21 所示。

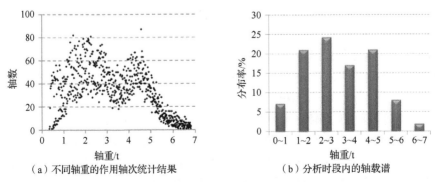

（a）不同轴重的作用轴次统计结果　　　　　（b）分析时段内的轴载谱

图 13-21　3 轴车及以上车辆轴重分布

13.2.2 温度信息

为研究沥青路面温度场的时间变化规律和空间分布规律，选择一年中四个季度代表月份中的典型日期，绘制温度曲线，分析其规律。

1. 四季度不同深度处温度变化

彩图20分别给出了四个季度中路面不同深度处某1d内的温度时程变化曲线。

从彩图20中可以看出，每天为一个温度变化周期，每条温度变化曲线均有7个波峰和波谷对应每天路面内部最高和最低温度；路面温度在峰值与谷值之间与空气温度同趋势变化。路面内部温度一般在14:00～16:00达到最高值，4:00～6:00降至最低值。由曲线斜率可以看出，9:00～12:00温度上升较快，16:00～18:00温度下降较快。路面中、下面层温度达到最高值的时刻略滞后于上面层，基层温度达到峰值的时刻更加滞后。这是由于热量从路表面向下逐渐传递，因此，随深度增加，路面温度值达到峰值或谷值的时刻相对滞后。且路面深度越小，其温度波动范围越大；深度越大，其温度变化幅度越小。

此外，从图中还可以看出：一季度的2月气温较低，且太阳辐射率较低，所以距离路表越近处的路面温度越低；二季度的5月，气温有所上升，但太阳辐射率仍处于较低水平，路表及深度较小范围内的路面温度较低且波动幅度较大，随深度增大，路面温度变化幅度减小；三季度的8月，气温及太阳辐射均达到全年最高，故路面各个深度处的温度均达到全年最高值，随着路面深度的增加，路面内部最高温度逐渐降低，最低温度有升高趋势，温度变化的幅度逐渐减小；四季度的12月，路面温度场分布规律与一季度2月相近。

2. 不同季度每日温度沿深度的分布

图13-22分别给出了四个季度中1d内不同时刻温度随路面深度的变化曲线。

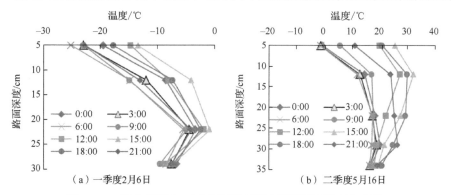

图13-22 四个季度中1d内不同时刻温度随路面深度变化曲线

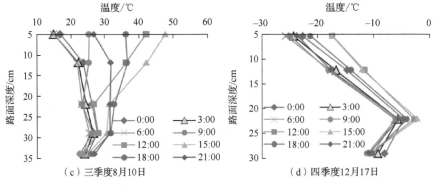

（c）三季度8月10日　　　　　　（d）四季度12月17日

图 13-22（续）

从图 13-22 中可以看出，各季度随着路面深度的增加，温度变化范围逐渐减小；且二、三季度路面温度的变化范围明显大于一、四季度。一、四季度，路面各深度处温度在 15:00 达到最高，6:00 降至最低；二、三季度，路面的上、中面层在 15:00 达到最高温度，随深度增加，达到最高温度的时刻略微滞后，清晨达到最低温度的时刻比一、四季度稍有提前。这是由于二、三季度太阳升起较早，而落山较晚，且相对于一、四季度气温和太阳辐射率均较高，上述原因导致了各季度路面温度分布及发展规律的差异。

3. 沥青路面温度统计分布规律分析

对 2012 年 8 月至 2013 年 7 月采集到的路面结构温度数据进行统计分析，研究一年内温度的总体变化趋势和分布特征。

（1）路面各月平均温度分布

图 13-23 给出了一年内路面结构不同深度处月平均温度的变化曲线。

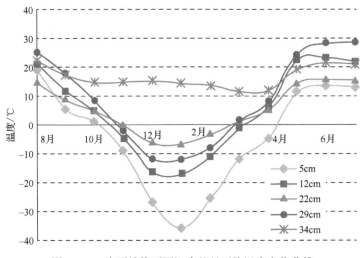

图 13-23　路面结构不同深度处月平均温度变化曲线

从图 13-23 中可以看出，从 2012 年 8 月至 2013 年 7 月，路面各深度处月平均温度均呈先下降后上升的趋势；随路面深度增大，一年内月平均温度的变化幅度减小；在寒冷月份，即一、四季度，路表下方 5cm 处的路面月平均温度始终处于最低水平，然而二、三季度，该深度处月平均温度并没有达到最高，这是由于路面深度较浅处散热较快，而路面深处热交换相对较慢，温度可以较好保持，故深度较浅处路面月平均温度相对较低。

（2）路面各月极端温度分布

图 13-24 给出了各路面深度处一年内月最高、最低和平均温度的变化曲线。

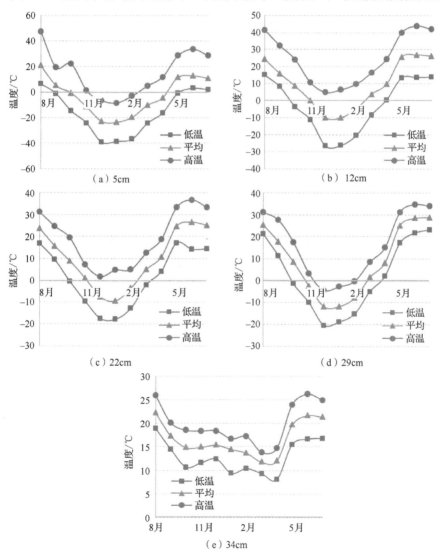

图 13-24　路面不同深度处一年内月温度变化曲线

从图 13-24 中可以看出，路面结构月最高、最低温度及平均温度走势大体相同；从不同路面深度温度分布对比来看，深度越小，温度变化范围越大；距路表 34cm 的沥青层底部温度变化较小，常年维持在零上，而距路表 5cm 的上面层底部，年最大温差可达到 80℃。

（3）路面日温度分布

图 13-25 分别给出了一年内路面不同深度处，日最高、最低温度及平均温度在各个区间内的分布百分率。

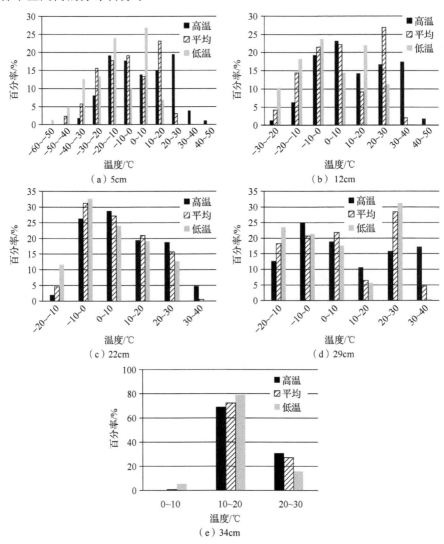

图 13-25　一年内路面不同深度处日温度分布百分率

对比图 13-25 中各分布柱状图，可以看出深度越小，路面温度分布的范围越大，但深度达到 34cm 时，路面温度仅分布于 0～30℃，且主要分布于 10～20℃。

13.2.3　动力响应信息

分析在车辆荷载作用下,沥青路面结构内部动力响应的时间和空间分布规律,有利于了解路面结构内部病害的发生机理。因此,对典型车辆荷载作用过程中,路面响应进行多角度分析。

1. 动力响应的时程曲线与空间分布

（1）车辆荷载作用下沥青路面动力响应时程曲线

图 13-26 给出了 4 轴货车荷载作用下沥青路面动力响应时程曲线。从图 13-26中可以看出,荷载驶过前后,纵向应变表现为压-拉-压应变交变变化,且拉、压应变的绝对值在一个数量级,但拉应变在数值上大于压应变。竖向应变主要表现为压应变,荷载靠近时,路面材料首先产生一个较小的拉应变;当荷载移动至测点正上方时,拉应变逐渐变为压应变且达到最大值;随着荷载逐渐远离,压应变迅速恢复,荷载离开后存在一定的残余应变。横向应变表现为纯拉应变或者压应变,这主要与荷载作用的相对位置有关;当车速较快时,相近两车轴引起的应变相互搭接/重叠。车辆荷载引起的竖向应力主要表现为压应力,其时程特征与竖向应变类似,荷载离开后存在一定的残余应力,与竖向应变规律相互对应。

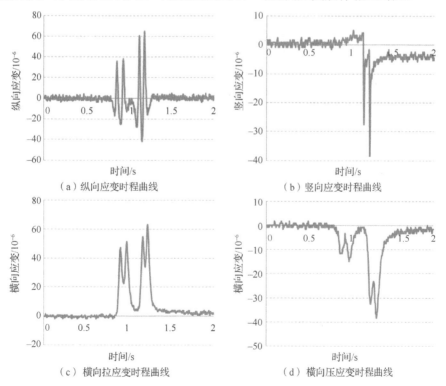

（a）纵向应变时程曲线　　　　　　　（b）竖向应变时程曲线

（c）横向拉应变时程曲线　　　　　　（d）横向压应变时程曲线

图 13-26　沥青路面动力响应时程曲线

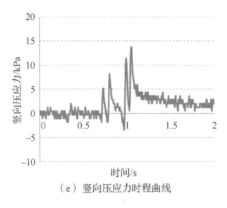

（e）竖向压应力时程曲线

图 13-26（续）

（2）车辆荷载作用下沥青路面应变响应空间分布

车辆荷载驶过时，不仅车轮荷载直接作用处的路面结构会产生动力响应，同时荷载向四周和深度方向传播，这使得荷载影响区域范围内将产生应变场。以表 13-1 示出车辆分析信息，即以两辆 4 轴车为例，研究其驶过测试断面时，传感器阵列监测到的应变场分布。

表 13-1 车辆分析的信息

车辆轴重/kg				检测日期	检测时间	速度/（km/h）
轴 1	轴 2	轴 3	轴 4			
2660	3420	7770	7600	2012 年 5 月 28 日	13:07:54	61
3070	2590	6830	7100	2012 年 5 月 28 日	13:08:03	59

图 13-27 给出两辆 4 轴车先后驶过测试断面过程中，传感器阵列测试到的水平向应变时程曲线，以此分析应变的空间分布特征。

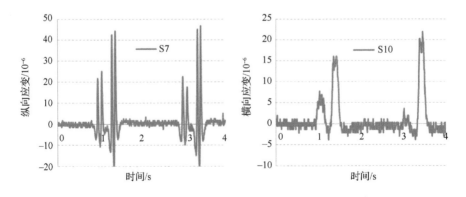

图 13-27 传感器阵列测试水平向应变时程曲线

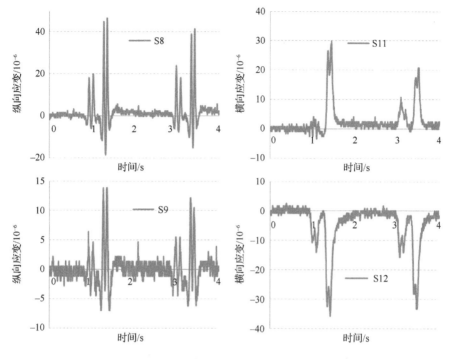

图 13-27（续）

由传感器阵列的动力响应曲线可以看出，对于不同横向位置处的纵向应变，其时程变化规律均相同，但响应峰值大小有较大差异，车轮荷载直接作用区域内的纵向应变较大，在作用区域外则随着与荷载中心距离的增大，响应峰值逐渐减小；对于横向应变，车轮荷载作用区内表现为拉应变，区域外部为压应变，同样，横向拉应变峰值随着与荷载中心距离增大而减小。

利用上述应变分布规律，可以对车辆驶过测试断面时的横向位置进行初步判定。根据上述规律，车辆驶过时，测试断面水平向应变沿不同横向位置分布如图 13-28 所示，当车轮直接作用位置处，横、纵向拉应变均达到最大值，故可判断车轮位置如图中箭头所示，同样可以判定车轴驶过测试断面时相对于传感器阵列的车轴位置，如图 13-29 所示。

2. 不同工况下沥青路面动力响应对比分析

影响沥青路面动力响应状况的因素很多，不同速度、轴载、温度及路面结构组合的工况下，沥青路面动力响应差异较大。

（1）不同速度

如图 13-30 所示，2012 年 5 月 28～29 日后轴重为 2900kg 的车辆以不同速度驶过测试断面时，传感器阵列监测到的三向应变响应。

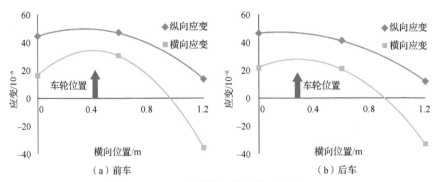

（a）前车　　　　　　　　　　　（b）后车

图 13-28　轴载作用横向位置分布

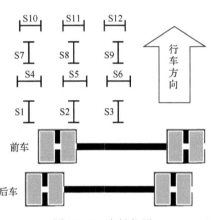

图 13-29　车轴位置

从图 13-30 可以看出，在轴载相同的情况下，随着速度的提高，其引起的路面横、纵、竖向应变响应的绝对值均逐渐减小，且均趋近于线性。这是由于随着速度加快，车轮与路面的作用时间缩短，其作用产生的应变减小。还可以看出，纵向、竖向应变大小随着速度增大而减小的幅度相近，横向应变对速度的敏感程度较小。以上表明，轴载相同的情况下，行驶速度越低，对路面结构的影响越大。

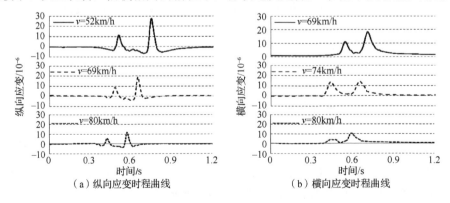

（a）纵向应变时程曲线　　　　　　　（b）横向应变时程曲线

图 13-30　速度对路面动力响应的影响

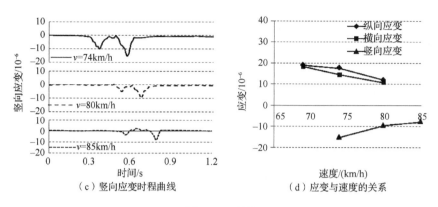

（c）竖向应变时程曲线　　　　　　　　　（d）应变与速度的关系

图 13-30（续）

（2）不同轴重

如图 13-31 所示为 2012 年 5 月 23～28 日当不同轴重的车辆以相同的行驶速度 68km/h 通过测试断面时，传感器阵列监测到的三向应变响应。

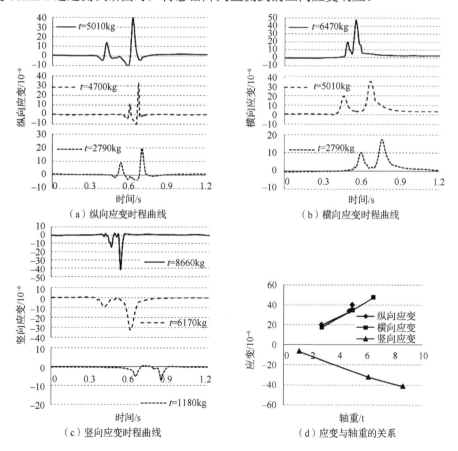

（a）纵向应变时程曲线　　　　　　　　（b）横向应变时程曲线

（c）竖向应变时程曲线　　　　　　　　（d）应变与轴重的关系

图 13-31　轴重对路面动力响应的影响

　　由图 13-31 可知，在行驶速度相同时，随着轴重的增加，荷载引起的路面三向应变响应的绝对值均增大。纵向应变对于轴载变化的敏感度较高；在轴载较小时，纵向应变随轴载增加而增大的幅度较小；在轴载较大时，横向应变随轴载增加而变化的幅度比较平缓。以上表明，在行驶速度相同的情况下，车辆轴载越重，对路面的作用越强。

　　（3）不同温度

　　表 13-2 和表 13-3 分别给出了 5 月和 11 月驶过测试断面的两辆 4 轴车和两辆 6 轴车的车辆信息，以此分析温度对路面结构动力响应的影响，分别将上述车辆驶过测试断面时的实测路面动力响应绘于图 13-32 和图 13-33。

表 13-2　4 轴车车辆信息

车辆轴重/kg				检测日期	检测时间
轴 1	轴 2	轴 3	轴 4		
2100	2820	5260	5390	2012 年 5 月 28 日	1:56:10
2980	3920	8130	8560	2012 年 11 月 2 日	19:7:2

表 13-3　6 轴车车辆信息

车辆轴重/kg						检测日期	检测时间
轴 1	轴 2	轴 3	轴 4	轴 5	轴 6		
1840	2070	6330	4850	3550	3890	2012 年 5 月 28 日	22:12:2
2540	2340	7280	5960	5600	6120	2012 年 11 月 10 日	00:13:46

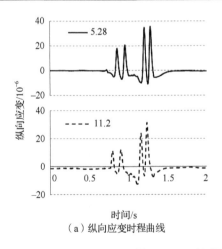
（a）纵向应变时程曲线

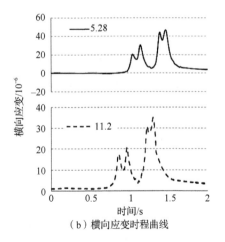
（b）横向应变时程曲线

图 13-32　4 轴车不同温度下响应对比

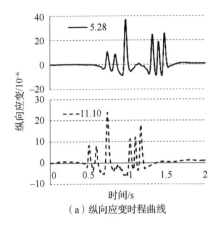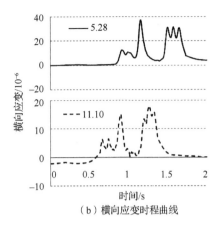

（a）纵向应变时程曲线　　　　　　　（b）横向应变时程曲线

图 13-33　6 轴车不同温度下响应对比

由表 13-2 和表 13-3 中的车辆信息可以看出，11 月驶过测试断面的 4 轴车和 6 轴车的轴重明显大于 5 月的轴重。从图 13-33 中可以看出，无论纵向应变，还是横向应变，5 月的动力响应峰值均大于 11 月的峰值。这是由于 11 月的气温和路面各深度处的温度均低于 5 月，而路面材料的模量随温度降低而增大，故 11 月车辆的动力响应极值小于 5 月的极值。由此说明，温度对路面结构动力响应的影响较大。

（4）不同路面结构组合

一辆 6 轴车驶过该段试验路，该车车辆信息见表 13-4，以此对比典型车辆荷载作用下四种路面结构响应状况。四种路面结构内部最大应变、应力响应如图 13-34～图 13-37 所示。

表 13-4　车辆信息

轴数	车辆轴重/kg						检测日期	检测时间	速度/（km/h）
	轴 1	轴 2	轴 3	轴 4	轴 5	轴 6			
6 轴	1990	1840	5910	4530	4510	4830	2012 年 5 月 28 日	15:51:55	28

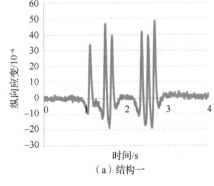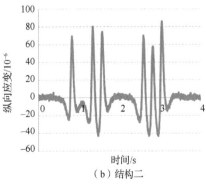

（a）结构一　　　　　　　　　　（b）结构二

图 13-34　四种路面结构纵向应变

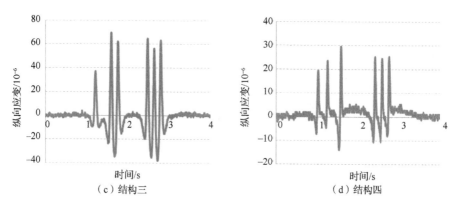

（c）结构三　　　　　　　　　　　（d）结构四

图 13-34（续）

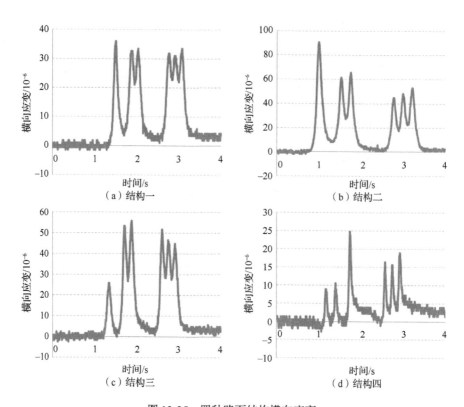

（a）结构一　　　　　　　　　　　（b）结构二

（c）结构三　　　　　　　　　　　（d）结构四

图 13-35　四种路面结构横向应变

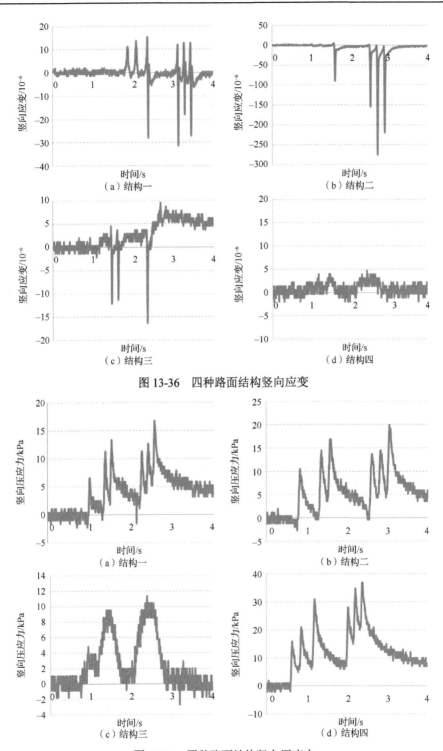

图 13-36　四种路面结构竖向应变

图 13-37　四种路面结构竖向压应力

从图 13-34～图 13-37 中可以看出，在同一车辆荷载下，四种路面结构的三向应变及竖向应力响应大小各不相同，该车辆引起的路面动力响应最大值对比见表 13-5。纵向和横向应变响应峰值按由大到小排序为结构二>结构三>结构一>结构四；竖向应变响应值按由大到小排序为结构二>结构一>结构三>结构四；引起的路面内部竖向应力由大到小排序为结构四>结构二>结构一>结构三。土压力计响应大小排序与结构沥青层厚度直接相关，这是由于土压力计都布设在沥青层底部或土基顶部，不能直接用来评价四种路面结构的使用性能的缘故。从应变响应结果对比可以得出，车辆荷载作用下，路面结构组合四的抗变形能力最强，路面结构具有较大刚度，结构一和结构三次之，结构二最小。

表 13-5　四结构路面动力响应最大值对比

	路面结构	结构一	结构二	结构三	结构四
响应 最大值	纵向应变/10^{-6}	48.5	85.9	69.7	29.5
	横向应变/10^{-6}	36.0	90.7	55.8	24.8
	竖向应变/10^{-6}	31.35	273.67	16.29	4.70
	土压力/kPa	16.73	19.14	11.35	35.91

造成上述现象的主要原因是路面结构四为半刚性基层沥青路面，基层刚度较大，故荷载作用下路面结构整体抵抗变形能力较强；路面结构二为柔性基层沥青路面，且沥青层厚度仅有 27cm，故在车辆荷载作用下，路面结构层内部产生较大应变；路面结构一同样属于柔性基层沥青路面，但其沥青层厚度达到 34cm，因此荷载响应小于结构二；路面结构三为柔性、半刚性复合基层，沥青层厚度 29cm，故应变响应同样小于结构二，与结构一相当。由于上述规律是在路面建成通车时间较短情况下观测得到的，长期结构性能还有待进一步数据积累。

3. 水平向应变统计分布规律

对随机车辆荷载作用下沥青路面动力响应进行统计分析，研究路面结构在车辆荷载作用下的响应分布状况，以了解路面一段时期内的工作状态。

（1）沥青层底部纵向拉应变

图 13-38 给出 2013 年 4 月～6 月时间段内车辆通过结构一测试断面时，水平向应变传感器阵列中各纵向应变传感器的拉应变响应统计分布。

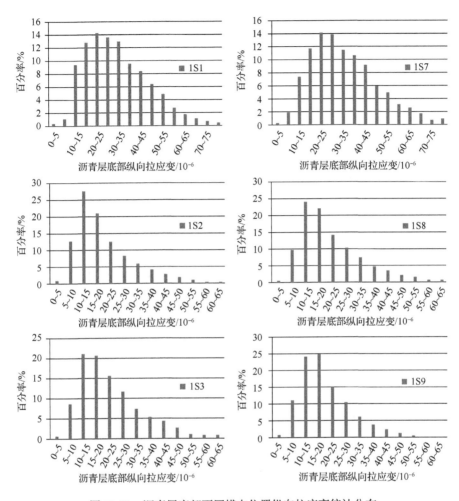

图 13-38　沥青层底部不同横向位置纵向拉应变统计分布

从图 13-38 可以看出：相同横向位置处的纵向应变传感器拉应变响应统计分布规律相近（1S1 与 1S7、1S2 与 1S8、1S3 与 1S9），说明监测系统测试的平行性良好。1S1 与 1S7 传感器拉应变响应主要分布于$(20\sim35)\times10^{-6}$区间，而其他四个传感器响应主要分布区间均为$(10\sim20)\times10^{-6}$，且从响应分布图的对比中可以看出，1S1、1S7 的拉应变响应大于其他传感器，这说明多数车辆在驶过测试断面时的相对位置偏向车道的左侧，因此传感器阵列左侧的响应值相对较大。

（2）沥青层底部纵向压应变

图 13-39 给出 2013 年 4 月～6 月时间段内车辆通过结构一测试断面时，水平向应变传感器阵列中各纵向应变传感器的压应变响应统计分布。

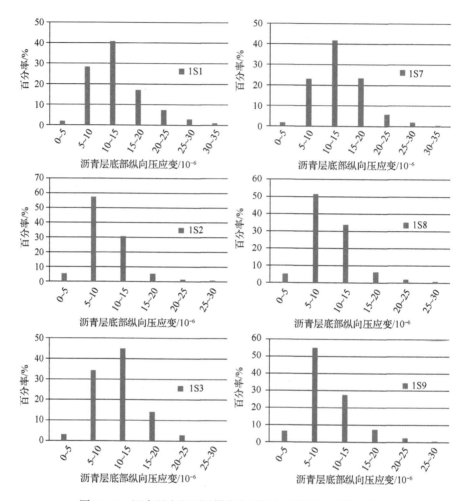

图 13-39　沥青层底部不同横向位置纵向压应变响应统计分布

　　从图 13-39 与图 13-38 的对比中可以看出，沥青层底部不同位置处纵向压应变在数值上小于拉应变，但与拉应变分布的规律相似，即相同横向位置传感器响应分布规律相近，而 1S1、1S7 两个传感器相对于其他传感器响应较大。

　　（3）沥青层底部横向拉应变

　　图 13-40 给出 2013 年 4 月～6 月时间段内车辆通过结构一测试断面时，水平向应变传感器阵列实测到的不同横向位置处的横向拉应变响应统计分布。

　　从图 13-40 与图 13-38 的对比中可以看出，与纵向拉应变相比，各位置处横向拉应变主要分布于响应水平较低的区间内，其中(5～10)×10⁻⁶ 区间内的分布百分率最大。1S10 传感器的响应值相对大于其他两个传感器，这与车辆行驶位置偏向行车道左侧的判断相符。

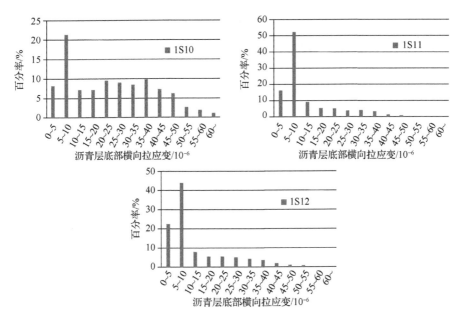

图 13-40　沥青层底部不同横向位置横向拉应变响应统计分布

（4）沥青层底部横向压应变

图 13-41 给出 2013 年 4 月～6 月时间段内车辆通过结构一测试断面时，水平向应变传感器阵列实测到的不同横向位置处的横向压应变响应统计分布。

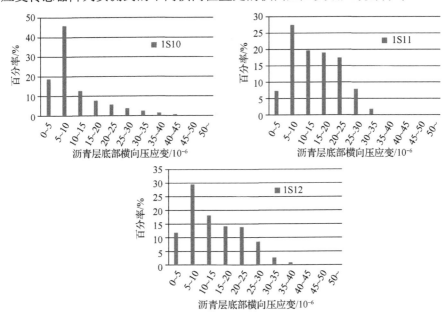

图 13-41　沥青层底部不同横向位置横向压应变响应统计分布

　　如图 13-41 所示，各传感器横向压应变响应分布百分率最大的区间仍为(5～10)×10^{-6} 应变区间。通过对比可以看出，1S11、1S12 两支传感器响应值在 15×10^{-6} 以上的分布率明显大于 1S10 传感器，这是由于随着与荷载作用位置的距离增大，路面结构横向应变响应逐渐由拉应变转变为压应变，且横向压应变的值逐渐增大，因此也可以说明多数车辆行驶过程中偏向行车道左侧。

　　（5）四种结构响应季节性对比

　　图 13-42～图 13-45 分别给出了 2012 年第四季度和 2013 年第二季度四种路面结构在车辆荷载作用下的最大应变响应分布。

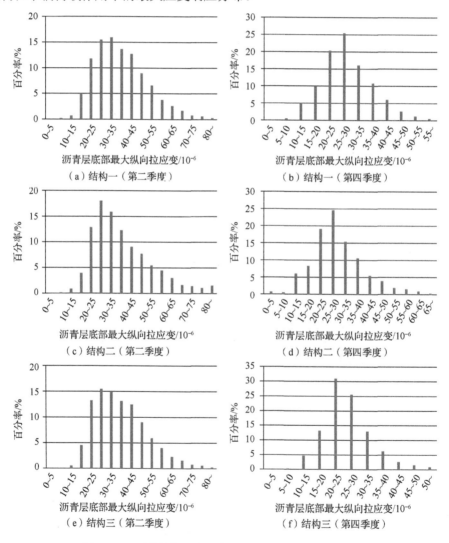

图 13-42　四种结构沥青层底部最大纵向拉应变响应分布

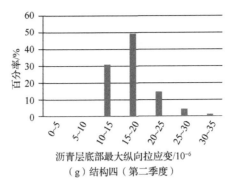

（g）结构四（第二季度）

图 13-42（续）

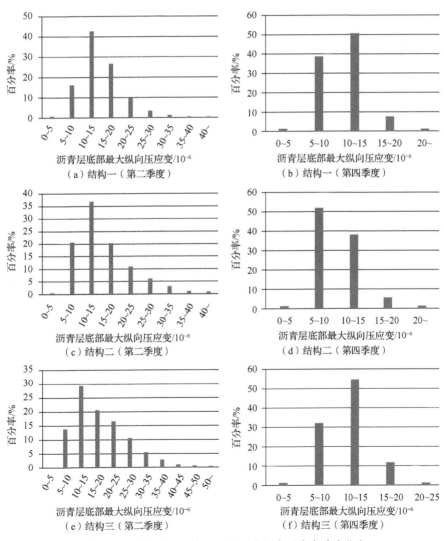

图 13-43　四种结构沥青层底部最大纵向压应变响应分布

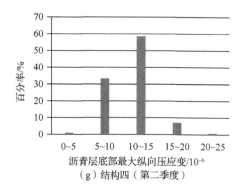

（g）结构四（第二季度）

图 13-43（续）

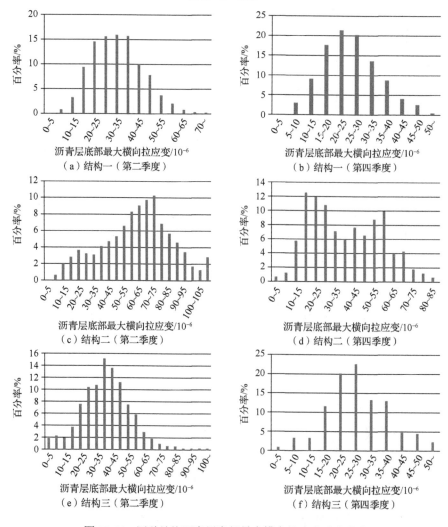

图 13-44　四种结构沥青层底部最大横向拉应变响应分布

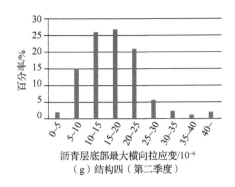

（g）结构四（第二季度）

图 13-44（续）

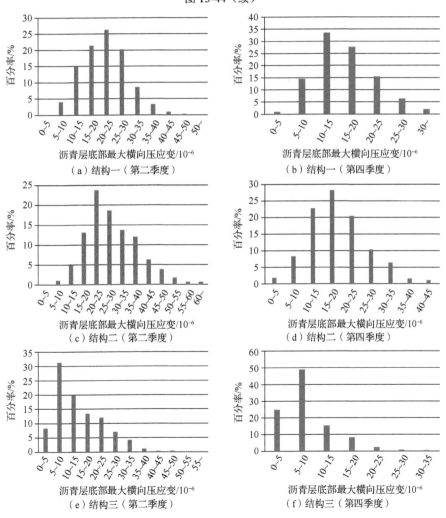

（a）结构一（第二季度）

（b）结构一（第四季度）

（c）结构二（第二季度）

（d）结构二（第四季度）

（e）结构三（第二季度）

（f）结构三（第四季度）

图 13-45　四种结构沥青层底部最大横向压应变响应分布

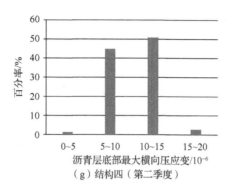

（g）结构四（第二季度）

图 13-45（续）

对比图 13-42、图 13-43 可以看出，路面结构纵向拉应变分布范围较纵向压应变的范围广；对于横向应变，图 13-44、图 13-45 表现出同样规律。由此可知，路面结构在车辆荷载作用下，水平方向上产生的拉应变在数值上大于压应变，且考虑到沥青混合料抗压不抗拉的特点，因此车辆荷载反复作用下路面结构产生的拉应变才是引起路面疲劳破坏的根本因素。

通过对比四种路面结构在同一季度内的应变响应分布可以看出，路面结构二应变响应分布范围最广，说明路面结构二在荷载作用下相对于其他路面结构产生较大的应变，路面结构四的应变响应分布于应变值较小的区间，结构一与结构三的应变响应分布状况相近，且介于结构二和结构四之间。上述表明，目前通车初期，路面结构四有较好的抗变形能力，结构一和结构三次之，结构二相对较差，这与典型车辆荷载作用下，四种路面结构动力响应分析对比结果相同。

通过对比各路面结构在两个季度的应变响应分布可以看出，相对于第四季度，第二季度的路面响应均分布在应变较大的区间，车辆荷载作用下路面在第二季度的应变响应明显大于第四季度，第二季度应变响应分布百分率最大的区间要比第四季度大$(5\sim10)\times10^{-6}$。可见，温度对路面结构应变响应的分布具有较大影响，这是由于路面结构模量随温度改变，温度越低，路面结构整体模量越大，故在同样级别荷载作用下产生的应变响应也就越小。路面结构组合四为半刚性基层沥青路面，路面结构整体当量模量较大，而第四季度时，路面温度可达到 0℃甚至更低，故其刚度极大，路面结构在非重型车辆荷载作用下几乎无应变产生。

4. 竖向应变统计分布规律

车辆荷载作用下，路面结构内部竖向应变主要表现为压应变，下面给出土基顶部和中面层底部最大竖向应变结果。

（1）土基顶部竖向应变

2012 年第四季度及 2013 年第二季度土基顶部最大竖向压应变分布如图 13-46 所示。

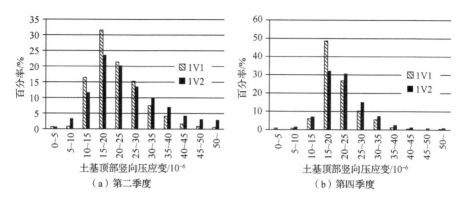

图 13-46　土基顶部最大竖向压应变分布

从图 13-46 中可以看出，同一季度中，土基顶部竖向应变响应分布大致趋势相同，1V1 传感器总体压应变响应相对 1V2 传感器较小，1V2 传感器分布于大应变区间的百分率较大。两个季度内各传感器响应分布百分率最大的区间均为 15～20×10⁻⁶ 区间。对比不同季节同一传感器的响应分布状况可知，第二季度 25×10⁻⁶ 应变以上区间的分布百分率相对大于第四季度，第二季度路面温度较高，故传感器响应较大，但由于土基在路面下方较深的位置，不同季节温度差异并没有路表那样明显，故第二季度的响应区间范围没有明显大于第四季度。

（2）中面层底部竖向应变

2012 年第四季度及 2013 年第二季度沥青中面层底部最大竖向压应变分布如图 13-47 所示。

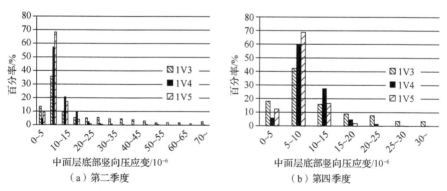

图 13-47　中面层底部最大竖向压应变分布

从图 13-47 中可以看出，由于传感器埋设于中面层，而中面层在不同季节里温度状况差别较大，两季度各传感器应变响应分布状况相差较大，第二季度应变分布区间较第四季度大 40×10⁻⁶ 左右。同一季度中，三支传感器动力响应分布趋势大体相同，响应分布百分率最大的区间均为(5～10)×10⁻⁶。在 15×10⁻⁶ 以下区间，

1V5、1V4 响应分布百分率明显高于 1V3，而在应变较大的区间，则是 1V3 响应分布率较高。这是由于此三支传感器沿不同横向位置布设，1V3 位于左轮迹带左侧，这与前述水平向应变统计分布结果中得到的结论相符。

5. 竖向压应力统计分布规律

监测路段中分别在沥青层底部及土基顶部布设土压力传感器，下面给出两个位置竖向应力的统计分布结果。

（1）土基顶部竖向应力

2012 年第四季度及 2013 年第二季度各路面结构土基顶部在车辆荷载作用下，最大竖向压应力分布如图 13-48 所示。

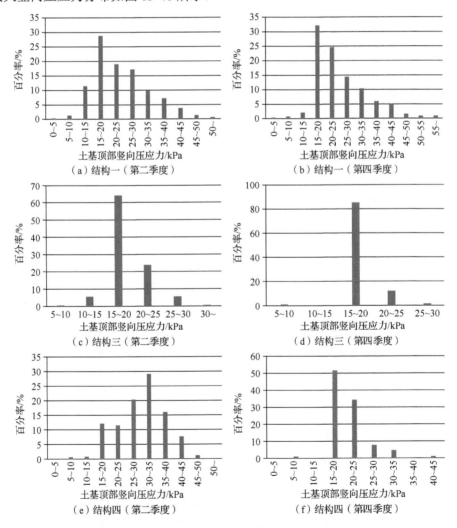

图 13-48　土基顶部最大竖向压应力分布

从两个季度的压应力响应对比中可以看出，其分布规律大体相似，第二季度响应值没有明显大于第四季度，这是由于土基位于路面较深处，故各季度该深度处温度波动幅度较小。从各结构响应状况对比来看，结构一与结构四压应力响应均大于结构三，与应变响应统计规律不同。结构四压应力较大，主要是由于面层厚度相对较小，土压力埋设深度相对较浅。

（2）沥青层底部竖向应力

2012 年第四季度及 2013 年第二季度各路面结构沥青层底部在车辆荷载作用下的最大竖向压应力分布如图 13-49 所示。

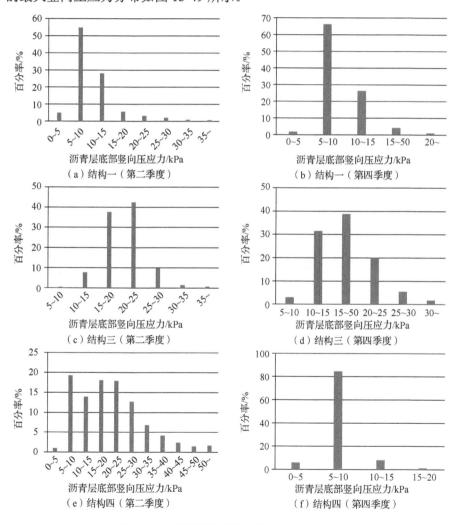

图 13-49　沥青层底部最大竖向压应力分布

从图 13-49 中各路面结构在两个季度的应力响应可以看出，在路面深度较浅，不同季节温度差异较大的沥青层底，第二季度的应力响应明显大于第四季度。各结构应力响应状况对比结果与应变响应规律有所不同。

13.3　沥青路面动力响应预测模型

13.3.1　轴载响应模型

车辆在行驶的过程中，路面结构受其动态荷载作用，结构内部会产生应力和应变响应，路面动力响应的大小与车辆荷载性质、气候状况及路面结构性能有关。建立沥青路面轴载响应模型可有效预测荷载和环境耦合作用下路面内部受力状态，分析路面结构使用性能。

1. 参数选取

由沥青路面动力响应分析可知，车辆轴重、速度、相对作用位置、路面温度、沥青层厚度、模量等均对路面结构响应的大小有不同程度的影响。这里选择两个指标进行车辆荷载响应模型的建立，包括土基顶部竖向压应力及沥青层底部水平应变。参考以往研究成果（杨永顺，2008），选用指数模型回归响应与各参数之间的关系，模型如下。

路基顶部竖向压应力 σ 模型：

$$\sigma = e^{(a \times T_2 + b \times Load + c \times h + d \times Offset + e \times v + f \times E_0 + g)} \tag{13-5}$$

沥青层底部水平向应变 ε_l 模型：

$$\varepsilon_l = e^{(a \times T_2 + b \times Load + c \times h + d \times Offset + e \times v + f \times E_0 + g)} \tag{13-6}$$

式中：T_2——沥青层中间温度，℃；

　　　h——沥青层厚度，cm；

　　　v——车速，km/h；

　　　E_0——路面基础当量模量，MPa；

　　　$Load$——轴重，kg；

　　　$Offset$——荷载与传感器水平偏移，cm。

2. 模型建立

在路面结构力学分析中，人们最关心的是力学响应的最大值。因此，根据现场实测应力应变数据，分别构建沥青层底部最大水平应变、路基顶部最大压应力这两个力学响应与轴重、车速、沥青层厚度、路面温度、路面基础当量模量的计算模型。在构建最大应力模型和最大应变模型时，选取不同横向位置处动力响应的最大值，故未考虑荷载偏移对应力或应变的影响。因此，所选用的荷载响应模型简化如下。

路基顶部最大竖向压应力模型：
$$\sigma_{\max} = e^{(a \times Load + b \times h + c \times E_0 + d \times T_2 + e \times v + f)} \tag{13-7}$$

沥青层底部最大水平应变模型：
$$\varepsilon_{\max} = e^{(a \times Load + b \times h + c \times E_0 + d \times T_2 + e \times v + f)} \tag{13-8}$$

采用实测数据对上述方程进行多元回归分析，可确定式（13-7）、式（13-8）中的系数 a、b、c、d、e、f，各系数分别列于表 13-6 和表 13-7，得到车辆荷载作用下沥青路面轴载响应模型如式（13-9）和式（13-10）所示。

表 13-6　路基顶部最大竖向应力模型待定系数

待定系数					
a	b	c	d	e	f
0.000 13	0.050 95	−0.000 39	−0.019 33	−0.000 34	1.778 01

表 13-7　沥青层底部最大水平应变模型待定系数

待定系数					
a	b	c	d	e	f
0.000 16	0.392 76	0.001 84	0.141 95	−0.000 54	−17.194 25

路基顶部最大竖向压应力模型：
$$\sigma_{\max} = e^{(0.000\,13 \times Load + 0.050\,95 \times h - 0.000\,39 \times E_0 - 0.019\,33 \times T_2 - 0.000\,34 \times v + 1.778\,01)} \tag{13-9}$$

沥青层底部最大水平应变模型：
$$\varepsilon_{\max} = e^{(0.000\,16 \times Load + 0.392\,76 \times h + 0.001\,84 \times E_0 + 0.141\,95 \times T_2 - 0.000\,54 \times v - 17.194\,25)} \tag{13-10}$$

实测路基顶部最大竖向压应力与计算应力散点图如图 13-50 所示，实测沥青层底最大水平应变与计算应变散点图如图 13-51 所示。

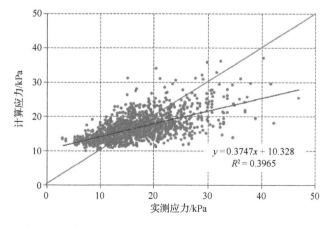

$$y = 0.3747x + 10.328$$
$$R^2 = 0.3965$$

图 13-50　实测路基顶部最大竖向压应力与计算应力散点图

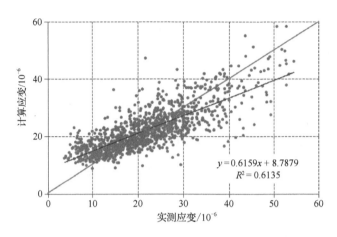

$$y = 0.6159x + 8.7879$$
$$R^2 = 0.6135$$

图 13-51　实测沥青层底最大水平应变与计算应变散点图

从图 13-51 中可以看出，沥青层底最大水平应变响应模型回归方程决定系数较高，达到 0.6135，且计算应变与实测应变均匀紧密地分布于第一象限角平分线两侧；而图 13-50 中土基顶部最大竖向压应力响应模型回归方程决定系数较低，计算应力与实测应力线性关系并不明显。分析上述两个模型回归方程可靠度相差较大的原因：对于最大应变响应模型，实测应变采用不同横向位置 3 个应变传感器的最大响应值；对于最大应力响应模型，实测应力采用左侧轮迹带正下方土基顶部压应力值，忽略了轮胎偏移位置的影响，故最大竖向压应力响应模型可靠度相对较低。最大水平应变响应模型对路面结构在荷载作用下的性能预测具有一定意义。

13.3.2　路表弯沉响应模型

我国有关规范以路表弯沉作为沥青路面设计指标，若能建立路面内部动力响应与路表弯沉值之间的经验性联系，基于动力响应的监测信息将会为沥青路面设计提供一定的借鉴性依据。

1. FWD 荷载作用下路表弯沉与路面响应的关系

图 13-52 和图 13-53 分别给出了 FWD 荷载作用下，沥青层底部水平方向拉、压应变及路面内部竖向应力、应变与其正上方路表弯沉值对应的散点图，并分别进行了线性回归分析。结果表明，沥青路面内部动力响应与路表弯沉之间具有一定线性关系。

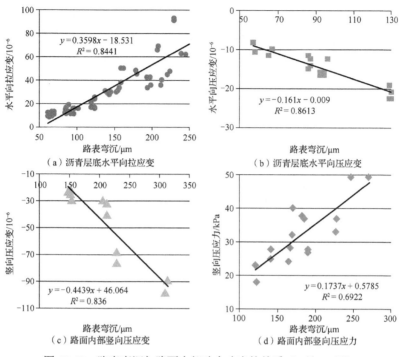

图 13-52　路表弯沉与路面内部动力响应的关系（6 月 24 日）

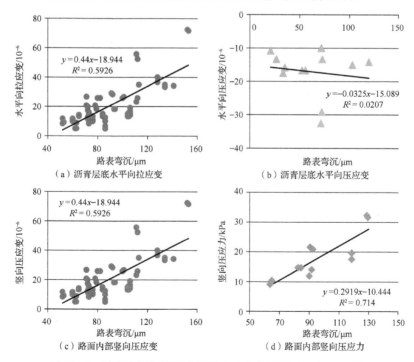

图 13-53　路表弯沉与路面内部动力响应的关系（10 月 22 日）

从图 13-52 和图 13-53 中可以看出，FWD 荷载作用下，沥青路面路表弯沉值与路面结构内部动力响应之间存在一定的联系。但在不同工况下，二者具有不同的相关关系，因此有必要引入必要参数，建立 FWD 荷载作用下路面响应模型。

2. 参数选取

研究表明 FWD 弯沉盆的几何特性可直接反映各路面结构层的响应特点。Garg 和 Thompson（1998）基于路面分析程序 ILLI-PAVE 的理论分析，提出基于 AUPP（area under pavement profile）指标来研究沥青路面路表弯沉与沥青层底部弯拉应变之间的关系。AUPP 指弯沉盆曲线下方路面轮廓的面积，其几何意义示意图如图 13-54 所示，其计算公式为

$$\text{AUPP} = \frac{1}{2}(5D_0 - 2D_1 - 2D_2 - D_3) \tag{13-11}$$

式中：D_0——荷载板中心处弯沉值；

D_1——距荷载板中心 30cm 处弯沉值；

D_2——距荷载板中心 60cm 处弯沉值；

D_3——距荷载板中心 90cm 处弯沉值。

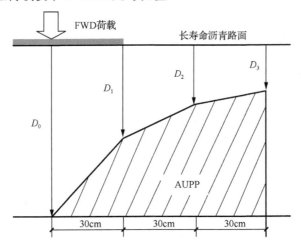

图 13-54　AUPP 几何意义示意图

此外，由前述沥青路面轴载响应模型可知，FWD 荷载作用下沥青路面应变响应与路面的结构组合、温度、荷载级别等情况相关，须将沥青层厚度、路面结构当量模量、温度等考虑进去，故引入上述参数建立沥青层底部拉应变响应的回归模型。该模型的建立可以实现通过 FWD 无损检测估计路面结构沥青层底部拉应变，评价和预测沥青路面使用性能和剩余寿命。在山东省交通科技计划项目"永久性沥青路面设计方法研究"中建立的 FWD 应变响应模型的基础上，引入 FWD 荷载级别参数（杨永顺等，2008）。采用对数模型进行回归，回归模型如下：

$$\log(\varepsilon_{ac}) = a\log(\text{AUPP}) + b\log(H) + c\log(E_0) + \text{d}T + eP + f \qquad (13\text{-}12)$$

式中：ε_{ac}——沥青层底水平应变；

　　　AUPP——弯沉盆参数；

　　　H——沥青层厚度，cm；

　　　E_0——路面基础当量模量，MPa；

　　　T——沥青中间层温度，℃；

　　　P——FWD 荷载级别，MPa。

3. 模型建立

采用两次测试中多个测点数据对式（13-12）进行回归分析，得到模型参数见表 13-8，该模型决定系数 R^2 为 0.89。

表 13-8　FWD 荷载弯沉响应模型系数

模型系数					
a	b	c	d	e	f
−0.7756	−0.0581	−4.5541	−0.0599	0.7753	18.5460

在 FWD 荷载下，沥青层层底水平应变响应模型如下式所示：

$$\log(\varepsilon_{ac}) = -0.7756\log(\text{AUPP}) - 0.0581\log(H) - 4.5541\log(E_0)$$
$$- 0.0599T + 0.7753P + 18.546 \qquad (13\text{-}13)$$

将 FWD 荷载作用下沥青层层底水平应变响应的实测值与回归方程预测值对应的散点图绘于图 13-55，可以看出预测应变与实测应变具有一定线性关系，决定系数 R^2 达到 0.89，且计算应变与实测应变大小相当，均分布于第一象限角平分线两侧，说明采用上述应变响应模型可有效预测 FWD 荷载下沥青路面沥青层底水平应变响应。

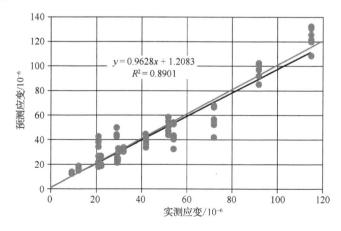

图 13-55　实测应变与预测应变散点图

13.3.3 特征温度预估模型

1. 现有沥青路面特征温度预估模型适用性验证

用已有的气候数据和路面温度数据对国内外学者提出的温度预估模型进行验证，以找出合适的模型及参数。由于太阳辐射对应数据无法获取，故在模型适用性验证中，仅考虑气温和路面深度的影响。

（1）孙立军模型

同济大学孙立军教授（2005）提出了仅考虑气温的路面特征温度预估模型如下：

$$T_{p(\max)} = a_1 + a_2 T_{a(\max)} + a_3 h T_{a(\max)} + a_4 h + a_5 h^2 + a_6 h^3 \tag{13-14}$$

$$T_{p(\min)} = b_1 + b_2 T_{a(\min)} + b_3 h T_{a(\min)} + b_4 h + b_5 h^2 + b_6 h^3 \tag{13-15}$$

式中：$T_{p(\max)}$——路面日最高温度；

$T_{p(\min)}$——路面日最低温度；

$T_{a(\max)}$——当日最高气温；

$T_{a(\min)}$——当日最低气温；

h——路面深度；

$a_1 \sim a_6$、$b_1 \sim b_6$——回归系数。

采用实测数据对上述模型进行回归分析，得到路面最高、最低温度预估模型的待定系数见表 13-9，两模型的决定系数 R^2 分别为 0.844 和 0.872。将路面温度实测值与回归方程计算出的预测值对应的散点图绘于图 13-56。

表 13-9 孙立军教授模型待定系数

待定系数					
a_1	a_2	a_3	a_4	a_5	a_6
−31.0279	1.3355	−0.0240	6.2418	−0.3479	0.0060

待定系数					
b_1	b_2	b_3	b_4	b_5	b_6
−30.0895	1.0263	−0.0175	5.9611	−0.3182	0.0054

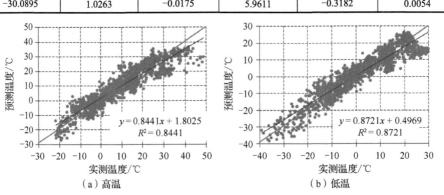

（a）高温　　　　　　　　　　　（b）低温

图 13-56 实测温度与预测温度散点图

（2）康海贵模型

康海贵等（2007）实测温度场分布规律，并与气温进行回归，提出路面任意深度处的温度预估模型，形式如下：

$$T_{p(\max)} = a_1 + a_2 T_{a(\max)} + a_3 h \qquad （13-16）$$

$$T_{p(\min)} = b_1 + b_2 T_{a(\min)} + b_3 h \qquad （13-17）$$

采用实测数据对上述模型进行回归分析，得到路面最高、最低温度预估模型待定系数见表 13-10，两模型的决定系数 R^2 分别为 0.708 和 0.772。将路面温度实测值与回归方程计算出的预测值对应的散点图绘于图 13-57。

表 13-10　模型待定系数

待定系数		
a_1	a_2	a_3
−2.5027	0.8450	0.2535
待定系数		
b_1	b_2	b_3
−8.6208	0.6697	0.6663

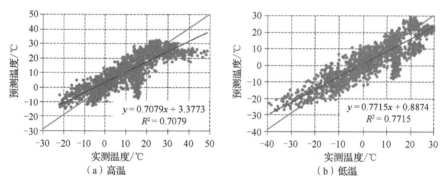

（a）高温　　　　　　　　　　　　　　（b）低温

图 13-57　实测温度与预测温度散点图

（3）隋向辉模型

隋向辉（2007）实测甘肃、宁夏等地高速公路路面温度，分析环境因素对路面温度场的影响，建立温度场沿深度方向的预测模型，模型形式如下：

$$T_{p(\max)} = (a_1 + a_2 T_{a(\max)} + a_3 T_{a(\max)}^2 + a_4 T_{a(\max)}^3)(a_5 + a_6 h + a_7 h^2 + a_8 h^3) + a_9 \qquad （13-18）$$

$$T_{p(\min)} = (a_1 + a_2 T_{a(\min)} + a_3 T_{a(\min)}^2 + a_4 T_{a(\min)}^3)(a_5 + a_6 h + a_7 h^2 + a_8 h^3) + a_9 \qquad （13-19）$$

采用实测数据对上述模型进行回归分析，得到的路面最高、最低温度预估模型待定系数见表 13-11，两模型的决定系数 R^2 分别为 0.8612 和 0.89。将路面温度实测值与回归方程计算出的预测值对应的散点图绘于图 13-58。

表 13-11　隋向辉模型待定系数

待定系数								
a_1	a_2	a_3	a_4	a_5	a_6	a_7	a_8	a_9
−3.9866	0.1127	0.0011	9.95×10⁻⁶	16.3682	−2.0054	0.1186	−0.0021	25.8953
待定系数								
b_1	b_2	b_3	b_4	b_5	b_6	b_7	b_8	b_9
−0.9242	0.0303	2.15×10⁻⁵	−1.1×10⁻⁵	63.7036	−6.3123	0.3406	−0.0058	29.0928

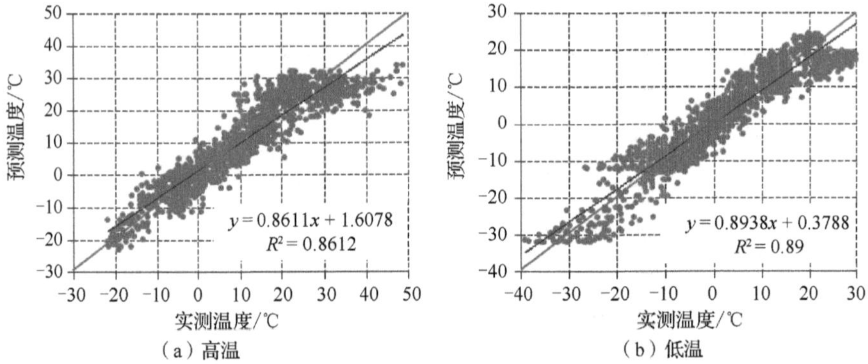

$y = 0.8611x + 1.6078$
$R^2 = 0.8612$

（a）高温

$y = 0.8938x + 0.3788$
$R^2 = 0.89$

（b）低温

图 13-58　实测温度与预测温度散点图

（4）SHRP（strategic highway research program）回归模型

1998 年 SHRP 分别提出了路面最高、最低温度预估模型，形式如下：

$$T_{p(\max)} = (a_1 T_{a(\max)} + a_2) \times (a_3 h + a_4 h^2 + a_5 h^3 + a_6) \tag{13-20}$$

$$T_{p(\min)} = b_1 T_{a(\min)} + b_2 + b_3 h + b_4 h^2 \tag{13-21}$$

采用实测数据对上述模型进行回归分析，得到的路面最高、最低温度预估模型待定系数见表 13-12，两模型的决定系数 R^2 分别为 0.685 和 0.772。将路面温度实测值与回归方程计算出的预测值对应的散点图绘于图 13-59。

表 13-12　SHRP 模型待定系数

待定系数					
a_1	a_2	a_3	a_4	a_5	a_6
−0.0079	−0.0276	−14.9821	0.8845	−0.0146	−46.6055
待定系数					
b_1	b_2	b_3	b_4		
0.6697	−8.8636	0.7022	−0.0009		

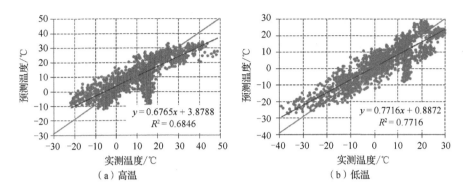

图 13-59　实测温度与预测温度（SHRP 回归模型）

（5）LTPP 回归模型

Mohseni 等（1998）改进了 LTPP 中提出的沥青路面高、低温状况预估模型，由于路面温度数据及气象资料均为同一地区，故去除纬度参数将模型进行简化，简化后的模型如下：

$$T_{p(\max)} = a_1 + a_2 T_{a(\max)} + a_3 \lg(a_4 h + a_5) \tag{13-22}$$

$$T_{p(\min)} = b_1 + b_2 T_{a(\min)} + b_3 \lg(b_4 h + b_5) \tag{13-23}$$

采用实测数据对上述模型进行回归分析，得到的路面最高、最低温度预估模型待定系数见表 13-13，两模型的决定系数 R^2 分别为 0.723 和 0.777。将路面温度实测值与回归方程计算出的预测值对应的散点图绘于图 13-60。

表 13-13　LTPP 模型待定系数

待定系数				
a_1	a_2	a_3	a_4	a_5
0.4850	0.8449	1.0311	147.1646	−735.8186

待定系数				
b_1	b_2	b_3	b_4	b_5
−20.0826	0.6697	18.1653	1.8049	−4.3327

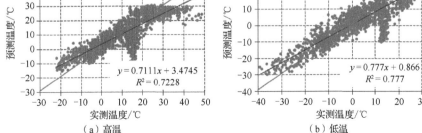

图 13-60　实测温度与预测温度散点图（LTPP 回归模型）

（6）改进的 LTPP 回归模型

Han 对 Mohseni 提出的 LTPP 路面温度预估模型进行了进一步简化，Lukanen （2000）在 Mohseni 和 Han 研究的基础上扩充数据进行回归分析，对其回归模型进行简化，除去纬度参数后模型如下：

$$T_{p(\max)} = a_1 + a_2 T_{a(\max)} + a_3 \ln(a_4 h + a_5) \tag{13-24}$$

$$T_{p(\min)} = b_1 + b_2 T_{a(\min)} + b_3 \ln(b_4 h + b_5) \tag{13-25}$$

采用实测数据对上述模型进行回归分析，得到的路面最高、最低温度预估模型待定系数见表 13-14，两模型的决定系数 R^2 分别为 0.728 和 0.777。将路面温度实测值与回归方程计算出的预测值对应的散点图绘于图 13-61。

表 13-14　改进的 LTPP 模型待定系数

待定系数				
a_1	a_2	a_3	a_4	a_5
1.1952	0.8414	0.4360	81.8256	−409.1283

待定系数				
b_1	b_2	b_3	b_4	b_5
−41.6941	0.6697	7.8891	27.9359	−67.0605

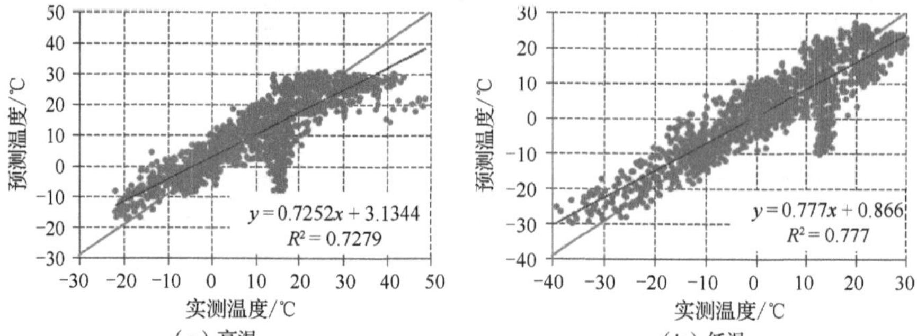

（a）高温　　　　　　　　　　　　　　（b）低温

图 13-61　实测温度与预测温度散点图（改进的 LTPP 模型）

（7）Diefenderfer 模型

Diefenderfer（2002）和 Diefenderfer 等（2006）提出了含有日期参数的路面不同深度处温度预估模型，这里不考虑太阳辐射的影响，简化后模型如下：

$$T_{p(\max)} = a_1 + a_2 T_{a(\max)} + a_3 h + a_4 D \tag{13-26}$$

$$T_{p(\min)} = b_1 + b_2 T_{a(\min)} + b_3 h + b_4 D \tag{13-27}$$

式中：D——日期参数，1~365。

采用实测数据对上述模型进行回归分析，得到的路面最高、最低温度预估模型待定系数见表 13-15，两模型的决定系数 R^2 分别为 0.710 和 0.773。将路面温度实测值与回归方程计算出的预测值对应的散点图绘于图 13-62。

表 13-15 Diefenderfer 模型待定系数

待定系数			
a_1	a_2	a_3	a_4
−1.1624	0.8364	0.2535	−0.0056
待定系数			
b_1	b_2	b_3	b_4
−7.5144	0.6641	0.6663	−0.0050

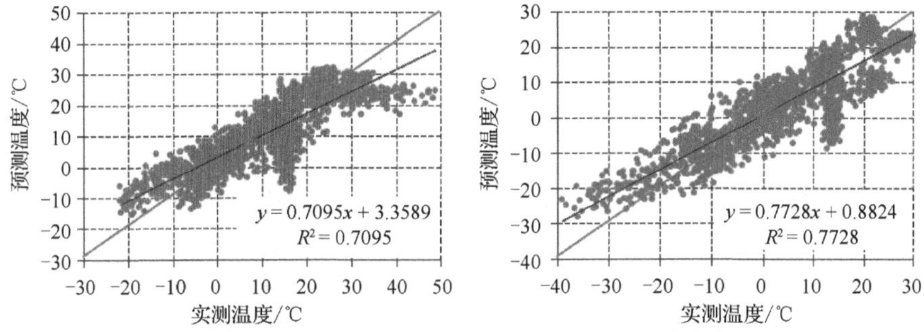

（a）高温　　　　　　　　　　　　　　　（b）低温

图 13-62　实测温度与预测温度散点图

（8）回归模型对比分析

从图 13-56～图 13-62 可以看出，各模型计算得到的路面温度预测值与实测值对应的散点基本上均匀且集中分布于一、三象限角平分线两侧，同时决定系数 R^2 相对较高，均介于 0.7～0.9。针对该项目温度数据，其中采用隋向辉提出的模型进行回归分析，得到回归方程对应的 R^2 最高，最高、低温度预测模型分别达到了 0.86 和 0.89，说明采用该回归模型计算得到的路面温度预测值与实测值较为吻合，其可以根据当日气候状况有效地预测该地区路面最高、最低温度。

仔细观察上述散点图可以发现，当路面温度超过 30℃时，路面最高温度预估模型中的数据点普遍位于一、三象限角平分线的下方，这是由于夏季炎热时期没有考虑太阳辐射对路面温度的影响，故对路面温度的预测值小于实测值。而高温模型温度低于 30℃，以及路面最低温度模型中的数据点较为均匀地分布于一、三象限角平分线两侧。这是因为冬季太阳辐射较低，且其对深度较大处路面温度影响较小；而低温模型中，路面温度于凌晨达到最低值，此时太阳并未升起，故太阳辐射对路面温度没有影响。路面最高温度预估模型相关系数均低于最低温度模型也是由于此原因。

2. 沥青路面特征温度预估模型建立

为了解极端气候条件下沥青路面结构内部温度分布，对气象数据进行研究，分析其与路面温度的相关性，基于实测数据建立路面特征温度预估模型并进行验证。

（1）参数选择

考虑到与大气接触、传热速率及路面不同深度处的温度具有一定差异，此外，气温、太阳辐射、降雨、风速、气压等均可能影响沥青路面温度场分布。因此，在沥青路面温度场预估模型中，应尽可能考虑各种因素对路面温度的影响程度。路面最高、最低温度随深度的变化如图 13-63 所示，表 13-16～表 13-19 分别给出了路面温度与气温、气压、大气相对湿度以及风速的相关分析结果，表中数据为回归模型的决定系数 R^2。

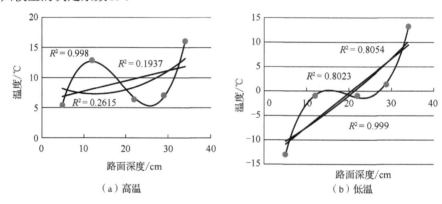

（a）高温　　　　　　　　　　　　（b）低温

图 13-63　路面温度与路面深度的关系

表 13-16　路面温度与路面不同深度处气温的相关分析

路面深度 h/cm	路面最高温度 $T_{p(max)}$			路面最低温度 $T_{p(min)}$		
	$T_{a(max)}$	$T_{a(max)}^2$	$T_{a(max)}^3$	$T_{a(min)}$	$T_{a(min)}^2$	$T_{a(min)}^3$
5	0.8687	0.7374	0.7685	0.9123	0.0797	0.6569
12	0.9110	0.7668	0.8026	0.9095	0.0967	0.6602
22	0.9196	0.7868	0.8166	0.9199	0.0771	0.6441
29	0.9350	0.7730	0.7942	0.9045	0.0672	0.6014
34	0.6384	0.8371	0.8222	0.5294	0.0280	0.2323

表 13-17　路面温度与气压的相关分析

气压	路面最高温度 $T_{p(max)}$			路面最低温度 $T_{p(min)}$		
	P	P^2	P^3	P	P^2	P^3
最高气压 P_{max}	0.5451	0.5440	0.5429	0.6515	0.6504	0.6493
最低气压 P_{min}	0.4288	0.4291	0.4294	0.5287	0.5291	0.5294

表 13-18　路面温度与大气相对湿度的相关分析

大气	路面最高温度 $T_{p(\max)}$			路面最低温度 $T_{p(\min)}$		
	H	H^2	H^3	H	H^2	H^3
最高相对湿度 $H_{(\max)}$	0.2178	0.2362	0.2517	0.2932	0.3186	0.3400
最低相对湿度 $H_{(\min)}$	0.0003	0.0033	0.0078	0.0413	0.0619	0.0788

表 13-19　路面温度与风速的相关分析

风速	路面最高温度 $T_{p(\max)}$			路面最低温度 $T_{p(\min)}$		
	V	V^2	V^3	V	V^2	V^3
最高风速 $V_{(\max)}$	0.0103	0.0071	0.0039	0.0048	0.0036	0.0022
最低风速 $V_{(\min)}$	0.0000	0.0000	0.0000	0.0000	0.0007	0.0009

如图 13-63 所示，图中分别对路面温度与深度进行了线性、二次和三次多项式拟合，结果表明采用三次多项式拟合路面温度与深度之间的关系其可靠度最高，决定系数近似达到 1.0。

表 13-16 给出了不同路面深度处温度与气温的一次、二次和三次多项式拟合的相关分析结果。结果表明，路面内部温度与气温的一次方决定系数最高，相关性最强，二者呈线性关系。

表 13-17～表 13-19 分别给出了路面温度与气压、大气相对湿度、风速的一次、二次和三次多项式相关分析结果。结果表明，上述三个参数与路面温度相关性较小，线性关系不明显，针对本项目采集的数据，认为气压、大气相对湿度、风速对路面温度无明显影响，本节模型中将不引入上述三个参数。

（2）模型建立

根据不同气候参数与路面温度的相关分析结果，引入气温和路面深度参数建立沥青路面特征温度预估模型，估计沥青路面不同深度处的日最高、最低温度。考虑到随着路面深度增加，气温对路面温度的影响逐渐减小，因此模型中引入气温与路面深度的乘积，在孙立军教授提出的模型基础上附加气温与路面深度的平方和三次方的乘积，模型形式如式（13-28）和式（13-29）所示：

$$T_{p(\max)} = a_1 + a_2 T_{a(\max)} + a_3 h T_{a(\max)} + a_4 h^2 T_{a(\max)} + a_5 h^3 T_{a(\max)} + a_6 h + a_7 h^2 + a_8 h^3$$

$$(13-28)$$

$$T_{p(\min)} = b_1 + b_2 T_{a(\min)} + b_3 h T_{a(\min)} + b_4 h^2 T_{a(\min)} + b_5 h^3 T_{a(\min)} + b_6 h + b_7 h^2 + b_8 h^3$$

$$(13-29)$$

采用 2012 年 8 月至 2013 年 12 月的路面温度实测数据对上述模型进行回归分

析，得到路面最高、最低温度预估模型待定系数见表 13-20，两模型的决定系数 R^2 分别为 0.863 和 0.889。将路面温度实测值与回归方程计算出的预测值对应的散点图绘于图 13-64。

表 13-20　模型待定系数

待定系数							
a_1	a_2	a_3	a_4	a_5	a_6	a_7	a_8
−37.9891	1.9971	−0.2000	0.0114	−0.0002	8.0936	−0.4678	0.0081

待定系数							
b_1	b_2	b_3	b_4	b_5	b_6	b_7	b_8
−29.3501	1.4815	−0.1460	0.0087	−0.0002	5.7523	−0.3041	0.0051

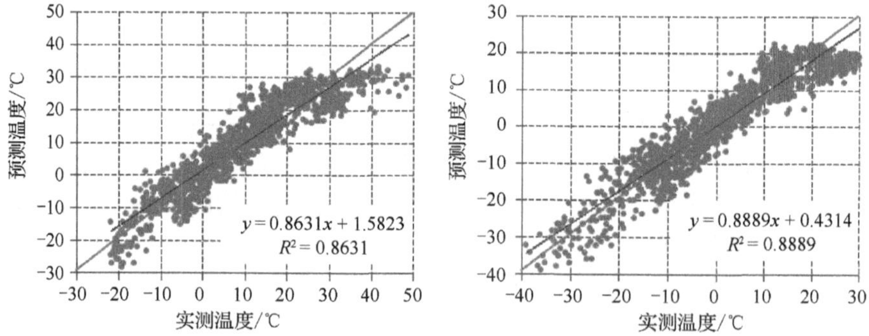

图 13-64　实测温度与预测温度散点图（本节模型）

从图 13-64 中可以看出，模型计算得到的路面温度预测值与实测值对应的散点均匀且集中分布于一、三象限角平分线两侧，相关系数 R^2 较高，说明此模型更适用于该地区沥青路面最高、最低温度的预测。同样，当路面温度较高时，图 13-64 中的数据点普遍位于一、三象限角平分线的下方，这是由于没有考虑太阳辐射对路面温度的影响，故对路面温度的预测值小于其实测值；温度较低时，图 13-64 中数据点均匀地分布于一、三象限角平分线两侧，这是因为冬季或凌晨太阳辐射较低，对路面温度影响较小。由于忽略了太阳辐射的影响，故沥青路面最高温度预估模型的相关性小于最低温度预估模型。

13.4　本　章　小　结

本章主要阐述沥青路面动力响应实测数据常见问题及数据处理的一般方法，结合依托工程实测数据，介绍典型的车辆荷载信息、路面温度信息和路面动力响应信息分析结果，并且分别探讨沥青路面的轴载、弯沉及特征温度预估模型的建立方法。

参 考 文 献

康海贵, 郑元勋, 蔡迎春, 等, 2007. 实测沥青路面温度场分布规律的回归分析[J]. 中国公路学报, 20(6): 13-18.

柳浩, 2010. 流动性车辙机理分析及抗车辙技术研究[D]. 哈尔滨: 哈尔滨工业大学.

隋向辉, 2007. 沥青路面温度场预测及应用[D]. 西安: 长安大学.

孙立军, 2005. 沥青路面结构行为理论[M]. 北京: 人民交通出版社.

杨永顺, 韦金城, 等, 2008. 永久性沥青路面设计方法研究(永久性路面研究)[R]. 济南: 山东省交通运输厅.

DIEFENDERFER B K, 2002. Moisture content determination and temperature profile modeling of flexible pavement structures[D]. Blacksburg: Virginia Polytechnic Institute and State University.

DIEFENDERFER B K, AL-QADI I L, DIEFENDERFER S D, 2006. Model to predict pavement temperature profile: development and validation[J]. Journal of Transportation Engineering, 132(2): 162-167.

GARG N, THOMPSON M. R, 1998. Mechanistic-empirical evaluation of the MnRoad low volume road test sections[R]. Champaign IL: Project IHR-535, No. FHWA-IL-UI-262, IL United States.

LUKANEN E O, STUBSTAD R, BRIGGS R, 2000. Temperature predictions and adjustment factors for asphalt pavement[R]. McLean VA: No. FHWA-RD-98-085.

MOHSENI A, 1998. LTPP seasonal asphalt concrete (AC) pavement temperature models[R]. McLean VA: No. FHWA-RD-97-103, MD United States.

MOHSENI A, SYMONS M, 1998. Improved AC pavement temperature models from LTPP seasonal data[C]//Prepared for Presentation at the 77th Annual Transportation Research Board (TRB) Conference, Washington, DC.

第四篇　设计与评估

第14章 沥青路面结构-材料按功能设计方法

目前，高速公路沥青路面的面层多数采用三层结构，其组合设计主要以结构层厚度和其与公称粒径的比值来决定所使用的沥青混合料的类型，最终各层沥青混合料的区别主要在于类型及其公称最大粒径，而且所采用的设计指标也是如出一辙，仅有指标控制值大小随着最大粒径或者沥青种类变化的区别，而没有将材料设计与其结构层所处位置的三向应力特征及功能要求相结合。另外，传统的沥青路面材料设计是面向所有层位的，未体现出其所在层位的力学及功能要求，结构设计与材料设计脱节，亟须按层位功能实现结构-材料一体化设计。相关沥青路面设计方法可参考沙庆林（1998）、沈金安（2004）、薛小刚（2004）等的研究成果。

14.1 沥青路面结构-材料按功能设计思路

14.1.1 现有设计体系局限性

总结现有沥青路面结构-材料设计体系的不足，主要表现在以下几个方面。

（1）现有沥青路面材料设计指标没有体现出其所在层位的力学及功能要求

现有沥青混合料设计指标多为控制用的体积指标和经验性的性能指标，设计过程中默认各层沥青混合料同时满足多种功能需求，必然导致材料性能要求的多目标化。同时，现有设计指标体系中不同层位材料性能要求差别不大，没有充分体现不同结构层的差异性及功能要求。这种设计方法忽视了结构不同层位的力学特点，导致材料性能与结构功能需求不匹配（图14-1）。

材料设计				结构需求
层位	材料	设计参数		
上面层	SMA/AC	空隙率、密度、饱和度……	不匹配	防裂、防水、抗滑
中面层	SMA/AC	空隙率、密度、饱和度……		抗变形、抗疲劳
下面层	SMA/AC	空隙率、密度、饱和度……		抗变形、抗反裂

图14-1 材料设计与结构需要不匹配

（2）沥青路面病害具有明显的层次性，结构设计中应考虑各层力学及功能要求

沥青路面病害的发生位置具有明显的层次性，如低温缩裂发生在表面层、高温车辙多发生在中下面层、疲劳开裂往往集中在下面层，而水损害多发生在上中面层（图 14-2）。因此，在结构设计中应该依据不同层位受力及病害特点进行功能划分。此外，传统的沥青路面厚度设计主要考虑层厚与材料粒径关系，忽视了路面结构内部力学行为的空间分布规律。

（a）表面层透水　　　　　　　　　　　　　（b）中面层水损坏

图 14-2　沥青路面水损害发生层位

（3）现有沥青路面结构设计力学指标难以利用传统的试验测试手段进行有效检验

现有沥青路面设计采用的力学指标多为应力、应变及变形等变量。以我国有关设计规范为例，基于疲劳、车辙、低温开裂及抗滑等多种路用性能要求，提出了沥青层底拉应变、无机结合料层底拉应力、路基顶面压应变、沥青层允许永久变形等指标，这些指标大部分难以在施工及验收阶段及时并有效检验。

14.1.2　结构-材料按功能设计思路

借鉴美国沥青路面协会（American Asphalt Pavement Assoclation）提出的长寿命沥青路面（LLAP）概念，保证路面有足够长的使用寿命，需要按照功能需求设置路面结构层，具体来说，上面层需要抗磨耗、抗水损害、抗车辙，中面层需要有耐久性好、抗重载，而下面层需要抗疲劳性能好，其设计思想示意图如图 14-3所示。

美国国家公路与运输协会（American Assoclation of State Highway and Transportation Officials，AASHTO）认为长寿命沥青路面的关键在于沥青路面的结构组合设计，并针对各层位功能特点给出了建议结构组合如下：①上面层具有抗车辙、抗老化、抗水损害能力和良好的表面性能；②中面层具有抗车辙能力；③下面层具有抗疲劳和抗水损害能力。而国外有关学者通过研究也给出了另外一种结构组合建议，在上面层之上增加磨耗层结构保证路表功能（曾宇彤，2003）。

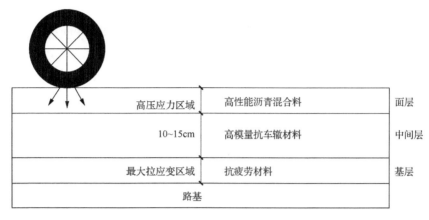

图 14-3 美国长寿命沥青路面设计思想示意图

为此，针对现行沥青路面的结构-材料设计体系无法完全满足路面功能要求，提出沥青路面结构-材料按功能设计整体思路：首先，基于路面结构动力响应数值模拟或现场监测结果，结合路面病害调查结果，对沥青路面结构进行功能性分区；其次，进行各结构层的按功能设计，并提出结构力学指标体系；再次，进行各结构层材料的按功能设计，并提出材料性能指标体系；最后，进行各沥青混合料路用性能验证，并提出材料验证指标体系。

14.2 公路沥青路面结构-材料按功能设计方法

14.2.1 基于病害调查及力学分析的沥青路面结构功能分区

沥青路面各层位的功能要求各有不同，本节将通过路面常见病害成因分析和路面有限元分析这两种途径来确定沥青路面不同层位的功能要求。

1. 沥青路面早期病害成因分析

沥青路面的早期损坏是指沥青路面在设计使用年限内，过早发生的各种形式的沥青路面损坏。国内沥青路面的调查报告表明，传统沥青路面的早期病害主要有永久变形、开裂、水损害三类，每个类别的损害又有许多不同的破坏形式。正确认识和分析各种早期病害的成因和损坏机理，有助于理解路面结构的功能要求，可以在结构设计和材料设计中重点考虑这些功能要求从而在设计初期就有效地缓解甚至避免早期病害的发生。本节主要研究在半刚性基层条件下，由于特殊的受力状态而发生的沥青路面病害类型。

（1）车辙

车辙是指沿道路纵向在车辆集中通过位置处路面产生的带状凹槽。车辙是沥青路面的最常见病害之一，其产生于车轮经常碾压的轮迹带下，在实行渠化交通后，这种现象显得尤为严重。虽然车辙对路面服务性能指数 PSI 影响不大，但是它严重影响行车安全，雨天辙槽内积水会导致水漂，冬季辙槽内冰雪会导致车轮制动力下降。辙槽处路面减薄，同样会诱发其他路面病害。

美国 2002 年 AASHTO 设计指南把沥青路面的车辙归结为由 3 个部分组成，即沥青层 PD_{SG}、基层 PD_{GB}、路床 PD_{SG} 的变形的叠加：

$$PD_{Total} = PD_{AC} + PD_{GB} + PD_{SG} \tag{14-1}$$

对半刚性基层沥青路面来说，如果土基压实合格，基层情况良好，基层 PD_{GB} 及路床 PD_{SG} 的影响可以认为是很小的，车辙主要来自沥青层。所以，在半刚性基层沥青路面的结构中，基层本身的变形不是主要的，路面的抗辙槽能力完全取决于沥青混凝土在高温时的强度和面层的厚度。沥青路面的永久变形发展示意图如图 14-4 所示。

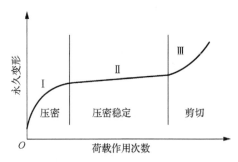

图 14-4　永久变形发展示意图

根据沥青混合料的蠕变特性可知，沥青路面的永久变形主要是压密变形，沥青混合料是由沥青、集料和空隙组成。在高温情况下，沥青胶浆被压进空隙中，路面空隙减小，在车轮荷载重复作用下路面将被压密到一定程度；路面在行车荷载的作用下进一步压实，所以导致路面的下陷变形，这类变形一般较小，属于轻度车辙，如果施工过程中压实度不够或者级配设计不合理，这种压密变形会增大；沥青面层中的车辙主要是由于高温抗剪切能力不足而造成的。

通过大量的病害调查发现，沥青混合料面层的车辙变形主要产生自中下面层，其横断面取芯结果如图 14-5 所示。从国内外研究现状也可知，半刚性路面结构在路面向下 4～10cm 处为高剪切应力区，若高温情况下劲度模量大幅度降低，即产生剪切破坏变形，继而向上和向下影响，形成更进一步的永久变形。

（2）裂缝

半刚性基层沥青路面裂缝类型主要可以分为 3 种，即横向裂缝、纵向裂缝、网状裂缝。纵向裂缝多由于土基不均匀沉降导致，这里不再赘述。

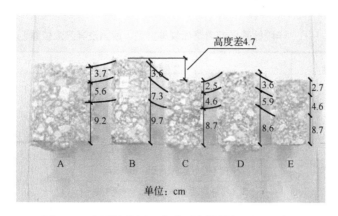

图 14-5 半刚性基层沥青路面车辙横断面取芯结果

横向裂缝分为温缩裂缝和半刚性基层反射裂缝。温缩裂缝是指沥青混合料本身在温度骤降时温度应力达到极限抗拉强度而产生的断裂，或者是在温度循环作用下，温度应力导致应力松弛性能降低，当沥青混合料的应力松弛低于温度应力的增长，超过混合料的极限拉伸应变，便会开裂；而半刚性基层裂缝是所有半刚性基层沥青路面裂缝中最常见的一种，是因为基层的温缩和干缩裂缝在行车荷载作用下产生应力集中，导致沥青面层底部发生裂缝，进而贯穿整个路面形成开裂（谭忆秋，2010）。

网状裂缝是在路面局部区域内，裂缝纵横交错形成网状裂缝。网状裂缝常伴有沉陷和唧浆现象。网状裂缝主要原因在于层底抗疲劳性能不足而在重复荷载作用下产生裂缝后，局部结构的承载力不足，进一步发展成为网状裂缝。

图 14-6 为实际路面裂缝处取出的芯样图，从图 14-6（a）可以看出，由于裂缝沥青路面层底部分已经全部碎裂，图 14-6（b）中表面裂缝和层底裂缝都比较严重，沥青路面表面和层底是易于发生裂缝的区域。现将半刚性基层沥青路面的裂缝类型、成因及其产生位置汇总于表 14-1。

（a）

（b）

图 14-6 路面裂缝处取出的芯样图

表 14-1　半刚性基层沥青路面裂缝类型、成因及其产生位置汇总

裂缝类型	成因		产生位置
横向裂缝	温缩裂缝	温度应力	表面层
		温度疲劳	
	反射裂缝	温缩裂缝反射	下面层
		干缩裂缝反射	
纵向裂缝	强度不足导致的自上而下的裂缝		表面层
	疲劳破坏导致的自下而上的开裂裂缝		下面层
网状裂缝	疲劳破坏		下面层

（3）水损害

水损害是指水通过混合料表面的空隙进入混合料内部，在冻融循环和汽车车轮荷载的共同作用下，进入空隙中的水不断下渗，渗入沥青和集料的接触界面，使两者之间的黏结力下降甚至脱落，导致路面强度下降，当石料在车轮吸附作用下飞散后，进一步形成路面坑槽，严重危害行车安全。

当水渗入基层后，会停留在沥青面层和半刚性基层之间，界面上的泥在遇水后成为泥浆，导致界面变为半连续或者光滑接触，沥青面层就会承受更大的交通荷载作用，在面层底部就出现较大的弯拉应力，并在短期内损坏。水损害造成的路面坑槽如图 14-7 所示。

图 14-7　水损害造成的路面坑槽

（4）沥青路面各结构层病害汇总

通过以上分析可以知道半刚性基层沥青路面的上面层发生的病害主要有水损害、车轮荷载造成的纵向裂缝还有温度影响下的低温断裂；中面层是承重层，这一层较多发生车辙；下面层主要是自下而上的疲劳开裂还有半刚性基层的反射裂缝。半刚性基层沥青路面不同层位病害汇总如表 14-2 所示。

表14-2　半刚性基层沥青路面不同层位病害汇总

层位	病害类型
上面层	水损害、低温开裂
中面层	车辙
下面层	反射裂缝、疲劳裂缝

2. 沥青路面各结构层受力特点分析

应用 ABAQUS 建立典型半刚性基层沥青路面结构的三维有限元模型，各结构层厚度及材料参数如图 14-8 所示。

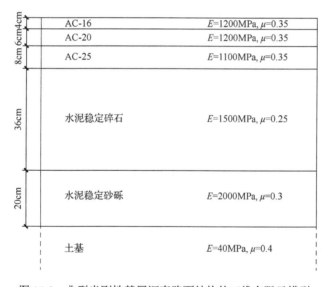

图 14-8　典型半刚性基层沥青路面结构的三维有限元模型

该模型尺寸为 5m×5m×5m，所有材料均设定为弹性材料，结构层间为完全连续接触，整个模型的横向和纵向可以沿法向自由转动但是无法向位移，底面无三向位移不可转动，网格划分时采用三维实体 8 节点二次减缩积分单元（C3D8R），对轮载下的作用区和沥青面层区域进行网格加密处理，有限元模型网格划分如图 14-9 所示。

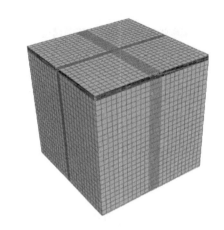

图 14-9　路面模型网格划分

1）研究静载对沥青路面的作用，将轮载简化为 20cm×18cm 的双轮均布荷载，轮压为 0.7MPa。计算时取单轮荷载外侧、轮迹中心、内侧和双轮荷载中心点（依次为 A、B、C、D）为计算点，轮载尺寸及计算点示意图如图 14-10 所示。

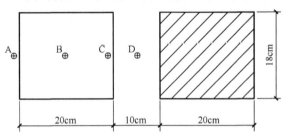

图 14-10　轮载尺寸及计算点示意图

2）研究半刚性基层沥青路面内的三向应力-应变，竖向、纵向和横向的应力及应变如图 14-11 所示。

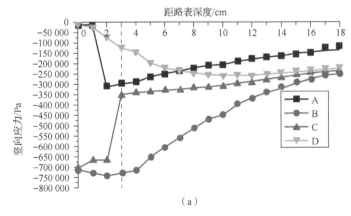

（a）

图 14-11　路面应力-应变随深度变化图

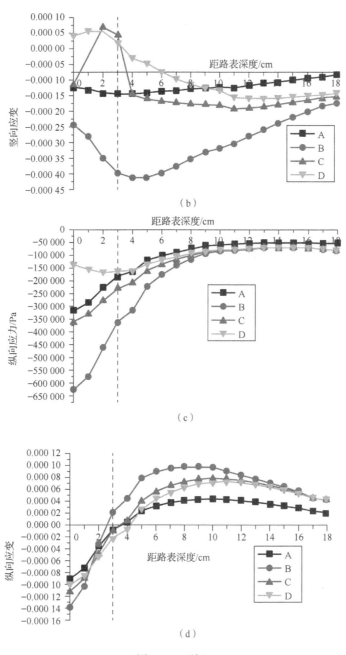

图 14-11（续）

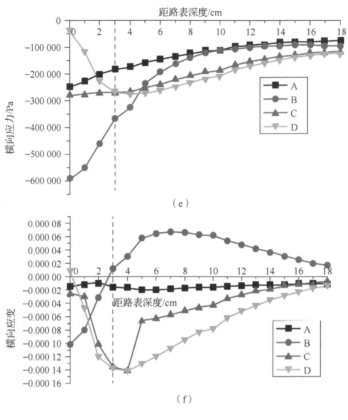

图 14-11（续）

图 14-11（a）和（b）示出竖向的应力-应变随着深度的变化，4 个计算点下的竖向应力-应变总体上的趋势都是逐渐变小的，这是因为随着深度增大，正应力不断衰减；纵向的应力和横向的应力 [图 14-11（c）和图 14-11（e）] 同样也是不断衰减的过程，但是纵向应变 [图 14-11（d）] 在路边浅层为压应变，而继续向下发展时就变为了拉应变，有一个从压应变变为拉应变的过程，在路表下 3～4cm 应变为 0，轮载中心的纵向应变和横向应变有一样的趋势，其余三点的横向应变都为负，即都是压应变。此外，除去双轮荷载中间部位，在距路表 3cm 内（图中虚线位置）的路面竖向、纵向、横向三向的应力-应变都处于受压的状态，因此，路表是一个三向受压的区域。

3）分析最大主应力随着距路表深度变化趋势，如图 14-12 所示。

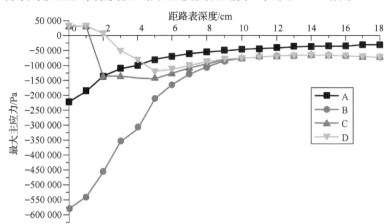

图 14-12　最大主应力随距路表深度变化趋势

由图 14-12 中结果可以看出，不管计算点位于车轮荷载的什么位置，其最大主应力都是随着距路表距离的增大而减小，其中 A 点和 B 点在路表表现为较大的压应力，而 C 点和 D 点有很小的拉应力，是因为 C 点和 D 点位于双轮荷载的中间，形成了轻微的反拉，进入路面内部后又重新变为压应力。

Abaqus 程序自带的 Tresca 屈服准则可以自动算出该点的最大剪应力，其云图及其随深度变化图分别如图 14-13 和图 14-14 所示。

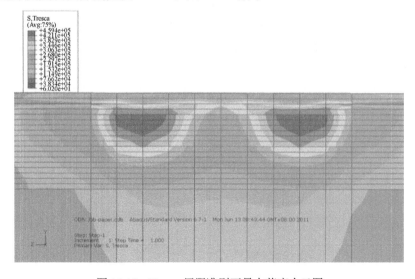

图 14-13　Tresca 屈服准则下最大剪应力云图

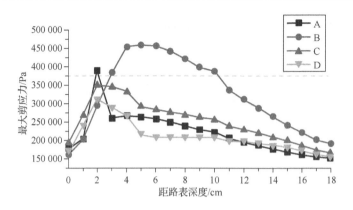

图 14-14　最大剪应力随深度变化图

路面永久变形的产生主要是因为车轮荷载产生的剪应力对路面造成的剪切破坏，由图 14-14 可以看出，四个计算点当中，轮载中心的最大剪应力要明显大于其他的点，如果沥青路面产生永久变形，最先变形的就是车轮荷载下方；随着深度的变化，最大剪应力表现出先增大后减小的趋势，而改性沥青混合料 60℃ 的抗剪强度约为 0.6MPa，普通基质沥青混合料的抗剪强度约为 0.4MPa，如果级配或原材料不理想，则该值可能低于 0.3MPa，可以从图中看出最大剪应力大于 0.375MPa（图中虚线所示）的区域位于距路表面 3～10cm，所以在进行沥青路面设计的时候需要增强该区域的抗车辙性能。

3. 半刚性基层沥青路面功能结构组合

根据以上路面病害和有限元模拟计算的分析结果，上面层在荷载作用下处于三向压缩状态，它是路面结构中直接和荷载及外部环境接触的层位，因此其对层位功能要求较高，主要应起到平整、抗滑、抗低温抗裂、防渗水、抗磨耗的作用；中面层在荷载作用下处于竖向压缩状态，对抗高温车辙起着关键的作用；下面层在荷载作用下处于横向拉压状态，对抗疲劳开裂、防反射裂缝起着关键的作用，由此可以得到沥青路面各结构层层位功能特征如表 14-3 所示。

表 14-3　沥青路面的层位功能特征

层位	主要受力特征	应具备功能	拟采用材料类型
上面层	三向压缩	抗水损害、良好的表面性能和低温性能	超薄磨耗层
中面层	竖向受剪	抗车辙	高模量沥青混合料
下面层	纵向拉压	抗疲劳、抗水损害、防反射裂缝	应力吸收层

基于以上沥青路面各结构层功能要求，拟定路面结构如下。

1）选用超薄磨耗层作为表面层材料，超薄磨耗层一般铺筑厚度为 15～25mm，可作为旧路改造罩面或者新建路面表面层，具有表面抗滑性能好、减少雨天水雾及路面水膜、低噪声等优点。

2）在半刚性基层沥青路面结构中，由上述理论分析可知，中面层所处位置正是最大剪应力峰值区域内，因此，中面层对车辙病害的影响最大。如果中面层的混合料在易产生车辙的高温阶段仍然有较高的模量，拥有更大的扩散角向下扩散，就可以减小路面在重复荷载作用下的永久变形，不易产生车辙，所以中面层选用高模量沥青混合料，着重提高沥青混合料的高温抗车辙性能。目前，主要通过两种方式来提高沥青混合料的劲度模量：一种是降低沥青的标号（低标号沥青），采用黏度较大的沥青；另外一种则是在沥青混合料中加入外掺改性剂。本节将在综合考虑结构设计要求、平衡低温性能和权衡经济合理性的基础上进行高模量沥青混合料设计。

3）下面层在荷载作用下处于横向拉伸状态，对抗疲劳开裂起着关键的作用，而且针对目前反射裂缝严重的情况，拟采用高黏沥青应力吸收层，可起到很好的防反射裂缝、抗疲劳、防水损害的作用。

综上所述，本研究采用沥青路面功能结构组合如图 14-15 所示。

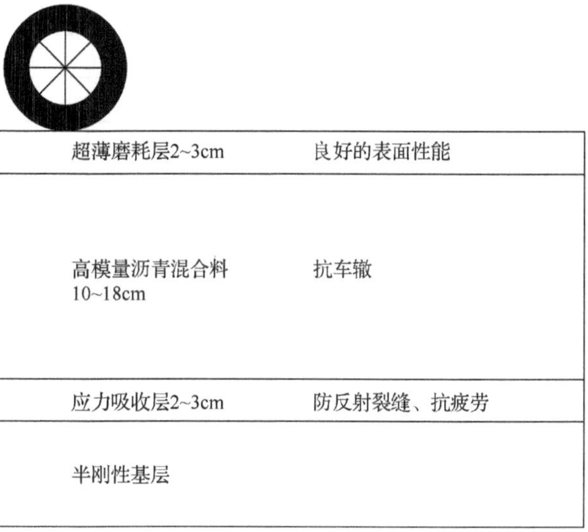

超薄磨耗层2~3cm	良好的表面性能
高模量沥青混合料 10~18cm	抗车辙
应力吸收层2~3cm	防反射裂缝、抗疲劳
半刚性基层	

图 14-15 沥青路面功能结构组合

14.2.2 沥青路面面层材料按功能设计指标与标准

根据沥青路面不同层位病害类型和受力状态分析结果，给出了各层位的功能要求并拟定不同层位混合料类型，本节就这三个层位的沥青混合料进行按功能设计指标的研究。按功能设计试验和指标汇总如表 14-4 所示。

表 14-4　按功能设计试验和指标汇总

层位	功能要求	试验	设计指标
上面层	抗水损害	冻融劈裂试验	冻融劈裂抗拉强度比
		飞散试验	飞散损失
	低温性能	约束试件温度应力试验	冻断温度
			冻断强度
中面层	高温性能	车辙试验	动稳定度
			辙槽深度
			相对变形率
		动态模量试验	动态模量
			相位角
			动态模量指标
		重复加载永久变形试验	流变次数
下面层	抗疲劳	四点弯曲疲劳试验	疲劳次数
	防反射裂缝	弯曲试验	最大弯拉应变
		弯曲蠕变试验	弯曲蠕变速率
			松弛时间
	抗水损害	冻融劈裂试验	冻融劈裂抗拉强度比

（1）上面层按功能设计指标

抗水损害性能方面，冻融劈裂试验侧重反映混合料在冻融循环作用下的抗水损害性能，浸水飞散侧重反映混合料在老化条件下混合料黏结性能的损失，这两个指标都有其意义，特别是飞散试验对磨耗层来说是很有必要的一个试验。

低温性能方面，相对于冻断强度，能正确稳定反映混合料低温性能的指标是冻断温度。

（2）中面层按功能设计指标

车辙试验采用的三个评价各存在一些不足，如下所述。

1）动稳定度为 45~60min 时间内车辙每产生 1mm 的次数，这样就并未考虑前 45min 所产生的车辙，但这 45min 内的压密变形也是车辙的一部分，而且混合料高温性能较好时，不易产生变形，这时对传感器精度要求就比较高。

2）辙槽深度能反映试验加载时间内的总变形，但不能预估试验之后的发展情况，因此车辙变形并不能对混合料高温性能给出正确评价。

3）相对变形率指标直接反映了荷载作用下试件的变形情况，是一个直接评价指标，但是对于我国 50mm 厚的车辙板及 1260 次的碾压次数来说，评价稍显不充分，精度也不能保证。

重复加载永久变形试验在采用同一试验条件时也不易测出所有混合料的流变次数 Fn，所以选用 10Hz 的动态模量指标 $|E^*|/\sin\theta$ 来作为沥青混合料中面层的按功能设计指标。

（3）下面层按功能设计指标

抗水损害性能方面，由于应力吸收层材料级配细，矿粉多，沥青用量大，空隙率小，一般情况下水很难渗入其空隙中，仅仅是试件表层有水进入，所以冻融循环对其影响很小，水的作用很难对其造成损害，在此不专门采用指标对其进行设计。

防反射裂缝方面，弯曲蠕变试验需要采用破坏荷载的 10% 来进行加载，由于混合料类型级配不同，破坏荷载相差较大，会导致弯曲蠕变速率和松弛时间相差很大，且没有可比性，所以采用弯曲试验的最大弯拉应变来评价混合料的抗变形能力。另外，温度过低时沥青混合料过多地表现出在低温条件下性能的优异程度，温度在 15℃ 时级配均匀的混合料均有较好的变形能力，这时又没有区分度，可采用 0℃ 的最大弯拉应变作为抵抗变形功能要求的设计指标。

根据以上分析结果，现拟定出按功能设计推荐控制标准如表 14-5 所示。

表 14-5　按功能设计指标及推荐控制标准

层位	功能结构类型	设计指标	控制标准
上面层	超薄磨耗层	冻融劈裂抗拉强度比/%	>80
		飞散损失/%	<7
		冻断温度/℃	<-25
中面层	高模量沥青混合料层	$|E^*|/\sin\theta$/MPa	>5 000
下面层	应力吸收层	疲劳次数（3000）/10^{-6}	>100 000
		最大弯拉应变/10^{-6}	>20 000

14.2.3　沥青路面结构-材料按功能设计实例

依托大广高速大庆至肇源段，修筑了沥青混合料按功能设计试验路，铺筑长度为 330m，宽度为 11.25m，厚度为 18cm，路面结构为 2cm 超薄磨耗层+14cm 高模量沥青混合料层+2cm 应力吸收层。

试验路段上、中、下面层采用三种不同类型沥青混合料，配合比如表 14-6～表 14-8 所示。

表 14-6 超薄磨耗层配合比

筛孔/mm	粒料（9.5～15mm）	粒料（4.75～9.5mm）	粒料（2.36～4.75mm）	机制砂	矿粉	目标级配	生产级配
19	100.0	100.0	100.0	100.0	100.0	100.0	100.0
16	100.0	100.0	100.0	100.0	100.0	100.0	99.3
13.2	60.5	100.0	100.0	100.0	100.0	88.9	90.2
9.5	12.8	98.1	100.0	100.0	100.0	74.8	75.7
4.75	0.4	2.5	86.8	100.0	100.0	32.5	34.2
2.36	0.0	0.0	9.8	90.3	100.0	20.9	21.4
1.18	0.0	0.0	2.6	59.2	100.0	16.0	15.7
0.6	0.0	0.0	1.3	36.4	100.0	12.9	12.5
0.3	0.0	0.0	0.0	25.5	99.6	12.0	10.7
0.15	0.0	0.0	0.0	13.4	92.6	9.1	9.0
0.075	0.0	0.0	0.0	6.1	62.7	5.8	5.5
配合比	28.0	39.0	12.0	13.0	8.0		

表 14-7 高模量沥青混合料中面层配合比

筛孔/mm	粒料（9.5～19mm）	粒料（4.75～9.5mm）	粒料（2.36～4.75mm）	石屑	矿粉	目标级配	生产级配
19	97.2	100.0	100.0	100.0	100.0	99.0	98.5
16	75.4	100.0	100.0	100.0	100.0	91.1	91.5
13.2	41.6	100.0	100.0	100.0	100.0	79.0	79.5
9.5	5.7	98.1	100.0	100.0	100.0	65.5	65.3
4.75	0.0	2.5	67.3	100.0	100.0	31.5	32.7
2.36	0.0	0.0	0.3	83.7	100.0	21.1	20.4
1.18	0.0	0.0	0.1	50.2	100.0	15.0	15.0
0.6	0.0	0.0	0.0	23.7	100.0	10.3	11.2
0.3	0.0	0.0	0.0	11.3	100.0	8.0	9.2
0.15	0.0	0.0	0.0	4.4	96.3	6.6	7.1
0.075	0.0	0.0	0.0	2.0	80.7	5.2	5.4
配合比	36.0	30.0	10.0	18.0	6.0		

表 14-8　应力吸收层配合比

筛孔/mm	粒料（2.36～4.75mm）	机制砂	矿粉	合成级配
9.5	100.0	100.0	100.0	100.0
4.75	86.8	100.0	100.0	95.4
2.36	9.8	90.3	100.0	63.6
1.18	2.6	59.2	100.0	45.5
0.6	1.3	36.4	100.0	33.6
0.3	0.0	25.5	99.6	27.7
0.15	0.0	13.4	92.6	20.6
0.075	0.0	6.1	62.7	12.4
配合比	35.0	50.0	15.0	100.0

按功能试验路段于 2010 年 9 月 11 日铺筑完成，2011 年 4 月 28 日对试验路段进行裂缝调查，间隔 8 个月时间。将试验段和其周围五段 300m 长路段进行了对比，结果发现经过一个冬季周围路段或多或少都产生了一些裂缝，多的达到四条裂缝，而试验路尚未发现裂缝。可以看出试验路在路面建成初期表现出了一定的优势。试验路段裂缝调查结果如图 14-16 所示，试验路周围沥青路面裂缝如图 14-17 所示。

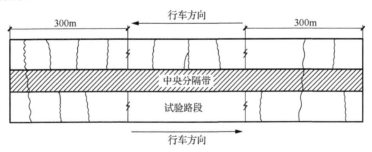

图14-16　试验路段裂缝调查结果

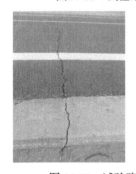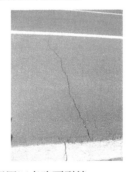

图 14-17　试验路周围沥青路面裂缝

14.3 机场沥青道面结构-材料按功能设计方法

14.3.1 机场沥青道面结构功能分区及设计指标

1. 机场道面沥青层各层位功能分区

机场道面结构各层功能划分要结合其在温度和荷载耦合作用下在道面结构中受力情况、所处层位的功能性要求、主要病害类型等综合确定。

（1）上面层按功能分区

1）受力情况。当沥青道面处于冬季低温条件下时，道表处的温度最低，沿结构深度方向向下沥青层温度逐渐升高，所以上面层是结构中整体温度最低的区域。当沥青面层受到低温作用时，结构层会受到不同程度的收缩作用，从而产生拉应力和收缩变形，且随着结构深度的增加，水平应变显著降低。中下面层的收缩水平较低，并且相较而言，由于上面层中的温度更低，因此产生的横向、纵向应力及应变也更大，沥青面层结构中的上面层区域承受着较大的低温环境荷载。此外，上面层中的接近道表区域处于三向受压状态，所以上面层还存在结构受压变形的风险。

2）主要病害类型。目前，在国内北方的机场中，低温导致的道面收缩开裂是普遍存在的病害，一旦产生易在外界环境与荷载的持续作用下诱发严重次生病害，则会导致道面发生结构性破坏。

3）功能性要求。一方面，上面层除了应能抵抗温度收缩开裂之外，由于处于道面表面，直接与外界环境水相接触，易出现沥青丧失、骨料脱落等现象，所以应具备较好的水稳定性。另一方面，FOD 的严格控制对于飞机安全运行至关重要，因为机场道面上的外来物很容易被吸入到飞机发动机内，导致发动机故障，从而引发航空事故，因此，道表结构应具有较强的抗飞散掉粒能力。此外，上面层还要承担一些功能性的需求，包括抗滑、防水等。因此，在结合力学特征、病害类型和功能要求的基础上，提出在设计时将上面层作为机场沥青道面的抗温裂区，以低温开裂作为设计主导，并验证抗温裂、抗车辙、抗水损害、抗飞散、抗滑、防水等性能。

（2）中面层按功能分区

1）受力情况。在位于机轮荷载下重点关注的特征点位置中，轮隙间的剪应力较小，且整体的变化幅度不大。从轮胎边缘开始，剪应力逐渐增大，最大剪应力出现在轮胎中部，其沿沥青层深度方向的变化趋势是先增大后减小，沥青面层结构中的中面层区域承受着较大的剪切荷载。对于机场道面，飞机重载导致的竖向压缩作用同样至关重要，中面层承担着主要的竖向压缩作用。此外，在常温条件下，荷载作用会对道面结构的 3～21cm 深度范围内产生横向拉应变，其中，峰值区域覆盖整个中面层，所以该层位还存在疲劳开裂的风险。

2）主要病害类型。目前，机场沥青道面的中面层是压密型和流动型车辙发生的主要区域，这两种车辙的叠加作用导致机场道面的平整度显著下降，不利于飞机的安全行驶。飞行区道面车辙如图 14-18 所示。

图 14-18　飞行区道面车辙

3）功能性要求。除了应能抵抗永久变形之外，中面层还是水损害多发的结构层位。外界水一方面随裂纹渗入结构内部，另一方面排入土质区的水随着周边水位的升高而侵入沥青层内，由于沥青层下方的水泥混凝土层较为致密，从而导致沥青层内部大量积水，加之飞机移动荷载导致的动水冲刷作用，导致中面层结构易出现松散。因此，在结合力学特征、病害类型和功能要求的基础上，提出在设计时中面层作为机场沥青道面的主抗车辙区，以永久变形作为设计主导，并验证抗车辙、抗疲劳和抗水损害性能。

（3）下面层按功能分区

1）受力情况。下面层受到的剪应力要小于中面层的高受剪区。相较而言，下面层是次要抗车辙的区域，但对整个结构抗高温车辙起到支撑性作用。此外，在常温环境中，荷载导致的横向应变在下面层中快速降低，并在层底处到达最低，该受力特征不同于公路中拉应力随深度而增大的情况，主要原因是在公路路面结构中，沥青层下部通常是以水泥稳定碎石为主的半刚性基层，而机场道面结构则往往是在水泥混凝土层上加铺沥青混合料层，刚性的基层具有更高的模量以及更小的变形，从而导致受拉峰值上移，而在下面层深度处呈减小的趋势。

2）主要病害类型。目前，机场沥青道面下面层在高温车辙相关的沥青混合料层整体变形中占据了较大比例。所以，下面层同样是结构层高温受载变形的重要来源。下面层永久变形如图 14-19 所示。

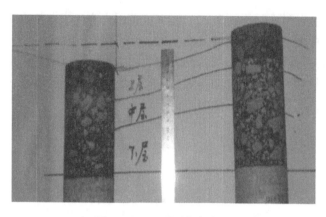

图 14-19　下面层永久变形

3）功能性要求。除了应能抵抗永久变形之外，下面层还应具备抗反射裂缝的功能。反射裂缝通常自下而上贯穿整个沥青层结构，虽然在下面层与水泥混凝土层之间通常会铺设应力吸收层和土工布，但是这种措施缓解应力集中现象的能力有限，所以还需要下面层自身具备抗反裂能力。因此，在结合力学特征、病害类型和功能要求的基础上，提出在设计时下面层作为机场沥青道面的次抗车辙区，以永久变形作为设计主导，并验证抗车辙、抗反射裂缝性能。各结构层功能分区汇总如表 14-9 所示。

表 14-9　各结构层功能分区汇总

层位	设计主导	功能验证
上面层	低温开裂	低温抗裂性、高温稳定性、水稳定性、抗飞散性能、抗滑性能、抗渗性能
中面层	永久变形	高温稳定性、疲劳性能、水稳定性
下面层		高温稳定性、抗反射裂缝性能、水稳定性

2. 机场沥青道面结构设计关键指标

（1）温裂控制指标

沥青铺面的低温开裂一直是困扰国内外研究者的关键问题之一，其危害在于大量裂缝的存在使得路表水、空气及其他有害物质进入铺面结构内部，并沿着混合料的孔隙渗入基层和路基，导致铺面承载力下降，出现局部脱空、坑槽等病害，严重影响机场的运营安全。因此，为了提高机场沥青道面的低温抗裂性，应该同时考虑沥青混合料的低温性能和评价指标，以收缩应力为结构温裂控制指标。

（2）车辙控制指标

车辙是沥青路面特有的主要病害之一，是在与时间有关的荷载因素和气候因素共同作用下在轮迹带处发生凹形变形形成的纵向辙槽，尤其在夏季高温的重载路段时常发生。沥青铺面的车辙病害主要发生在沥青面层，有可能是由于较大的竖向压应力引起的压密型车辙或者剪应力作用引起的失稳型车辙。由现行机场沥青道面有关设计规范可知，沥青混合料层轮辙仅以沥青混合料层竖向压应力或剪应力单一指标控制，本研究以沥青层竖向压应变与剪应力同时作为控制车辙的力学设计指标。

（3）疲劳控制指标

机场沥青道面在飞机荷载的反复作用下处于应力应变交替变化的状态，使沥青道面的结构强度不断下降，当荷载反复作用一定次数后，道面内部产生的应力超过强度下降后的结构抗力，道面出现裂纹并不断扩展直至发生疲劳破坏。根据我国机场实际沥青加铺工程病害调查结果，复合道面结构形式会因为道面承载力不足使旧水泥混凝土道面出现疲劳开裂，而在现行机场有关设计规范中，均采用沥青层底面水平拉应变作为控制疲劳的重要力学指标。本研究以水平拉应变为结构疲劳控制指标。

14.3.2　机场沥青道面材料设计指标及验证指标

1. 上面层抗低温开裂主导性设计指标

（1）低温设计指标初步筛选

从不同的低温性能表征角度来说，可用于作为低温设计指标的试验参数有温度收缩系数、J 积分临界值、低温劈裂强度、破坏拉伸应变等。

1）温度收缩系数通过收缩试验获得，通过对 200mm×20mm×20mm 的棱柱形试件进行降温处理，以收缩变形量与相应的温差进行收缩系数计算。

2）J 积分临界值通过切口小梁弯曲试验获得，对 250mm×40mm×40mm 试件进行切口来模拟路面当中的应力集中现象，通过加载断裂后的应变能来计算 J 积分临界值。

以上两种试验方法在制作试件时均是先通过轮碾机成型板式试件，然后切割成试验所需尺寸，这种二次成型的方式会导致试验结果具有离散性，从而影响试验结果的准确度，特别是切口小梁弯曲试验，其刻槽深度和开裂率难以控制。

3）基于沥青道面低温缩裂的破坏模式以及破坏机理的分析，以承受沥青混合料低温收缩应力所对应的低温劈裂强度和收缩变形所对应的破坏拉伸应变可作为低温性能的设计指标。这两个设计指标可通过低温劈裂试验获得，该试验通过在低温环境下慢速加载的模式来模拟气候降温的收缩应力作用，且采用 ϕ101.6mm× 63.5mm 试件作为试验载体，能与现有沥青混合料设计与试验体系兼容，以提高设计指标的适用广度，所以以低温劈裂强度和破坏拉伸应变作为沥青混合料的候选设计指标。

（2）低温设计指标敏感性分析

敏感性分析试验采用两种沥青：一种为 SBS 改性沥青，SBS 掺量为 6%；另一种为湖沥青（TLA）/SBS 复合改性沥青，湖沥青与 SBS 改性沥青的比例为 1：3。两种沥青的基本技术性质如表 14-10 和表 14-11 所示。

表 14-10　SBS 改性沥青基本技术性质

试验指标		测试指标	技术要求
25℃针入度/0.1mm		61	60～80
软化点/℃		81.9	≥65
延度（5cm/min，5℃）/cm		37.3	≥25
弹性恢复/%		95	≥70
密度/（g/cm³）		1.030	实测
旋转薄膜（RTFOT）加热试验	质量损失/%	0.1	≥±0.8
	残留针入度比/%	77.3	≥60
	残留延度/%	21.5	≥20

表 14-11　TLA/SBS 改性沥青基本技术性质

试验指标	测试指标	技术要求
25℃针入度/0.1mm	39	30～50
软化点/℃	88.5	≥80
延度（5cm/min，5℃）/cm	18.5	≥15
弹性恢复/%	98.2	≥80
密度/（g/cm³）	1.052	实测

基于道面结构的功能化分区，低温抗裂性应着重考虑在上面层，所以级配采用间断密实型，即 SMA 沥青混合料。因为 SMA 型混合料具有良好的抗温度收缩变形能力，还兼顾较好的抗滑性能以及耐久性，并且选择 SMA-13 这种细粒式的尺寸类型，还具有更好的抗渗水性能，对于防止面层结构整体性水损坏具有良好的效果，是目前民航机场领域常用的上面层结构类型。

本研究选择 SMA-13 型沥青混合料中常用的中级配与粗级配作为研究对象，级配曲线如图 14-20 所示。以此设计了三种沥青混合料组合，分别为 SBS-SMA13M（SBS 改性沥青与中级配）、SBS-SMA13C（SBS 改性沥青与粗级配）和 TLA/SBS-SMA13M（复合改性沥青与中级配）。

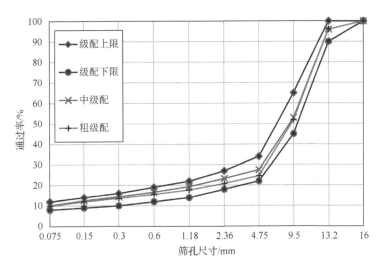

图 14-20　SMA-13 中级配和粗级配曲线

对于三种组合的沥青混合料，在不同沥青用量下分别测试低温劈裂强度和破坏拉伸应变。根据单因素方差分析法，以两个候选设计指标作为试验指标，沥青用量为影响试验指标的因素，其共有 5 个水平，即测试 5 个不同的沥青用量。首先，建立假设 H_0：沥青用量变化对设计指标无显著影响。其次，分别计算两指标的组内和组间的离差平方和及其相应的自由度，进而得到统计量 F_0，且在 95% 的置信度下，根据显著性水平 $\alpha=0.05$ 和自由度得到临界值 $F_{(0.05)}$。最后，将 F_0 与 $F_{(0.05)}$ 进行比较，若 $F_0 \geq F_a$，则拒绝 H_0，即认为设计指标对沥青用量敏感；否则接受 H_0，即认为设计指标对沥青用量不敏感。

1）SBS-SMA13M 型沥青混合料结果分析。对 SBS-SMA13M 型沥青混合料进行低温间接拉伸试验，试验结果如图 14-21 所示。从图 14-21 中试验结果可知，在一定的沥青用量范围内，随着沥青用量增加，低温劈裂强度呈现出先增加后减小的变化趋势，峰值对应的沥青用量为 6.6%，破坏拉伸应变则是单调递增，峰值对应的沥青用量为 6.9%。

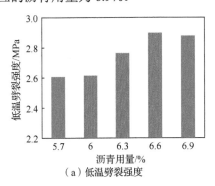

（a）低温劈裂强度

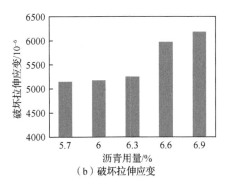

（b）破坏拉伸应变

图 14-21　SBS-SMA13M 在不同沥青用量下设计指标试验结果

运用单因素方差分析法对试验结果进行分析，方差分析如表 14-12 所示。从表 14-12 中的方差分析结果可知，低温劈裂强度与破坏拉伸应变对应的 F_0 均大于 $F_{(0.05)}$，说明在 95%保证率条件下，假设"沥青用量变化对设计指标无显著影响"不成立，即对于 SBS-SMA13M 型沥青混合料，低温劈裂强度与破坏拉伸应变对沥青用量敏感。

表 14-12　SBS-SMA13M 设计指标方差分析

试验指标	方差来源	平方和	自由度	均方	F_0	$F_{(0.05)}$
低温劈裂强度	组间	0.3919	4	0.0980	3.557	
	组内	0.5509	20	0.0275		
	总和	0.9428	24			2.866
破坏拉伸应变	组间	4 782 002	4	1 195 500	3.868	
	组内	6 181 440	20	309 072		
	总和	10 963 442	24			

2）SBS-SMA13C 型沥青混合料结果分析。对 SBS-SMA13C 型沥青混合料进行低温间接拉伸试验，试验结果如图 14-22 所示。从图 14-22 中试验结果可知，在一定的沥青用量范围内，随着沥青用量增加，低温劈裂强度与破坏拉伸应变均呈现先增大后减小的趋势，峰值对应的沥青用量为 7.2%。

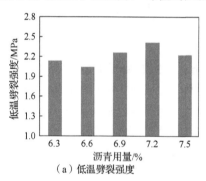
（a）低温劈裂强度

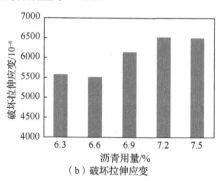
（b）破坏拉伸应变

图 14-22　SBS-SMA13C 在不同沥青用量下设计指标试验结果

运用单因素方差分析法对试验结果进行分析，分析结果如表 14-13 所示。从表 14-13 中方差分析结果可知，低温劈裂强度与破坏拉伸应变对应的 F_0 值均大于 $F_{(0.05)}$，说明在 95%保证率条件下，假设"沥青用量变化对设计指标无显著影响"不成立，即对于 SBS-SMA13C 型沥青混合料，低温劈裂强度与破坏拉伸应变对沥青用量敏感。结合 SBS-SMA13M 型沥青混合料试验结果可知，在改变级配的情况下，低温劈裂强度与破坏拉伸应变仍然是对沥青用量敏感的。

表 14-13　SBS-SMA13C 设计指标方差分析结果

试验指标	方差来源	平方和	自由度	均方	F_0 值	$F_{(0.05)}$
低温劈裂强度	组间	0.3969	4	0.0992	2.997	
	组内	0.6620	20	0.0331		
	总和	1.0589	24			2.866
破坏拉伸应变	组间	4 715 656	4	1 178 914	4.350	
	组内	5 419 265	20	270 963		
	总和	10 134 921	24			

　　3）TLA/SBS-SMA13M 型沥青混合料结果分析。对 TLA/SBS-SMA13M 型沥青混合料进行低温间接拉伸试验，试验结果如图 14-23 所示。从图 14-23 中试验结果可知，在一定的沥青用量范围内，随着沥青用量增加，低温劈裂强度与破坏拉伸应变均呈现先增大后减小的趋势，峰值对应的沥青用量为 6.6%。

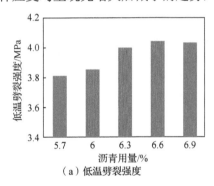
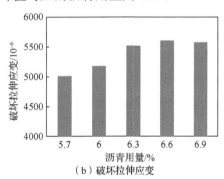

图 14-23　TLA/SBS-SMA13M 在不同沥青用量下设计指标试验结果

　　运用单因素方差分析法对试验结果进行分析，分析结果如表 14-14 所示。从表 14-14 中方差分析结果可知，破坏拉伸应变对应的 F_0 大于 $F_{(0.05)}$，说明在 95% 保证率条件下，假设"沥青用量变化对设计指标无显著影响"不成立，即对于 TLA/SBS-SMA13M 型沥青混合料，破坏拉伸应变对沥青用量敏感；而低温劈裂强度对应的 F_0 小于 $F_{(0.05)}$，则说明其值对沥青用量的变化不敏感。结合 SBS-SMA13M 型沥青混合料试验结果可知，在改变沥青种类的情况下，破坏拉伸应变仍然是对沥青用量敏感的，说明相较于低温劈裂强度而言，其具有更广的适用性。

表 14-14　TLA/SBS-SMA13M 设计指标方差分析结果

试验指标	方差来源	平方和	自由度	均方	F_0 值	$F_{(0.05)}$
低温劈裂强度	组间	0.242 3	4	0.060 5	1.857	
	组内	0.652 5	20	0.032 6		2.866
	总和	0.894 8	24			

续表

试验指标	方差来源	平方和	自由度	均方	F_0值	$F_{(0.05)}$
破坏拉伸应变	组间	1 475 766	4	368 941	3.223	
	组内	2 288 729	20	114 436		2.866
	总和	3 764 495	24			

（3）低温设计指标相关性分析

对沥青用量敏感的低温指标可以作为抗温裂沥青混合料的设计指标来指导沥青道面材料设计，但其能否真实、可靠地反映沥青混合料的低温抗裂性，需要进行进一步评价。低温弯曲试验是现行体系下机场沥青混合料低温性能检验的手段，在低温三点弯曲条件下，小梁试件的极限变形能力反映了沥青混合料这种黏弹性材料的低温黏性和塑性性质，极限应变越大，低温柔韧性越好，抗裂性也越好，并且其极限应变指标在不同气候特征和不同混合料类型下的控制值是设计指标技术标准的重要参考。因此，本研究选择低温弯曲试验中的最大弯拉应变作为评价指标。

在与设计指标相同的沥青用量下，对于各种类型沥青混合料分别进行低温弯曲试验，试验结果如图 14-24 所示。从图 14-24 中结果可知，在一定的沥青用量范围内，随着沥青用量增加，SBS-SMA13M 和 TLA/SBS-SMA13M 型沥青混合料呈现出单调递增的趋势，峰值对应的沥青用量为 6.9%，SBS-SMA13C 型沥青混合料则先增大后减小，峰值对应的沥青用量为 7.2%。

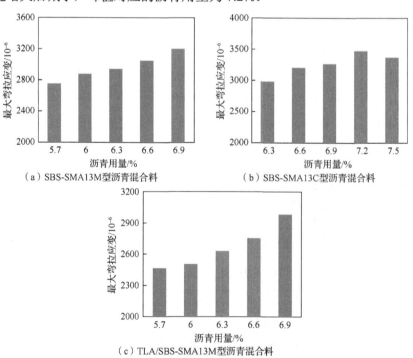

（a）SBS-SMA13M型沥青混合料　　　　　　（b）SBS-SMA13C型沥青混合料

（c）TLA/SBS-SMA13M型沥青混合料

图 14-24　各类型沥青混合料在不同沥青用量下低温弯曲试验结果

运用皮尔逊（Pearson）相关系数法，对每一种类型沥青混合料的候选设计指标与评价指标进行线性相关性分析，对于 SBS-SMA13M 型沥青混合料，低温劈裂强度、破坏拉伸应变与最大弯拉应变之间的皮尔逊相关系数分别为 0.891 和 0.922，两指标均在 0.9 左右，具有较强的相关性。对于 SBS-SMA13C 型沥青混合料，皮尔逊相关系数分别为 0.731 和 0.857，破坏拉伸应变较高，超过了 0.8。对于 TLA/SBS-SMA13M 型沥青混合料，皮尔逊相关系数分别为 0.838 和 0.812，两指标均达到了 0.8 以上，相关性较好。综合各类型沥青混合料分析结果可知，破坏拉伸应变与最大弯拉应变具有更好的一致性。

结合敏感性分析和相关性分析结果，低温劈裂强度仅在使用 SBS-SMA13M 和 SBS-SMA13C 型沥青混合料时对沥青用量敏感，因此采用其进行沥青用量选择的适用性是有限的；而对于三种类型沥青混合料，沥青用量变化均能显著影响破坏拉伸应变，即破坏拉伸应变对沥青用量敏感，因此能更好地作为设计指标来指导混合料设计中的沥青用量选择。在相关性分析中，对于不同类型沥青混合料，破坏拉伸应变与最大弯拉应变的皮尔逊相关系数均超过了 0.8，相比较而言，在不同的沥青用量下，其能更准确、稳定地表征沥青混合料的低温抗开裂能力。因此，选择低温试验条件下的破坏拉伸应变可以作为抗温裂沥青混合料设计指标。

2. 中下面层抗永久变形主导性设计指标

（1）高温设计指标初步筛选

从不同的高温性能表征角度来说，可用于作为高温设计指标的试验参数有动态模量、流动值、单轴压缩强度、单轴贯入强度、马歇尔稳定度等。

1）动态模量通过单轴压缩动态模量试验获得，对 $\phi150\times170\text{mm}$ 的成型试件进行钻芯和切割处理后得到尺寸为 $\phi100\times150\text{mm}$ 的试验试件，按一定的温度和频率对试件施加半正矢波轴向荷载，测量试件的可恢复应变，从而计算得到动态模量。

2）流动值通过蠕变试验获得，其采用与动态模量相同的试件，在一定温度下按照间歇加载的模式，测得试件第三阶段破坏的起点对应的循环作为流动值。然而以上两种试验方法在制作试件时均是先通过旋转压实仪成型圆柱试件，然后钻芯与切割成试验所需尺寸，这种成型方式将会改变混合料级配，从而影响体积参数，且整个试验过程周期较长。

3）基于沥青道面高温车辙的破坏模式以及破坏机理的分析，以承担沥青混合料高温压缩与剪切所对应的单轴压缩强度和单轴贯入强度可作为高温性能的设计指标。这两个设计指标分别可以通过高温单轴压缩与单轴贯入试验获得，采用 $\phi101.6\times63.5\text{mm}$ 试件作为试验载体，能与现有沥青混合料设计与试验体系兼容，以提高设计指标的适用广度，所以以单轴压缩强度与单轴贯入强度作为沥青混合料的候选设计指标以及以马歇尔稳定度作为常规设计体系的对比指标。

（2）高温设计指标敏感性分析

敏感性分析试验采用两种沥青：一种为 SBS 改性沥青，SBS 掺量为 6%；另一种为湖沥青（TLA）/SBS 复合改性沥青，湖沥青与 SBS 改性沥青的比例为 1∶3。

基于道面结构的功能化分区，中面层与下面层分别作为道面结构的主要和次要抗车辙区，在此区域采用连续密实的 AC-20 沥青混合料，因为粗粒式的尺寸类型有利于提高混合料的嵌锁力与内摩擦角，从而增强高温下的抗车辙变形能力，并且连续密实的级配类型能增加混合料的整体密实程度，进而提高结构的服役耐久性，是目前民航机场领域常用的中下面层结构类型。

本研究选择 AC-20 型沥青混合料中常用的中级配与粗级配作为研究对象，级配曲线如图 14-25 所示。以此设计了三种沥青混合料组合，分别为 SBS-AC20M（SBS 改性沥青与中级配）、SBS-AC20C（SBS 改性沥青与粗级配）、TLA/SBS-AC20M（复合改性沥青与中级配）。

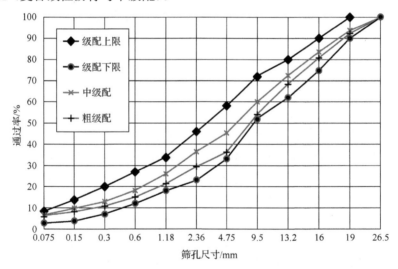

图 14-25　AC20 中级配和粗级配曲线

对于三种组合的沥青混合料，在不同沥青用量下分别测试单轴压缩强度、单轴贯入强度以及马歇尔稳定度。根据单因素方差分析法，以两个候选设计指标和对比指标作为试验指标，沥青用量为影响试验指标的因素，其共有 5 个水平，即测试 5 个不同的沥青用量。首先，建立设计指标 H_0：沥青用量变化对设计指标无显著影响。其次，分别计算三个指标的组内和组间的离差平方和及相应的自由度，进而得到统计量 F_0；在 95% 的置信度下，根据显著性水平 $\alpha=0.05$ 和自由度得到临界值 $F_{(0.05)}$。最后，将 F_0 与 $F_{(0.05)}$ 进行比较：若 $F_0 \geqslant F_a$，则拒绝 H_0，认为沥青用量对试验指标的影响显著，即设计指标对沥青用量敏感；否则接受 H_0，即认为设计指标对沥青用量不敏感。

1）SBS-AC20M 型沥青混合料结果分析。对 SBS-AC20M 型沥青混合料进行马歇尔（Marshall）试验，单轴压缩试验以及单轴贯入试验，试验结果如图 14-26 所示。从图 14-26 中试验结果可知，在一定的沥青用量范围内，随着沥青用量增加，马歇尔稳定度和单轴压缩强度呈现出先增加后减小的变化趋势，峰值对应的沥青用量分别为 4% 和 3.5%，单轴贯入强度则是单调递减，峰值对应的沥青用量为 3%。

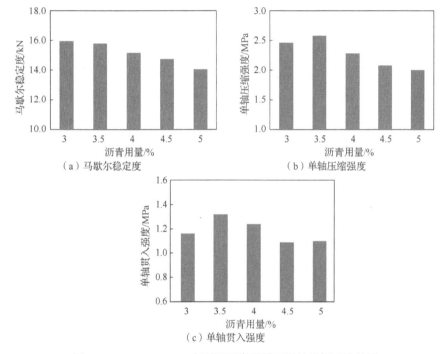

图 14-26　SBS-AC20M 在不同沥青用量下设计指标试验结果

运用单因素方差分析法对试验结果进行分析，分析结果如表 14-15 所示。从表中方差分析结果可知，马歇尔稳定度与单轴压缩强度对应的 F_0 值均大于 $F_{(0.05)}$，说明在 95% 保证率条件下，假设"沥青用量变化对设计指标无显著影响"不成立，即对于 SBS-AC20M 型沥青混合料，马歇尔稳定度与单轴压缩强度对沥青用量敏感；而单轴贯入强度对应的 F_0 值小于 $F_{(0.05)}$，则说明其值对沥青用量的变化不敏感。

表 14-15　SBS-AC20M 设计指标方差分析结果

试验指标	方差来源	平方和	自由度	均方	F_0 值	$F_{(0.05)}$
	组间	17.6094	4	4.4023	4.811	
马歇尔稳定度	组内	18.3005	20	0.9150		2.866
	总和	35.9099	24			

续表

试验指标	方差来源	平方和	自由度	均方	F_0值	$F_{(0.05)}$
单轴压缩强度	组间	1.5626	4	0.3906	7.644	
	组内	1.0220	20	0.0511		
	总和	2.5846C	24			2.866
单轴贯入强度	组间	0.0711	4	0.0177	2.124	
	组内	0.1674	20	0.0083		
	总和	0.2385	24			

2）SBS-AC20C 型沥青混合料结果分析。对 SBS-AC20C 型沥青混合料进行马歇尔试验，单轴压缩试验以及单轴贯入试验，试验结果如图 14-27 所示。从图 14-27 中试验结果可知，在一定的沥青用量范围内，随着沥青用量增加，马歇尔稳定度呈下降趋势，峰值对应的沥青用量为 3%，单轴压缩强度与单轴贯入强度则先增大后减小，峰值对应的沥青用量为 3.5%。

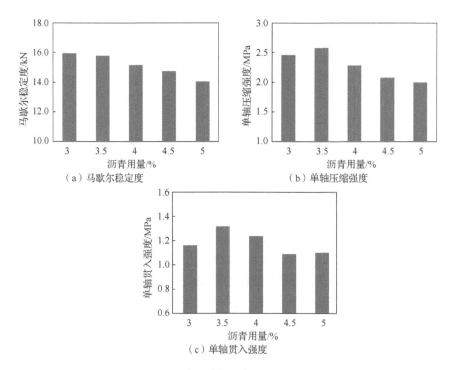

（a）马歇尔稳定度　　　　　　　　　（b）单轴压缩强度

（c）单轴贯入强度

图 14-27　SBS-AC20C 在不同沥青用量下设计指标试验结果

运用单因素方差分析法对试验结果进行分析，分析结果如表 14-16 所示。从表 14-16 中方差分析结果可知，马歇尔稳定度与单轴压缩强度对应的 F_0 值均大于

$F_{(0.05)}$，说明在95%保证率条件下，假设"沥青用量变化对设计指标无显著影响"不成立，即对于 SBS-AC20C 型沥青混合料，马歇尔稳定度与单轴压缩强度对沥青用量敏感；而单轴贯入强度对应的 F_0 值小于 $F_{(0.05)}$，则说明其值对沥青用量的变化不敏感。结合 SBS-AC20M 型沥青混合料试验结果可知，在改变级配的情况下，单轴压缩强度与马歇尔稳定度仍然对沥青用量敏感，而单轴贯入强度则依然不敏感。

表 14-16　SBS-AC20C 设计指标方差分析结果

试验指标	方差来源	平方和	自由度	均方	F_0 值	$F_{(0.05)}$
马歇尔稳定度	组间	12.4402	4	3.1100	3.083	
	组内	20.1738	20	1.0086		
	总和	32.6140	24			
单轴压缩强度	组间	1.1835	4	0.2958	6.462	2.866
	组内	0.9157	20	0.0457		
	总和	2.0992	24			
单轴贯入强度	组间	0.1888	4	0.0472	2.775	
	组内	0.3402	20	0.0170		
	总和	0.5290	24			

3）TLA/SBS-AC20M 型沥青混合料结果分析。对 TLA/SBS-AC20M 型沥青混合料进行马歇尔试验，单轴压缩试验以及单轴贯入试验，试验结果如图 14-28 所示。从图 14-28 中试验结果可知，在一定的沥青用量范围内，随着沥青用量增加，三个指标均呈现出先增大后减小的趋势，马歇尔稳定度与单轴贯入强度峰值对应的沥青用量为4%，单轴压缩强度则为3.5%。

运用单因素方差分析法对试验结果进行分析，分析结果如表 14-17 所示。从表 14-17 中结果可知，单轴压缩强度与单轴贯入强度对应的 F_0 值均大于 $F_{(0.05)}$，说明在95%保证率条件下，假设"沥青用量变化对设计指标无显著影响"不成立，即对于 TLA/SBS-AC20M 型沥青混合料，单轴压缩强度与单轴贯入强度对沥青用量敏感；而马歇尔稳定度对应的 F_0 值小于 $F_{(0.05)}$，说明其值对沥青用量的变化不敏感。结合 SBS-AC20M 型沥青混合料试验结果可知，在改变沥青类型的情况下，单轴压缩强度仍然对沥青用量敏感，并且单轴贯入强度也对沥青用量敏感，但是马歇尔稳定度则不敏感，说明相比于单轴贯入强度和马歇尔稳定度而言，单轴压缩强度具有更广的适用性。

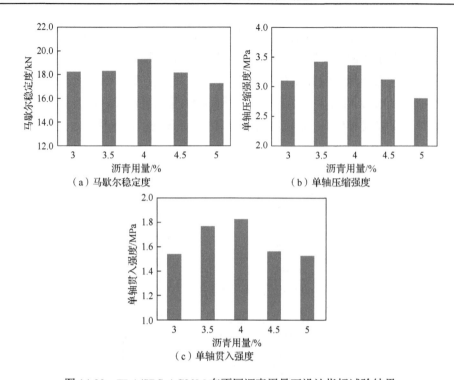

图 14-28　TLA/SBS-AC20M 在不同沥青用量下设计指标试验结果

表 14-17　TLA/SBS-AC20M 设计指标方差分析结果

试验指标	方差来源	平方和	自由度	均方	F_0 值	$F_{(0.05)}$
马歇尔稳定度	组间	10.4587	4	2.6146	1.811	
	组内	28.8744	20	1.4437		
	总和	39.3331	24			
单轴压缩强度	组间	1.1058	4	0.2764	3.210	2.866
	组内	1.7219	20	0.0861		
	总和	2.8277	24			
单轴贯入强度	组间	0.3893	4	0.0973	3.981	
	组内	0.4888	20	0.0244		
	总和	0.8781	24			

（3）高温设计指标相关性分析

对沥青用量敏感的高温指标可以作为抗车辙沥青混合料的设计指标来指导沥青道面材料设计，但其能否真实、可靠地反映沥青混合料的高温稳定性，需要进行进一步评价。

车辙试验是现行体系下机场沥青混合料高温性能检验的手段，该试验将板式试件置于高温环境中，然后施加轮载进行往返碾压，较为真实地模拟了沥青道面在高温服役条件下受到荷载的作用，并且其动稳定度指标在不同气候特征和不同交通量下的控制值是设计指标技术标准的重要参考。因此，本研究选择车辙试验中的动稳定度作为评价指标。

在与设计指标相同的沥青用量下，对于各种类型沥青混合料分别进行车辙试验，试验结果如图 14-29 所示。从图 14-29 中试验结果可知，在一定的沥青用量范围内，随着沥青用量增加，SBS-AC20C 型沥青混合料呈现出先增大后减小的趋势，峰值对应的沥青用量为 3.5%，SBS-AC20M 和 TLA/SBS-AC20M 型沥青混合料则单调递减，峰值对应的沥青用量为 3%。

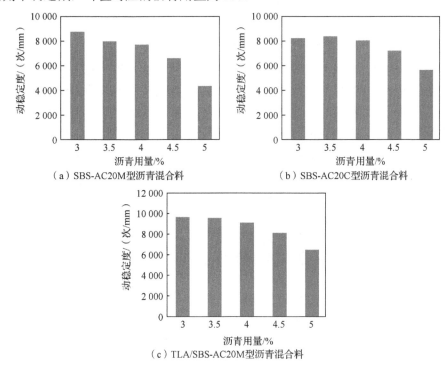

图 14-29　各类型沥青混合料在不同沥青用量下车辙试验结果

运用皮尔逊相关系数法，对每一种类型沥青混合料的候选设计指标与评价指标进行线性相关性分析，对于 SBS-AC20M 型沥青混合料，马歇尔稳定度、单轴压缩强度、单轴贯入强度与动稳定度之间的皮尔逊相关系数分别为 0.504、0.843、0.869，单轴压缩强度与单轴贯入强度均超过 0.8，具有较强的相关性，马歇尔稳定度则较弱。对于 SBS-AC20C 型沥青混合料，皮尔逊相关系数分别为 0.939、0.876、0.725，马歇尔稳定度最高，超过了 0.9，单轴压缩强度与单轴贯入强度也达到了 0.7。对于 TLA/SBS-AC20M 型沥青混合料，皮尔逊相关系数分别为 0.713、0.809、0.510，只有单轴压缩强度达到了 0.8 以上，相关性较好。综合各类型沥青混合料分析结果可知，单轴压缩强度与动稳定度具有更好的一致性。

结合敏感性分析和相关性分析结果，马歇尔稳定度仅在使用 SBS-AC20M 和 SBS-AC20C 型沥青混合料时对沥青用量敏感，单轴贯入强度则仅在使用 TLA/SBS-AC20M 型沥青混合料时对沥青用量敏感，因此采用这两个试验指标进行沥青用量选择的适用性是有限的；而对于三种类型沥青混合料，沥青用量变化均能显著影响单轴压缩强度，即单轴压缩强度对沥青用量敏感，因此能更好地作为设计指标来指导混合料设计中的沥青用量选择。在相关性分析中，对于不同类型沥青混合料，单轴压缩强度与动稳定度的皮尔逊相关系数均超过了 0.8，相较而言，在不同的沥青用量下，能更准确、稳定地表征沥青混合料的高温抗车辙能力。因此，选择高温试验条件下的单轴压缩强度作为抗车辙沥青混合料设计指标。

14.3.3　机场道面沥青混合料按功能设计方法

性能基的设计指标是指导沥青混合料按功能设计的基础，性能基的设计方法则是设计指标发挥功能性作用的载体。机场道面沥青混合料按功能设计方法应遵循一定的原则，才能使得该方法能够得到广泛、合理应用。①最大化发挥性能基设计指标的作用。在沥青混合料设计的关键阶段，嵌入按功能设计指标以作为重点评判依据，从而在整个流程中体现性能主导的特征，比如矿料级配设计和最佳沥青用量确定。② 采取权重思想体现功能设计。在级配与沥青用量确定的程序中增大性能基指标的影响，从而弱化体积指标的作用，即采用权重设计的思想，使得设计结果能体现出功能性的特点。③充分利用现有规范、试验设备。按功能设计指标应该在最大限度上与现有试验测试评价体系兼容，以体现适用性广度；设计方法则需要充分挖掘现行规范常规设计与道面结构实际特征的结合点，以实现功能性定制。

对于目前民航机场领域常用的两种沥青混合料类型，分别提出了按功能设计方法。

1. SMA 型沥青混合料按功能设计方法

（1）按功能设计基本流程介绍

在选定的按功能设计指标的基础上，最大限度地利用现有规范及试验设备，初步拟定 SMA 型沥青混合料按功能设计方法基本步骤如下。

1）材料取样与测试，优选各项原材料。

2）在设计级配范围内，调整各种矿料比例设计三组不同粗细的初试级配，三组级配的粗集料骨架分界筛孔的通过率处于级配范围的中值、中值±3%左右，矿粉用量宜为 10%左右。

3）计算各组初试级配在捣实状态下的粗集料松装间隙率 VCA_{DRC}。

4）根据已建类似工程情况与矿料的合成毛体积相对密度预估适宜的初试沥青用量。

5）按照预估的初试沥青用量和 3 条初试级配制备 SMA 试件，每组试件不少于 4~6 个，马歇尔击实次数宜采用双面 75 次。测定各项体积指标和按功能设计指标。考虑体积指标符合 $VCA_{mix}<VCA_{DRC}$ 及 $VMA>16.5\%$，并结合按功能设计指标的测试结果，综合考虑确定设计级配。

6）根据所选择的设计级配和初试沥青用量试验的空隙率结果，以 0.2%~0.4% 为间隔，选择 5 个沥青用量，应控制在目标空隙率对应的沥青用量上下各取 2~3 个沥青用量，然后分别成型 SMA 试件，测定空隙率等各项体积指标和按功能设计指标。

7）以沥青用量或油石比为横坐标，以各项试验指标为纵坐标，将试验结果绘入图中，连成光滑的曲线。采用考虑权重的思想（即权重法）确定最佳沥青用量。

① 在曲线图上求取对应于设计空隙率和按功能设计指标峰值的沥青用量 a_1、a_2。按式（14-2）计算 OAC：

$$OAC = a_1 \times 0.5 + a_2 \times 0.5 \qquad (14\text{-}2)$$

② 如果对所选试验的沥青用量范围，按功能设计指标没有出现峰值时，求取相应于设计指标最大值的沥青用量 a_2。按式（14-3）计算 OAC：

$$OAC = a_1 \times 0.7 + a_2 \times 0.3 \qquad (14\text{-}3)$$

8）检查相应于此最佳沥青用量 OAC 的各项指标是否均符合技术标准。

9）根据机场沥青道面的功能化分区，对以上确定的设计级配和最佳沥青用量进行路用性能与层位功能的验证。

（2）SMA 型沥青混合料按功能设计方法与马歇尔方法的主要区别

1）设计级配的确定方法。马歇尔设计方法的级配确定主要依据体积指标，如 VCA_{mix}、VCA_{DRC} 及 VMA 等；而按功能设计方法则不仅依据体积指标，同时，还要依据按功能设计指标共同确定最终级配。

2）沥青用量的测试数量。马歇尔设计方法制作的试件数量是根据空隙率结果以 0.2%~0.4% 为间隔调整 3 个沥青用量；而按功能设计方法则在目标空隙率对应的沥青用量上下各取 2~3 个沥青用量，共计 5 个沥青用量。

3）设计沥青用量的确定方法。马歇尔设计方法是以设计空隙率作为唯一的油量选择参数；而按功能设计方法则是充分考虑设计指标随用油量的分布规律，并且基于权重的思想分工况确定最佳沥青用量。

4）设计结果的验证方法。马歇尔设计方法对于不同的结构层位采用的是相同性能指标体系进行验证；而按功能设计方法则是根据不同层位的功能需求进行针对性的性能验证。

（3）不同工况下设计油量分析

假设 5 个沥青用量分别为 a、$a+0.3$、$a+0.6$、$a-0.3$、$a-0.6$，设计指标出现峰

值时，可能出现的位置为 a、$a+0.3$、$a-0.3$。一般情况设计空隙率出现的位置为沥青用量的中值，以此为例进行分析。

1）工况一。当设计指标出现峰值时，按照马歇尔法和按功能设计法得到的最佳沥青用量 OAC 和 OAC′及其差值，工况一下 SMA 型混合料设计沥青用量验证如表 14-18 所示。

表 14-18　工况一下 SMA 型混合料设计沥青用量验证

特征值分布	设计沥青用量		
	$a_1=a$，$a_2=a$	$a_1=a$，$a_2=a+0.3$	$a_1=a$，$a_2=a-0.3$
OAC/%	a	a	a
OAC′/%	a	$a+0.15$	$a-0.15$
OAC 与 OAC′差值/%	0	-0.15	0.15

2）工况二。如果对所选试验的沥青用量范围，按功能设计指标没有出现峰值时，按照马歇尔法和按功能设计法得到 OAC 和 OAC′，并计算其差值。比较不同的设计权重，工况二下 SMA 型混合料设计沥青用量验证如表 14-19 所示。

表 14-19　工况二下 SMA 型混合料设计沥青用量验证

特征值分布	设计沥青用量	
	$a_1=a$，$a_2=a+0.6$	$a_1=a$，$a_2=a-0.6$
OAC/%	a	a
权重分布（$w_1=0.4$, $w_2=0.6$）		
OAC′/%	$a+0.36$	$a-0.36$
OAC 与 OAC′差值/%	-0.36	0.36
权重分布（$w_1=0.5$, $w_2=0.5$）		
OAC′/%	$a+0.3$	$a-0.3$
OAC 与 OAC′差值/%	-0.3	0.3
权重分布（$w_1=0.6$, $w_2=0.4$）		
OAC′/%	$a+0.24$	$a-0.24$
OAC 与 OAC′差值/%	-0.24	0.24
权重分布（$w_1=0.7$, $w_2=0.3$）		
OAC′/%	$a+0.18$	$a-0.18$
OAC 与 OAC′差值/%	-0.18	0.18
权重分布（$w_1=0.8$, $w_2=0.2$）		
OAC′/%	$a+0.12$	$a-0.12$
OAC 与 OAC′差值/%	-0.12	0.12

表14-19中展示了权重w_1从0.4变化到0.8时的沥青用量设计结果。从表14-19中工况分析可知，当w_1为0.4~0.6时，按功能设计法与马歇尔设计法的沥青用量设计差值为0.24%~0.36%。目前在SMA设计的沥青用量选取中，沥青用量间隔一般为0.2%~0.4%，所以当w_1取0.4~0.6时，按功能设计得到的沥青用量已相较于常规设计跨越一个沥青用量梯度。当w_1为0.8时，由于过于偏向体积参数，导致设计差值仅为0.12%，从而体现不出功能性的区分度。相比较而言，w_1取0.7时，设计差值能达到0.18%，能体现出一定的差异性，且与工况一下的设计差值较为接近，能够起到平衡指标无峰值引起的设计偏差，所以综合考虑提出以w_1=0.7、w_2=0.3作为工况二下的设计权重。

2. AC型沥青混合料按功能设计方法

（1）按功能设计基本流程介绍

在选定的按功能设计指标的基础上，最大限度地利用现有规范及试验设备，初步拟定AC型沥青混合料按功能设计方法基本步骤如下。

1）材料取样与测试，优选各项原材料。

2）在设计级配范围内，调整各类矿料比例设计3组不同粗细的初试级配，绘制设计级配曲线，分别位于设计级配范围的上方、中值和下方。

3）根据已建类似工程情况与矿料的合成毛体积相对密度预估适宜的初试沥青用量，并分别制备3组级配的混合料试件，测定体积指标与按功能设计指标，综合考虑确定设计级配。

4）以预估的沥青用量为中值，以0.5%为间隔，取5个不同沥青用量分别成型混合料试件，分别得到毛体积密度、空隙率、矿料间隙率、沥青饱和度和按功能设计指标。

5）以油石比或沥青用量为横坐标，以各项试验指标为纵坐标，将试验结果绘入图中，连成光滑的曲线。对于选择的沥青用量范围，如果设计空隙率的全部范围没有被涵盖或者按功能设计指标没有出现峰值，则必须扩大沥青用量范围，可采用考虑权重的思想（即权重法）确定最佳沥青用量。

根据试验曲线的趋势，按以下方法确定最佳沥青用量OAC_1。

① 在曲线图上求取相应于按功能设计指标峰值、目标空隙率（或中值）、密度峰值和沥青饱和度范围中值的沥青用量a_1、a_2、a_3、a_4。按式（14-4）计算OAC_1：

$$OAC_1 = a_1 \times 0.4 + a_2 \times 0.2 + a_3 \times 0.2 \times a_4 \times 0.2 \tag{14-4}$$

② 如果所选择的沥青用量范围未能涵盖沥青饱和度的要求范围，按式（14-5）计算OAC_1：

$$OAC_1 = a_1 \times 0.4 + a_2 \times 0.3 + a_3 \times 0.3 \tag{14-5}$$

③ 如果对所选试验的沥青用量范围，密度没有出现峰值时，按式（14-6）计算OAC_1：

$$OAC_1 = a_1 \times 0.4 + a_2 \times 0.3 + a_4 \times 0.3 \tag{14-6}$$

④ 如果所选择的沥青用量范围未能涵盖沥青饱和度的要求范围，且密度也没有出现峰值，按式（14-7）计算 OAC_1：

$$OAC_1 = a_1 \times 0.5 + a_2 \times 0.5 \qquad (14\text{-}7)$$

确定各指标（不含 VMA）均符合技术标准的沥青用量范围 $OAC_{min} \sim OAC_{max}$，按式（14-8）计算 OAC_2：

$$OAC_2 = (OAC_{min} + OAC_{max}) / 2 \qquad (14\text{-}8)$$

根据以下方法确定最佳沥青用量 OAC。

① 如果 OAC_1 在 $OAC_{min} \sim OAC_{max}$ 之内，则以 OAC_1 作为最佳沥青用量 OAC。

② 如果 OAC_1 在 $OAC_{min} \sim OAC_{max}$ 之外，但 OAC_1 与 OAC_2 的平均值在 $OAC_{min} \sim OAC_{max}$ 之内，则以此平均值作为最佳沥青用量 OAC。

③ 如果 OAC_1 以及 OAC_1 与 OAC_2 的平均值均在 $OAC_{min} \sim OAC_{max}$ 之外，则应重新进行配合比设计。

6）检查相应于此最佳沥青用量 OAC 的各项指标（包括 VMA）是否均符合技术标准。

7）根据机场沥青道面的功能化分区，对以上确定的设计级配和最佳沥青用量进行路用性能与层位功能的验证。

（2）AC 型沥青混合料按功能设计方法与马歇尔方法的主要区别

1）设计级配的确定方法。马歇尔设计方法的级配确定主要依据矿料间隙率；而按功能设计方法则不仅依据体积参数，同时，还要依据按功能设计指标共同确定最终级配。

2）沥青用量的测试范围。马歇尔设计方法以覆盖设计空隙率的整体区间为要求进行沥青用量范围的选择；而按功能设计方法除了要求设计空隙率被整体涵盖外，还要求按功能设计指标必须出现峰值，否则应扩大沥青用量范围。

3）设计沥青用量的确定方法。马歇尔设计方法是以设计空隙率、沥青饱和度范围中值、密度峰值、马歇尔稳定度峰值的平均值作为基础，并考虑各指标均达到技术要求的范围交集，以此综合确定设计沥青用量；而按功能设计方法则是根据不同的工况，基于性能指标与体积指标的权重，确定最佳沥青用量，并且在此数值符合技术范围要求的情况下不进行二次平均。

4）设计结果的验证方法。马歇尔设计方法对于不同的结构层位采用的是相同性能指标体系进行验证；而按功能设计方法则是根据不同层位的功能需求进行针对性的性能验证。

（3）不同工况下设计沥青用量分析

假设 5 个沥青用量分别为 a、$a+0.5$、$a+1.0$、$a-0.5$、$a-1.0$，取设计指标峰值沥青用量为 a_1，可能出现的位置为 a、$a+0.5$、$a-0.5$。一般情况设计孔隙率出现的位置为沥青用量的中值，即 $a_2 = a$，沥青饱和度范围中值、密度与马歇尔稳定度峰值出现在沥青用量中值附近，这里取 $a_3=a_4=a_5=a$，在 AC 型沥青混合料设计中，OAC_2 是与技术要求相适应的 OAC 过程量，对最终沥青用量起到限制与平衡的作用，而 OAC_1 是由多个指标期望值计算得到，对最终沥青用量则起主导作用，所以在此例中主要进行 OAC_1 的分析。

1）工况一。当设计空隙率与沥青饱和度全部范围被涵盖，且密度与按功能设计指标（马歇尔设计法测试马歇尔稳定度）出现峰值时，按照马歇尔法和按功能设计法得到的 OAC_1 和 OAC_1' 具体情况如表 14-20 所示。

表 14-20　工况一下 AC 型混合料设计沥青用量验证

特征值分布	设计沥青用量		
	$a_1=a$	$a_1=a+0.5$	$a_1=a-0.5$
OAC_1/%	a	a	a
OAC_1'/%	a	$a+0.2$	$a-0.2$
OAC_1 与 OAC_1' 差值/%	0	-0.2	0.2

2）工况二。当沥青饱和度全部范围未被涵盖时，按照马歇尔法和按功能设计法得到的 OAC_1 和 OAC_1' 具体情况如表 14-21 所示。

表 14-21　工况二下 AC 型混合料设计沥青用量验证

特征值分布	设计沥青用量		
	$a_1=a$	$a_1=a+0.5$	$a_1=a-0.5$
OAC_1/%	a	a	a
OAC_1'/%	a	$a+0.2$	$a-0.2$
OAC_1 与 OAC_1' 差值/%	0	-0.2	0.2

3）工况三。当密度没有出现峰值时，按照马歇尔法和按功能设计法得到的 OAC_1 和 OAC_1' 具体情况如表 14-22 所示。

表 14-22　工况三下 AC 型混合料设计沥青用量验证

特征值分布	设计沥青用量		
	$a_1=a$	$a_1=a+0.5$	$a_1=a-0.5$
OAC_1/%	a	a	a
OAC_1'/%	a	$a+0.2$	$a-0.2$
OAC_1 与 OAC_1' 差值/%	0	-0.2	0.2

4）工况四。当沥青饱和度全部范围未被涵盖，且密度也没有出现峰值时，按照马歇尔法和按功能设计法得到的 OAC_1 和 OAC_1' 具体情况如表 14-23 所示。

表 14-23　工况四下 AC 型混合料设计沥青用量验证

特征值分布	设计沥青用量		
	$a_1=a$	$a_1=a+0.5$	$a_1=a-0.5$
OAC_1/%	a	a	a
OAC_1'/%	a	$a+0.25$	$a-0.25$
OAC_1 与 OAC_1'差值/%	0	−0.25	0.25

从工况一～工况四的分析结果可知，一般情况下按功能设计法与马歇尔设计法在 OAC_1 上的设计差值在 0.2%左右，少数情况下达到 0.25%。考虑到 OAC_2 的平衡作用，最终的 OAC 差值为 0.2%～0.3%。所以，按功能设计法在沥青用量设计上能体现出功能性的区分度，并且设计结果也将维持在合理的范围之内。

综合 SMA 型和 AC 型混合料，得到机场道面沥青混合料按功能设计方法的流程图如图 14-29 所示。

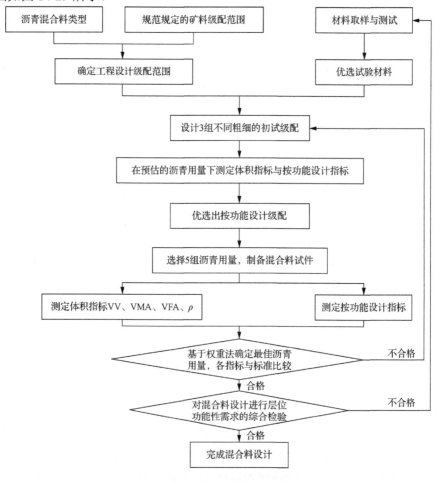

图 14-29　沥青混合料按功能设计方法的流程图

14.4　本 章 小 结

　　针对传统沥青路面设计未充分考虑各结构层的功能需求，结构设计与材料设计严重脱节的问题，本章提出了按层位功能实现结构-材料一体化设计思路，并分别面向公路路面和机场道面，发展了沥青层结构-材料按功能设计方法，明确各结构层功能分区，提出了结构与材料设计指标及标准。

参 考 文 献

沙庆林, 1998. 高等级公路半刚性基层沥青路面[M]. 北京: 人民交通出版社.

沈金安, 2004. 国外沥青路面设计方法总汇[M]. 北京: 人民交通出版社.

沈金安, 李福普, 陈景, 2004. 高速公路沥青路面早期损坏分析与防治对策[M]. 北京: 人民交通出版社.

谭忆秋, 张磊, 柳浩, 2010. 基于约束试件温度应力试验评价几种沥青混合料的低温性能[J]. 公路(1): 171-174.

薛小刚, 王方杰, 刘伟江, 2004. 浅议沥青路面结构与材料一体化设计[J]. 山西交通科技(4): 17-18.

曾宇彤, 陈湘华, 王端谊, 2003. 美国永久性路面结构[J]. 中外公路, 23(3): 59-61.

第 15 章 基于实测信息的沥青路面性能预估

进行沥青路面的响应实测或数值模拟可以得到不同车辆荷载作用下的沥青路面动力响应，从而验证沥青路面设计的合理性，但还无法明确给出沥青路面性能的演变。从路面的响应分析（response analysis）转换为性能预估（performance prediction），通常需要借助转换函数（疲劳方程）的建立来实现，由图 15-1 给出的从沥青路面响应到性能的技术路线图，可以看出由于进行路面动力响应实测已经融合了实际的材料性质、环境因素、荷载条件和路面结构，相比于数值模拟分析更具有代表性。转换函数的建立需要一个长期的摸索过程，本章基于实测信息进行初步的沥青路面车辙预估及疲劳寿命预估探讨，相关内容可以参考董泽蛟（2011）和李生龙（2013）等的研究成果。

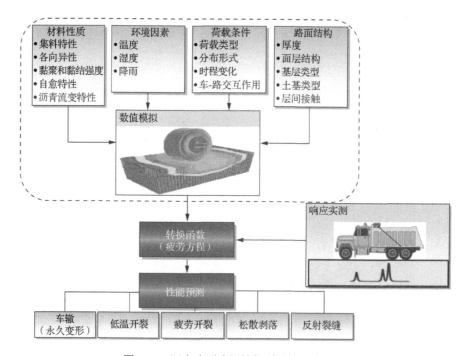

图 15-1 沥青路面路用性能预测技术路线图

15.1　车辙预估

我国现今的高等级道路一般都采用水泥或石灰、粉煤灰等作为稳定剂的半刚性材料作基层或底基层。这些材料的强度和刚度都较高，行车荷载通过半刚性基层作用在土基顶面的应力较小。这些因素的综合影响，使得我国高等级道路上沥青路面的车辙深度主要取决于沥青面层的混合料性质和厚度。据统计，我国半刚性基层沥青路面由面层产生的变形占车辙深度的 90%左右。因此，可近似认为半刚性基层的沥青路面车辙主要由沥青面层产生，基层产生的永久变形忽略不计。本节基于该假设条件，利用光纤光栅实测信息对沥青面层进行车辙预估方法的研究和验证。

15.1.1　永久变形计算

1. 永久变形的计算公式及分析

这里以前述五元件模型为例，进行沥青路面永久变形的计算。由五元件黏弹模型的分析可知，沥青混合料蠕变变形为

$$\varepsilon = \varepsilon_e + \varepsilon_v + \varepsilon_{ve} + \varepsilon_{vp} \tag{15-1}$$

式中：ε_e、ε_v、ε_{ve}、ε_{vp}——弹性、黏性、黏弹性及黏塑性变形。

式（15-1）中，ε_e 和 ε_{ve} 在卸载后会得到恢复，属于可逆变形；而沥青混合料的永久变形，即卸载过后的不可逆变形，主要是由等速蠕变和加速蠕变过程中的变形组成的，即

$$\varepsilon^p = \varepsilon_v + \varepsilon_{vp} = \frac{\sigma_0}{\eta_1} t_0 + \frac{\sigma_0}{\eta_n} \cdot \frac{t_0^n}{n!} \tag{15-2}$$

式中：σ_0——加载应力；

　　　t_0——卸载瞬时；

　　　η_1——黏壶 1 的黏滞系数；

　　　η_n——非线性体的黏滞系数。

考虑到模型的拟合效果和计算难度，取 $n=3$，得到的沥青混合料永久变形计算公式如下：

$$\varepsilon^p = \frac{\sigma_0}{\eta_1} t_0 + \frac{\sigma_0}{\eta_n} \cdot \frac{t_0^3}{6} \tag{15-3}$$

根据有关重复加载蠕变试验方法，对北京市三种抗车辙沥青混合料（SBS-BJ、SBS-SD 和 PR-BJ）进行测试，并得到相应的动态黏弹参数，绘制蠕变变形中的永久变形与时间的关系图，如图 15-2 所示。从图 15-2 中可以看出，三种沥青混合料的永久变形都表现出了相似的变化规律：永久变形随着加载时间的增加而逐渐加速增加，并且温度越高这种加速效果越加明显。此外，从混合料的类型来看，SBS-BJ 和 SBS-SD 两种混合料的永久变形值较为接近，而 PR-BJ 的永久变形较小，说明了掺加 PR 抗车辙剂的沥青与 SBS 改性沥青相比具有较好的抗永久变形能力。

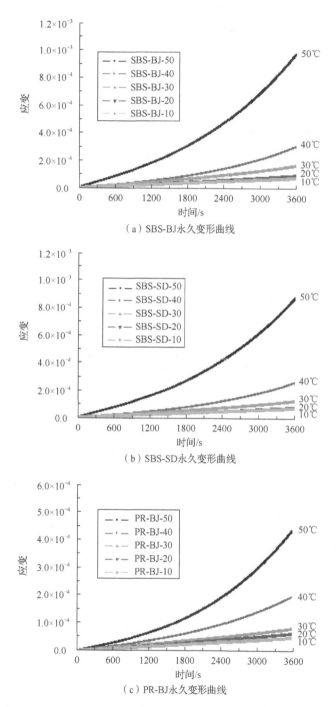

（a）SBS-BJ永久变形曲线

（b）SBS-SD永久变形曲线

（c）PR-BJ永久变形曲线

图 15-2　不同温度下北京三种抗车辙沥青混合料的永久变形与时间的关系图

2. 基于实测信息的永久变形计算公式

　　沥青路面的实际受荷响应如图 15-3 所示，实测车辆的每一次加载都可视为单次的动态蠕变加载-卸载试验，路面受荷的应变曲线中同样都包含有混合料蠕变试验中的瞬时弹性变形 ε_e、黏弹性变形 ε_{ve} 和黏塑性变形 ε_{vp}，加载-卸载过程的应变时程图如图 15-4 所示。因此，可利用动态蠕变试验的应变规律对实测的沥青路面受荷响应进行研究，以分析实际路面受真实车辆荷载作用下的应变变化特点和力学行为。

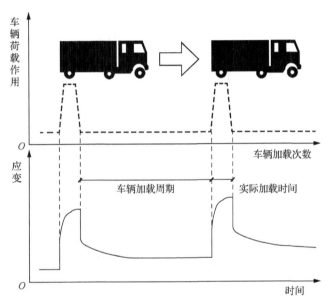

图 15-3　沥青路面受荷响应

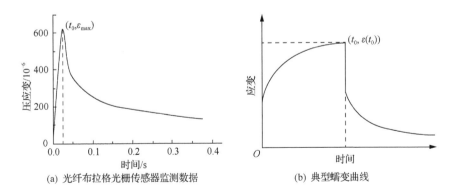

(a) 光纤布拉格光栅传感器监测数据　　　　(b) 典型蠕变曲线

图 15-4　加载-卸载过程的应变时程图

五元件黏弹模型在加载时长为 t_0 时的永久变形为

$$\varepsilon^{\mathrm{p}} = \frac{\sigma_0}{\eta_1} t_0 + \frac{\sigma_0}{\eta_{\mathrm{n}}} \cdot \frac{t_0^3}{6} \qquad (15\text{-}4)$$

又知沥青混合料在单轴压缩荷载作用下的总变形 $\varepsilon_{\max}$ 为

$$\varepsilon_{\max} = \varepsilon(t_0) = \frac{\sigma_0}{E_1} + \frac{\sigma_0}{\eta_1} t_0 + \frac{\sigma_0}{E_2}\left(1 - \mathrm{e}^{-\frac{E_2}{\eta_2} t_0}\right) + \frac{\sigma_0}{\eta_{\mathrm{n}}} \cdot \frac{t_0^3}{6} \qquad (15\text{-}5)$$

将以上两式相除如下：

$$\frac{\varepsilon^{\mathrm{p}}}{\varepsilon_{\max}} = \frac{\dfrac{1}{\eta_1} t_0 + \dfrac{1}{\eta_{\mathrm{n}}} \cdot \dfrac{t_0^3}{6}}{\dfrac{1}{E_1} + \dfrac{1}{\eta_1} t_0 + \dfrac{1}{E_2}\left(1 - \mathrm{e}^{-\frac{E_2}{\eta_2} t_0}\right) + \dfrac{1}{\eta_{\mathrm{n}}} \cdot \dfrac{t_0^3}{6}} \qquad (15\text{-}6)$$

经整理，可得基于实测信息的永久变形计算公式为

$$\varepsilon^{\mathrm{p}} = \frac{\left(\dfrac{1}{\eta_1} t_0 + \dfrac{1}{\eta_{\mathrm{n}}} \cdot \dfrac{t_0^3}{6}\right)\varepsilon_{\max}}{\dfrac{1}{E_1} + \dfrac{1}{\eta_1} t_0 + \dfrac{1}{E_2}\left(1 - \mathrm{e}^{-\frac{E_2}{\eta_2} t_0}\right) + \dfrac{1}{\eta_{\mathrm{n}}} \cdot \dfrac{t_0^3}{6}} \qquad (15\text{-}7)$$

3. 实测信息的采集和处理

对永久变形计算公式进行分析，考虑到温度 T 的变化，可将其改写为如下形式：

$$\varepsilon^{\mathrm{p}} = f[\varepsilon_{\max}, T, E_i(T), \eta_i(T), \eta_{\mathrm{n}}(T), t_0] \qquad (15\text{-}8)$$

式中：$E_i(T)$、$\eta_i(T)$ 和 $\eta_{\mathrm{n}}(T)$ 等黏弹性参数可通过现场芯样或模拟试件的单轴压缩动态蠕变试验来确定，而 $\varepsilon_{\max}$、t_0 和 T 等参数的确定则需利用光纤光栅传感器建立沥青路面动力响应监测系统来获取。按照获取永久变形计算参数的需要，一个典型的沥青路面动力响应监测系统应由以下三个部分组成：荷载作用的定位识别模块、应变量测模块和温度量测模块，其传感器布设方案如图 15-5 所示。其中，荷载作用的定位识别模块主要用于选择和甄别荷载的有效响应，该模块埋设于中面层或上面层即可；应变量测模块主要用于测试轮间、轮中和轮侧不同位置的三维应变值，其埋设位置应遍及所研究的各层，一般情况下应在沥青路面的上、中、下各面层进行布设；温度量测模块用于实时量测结构层内部的温度变化情况，应在各层分别进行布设。

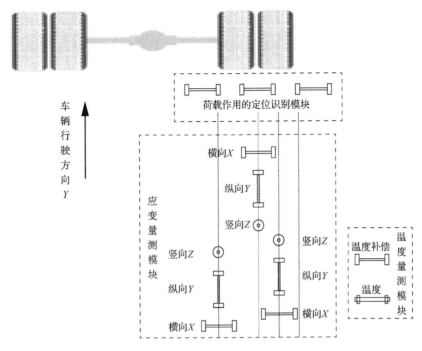

图 15-5　传感器布设方案

通过以上的监测系统可以实时获取路面结构内部的应变、温度数据和荷载作用时间等信息，对获取的数据进行分析处理，可提取出以下的信息。

（1）在真实车辆作用下，每层的最大竖向压应变 ε_{max}

通过对光纤布拉格光栅应变传感器采集的波长数据进行分析计算，得出加载-卸载过程中各层内的竖向压应变时程图，实测信息的获取如图 15-6 所示。在图中读取压应变的最大值即为 ε_{max}。

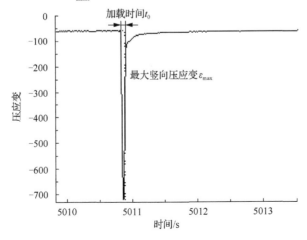

图 15-6　实测信息的获取

（2）车辆的加载时间 t_0

以荷载作用初始时间为零点，竖向压应变达到峰值 ε_{max} 时所对应的时间即是加载时间 t_0（图 15-6）。

（3）应变量测时的结构内部温度 T

沥青路面结构内部的实时温度 T 可由相应位置埋设的温度传感器来测定。

15.1.2　车辙预估模型

1. 车辙预估的计算方法

目前国内外的一些车辙预估方法都是基于理论分析和计算，计算和假设条件与实际工况的相似程度直接决定了车辙深度预估的准确性。本节提出的基于光纤光栅技术的沥青路面车辙预估方法是一个结合理论计算和实测分析的预估方法。本方法以分层总和法为基础，考虑了实测路面的压应变、路面结构内部温度、实测车辆加载时间等影响沥青路面车辙的多个因素，并建立这些因素与车辙深度关系的模型。

分层总和法（即层应变法）最早是由国外学者首先提出。这种方法的原理是把路面的每层划分成很多更小的亚层，计算各亚层的永久变形，最后加和计算由于路面各层的永久变形所造成的路表车辙。其计算公式为

$$D = \sum_{i=1}^{n} \varepsilon_i^p \Delta h_i \qquad (15-9)$$

式中：D——总永久变形；

　　　ε_i^p——每一亚层的永久变形；

　　　Δh_i——每一亚层的厚度。

按照这一思路来推导本节所提出的基于光纤光栅技术的沥青路面车辙预估方法。

（1）将沥青面层按照不同的结构和材料组成分为若干个亚层，求得每个亚层在单次车辆荷载作用下的永久变形

根据上节推导的基于实测信息的永久变形计算公式，可在初始加载时期求得单次车辆荷载作用下每个亚层内的永久变形计算公式为

$$\varepsilon_{ij}^p = \varepsilon_{max,ij} \cdot \frac{\dfrac{1}{\eta_1(T_j)} t_{ij} + \dfrac{1}{\eta_n(T_j)} \cdot \dfrac{t_{ij}^3}{6}}{\dfrac{1}{E_1(T_j)} + \dfrac{1}{\eta_1(T_j)} t_{ij} + \dfrac{1}{E_2(T_j)}\left[1 - e^{-\frac{E_2(T_j)}{\eta_2(T_j)} t_{ij}}\right] + \dfrac{1}{\eta_n(T_j)} \cdot \dfrac{t_{ij}^3}{6}} \cdot h_j \qquad (15-10)$$

式中：ε_{ij}^p——第 i 次车辆荷载作用后第 j 亚层产生的永久变形；

t_{ij}——第 i 次车辆荷载作用在第 j 亚层的加载时间；

h_j——第 j 亚层的厚度；

$\varepsilon_{\max,ij}$——第 i 次车辆荷载作用在第 j 亚层产生的最大压应变；

T_j——第 j 亚层的代表温度；

$E(T_j)$、$\eta_1(T_j)$ 和 $\eta_n(T_j)$——第 j 亚层内温度为 T_j 时的黏弹参数。

（2）按照竖向压应变随时间的变化规律进行应变修正，并根据车辙预估的年限计算每个亚层在典型车辆荷载作用模式下的累积永久变形

通过短时期内实测信息的采集可获取各个亚层在随机交通荷载作用下的初始加载响应信息。在进行远景年限的车辙深度预估时，由于沥青路面的压应变随着荷载次数的增加而变化，因此应依据竖向压应变随荷载次数的变化规律对预测年限内的压应变进行修正，修正试验的内容和结果可参考文献（陈凤晨，2009）的 5.4.4 节，考虑竖向压应变修正的随机交通荷载作用下每个亚层内的永久变形计算公式如下式所示：

$$D_j(N)=\sum_{i=1}^{N}\left[C(i)\times\varepsilon_{ij}^{\mathrm{p}}\right]\times h_j \qquad (15\text{-}11)$$

式中：$D_j(N)$——远景年限 N 次车辆荷载作用后第 j 亚层产生的累积永久变形；

$C(i)$——加载作用 i 次时的竖向压应变修正系数。

（3）按照分层总和法的计算方式，建立基于光纤光栅技术的沥青路面车辙预估模型，计算车辙深度

式（15-11）中计算的沥青面层永久变形仅为沥青面层轮迹带下的竖向沉陷部分，根据车辙的定义，车辙深度应为侧向隆起部分和轮迹带下的竖向沉陷部分之和（徐世法，1993），如图 15-7 所示。根据张登良等（1995）的实测研究，认为沥青路面轮迹带的侧向隆起变形约为竖向变形的一半，考虑侧向隆起变形的沥青路面车辙预估公式为

$$D_{\text{total}}(N)=\sum_{j=1}^{n}D_j(N)\times(1+K_{\mathrm{L}}) \qquad (15\text{-}12)$$

式中：$D_{\text{total}}(N)$——沥青面层总永久变形；

K_{L}——侧向隆起系数，一般取 $K_{\mathrm{L}}=0.5$；

n——亚层的个数。

图 15-7　车辙断面示意图

2. 车辙预估模型的计算流程

不同于室内试验环境和荷载的可控性，在进行基于现场实测信息的沥青路面车辙预估计算时，由于温度多变、车辆荷重和交通量的随机性，给具体的计算带来了很大的困难。为此，本节借鉴了交通流分析的相关理论，采用了分时统计的方法来进行计算。

（1）划分温度区段

沥青混合料作为一种典型的感温性材料，其力学特性和路用性能随温度的变化而显著变化。气候条件的显著差异直接导致了路面温度状况的不同，也使得路面结构的高温抗变形能力差别较大。为此，在进行车辙预估前，需根据温度的不同将一年四季划分为几个温度环境相近的时段，对该温度时段内路面结构各亚层的实测温度进行统计分析以确定该时段内的路面结构代表温度 T，以此温度作为基准确定 $E(T_j)$、$\eta_1(T_j)$ 和 $\eta_n(T_j)$ 等黏弹参数，并计算出该温度时段的车辙变形 $D_r(N)$，总车辙变形等于各温度区段的车辙变形之和。

（2）交通荷载响应修正和计算

在各个温度区段内，在加载初期利用沥青路面动力响应监测系统对交通荷载信息进行连续采集，采集的内容主要包含每个车辆荷载的作用时间和最大压应变，以此值作为此监测路段的初始交通荷载响应信息。考虑到压应变随加载作用次数的变化，基于已获取的交通荷载响应信息计算待预估年限内的交通荷载响应值，主要是对于压应变数值的修正，将整个预估年限内由竖向压应变求得的车辙变形值进行累加即为该温度时段预估年限内的车辙变形。

（3）路面结构分层

根据分析可知，沥青路面应变值随着所处的层位不同而有明显的差别，因此在进行分析时应将路面结构进行层位划分而分别监测和计算。对于布设有沥青路面动力响应监测系统的沥青路面，一般是按照光纤光栅传感器的埋设层位来划分亚层的。限于传感器的尺寸要求，典型的沥青路面会按照上、中、下面层而划分为三个亚层，三个亚层中会分别埋设有测量竖向压应变和温度的光纤光栅传感器。因此，亚层的厚度即是沥青路面各结构层的厚度，如图 15-8 所示。

根据以上的分析，可以得出基于光纤光栅实测技术的沥青路面车辙预估计算流程如图 15-9 所示。

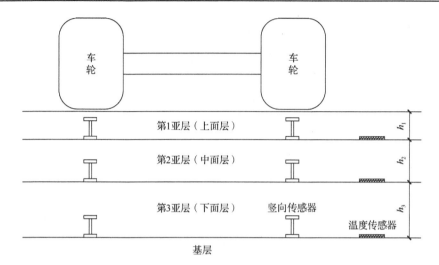

图 15-8　亚层划分示意图

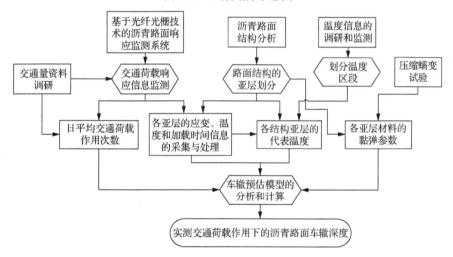

图 15-9　车辙预估计算流程

3. 车辙预估模型的计算公式

通过图 15-9 的流程分析，并基于式（15-11）和式（15-12）进行细致的分析，推导整理出适于应用的车辙预估模型的计算公式为

$$D_{\text{total}} = \sum_{r=1}^{m} \left\{ \sum_{j=1}^{n} \left[\sum_{i=1}^{N} \left(C(i) \times D_{rij}(T_j) \right) \right] \times \left(1 + K_{\text{L}} \right) \right\} \tag{15-13}$$

式中：D_{total}——预估年限内监测路段的总车辙深度；

m——所划分的温度区段个数；

$D_{rij}(T_j)$——温度区段 r 内第 j 亚层单次车辆加载作用下的永久变形，式中各参数均是指温度区段 r 内第 j 亚层的信息，见下式：

$$D_{rij}(T_j) = \frac{\varepsilon_{\max,rij} h_j \left[\dfrac{1}{\eta_1(T_j)} t_{rij} + \dfrac{1}{\eta_n(T_j)} \cdot \dfrac{t_{rij}^3}{6} \right]}{\dfrac{1}{E_1(T_j)} + \dfrac{1}{\eta_1(T_j)} t_{rij} + \dfrac{1}{E_2(T_j)} \left[1 - e^{\frac{E_2(T_j)}{\eta_2(T_j)} t_{rij}} \right] + \dfrac{1}{\eta_n(T_j)} \cdot \dfrac{t_{rij}^3}{6}} \qquad (15\text{-}14)$$

式中：　$\varepsilon_{\max,rij}$——温度区段 r 内第 j 亚层第 i 次车辆加载作用下的最大压应变；

　　　　t_{rij}——温度区段 r 内第 j 亚层第 i 次车辆加载作用时间。

15.1.3　ALF 加速加载试验的验证与修正

本节结合上述提出的理论分析和室内试验的研究成果，依托 ALF 加速加载试验进行沥青路面车辙预估的修正和计算，以验证基于光纤光栅技术的车辙预估模型。

1. 预估模型信息采集

ALF 加速加载试验路结构设计、施工、传感器布设等情况详见 12.4.2 节。作为车辙预估试验验证的基准参数，沥青路面结构横断面的车辙信息采集应尽量减少人工主观量测的随机性。在试验开始前即在待加载处划定了 11 个待测的车辙观察断面，每个断面间隔 0.5m，侧边装配有简易导轨，以易于利用沥青路面断面仪采集车辙断面的完整信息，如图 15-10 所示。

图 15-10　车辙测试断面位置及激光断面仪

通过定时的停机采集，可获取车辙变形断面（彩图 21）随着荷载作用次数的变化情况，即竖向应变时程曲线（图 15-11）。图 15-11 给出现场激光断面仪及光纤光栅解调仪获得的典型数据。

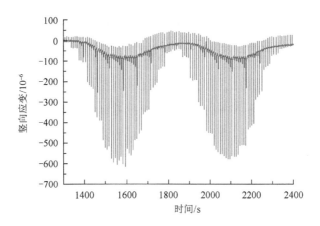

图 15-11　竖向应变时程曲线

2. 竖向压应变修正系数的确定

由于沥青混合料疲劳、老化以及材料损伤等多方面的因素，沥青路面结构的内部响应随着荷载作用次数的增加而逐渐变化，在埋设有光纤光栅传感器的沥青路面中，传感器的压应变随着荷载作用次数的增加而逐渐增大，本节通过实测数据来分析压应变随着荷载作用的变化规律，确定压应变的修正系数。

由于在野外现场试验难以确保长时间控制荷载和环境条件的加载试验，加载次数对于压应变的影响试验只能借助于 ALF 加速加载试验来进行。加速加载试验可在较短的时间内对路面结构进行连续加载，并可对路面施加可控制的车轮和环境荷载，以较好地模拟若干年内实际交通荷载对路面的破坏作用，因此该试验的结果能满足本节压应变修正的需要。

通过采集结构层内部的压应变值和加载次数，可以得到结构层内部的压应变值随加载次数的变化数据，对其进行单位化处理可得到实测的压应变修正系数，如表 15-1 所示。

表 15-1　竖向压应变实测的压应变修正系数

加载次数	上面层		下面层	
	实测压应变/10^{-6}	实测修正系数	实测压应变/10^{-6}	实测修正系数
0	754.32	1.000	566.96	1.000
1 940	751.92	0.997	569.88	1.005
4 100	758.41	1.005	575.82	1.016
6 065	765.01	1.014	568.12	1.002
8 800	769.52	1.020	571.32	1.008

加载次数	上面层		下面层	
	实测压应变/10^{-6}	实测修正系数	实测压应变/10^{-6}	实测修正系数
11 640	788.41	1.045	575.82	1.016
14 890	853.69	1.132	626.37	1.105
18 710	904.17	1.199	683.25	1.205
26 340	984.34	1.305	773.89	1.365
35 086	1 084.74	1.438	842.36	1.486

根据表 15-1 测得的数据进行数学回归，可得到加载次数和压应变修正系数变化图，如图 15-12 所示。

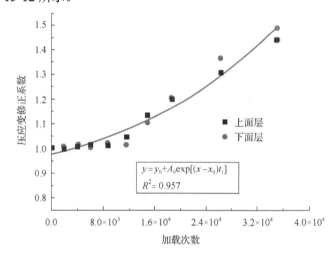

图 15-12　加载次数-竖向压应变修正系数变化图

根据图 15-12 可知，压应变修正系数可由下式确定：

$$C(i) = 0.721 + 0.248 \times e^{\frac{i-1.611}{31\,367.139}} \qquad (15\text{-}15)$$

式中：i ——加载作用次数。

根据前面提出的车辙预估方法，结合式（15-15）确定的压应变修正系数，即可利用实测的路面响应信息进行沥青路面车辙深度的计算和预估。

3. 试验结果的验证与对比

根据试验路的材料和结构内部的温度情况进行室内重复加载蠕变试验，采用上述提出的五元件黏弹模型进行动力黏弹参数的拟合，以进行车辙的预估，结果如表 15-2 所示。

表 15-2　五元件模型的动力黏弹参数

层位	材料	温度/℃	E_1 / MPa	E_2 / MPa	η_1 / (MPa·s)	η_2 / (MPa·s)	η_n / (MPa·s³)
上面层	SMA-13	55	650	307.68	43 809	21 040	7.63×10^9
下面层	AC-20 湖沥青改性	45	944	414.36	91 024	43 200	3.19×10^{10}

　　根据加速加载试验初期采集的路面动力响应信息，可知上、下面层的初始压应变以及加载时间等参数，按照所需预测加载次数的要求分别对压应变进行预估修正，利用提出的车辙预估方法，采用五元件黏弹模型进行车辙深度的计算，得到的结果如表 15-3 所示。

表 15-3　五元件模型车辙深度预估计算

加载记录	作用次数	层位	加载时间 t_0 /s	预估压应变 $\varepsilon_{\max}$ /10^{-6}	单次微应变/10^{-6}	单次变形/ (10^{-6}mm)	多次累积变形/mm	预估车辙深度/mm	实测车辙深度/mm
0	1 940	上	0.19	754.320	2.108	84.327	0.450	0.450	0.800
1 940		下	0.19	596.960	1.169	70.148			
1 940	2 160	上	0.19	752.709	2.104	84.147	0.496	0.946	1.065
4 100		下	0.19	587.892	1.151	69.083			
4 100	1 965	上	0.19	767.083	2.144	85.754	0.460	1.406	1.515
6 065		下	0.19	599.118	1.173	70.402			
6 065	2 735	上	0.19	781.048	2.183	87.315	0.477	1.883	1.915
8 800		下	0.19	610.025	1.195	71.684			
8 800	2 840	上	0.19	802.000	2.241	89.657	0.539	2.422	2.350
11 640		下	0.19	626.390	1.227	73.607			
11 640	3 254	上	0.19	825.780	2.308	92.315	0.706	3.128	2.810
14 890		下	0.19	644.962	1.263	75.789			
14 890	3 820	上	0.19	855.769	2.392	95.668	0.998	4.126	6.215
18 710		下	0.19	668.385	1.309	78.541			
18 710	7 630	上	0.19	895.230	2.392	95.668	1.994	6.120	8.190
26 340		下	0.19	699.205	1.309	78.541			
26 340	8 746	上	0.19	990.005	2.502	100.079	2.391	8.511	11.515
35 086		下	0.19	773.228	1.369	82.163			
35 086	2 154	上	0.19	1 131.156	3.161	126.454	0.744	9.255	13.970
37 240		下	0.19	883.471	1.730	103.816			

为了更好地说明利用五元件黏弹模型进行沥青路面车辙预估的效果，同时采用伯格斯模型对相同的实测信息进行处理，经计算所得的动力黏弹参数如表 15-4 所示，采用相同的车辙预估方法，利用伯格斯模型进行车辙计算，得到的预估值和实测值的关系图如图 15-13 所示。

表 15-4　伯格斯模型的动力黏弹参数

层位	材料	温度/℃	E_1/MPa	E_2/MPa	η_1/（MPa·s）	η_2/（MPa·s）
上面层	SMA-13	55	605	499	64 630	7.21×10^{10}
下面层	AC-20 湖沥青改性	45	1 032	546	96 182	1.98×10^{11}

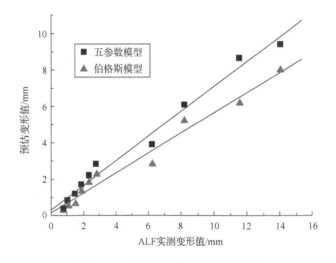

图 15-13　预估值和实测值的关系图

从图 15-13 中的数据规律来看，无论是采用五元件黏弹模型还是伯格斯模型进行车辙预估，其车辙预测预估值和 ALF 试验的实测值之间具有一定的差距，但预测值与实测值间有一定的相关性。这说明了基于光纤光栅实测信息的预估计算方法所反映出的永久变形随温度、荷载、交通量、材料强度的变化规律与实际工况是相类似的，将光纤光栅实测技术应用于沥青路面的车辙预估具备一定的可行性。

再从具体数值上来看，采用所提出的五元件黏弹模型进行车辙预估的预测值相对于伯格斯模型更加接近 ALF 试验的实测值，这说明了采用五元件模型进行车辙变形计算有着相对较好的精度和预估效果，五元件黏弹模型更适于进行沥青混合料变形性能分析。此外，基于实测信息的车辙变形计算值整体小于 ALF 试验的实测值，分析原因可能是由于试验条件的限制，本节在进行车辙计算时采用了较为简单、方便的单轴重复加载蠕变试验。单轴蠕变试验虽可作为大型足尺加载试验的有效模拟和简化试验，但由于该试验的加载方式、荷载水平以及模型尺寸与 ALF 足尺加速加载试验有所差别，因而得到的结果会有一定的差异。

图 15-13 所示出的结果在一定程度上验证了基于光纤光栅实测技术的沥青路面车辙预估技术的可行性和适用性。该方法可用于在关键路段或道路关键节点上建立道路健康监测和分析系统，通过短时期的现场实测即可实现长时期车辙变形情况的计算和预估，以对所研道路的运营管理和养护决策提供技术支持和预警。

15.2　疲劳寿命预估

15.2.1　寿命预估参数

由于实际道路应用中沥青混合料的疲劳特性与室内试验有较大差别，在使用实测信息进行现场沥青路面疲劳寿命特性研究时，应考虑尽可能多的影响因素。这里主要从温度、车辆加载频率、沥青层底水平应变、路面结构及材料参数等几方面进行考虑。

1. 温度参数

沥青路面结构信息监测试验段修筑在吉林省通化地区，根据公路自然区划分类位于东部温润季冻区，该地区四季分明、气候变化显著。而沥青混合料的力学特性与温度有着直接关系，温度越低，材料的动态弹性模量越大；随着温度升高，材料的动态模量降低。而且，现场长期实时监测结果显示，在分析期内，即自 2012 年 10 月～2013 年 3 月期间，试验段各沥青层底部动力响应状态随着气候的改变而发生了较大变化。从 10 月到 11 月期间，沥青层底部水平向应变逐渐减小；到 11 月下旬以后，大部分沥青层底横、纵向拉应变最大值不超过 10×10^{-6}，且随着气温继续降低；而在 12 月至次年 1 月期间，埋设在试验段各个结构沥青层底的传感器基本上不产生响应［数据采集触发阈值一般设为$(5 \sim 10) \times 10^{-6}$］，随后天气转暖，沥青层底应变开始不断增大。

根据沥青路面在自然环境下的实际工作情况，可将沥青路面的使用温度分为小于 0℃的低温温度域、在 0～30℃之间的常温温度域以及 30℃以上的高温温度域（倪雷，2011）。结合路面现场监测温度场分布规律和动力响应测试结果，将 1 年中的 3～5 月、9～11 月 6 个月份划定为常温温度域，6～8 月定为高温温度域，12 月以及次年 1 月、2 月定为低温温度域，分别选用 20℃、50℃和-10℃作为三种不同温度域下的代表温度，进行沥青路面疲劳寿命预估。

2. 车辆加载频率

通过室内试验分析可知，加载频率对于沥青混合料的动态模量有非常大的影响，即频率越高，混合料动态模量越大。因此，若要确定沥青混合料动态模量，首先应确定加载频率。对于沥青路面来说，车辆以不同速度在路面行驶，相当于对路面施加不同频率的荷载，车辆速度、待评价位置所在路面深度都对加载频率有直接影响。车速越大，频率越高，深度越深，频率越低，而车辆的轴型与加载频率之间关系并不大（赵延庆等，2007）。因此，准确判断车辆对沥青路面的加载频率，是进行沥青路面疲劳寿命预估的首要条件。

通过监测系统实测分析可知，试验段通行货车（3 轴以上）车辆速度大部分为 60～80km/h，而在此速度范围内车辆一个轴行驶过某一传感器位置所经历的时间为 0.04～0.1s，车辆速度分布与车辆加载时间如图 15-14 所示。因此本研究所选用的车辆加载频率为 25Hz（0.04s）和 10Hz（0.1s）。

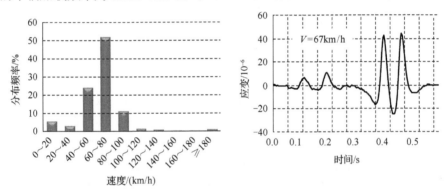

图 15-14　车辆速度分布与车辆加载时间

3. 应变参数

根据目前沥青路面长期实时监测系统的监测结果，对常温温度域内车辆动荷载作用下沥青层底最大拉应变进行分析，得到常温温度域下动轴载与各结构沥青层底最大拉应变之间的相关关系，结构一、结构二和结构三的最大拉应变回归分析如图 15-15 所示。现场实测结果中，结构四测得的沥青层底拉应变响应的样本数量较少，且应变值整体都比较小，这里没有列出荷载与沥青层底应变之间关系的统计规律。

从现场监测结果分析可知，在低温温度域下沥青层底拉应变很小，甚至在大部分时间内不触发采集，因此低温温度域车辆荷载作用下沥青层底拉应变记为 0，即不考虑此温度域内沥青路面的疲劳效应；而根据测试结果，取高温温度域下沥青层底拉应变为常温温度域下的 1.5 倍进行分析。

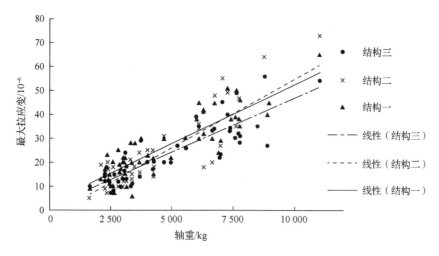

图 15-15　轴重与水平向最大拉应变回归分析

这里为计算方便，仅分析常温温度域沥青层底水平向最大应变与轴载间回归关系。回归分析结果表明，常温温度域下结构一、结构二和结构三沥青层底拉应变 ε 与车辆动轴载 w 之间有一定的线性关系，其计算公式如式（15-16）～式（15-18）：

$$\varepsilon_{1i} = 0.0049w_i + 3.0102 \qquad (R^2 = 0.752) \qquad (15\text{-}16)$$

$$\varepsilon_{2i} = 0.0058w_i - 2.6960 \qquad (R^2 = 0.736) \qquad (15\text{-}17)$$

$$\varepsilon_{3i} = 0.0046w_i + 1.2005 \qquad (R^2 = 0.739) \qquad (15\text{-}18)$$

式中：ε_{1i}——结构一在 i 级动轴载下沥青层底最大拉应变；

　　　ε_{2i}——结构二在 i 级动轴载下沥青层底最大拉应变；

　　　ε_{3i}——结构三在 i 级动轴载下沥青层底最大拉应变；

　　　w_i——实测车辆 i 级动轴载。

由 13.2.1 节车辆轴载谱数据可知，3 轴及以上轴数车辆轴载谱分布规律，考虑较不利情况，取各分布区间轴重的上限值，即得到轴重级数及对应的比例，计算结果如表 15-5 所示。

表 15-5　各轴重对应比例计算结果

动轴载 w_i/kg	1000	2000	3000	4000	5000	6000	7000
比例/%	7.1	20.9	24.2	17.0	21.0	8.0	1.8

由式（15-16）～式（15-18）分别计算常温温度域下结构一、结构二和结构三在各级动轴载作用下沥青层底最大拉应变，计算结果见表 15-6。

表 15-6　常温温度域沥青层底最大拉应变计算结果

动轴载/kg	最大拉应变/10⁻⁶		
	结构一	结构二	结构三
1000	12.8	8.9	10.4
2000	17.7	14.7	15.0
3000	22.6	20.5	19.6
4000	27.5	26.3	24.2
5000	32.4	32.1	28.8
6000	37.3	37.9	33.4
7000	42.2	43.7	38.0

4. 路面结构及动态模量

根据室内动态模量试验结果，以及试验段路面结构设计方案，分别给出三种路面结构在 10Hz 和 25Hz 下-10℃、20℃和50℃下的动态模量，基层模量选取常用典型值，如表 15-7～表 15-9 所示。

表 15-7　结构一动态模量选取常用典型值

材料	厚度 h/cm	$\mid E^* \mid$（-10℃）/MPa		$\mid E^* \mid$（20℃）/MPa		$\mid E^* \mid$（50℃）/MPa	
		10Hz	25Hz	10Hz	25Hz	10Hz	25Hz
SMA-16	5	25 278	81 343	7 522	28 524	792	3 035
AC-20	7	29 747	92 002	10 129	37 126	1 062	4 204
ATB-25	10	28 286	89 130	10 207	36 863	1 373	5 134
ATB-30	12	21 828	69 379	8 389	30 783	1 242	3 168
级配碎石	20	2 000					
水稳山砂	30	400					
砂砾垫层	20	400					

表 15-8　结构二动态模量选取常用典型值

材料	厚度 h/cm	$\mid E^* \mid$（-10℃）/MPa		$\mid E^* \mid$（20℃）/MPa		$\mid E^* \mid$（50℃）/MPa	
		10Hz	25Hz	10Hz	25Hz	10Hz	25Hz
SMA-16	5	25 278	81 343	7 522	28 524	792	3 035
AC-20	7	29 747	92 002	10 129	37 126	1 062	4 204
ATB-30	15	21 828	69 379	8 389	30 783	1 242	3 168
级配碎石	40	2 000					
砂砾垫层	15	400					

表 15-9　结构三动态模量选取常用典型值

材料	厚度 h/cm	$|E^*|$（-10℃）/MPa		$|E^*|$（20℃）/MPa		$|E^*|$（50℃）/MPa	
		10Hz	25Hz	10Hz	25Hz	10Hz	25Hz
SMA-16	5	25 278	81 343	7 522	28 524	792	3 035
AC-20	7	29 747	92 002	10 129	37 126	1 062	4 204
ATB-25	12	28 286	89 130	10 207	36 863	1 373	5 134
AC-13	5	28 039	86 752	9 136	33 549	1 014	3 766
级配碎石	15	2 000					
水稳碎石	30	10 000					

5. 沥青混合料体积参数

按照公路工程沥青及沥青混合料试验规程 T 0705-2011 中的表干法进行试验，测试六种沥青混合料的体积参数，通过混合料空隙率 VV 和矿料间隙率 VMA 计算得到沥青饱和度 VFA，如表 15-10 所示。

表 15-10　混合料沥青饱和度 VFA

材料	AC-13	AC-20	AC-25	ATB-25	ATB-30	SMA-16
VFA/%	61.16	82.63	84.56	66.63	46.42	87.46

15.2.2　寿命预估

分析试验段四种路面结构设计方案，结构一和结构二采用碎石和沙砾柔性基层，沥青层厚度分别为 34cm 和 27cm；结构三下基层采用半刚性材料水稳碎石，上基层使用碎石材料，沥青层厚度为 29cm；结构四基层为 48cm 传统的半刚性基层，沥青层厚度为 22cm。对于采用柔性基层的沥青路面结构一和结构二，基层本身刚度较低，沥青面层将承受较大的荷载弯矩，因此在相同交通荷载作用下，采用柔性基层的沥青路面底部会产生较大的拉应变值。而采用半刚性基层的沥青路面结构四，在使用初期半刚性材料具有非常高的模量，在相同车辆荷载作用下，沥青层底拉应变相对柔性基层路面小很多。因此，分析现场实测数据结果，即监测系统在路面使用初期实测过程中，结构一、结构二和结构三在车辆荷载作用下，沥青层底产生明显的拉应变，且应变传感器测得最大拉应变与车辆轴重之间具有一定的线性关系，而结构四实测沥青层底拉应变值较小，还不足以建立实测应变与轴重的关系。因此在本节中，只对结构一、结构二和结构三这三种路面结构进行疲劳寿命预估。

1. 疲劳寿命预估模型

在有关"沥青层疲劳开裂预估模型研究"课题中，通过 ALF 加速加载试验综合考虑路面沥青层和基层各层模量和厚度的差异，在室内试验的基础上引入加载模式系数 MF，最终给出了适用于实际沥青路面的疲劳寿命预测方程

$$N_f = 5.314 \times 10^{17} \left(\frac{1}{\varepsilon}\right)^{3.973} \left(\frac{1}{E}\right)^{1.579} \left(\text{VFA}\right)^{2.720} \left(\frac{1}{1 + e^{-5.790\text{MF}}}\right) \quad (15\text{-}19)$$

式中：MF 为加载模式系数，按 Monismith 对模式系数的定义，按式（15-20）表述

$$\text{MF} = \frac{|A| - |B|}{|A| + |B|} \quad (15\text{-}20)$$

式中：　A——劲度模量下降时引起的应力变化，%；

　　　　B——劲度模量下降时引起的应变变化，%。

通过多种沥青路面结构计算和模式系数分析，Myre（1992）得到了模式系数与沥青路面结构之间的规律，并给出了模式系数回归关系式（$R^2 = 0.95$）

$$\text{MF} = 1.99 - 3.37\left(\frac{A}{B}\right) - 0.00342B + 0.004A + 0.00153E_{sg} \quad (15\text{-}21)$$

$$A - \sum_{i=1}^{n}\left(h_i \cdot \sqrt[3]{E_i}\right) \qquad B = \sum_{i=1}^{m}\left(h_i \cdot \sqrt[3]{E_i}\right) \quad (15\text{-}22)$$

式中：　h_i——i 层的厚度，cm；

　　　　E_i——第 i 层结构模量，采用单轴压缩动态模量测试结果 $|E_i^*|$，MPa；

　　　　E_{sg}——路基的模量，MPa；

　　　　n——路面结构的沥青层数；

　　　　m——路面结构的总层数。

综合考虑沥青路面实测温度、车辆加载频率、沥青层底水平应变、材料和结构参数，最终决定采用此预估模型进行基于现场实测数据的沥青路面疲劳寿命预估。

2. 计算过程及结果

基于上述选定各结构疲劳参数，采用式（15-19）～式（15-22）计算疲劳寿命，以结构一在 20℃加载频率 10Hz 时 3000kg 动轴载作用下的疲劳寿命计算为例说明计算过程如下：

首先计算加载模式系数 MF：

$$A = \sum_{i=1}^{4}\left(h_i \cdot \sqrt[3]{E_i}\right) = 1095.2 \qquad B = \sum_{i=1}^{7}\left(h_i \cdot \sqrt[3]{E_i}\right) = 1463.6$$

$$\text{MF} = 1.99 - 3.37\left(\frac{A}{B}\right) - 0.00342B + 0.004A + 0.00153E_{sg} = -0.77$$

计算疲劳寿命 N_f :

$$N_f = 5.314 \times 10^{17} \left(\frac{1}{\varepsilon}\right)^{3.973} \left(\frac{1}{E}\right)^{1.579} (VFA)^{2.720} \left(\frac{1}{1+e^{-5.790MF}}\right) = 6.6888 \times 10^8$$

也就是说，在 20℃的环境下，动轴载为 3000kg 的车辆以 60km/h（10Hz）的车速在结构一的路面上作用 6.6888×10^8 次时路面达到疲劳破坏。

依据上述计算流程，分别计算三种路面结构在各级动轴载、不同频率（10Hz 和 25Hz）、不同温度（25℃、50℃）的疲劳作用次数，并根据轴载分布情况对疲劳寿命进行加权计算。最终得到疲劳寿命计算结果汇总如下。

1）10Hz 计算结果如表 15-11 和表 15-12 所示。

表 15-11　20℃疲劳寿命计算结果

动轴载/kg	比例/%	计算结果		
		结构一/万次	结构二/万次	结构三/万次
1 000	7.1	63 928	576 878	23 829
2 000	20.9	17 653	78 570	5 561
3 000	24.2	6 689	20 961	1 922
4 000	17.0	3 068	7 790	832
5 000	21.0	1 600	3 529	417
6 000	8.0	914	1 824	231
7 000	1.8	560	1 036	138
加权结果	100	10 788	64 682	3 569

表 15-12　50℃疲劳寿命计算结果

动轴载/kg	比例/%	计算结果		
		结构一/万次	结构二/万次	结构三/万次
1 000	7.1	2 096 172	21 510 063	1 183 528
2 000	20.9	578 825	2 929 654	276 211
3 000	24.2	219 323	781 574	95 437
4 000	17.0	100 606	290 458	41 300
5 000	21.0	52 456	131 590	20 686
6 000	8.0	29 982	68 020	11 482
7 000	1.8	18 363	38 631	6 877
加权结果	100	353 727	2 411 802	177 262

2）25Hz 计算结果如表 15-13 和表 15-14 所示。

表 15-13 20℃疲劳寿命计算结果

动轴载/kg	比例/%	计算结果		
		结构一/万次	结构二/万次	结构三/万次
1 000	7.1	3 884	24 878	1 145
2 000	20.9	1073	3388	267
3 000	24.2	406	904	92
4 000	17.0	186	336	40
5 000	21.0	97	152	20
6 000	8.0	56	79	11
7 000	1.8	34	45	7
加权结果	100	655	2 789	172

表 15-14 50℃疲劳寿命计算结果

动轴载/kg	比例/%	计算结果		
		结构一/万次	结构二/万次	结构三/万次
1 000	7.1	131 496	1 442 873	41 112
2 000	20.9	36 310	196 518	9 595
3 000	24.2	13 758	52 427	3 315
4 000	17.0	6 311	19 484	1 435
5 000	21.0	3 291	8 827	719
6 000	8.0	1 881	4 563	399
7 000	1.8	1 152	2 591	239
加权结果	100	22 190	161 781	6 158

计算结果表明，随着作用于路面动轴载荷载级位增加，沥青路面的疲劳寿命变小；温度升高，沥青路面疲劳寿命增长。试验段三种路面结构，在相同温度、荷载和作用频率条件下，结构二具有相对较长的疲劳寿命，结构三疲劳寿命相对较短。

15.3 本 章 小 结

本章主要基于沥青路面实测动力响应信息，结合实际现场材料参数测试结果，进行沥青路面车辙与疲劳寿命预估的初步探索。由于转换函数的建立需要大量的现场数据支持，这里的沥青路面性能预估仅为定性比较分析，还难以实现精确的量化分析，相关工作还需大量的加速加载试验予以验证。

参 考 文 献

陈凤晨, 2009. 基于光纤光栅技术的沥青路面车辙预估方法研究[D]. 哈尔滨: 哈尔滨工业大学.

董泽蛟, 2011. 基于智能监测技术及非线性动力仿真的沥青路面结构行为研究[R]. 哈尔滨: 哈尔滨工业大学.

李生龙, 2013. 沥青路面结构信息监测与疲劳性能预估[D]. 哈尔滨: 哈尔滨工业大学.

倪雷, 2011. 基于局部应变的沥青路面疲劳开裂寿命预估[D]. 西安: 长安大学.

徐世法, 朱照宏, 1993. 高等级道路沥青路面车辙的预估方法[J]. 土木工程学报, 26(6):28-36.

张登良, 李俊, 1995. 高等级道路沥青路面车辙研究[J]. 中国公路学报, 8(1):23-29.

赵延庆, 潘友强, 2007. 沥青路面结构内荷载频率分布与变化规律的研究[J]. 长沙交通学院学报, 23(4):7-10.

MYRE, J. 1992. Fatigue of asphalt materials for Norwegian conditions[C]//Proceeding of the 7th International Conference on Asphalt Pavements, Nottingham, 3: 238-251.

第 16 章　基于实测信息的寒区沥青路面脆弱性评估

沥青路面作为外部构造物长期受到外界环境的作用，其在寒区极端低温、大温差、强降雨等极端气候作用下病害灾害频发，结构极为脆弱。相关的评估体系虽能在一定程度上反映其脆弱特征，但该类评估大多弱化了地域差异以及路面结构、材料对路面脆弱性的影响。此外，资料收集、人工检测等传统数据获取手段不仅过程困难、复杂，最终所得数据类型不一、残缺度高，且具有一定的滞后性，严重影响评估的准确性与可靠性。因此，建立具有高针对性的寒区沥青路面脆弱性评估体系，采取稳定、高效的数据获取方法是必要的。基于此，本章通过分析寒区极端气候对沥青路面的影响，建立了沥青路面脆弱性指标体系；并结合路面结构健康监测技术，完成了极端情景下沥青路面脆弱性评估。

16.1　寒区沥青路面脆弱性评价方法

16.1.1　沥青路面脆弱性定义

本章所提公路脆弱性为公路结构本身对外界恶劣环境的脆弱性，其本质是探究恶劣气候环境、复杂地质条件下公路整体及各部分结构发生损坏的可能性。因此，定义公路脆弱性是公路结构在恶劣环境作用下，本体发生病害或灾害，导致结构损坏或破坏而难以维持正常使用状态的性质。这一定义涉及三个对象：外界干扰，即恶劣气候环境，是导致公路脆弱性的主要原因；系统本体，即公路结构，是承受外界环境作用的对象；外界干扰和系统之间的作用关系，具体体现为公路受到损坏或破坏时维持正常使用状态的抵抗或适应（外界干扰）能力。

公路面临外界不利影响时，材料和结构抵抗变形或破坏而体现出一定的"恢复力"，但总体表现为较低的恢复能力，可将之归属为公路的适应力范畴；而受损后，通过人为养护维修工作而恢复其使用性能，表现为较高的恢复能力，因此，可认为公路的恢复力主要体现在后期的养护与管理工作。

在进行脆弱性评估时，应从宏观与微观两个层面解读公路脆弱性。微观层面的脆弱性包括系统的敏感性和适应力，而不包括恢复力；宏观层面的公路脆弱性应包括暴露性与恢复力。公路脆弱性概念体系如图 16-1 所示。具体到公路脆弱性概念，暴露性指路面暴露于恶劣环境的可能性及其暴露程度；敏感性体现于公路结构受到损坏或破坏的程度；适应力体现于公路抵抗、适应恶劣气候环境影响而维持正常使用状态的能力；恢复力是公路受损后在人为作用下恢复到初始状态的能力。

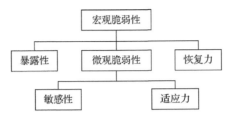

图 16-1　公路脆弱性概念体系

在实际操作中，为在保证合理进行公路脆弱性评价的同时尽量简化体系，本章用易损性代替敏感性与适应力作为描述公路自身属性的性质，在此基础上，建立公路脆弱性"暴露—易损—恢复"三阶段评价模型，即认为为进行公路脆弱性评价，应该分别进行公路暴露性、易损性与恢复力的评价。

公路暴露性体现于在外界环境作用下公路产生一系列病害、灾害，其指标应包括工程地质条件与自然环境特征：工程地质条件包括冻土特征、地形地貌、地质构造条件，为公路脆弱性的体现提供内部条件；自然环境特征包括气温、降水、辐射，为公路脆弱性的体现提供突变条件。公路易损性研究主要体现于对公路抗灾能力的研究，包括自身抗灾能力以及区域抗灾能力两方面。提出从路基、路面、桥隧构造物性能及状态出发评价公路自身抗灾能力，并采用公路剩余寿命指标反映抗灾能力随时间的变化；采用路网密度、防护完善程度作为区域抗灾能力评价指标。公路恢复力主要体现在后期的系列养护维修工作，可从养护维修力度和养护维修效果两方面对其进行评价。

最终，初步建立公路脆弱性评价指标体系架构，如图 16-2 所示。

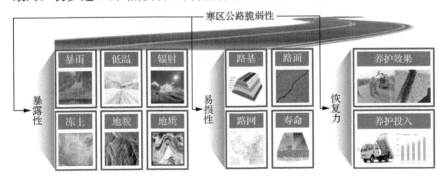

图 16-2　公路脆弱性评价指标体系架构

路面直接与外界环境接触，其脆弱程度是公路脆弱性的直观体现。路面脆弱性是公路脆弱性的重要组成，研究路面脆弱性对于公路脆弱性评价具有重要意义。而我国高等级路面一般为沥青路面，为缩小研究范围以精确评估脆弱性，本章主要研究沥青路面脆弱性，以下均简称路面脆弱性。与公路脆弱性概念相比，沥青路面主要侧重于恶劣气候环境下的脆弱性研究。

由评价模型可知，路面脆弱性是路面暴露性、易损性与恢复力的函数

$$V = f(E, I, R) \tag{16-1}$$

式中：V——路面脆弱性；

E——暴露性；

I——易损性；

R——恢复力。

路面脆弱性与暴露性及易损性呈正相关，与恢复力呈负相关。为定量描述三者之间的关系，采用层次分析法（analytic hierarchy process，AHP）获取指标权重，引入模糊评价法对指标关系进行计算，以评价路面脆弱性。

16.1.2　寒区沥青路面脆弱性评价指标体系及流程

1. 路面暴露性分析

路面暴露性体现于在外界环境作用下产生系列的病害、破坏。一般而言，气候及其变化并不会对路面结构产生新的破坏或后果，而会增加（影响）路面性能劣化、灾难性破坏的可能性及规模，如在强降雨的情况下，沿河公路发生水毁或水损害的可能性大大增加，而土质情况较好的路段则表现为较低的可能性。因此，路面结构暴露在不同环境下体现出不同的脆弱性。

（1）寒区极端低温气候评价指标

在不考虑荷载条件下，相比于稳定的低温条件，温度的变化对沥青路面性能影响程度更大。在寒冷地区，极端最低气温出现频率较大，持续时间长，且较大的日温差无论在冬季或夏季均表现为较大的可能性。因此，将极端最低温度、低温气候持续时间与日温差作为评价路面暴露性评价指标。寒区历史极端最低温度多分布在-30～-20℃，-40～-30℃及<-40℃区间，其分布频率逐渐减小，其出现后对路面影响则更大。按温度分布频道划分暴露性等级，将极端低温气候阈值-30.4℃定义为中等暴露分界点（取-30℃），将低于-40℃定义为极高暴露分界点，采用线性插值法确定各区间分界点，建立极端最低温度评价标准，如表16-1所示。

表 16-1　极端最低温度评价标准

评价指标	极低暴露	低暴露	中等暴露	高暴露	极高暴露
极端最低温度/℃	<-25	-30～-25	-35～-30	-40～-35	≥-40

统计资料显示，随纬度上升，寒区气温低于-30℃时长增加，在黑龙江北部地区可达数月。一般而言，极端低温作用时间越长，对沥青路面性能影响越大。参考文献（侯威，2009），低温持续时间评价标准如表16-2所示。

表 16-2　低温持续时间评价标准

评价指标	极低暴露	低暴露	中等暴露	高暴露	极高暴露
低温持续时间/d	<5	5~10	10~20	20~30	≥30

本节将极端日温差阈值（16℃）定义为中等暴露，并参考我国有关寒潮预警标准，建立日温差评价标准如表 16-3 所示。

表 16-3　日温差评价标准

评价指标	极低暴露	低暴露	中等暴露	高暴露	极高暴露
日温差/℃	<12	12~16	16~20	20~24	≥24

（2）寒区极端高温气候评价指标

考虑极端高温气候对路面脆弱性影响时，应选取观测期内极端最高温度与高温气候持续时间作为评价指标。根据气象学定义，当夏季温度高于 25℃即可定义为高温天气，本节将 25~32℃（极端高温气候阈值）定义为中等暴露，参考文献（侯威，2009），建立寒区夏季极端最高温度评价标准，如表 16-4 所示。

表 16-4　极端最高温度评价标准

评价指标	极低暴露	低暴露	中等暴露	高暴露	极高暴露
极端最高温度/℃	<18	18~25	25~32	32~39	≥39

寒区夏季极端高温气候持续时间多分布在 0~14 天，最高达 18 天。本章定义高温持续时间阈值 5 天为极低暴露分界点，定义 14 天为极高暴露分界点，采用线性插值法，建立评价标准，高温持续时间评价标准如表 16-5 所示。

表 16-5　高温持续时间评价标准

评价指标	极低暴露	低暴露	中等暴露	高暴露	极高暴露
高温持续时间/d	<5	5~8	8~11	11~14	≥14

此外，由前述分析可知太阳辐射与路线设计是评价夏季高温对路面性能影响的重要因素。因此在评价极端高温气候下路面暴露性时，应将其作为指标参与评价。

太阳辐射对沥青路面影响可概括为两方面：一是沥青材料吸收太阳光中的紫外光（并在氧的参与下）发生老化，二是与路面进行热量交换而导致路面温度场发生变化。考虑实际数据的可获取性，选用太阳光年均辐射总量代替紫外总辐射量作为评价指标，寒区年均辐射总量在 $1000~2000\ kW/m^2$，基于此用线性插值法对辐射强度进行分级，太阳辐射评价标准如表 16-6 所示。

表 16-6 太阳辐射评价标准

评价因子	极低暴露	低暴露	中等暴露	高暴露	极高暴露
年均辐射总量/（kW/m²）	<1000	1000～1350	1350～1700	1700～2000	≥2000

由前述分析知，在长纵坡或转弯半径较小的路段，夏季高温下路面出现车辙的概率增大。基于有关公路路线设计规范，对路线设计评价标准划分如表 16-7 所示。

表 16-7 路线设计评价标准

评价因子	极低暴露	低暴露	中等暴露	高暴露	极高暴露
路线设计	道路平纵横设计满足有关规范要求，转弯半径设置合理	道路平纵横设计基本满足要求，转弯半径设置较合理	出现长大纵坡路段或横向坡度、转弯半径过大，偏差不超过规范值的10%	出现长大纵坡路段或横向坡度、转弯半径过大，偏差10%～20%	道路平纵横设计极差，出现长大纵坡路段或横向坡度、转弯半径过大，偏差超过30%

（3）寒区极端降雨气候评价指标

寒区降雨类型多为夏雨，降雨集中，易形成洪水，使得路面水损坏加剧，路面排水能力直接影响了水对路面破坏可能性与规模。且在地质条件复杂地区，易导致公路自然灾害，如泥石流、崩塌等。研究发现，除降水外，公路沿线地形地貌条件、岩土类型等是导致公路自然灾害的关键因素。因此，在评价寒区夏季洪水气候下沥青路面的脆弱性，提出选用年均暴雨天数、路面排水能力、地形地貌条件与岩土类型作为评价指标。

观测期内，暴雨次数越多，路面发生损坏可能性越大。选用年均暴雨天数（日降雨量≥25mm）作为评价指标。参考公路自然灾害研究成果（尹超，2013），年均暴雨天数评价标准如表 16-8 所示。

表 16-8 年均暴雨天数评价标准

评价指标	极低暴露	低暴露	中等暴露	高暴露	极高暴露
年均暴雨天数/d	<3	3～5	5～9	9～11	≥11

路面排水能力评价应综合考虑坡面及防护工程的排水能力、公路大小桥涵排水能力的影响。参考《公路养护技术规范》（JTG H10—2009），建立路面排水能力评价标准，如表 16-9 所示。

表 16-9　路面排水能力评价标准

评价指标	极低暴露	低暴露	中等暴露	高暴露	极高暴露
路面排水能力	坡面排水系统及防护措施完善,自身稳定性好;大小桥涵位置、过水断面及防护措施等满足设计要求	坡面排水系统及防护措施较完善,自身稳定性较好;大小桥涵位置合理,桥涵孔径偏差不超过规定值的10%	坡面排水系统及防护措施欠完善,自身稳定性较差;大小桥涵位置基本合理,过水断面偏差不超过设计值的20%,桥涵孔径偏差不超过 10%～20%	坡面排水系统及防护措施不足,自身稳定性差;大小桥涵位置偏差,实际过水断面偏差20%～30%,桥涵孔径偏差不超过10%～20%	坡面排水系统严重不足,无防护措施;大小桥涵位置严重偏置,实际过水断面偏差超过 30%,桥涵孔径偏差超过20%

地形地貌是指地势高低起伏的变化,即地表的形态。一般而言,在坡度大的斜坡、沟壑林立的地区,土体稳定度偏低,水流也更易汇聚,灾害发生概率更大,周围公路受到灾害影响的可能性大,脆弱性高。因此,选择地形坡度以及地表切割深度作为地形地貌评价指标。

地形坡度在一定程度上反映了地质灾害的发育程度、自然边坡的稳定状况和对公路建设的影响。对公路工程来说,当地形坡度小于 8°时对公路边坡稳定性影响最低时,地质灾害发生概率小;当地形坡度将地形坡度高于 35°时,极易发生地质灾害,因此建立地形坡度评价标准如表 16-10 所示。

表 16-10　地形坡度评价标准

评价指标	极低暴露	低暴露	中等暴露	高暴露	极高暴露
地形坡度/(°)	<8	8～15	15～25	25～35	≥35

地表切割深度是指地面某点的邻域范围的平均高程与该邻域范围内的最小高程的差值,能直观地反映了地表被侵蚀切割的情况,地表切割深度大于 700m 时,边坡(斜坡)稳定性极差,极易发生各类地质灾害(尹超,2013),因此建立地表切割深度评价标准,如表 16-11 所示。

表 16-11　地表切割深度评价标准

评价指标	极低暴露	低暴露	中等暴露	高暴露	极高暴露
地表切割深度/m	<100	100～300	300～500	500～700	≥700

岩土的工程地质特性是公路自然灾害的重要物质条件,也是控制因素之一。在地形条件相同的情况下,坚硬岩石强度高,不易风化,且抗冲刷能力强,滑坡、崩塌、水毁等自然灾害发生的概率较小,公路脆弱程度低。岩土类型按岩石强度可划分为坚硬岩石、次坚硬岩石、软岩、土石混合及松散土五类,因此建立岩土力学评价标准,如表 16-12 所示。

表 16-12　岩土类型评价标准

评价指标	极低暴露	低暴露	中等暴露	高暴露	极高暴露
岩土类型	坚硬岩石	次坚硬岩石	软岩	土石混合	松散土

（4）寒区极端冻融天数评价指标

随着一天内气温的正负交替变化，公路结构发生冻融损伤，导致路面发生损坏。同时路表积雪随温度升高而融化，加剧路面水损的可能性，且影响行驶安全。因此，选用冻融天数以及观测期内的暴雪（降雪量≥10mm）频率（暴雪次数/总降雪次数）作为评价指标，因此建立冻融天数和暴雪频率评价标准如表 16-13 和表 16-14 所示。

表 16-13　冻融天数评价标准

评价指标	极低暴露	低暴露	中等暴露	高暴露	极高暴露
冻融天数/d	<54	54～60	60～66	66～72	≥72

表 16-14　暴雪频率评价标准

评价指标	极低暴露	低暴露	中等暴露	高暴露	极高暴露
暴雪频率	<0.2	0.2～0.4	0.4～0.6	0.6～0.8	≥0.8

在寒冷地区，冻土广泛分布，冻土特征的差异直接影响路基及边坡稳定性，进而对路面结构性能造成巨大影响。冻土特征可以用冻土地温以及冻土含冰量表征：地温高，则冻土薄，上限深；冻土热敏感性高，工程稳定性差，路基病害率高；反之热敏感性较低，工程稳定性较好，路基病害率低；冻土含冰量高，其融沉性强，路基损坏的可能性大。

基于上述分析，选用冻土地温和冻土含冰量作为冻土特征指标。寒区多年冻土年均地温范围为-3℃～0.5℃，冻土类型根据含冰量不同和分为少冰（S）、多冰（D）、富冰（F）、饱和冰（B）以及含土冰（H），根据两者与路基与边坡稳定性的关系，划分冻土特征评价标准如表 16-15 所示。

表 16-15　冻土特征评价标准

评价指标		极低暴露	低暴露	中等暴露	高暴露	极高暴露
冻土特征	地温℃	<-3	-3～-1.5	-1.5～-0.5	-0.5～0（>0）	
	含冰量	S、D、F	S、D、F	S、D、F	S、D、F	B、H

注：评判时出现某一地温与 B、H 组合类型，则归为下一等级。如地温低于-3℃时，含冰量为 B 或 H，则属于低暴露。

综上所述，构建寒区沥青路面暴露性评价指标如表 16-16 所示。在进行沥青路面脆弱性评价时，基于选择基本要素指标，应根据所需评价的极端气候的类型进行指标选取。亦可将所有极端气候下的路面暴露性指数通过一定数学方法得到一个综合暴露性评价指标。

表 16-16　路面暴露性评价指标

目标层	要素层	指标层
路面暴露性	极端低温气候	极端最低温度
		低温持续时间
		日温差
	极端高温气候	极端最高温度
		高温持续时间
		年均辐射总量
		路线设计状况
	极端降雨气候	平均暴雨天数
		路面排水能力
		地形坡度
		地表切割深度
		岩土类型
	极端冻融天数	冻融天数
		暴雪频率
		冻土类型
		冻土地温

2. 路面易损性分析

路面遭受外界影响而被破坏的难易程度（易损性）因本身的材料、结构及使用状态的不同而不同。在现行有关规范中，针对寒区环境特征，设计人员对路面材料类型及结构组合做出了明确划分，而路面实际破损状态、结构性能直接反映出其对外界变化的抵抗能力大小。本章拟基于实测信息，从路面表面损伤与结构性能对实际路面的易损性进行实时评估。

（1）路面表面损伤

寒区沥青路面主要破坏形式为开裂。在此情况下，路面表面破损状况可直接反映其易损性的大小。这里以路面低温裂缝为主要评价对象，选取路面裂缝指数作为评价指标。路面裂缝指数源自 Hass（1973）低温裂缝预估模型，其定义为双车道 100m 区间内全幅温缩裂缝数目加上半幅横向裂缝数目的一半。根据行车舒适性对路面开裂的要求及养护的经济性，提出了路面容许开裂率的设计标准，此时路面裂缝指数为 25（高畅，2006）。当路面裂缝指数超过 25 时，路面破损严重，路面抵抗外界干扰能力极差。由此可根据线性插值法确定路面裂缝指数评价标准，如表 16-17 所示。

表 16-17　裂缝指数评价标准

评价指标	极低易损	低易损	中等易损	高易损	极高易损
裂缝指数	<6	6～12	12～18	18～25	≥25

（2）路面结构性能

寒区沥青路面温度疲劳作用明显，由于温度反复升降导致沥青混合料极限抗拉强度减小，在多因素作用下极易引起路面温度应力逐渐累积最终超过强度极限，进而导致路面开裂。因此选用路面温度疲劳性能作为路面结构性能的主要评价指标，可通过沥青面层温度应力进行计算；考虑重载交通、年温差大等影响，对部分寒冷地区可选用路面荷载疲劳性能及永久变形作为评价指标，综合评价路面结构性能。可基于 Mincr 准则，分别计算路面温度疲劳、荷载疲劳及永久变形累积损伤度分别展开评价。本节认为当路面累积损伤度达到 0.4 以上时路面表现为中等易损，建立累积疲劳损伤度评价标准如表 16-18 所示。

表 16-18　基于 Miner 准则的路面累积疲劳损伤评价标准

评价指标	极低易损	低易损	中等易损	高易损	极高易损
累积损伤度	<0.2	0.2～0.4	0.4～0.6	0.6～0.8	≥0.8

路面性能随使用时间的增加而衰减，因此时间是评价公路抗灾能力的不可忽略的因素。本节选用结构剩余使用寿命（设计寿命-路龄）作为反映时间对路面整体结构性能影响的评价指标，以剩余百分比表示，建立结构剩余使用寿命评价标准，如表 16-19 所示。

表 16-19　剩余使用寿命评价标准

评价指标	极低易损	低易损	中等易损	高易损	极高易损
剩余寿命	≥0.8	0.6～0.8	0.4～0.6	0.2～0.4	<0.2

综上所述，构建寒区沥青路面易损性评价指标如表 16-20 所示。

表 16-20　路面易损性评价指标

目标层	要素层	指标层
路面易损性	路面表明损伤	裂缝指数
	路面结构性能	路面温度疲劳性能
		路面荷载疲劳性能
		永久变形
		结构剩余使用寿命

3. 路面恢复力分析

路面恢复力主要体现在后期的系列养护维修工作，如裂缝修补、沥青层加铺等，可从养护维修力度和养护维修效果两方面对其进行评价。

一般而言，某区域财政投入力度越大、区域经济发展越好，则路面破损后恢复能力越强。本节主要通过对区域部门财政投入以及区域经济发展状况进行分析，从而评价养护维修力度，并给出相应评价标准，如表 16-21 所示。

表 16-21　养护维修力度评价标准

评价指标	极高恢复力	高恢复力	中等恢复力	低恢复力	极低恢复力
区域财政投入	部门灾害评估预案修订、完善工作及时；工作全面有效；资金投入充足	部门灾害评估预案较为完善；工作全面有效；资金投入较多	部门灾害评估预案较为完善；资金投入一般	部门灾害评估预案不完善；资金投入较少	部门灾害评估预案不完善；资金投入极少
区域经济发展	发达	较发达	一般	较落后	落后

灾后（损毁后）部门采取相关措施进行公路修复工作，本文通过对路面修复情况以及修复后再次破损情况进行评价，从而评价公路整体的养护维修效果，并给出养护维修效果评价标准，如表 16-22 所示。

表 16-22　养护维修效果评价标准

评价指标	极高恢复力	高恢复力	中等恢复力	低恢复力	极低恢复力
路面养护维修情况	路面破损后快速进行修补，有效抑制病害发展；自然灾害发生后快速进行清理	路面破损后短期内进行修补，抑制病害发展；自然灾害发生后短期内进行清理	路面破损较长时间后才进行修补；自然灾害发生长时间后才进行清理	路面破损或自然灾害发生长时间后进行处理，路面损毁严重	路面破损或自然灾害发生后长期未进行处理
重复破损情况	未出现重复破损情况	出现少数重复破损	出现半数以内的重复破损	出现半数以上的重复破损	绝大部分修补处出现重复破损

4. 寒区沥青路面脆弱性评价流程

综合上述分析，建立寒区沥青路面脆弱性评价指标体系如图 16-3 所示。路面暴露性指标分为极端低温气候、极端高温气候、极端降雨气候与极端冻融指标，实际操作时应根据评价路段服役环境及数据可获取性选取对应指标进行评价。路面易损性指标包括路面表面损伤（路面裂缝率）与路面结构性能（温度疲劳性能、荷载疲劳寿命、永久变形与剩余设计寿命），在评价时，应对所需评价的极端气候选取具体指标。路面恢复力指标包括养护维修力度与养护维修效果两类指标。

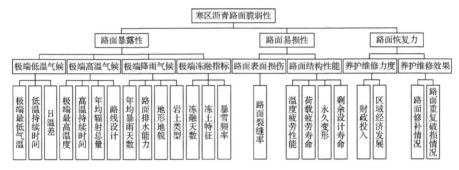

图 16-3　寒区沥青路面脆弱性评价指标体系

基于所提路面脆弱性概念及指标体系，建立寒区沥青路面脆弱性评价流程如图 16-4 所示，共包含脆弱因素识别、评价指标确定、路面服役能力实时评价（易损性评价）与极端气候下路面脆弱性评价 4 个过程。

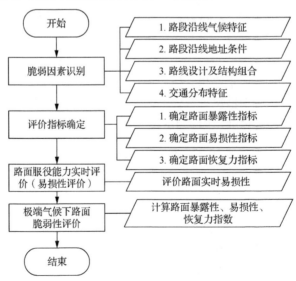

图 16-4　沥青路面脆弱性评价流程

（1）寒区沥青路面脆弱因素识别

寒区沥青路面脆弱因素识别主要目的为识别导致服役路面脆弱的外界原因及内部因素。该过程包含内容如下所述。

1）根据历史统计资料，识别分析路段沿线气候特征，主要包括高低温条件、降雨及太阳辐射分布特征等。

2）识别分析路段沿线冻土分布特征与地形地貌、岩土类型等条件。

3）调查分析路线设计情况及路面结构组合状况。

4）调查分析交通分布特征，包括交通量、车速及轴型分布等。

实现上述内容所需数据来源包括气象及地质条件统计资料、现场监测数据、实地调研资料等。

（2）路面评价指标确定

路面评价指标确定主要目的为根据脆弱点识别结果确定该路段所需评价的极端气候类型与路面损伤特点，以选取合适的评价指标。该过程包含内容如下所述。

1）根据所需评价的极端气候与已有数据基础，确定合适的路面暴露性指标。

2）分析既定极端气候下路面损伤特点，确定合适的路面易损性指标，明确指标计算方法。

3）确定路面恢复力评价指标。

（3）路面服役能力实时评价

根据过程（2）易损性指标确定结果，结合实际路面监测数据，计算路面实时的服役性能，评价路面的健康状态，作为路面易损性指数计算依据。该过程包含内容如下所述。

1）结合分布式监测信息，实现路面裂缝状况识别，计算路面裂缝率。

2）结合路面温度场信息，计算并评价路面温度疲劳寿命。

3）结合路面结构响应信息，计算并评价路面荷载疲劳寿命与永久变形。

4）结合路龄，计算并评价路面剩余寿命。

（4）极端气候下路面脆弱性评价

基于前述过程结果，利用 AHP-模糊综合评价方法分别计算沥青路面暴露性、易损性及恢复力指数，最终得到路面脆弱性指数，实现对寒区极端气候下路面脆弱性实时评价。

16.2　基于实测信息的寒区沥青路面易损性分析

16.2.1　寒区沥青路面脆弱性监测系统

1. 依托工程

依托工程为国道丹（东）阿（勒泰）公路（G331）呼玛至十八站公路改扩建

项目。既有道路为四级公路，等级低、路况差，导致路段通行能力及服务水平低，成为丹阿公路的瓶颈路段，严重影响了丹阿公路作为国道的功能和作用。新建道路设计等级为二级公路，设计速度为 60km/h，行车道宽度为 3.5m，硬路肩宽度为 0.75m，土路肩宽度为 0.75m，路基全宽 10.0m，路面宽度 8.5m，汽车荷载等级为公路 I 级。

2. 服役路面脆弱性监测内容

基于路面暴露性及易损性分析结果，结合设计资料知，要实现服役路面脆弱性监测，主要目标是实现对外界环境信息、路面开裂情况以及疲劳寿命等进行监测。总结所需获取的监测信息与监测设备/元件，如表 16-23 所示。

表 16-23 路面及环境监测信息与监测设备/元件

监测信息	位置/层位	监测设备/元件
环境温度、降雨量及降雪量	服役环境	气象站
路面温度	沥青面层	温度传感器
拉应变	沥青面层层底	应变传感器
拉应力	半刚性基层层底	应力传感器
裂缝信息	沥青面层	分布式光纤

3. 监测方案

沥青路面监测点的选择应具有代表性、经济性与对照性。国道 G331 呼玛至十八站路段位于大兴安岭地区东侧，沿线人烟稀少，地形起伏较大，地质条件较为复杂，受气候影响夏季路面受冲刷概率大。为实现对路面脆弱性监测与评价，且便于后期数据采集与系统管理，应选取环境条件较为典型、距离村舍较近的路段进行监测。最终选择在某村舍 300m 外进行监测，如图 16-5 所示，该路段为长直坡段，地势较为平坦，正午光照垂直，断面一侧约 200m 处有平缓弯道。所选路段的路面结构为 5cmAC-16+6cmAC-20+20cm（4.5%）水泥稳定碎石+32cm（5%）水泥稳定（70%沙砾+30%沙砾），综上所述，结合现场实际，对监测方案设计如下。

（1）气象环境监测系统

采用 TRM-4 型全自动气象站实现对沥青路面服役环境长期、实时监测。如图 16-5 所示，为便于供电与管理，气象站安装于村舍附近。

图 16-5　TRM-4 型全自动气象站

（2）传感器选型

本节所采用的传感器均为光纤光栅类传感器。与传统的传感器相比，光纤光栅类传感器具有成本低、精度高、稳定性好、抗干扰能力强等特点，能更好地适应于监测地区的极端低温气候。如图 16-6 所示，采用 FS-T-CE-PS1H 型光纤光栅温度传感器［图 16-6（a）］实现对沥青路面温度的监测，采用 FF-HS-AE-PD1 型光纤光栅水平应变传感器［图 16-6（b）］、FF-VS-AE-PD1 型光纤光栅竖向应变传感器［图 16-6（c）］实现对沥青面层三向应变的监测。

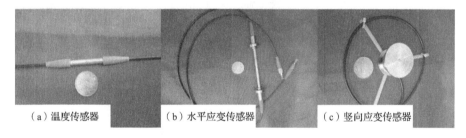

（a）温度传感器　　　　　　（b）水平应变传感器　　　　　　（c）竖向应变传感器

图 16-6　光纤光栅传感器

（3）传感器布设方案

如图 16-7 所示，共设置 3 个监测断面，包括 2 个矩阵式（点式）断面，1 个分布式监测断面，各断面传感器通过光缆与采集设备相连。矩阵式监测断面为实现路面温度与动力响应监测，2 个断面传感器布设方案相同，间距约 100m，其目的是消除温度传感器埋设时间与埋置位置所带来的差异性，避免个别传感器损坏或丢失对监测数据的影响，同时两断面路面结构相似，可实现监测数据的对比与验证。分布式监测断面主要为实现路面裂缝监测，亦对周围应变场进行监测。

图 16-7 断面分布及现场情况

矩阵式断面传感器主要布设于沥青面层。如图 16-8 所示，矩阵式断面沿行车道左侧轮迹线对称布设 2 组 3×3 光纤光栅应变传感器矩阵，矩阵行距 1m，列距 0.5m。矩阵前 1m 处布设 1 个土压力传感器，右侧前后布设两个光纤光栅温度传感器对沥青面层温度进行监测。累计布设的应变传感器共 18 个，土压力传感器 1 个，温度传感器 2 个。

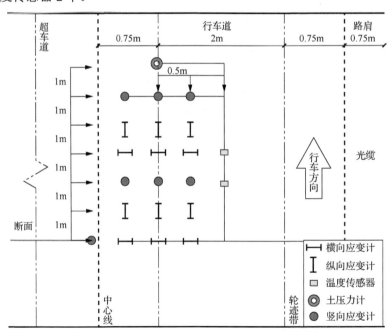

图 16-8 矩阵式断面传感器布设

如图 16-9 所示，分布式断面沿行车道对称布设 5 根 100m 长纵向分布式应变传感器，距纵向传感器一端 1m 处连续布设 2 组横向分布式应变传感器，测试标距为

3.5m。分布式光纤传感器均布设于沥青层层底。

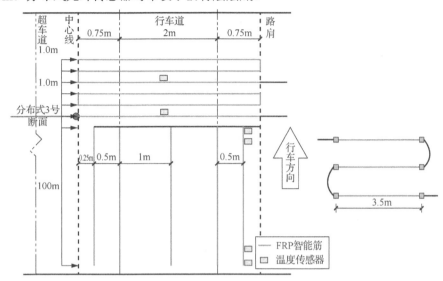

图 16-9　分布式断面传感器布设方案

4. 数据采集系统

采用气象站配套的数据采集系统及光纤光栅解调仪对气象环境与路面结构响应信息进行采集。解调仪采样频率为 200Hz，气象站采样间隔 10min。解调仪与气象站数据采集系统如图 16-10 所示。

图 16-10　解调仪与气象站数据采集系统

16.2.2　路面温度应力分析

温度应力是导致寒区沥青路面开裂的主要原因，但其现场实测特别困难。为探究服役路面的温度应力变化规律，本节基于 COMSOL 有限元软件，采用数值法对实测路面温度应力进行计算。目前路面温度应力数值计算分为直接耦合与间接耦合两类，本章采用间接耦合的方法计算温度应力，即计算路面温度场，并将其结果作为路面温度应力计算的边界条件。

1. 服役路面有限元模型建立

（1）几何模型

基于实际路面结构，建立了包含路面、路基、土基的寒区沥青路面有限元模型。其中面层包括 AC16 上面层、AC20 下面层，厚度分别 5cm 和 6cm；基层包含 4.5%水泥稳定碎石基层、5%水泥稳定（70%砂砾+30%碎石）底基层，厚度分别为 20cm 和 32cm。设定土基为 137cm，模型整体厚度为 200cm。设定行车方向为纵向，横向为和行车方向垂直的方向，横向与纵向的尺寸分别为 300cm 与 600cm。整个结构的几何模型如图 16-11 所示。

图 16-11　沥青路面几何模型

（2）材料属性

将路面结构假定为平面应变问题的弹性体，以计算沥青路面在不同时期的应力分布情况。除材料导热系数、密度以及恒压热容等热物理参数外，路面温度应力大小主要由其变形、模量与泊松比确定。沥青路面的温度收缩变形主要与材料的热膨胀系数相关，周继业（1982）提出沥青混合料热膨胀系数可表示为

$$\alpha = 2.496e^{0.014\,67T} \times 10^{-5} \tag{16-2}$$

式中：T——温度，℃。

参考文献（廖公云等，2008；姚祖康，1999）与式（16-2）计算结果，确定路面温度应力计算参数如表 16-24 所示；沥青混合料热膨胀系数如表 16-25 所示。

表 16-24　路面温度应力计算参数

材料	导热系数/[W/(m·K)]	密度/(kg/m³)	恒压热容/[J/(kg·K)]	模量/MPa				泊松比	热膨胀系数/(10⁻⁵·℃⁻¹)
				10℃	0℃	−10℃	−20℃		
AC16	1.1	2500	900	2000	3000	4000	6000	0.25	式（16-2）
AC20	0.9	2600	850	1021	1986	3160	5011	0.25	式（16-2）
4.5%水稳碎石	1.56	2200	900	1500				0.3	1

续表

材料	导热系数/ [W/(m·K)]	密度/ (kg/m³)	恒压热容/ [J/(kg·K)]	模量/MPa				泊松 比	热膨胀系数/ (10⁻⁵·℃⁻¹)
				10℃	0℃	−10℃	−20℃		
5%水稳	1.56	2200	900	1500				0.35	1
土基	1.4	1800	1000	50				0.4	50

表 16-25　沥青混合料热膨胀系数

温度/℃	10	0	−10	−20	−30
热膨胀系数/(10⁻⁵·℃⁻¹)	2.9	2.4	2.2	1.9	1.6

此外，取太阳辐射吸收率为 0.9，路面发射率为 0.81，路表传热系数按下式计算：

$$h_c = 3.7v + 9.4 \tag{16-3}$$

式中：h_c——传热系数，$W/(m^2·℃)$；

　　　v——日均风速，m/s。

（3）边界条件

为探究不同时期内路面温度场与温度应力变化规律，选取低温期 1 月 13 日～22 日与升温期 3 月 15 日～25 日作为分析期进行计算，实测低温期及升温期温度条件如图 16-12 和图 16-13 所示，分析期内日平均风速及日最大辐射如表 16-26 所示。

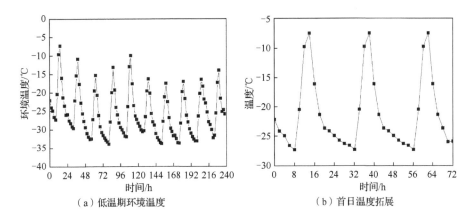

（a）低温期环境温度　　　　　　　　（b）首日温度拓展

图 16-12　低温期温度条件

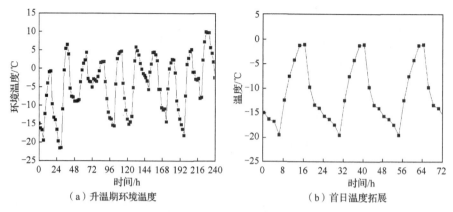

（a）升温期环境温度　　　　　　（b）首日温度拓展

图 16-13　升温期温度条件

表 16-26　分析期内日平均风速及日最大辐射

日期	平均风速/(m/s)	日最大辐射/(W/m²)	日期	平均风速/(m/s)	日最大辐射/(W/m²)
1 月 13 日	0.74	240	2 月 15 日	1.12	830
1 月 14 日	0.67	297	2 月 16 日	0.68	718
1 月 15 日	0.72	399	2 月 17 日	0.61	740
1 月 16 日	0.7	391	2 月 18 日	0.83	742
1 月 17 日	0.6	401	2 月 19 日	1.1	660
1 月 18 日	0.55	423	2 月 20 日	0.66	631
1 月 19 日	0.58	361	2 月 21 日	0.94	353
1 月 20 日	0.63	388	2 月 22 日	1.55	920
1 月 21 日	0.46	407	2 月 23 日	0.73	940
1 月 22 日	0.51	486	2 月 24 日	0.84	909

2. 低温期路面温度应力

计算得低温期（1 月 13 日～22 日）路面温度及温度应力分布如图 16-14 所示。

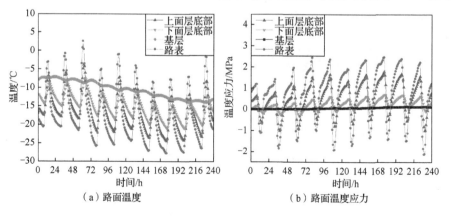

（a）路面温度　　　　　　　　　（b）路面温度应力

图 16-14　低温期路面温度及温度应力分布

对比图 16-14（a）与图 16-12（a）可知，各时刻路面结构层温度均高于环境温度，路表温度与环境温度最大差异达到 17.55℃（图中第 62 小时），这是由于路面温度不仅受到环境气温影响，更受太阳辐射作用。由此说明，尽管寒区日照时长较短，但太阳辐射仍是路面温度场不可忽视的重要影响因素。另外，随着深度增加，路面温度逐渐升高，但其日温差却逐渐减小，体现为单周期内路面温度波动幅度明显减小，基层底部（距路表 43cm 处）日温差已小于 1℃，表明环境温度对路面温度的影响随深度增加而逐渐减弱，热量在传递过程中逐渐衰减。

如图 16-14（b）所示，随着时间推移，路表及上面层底部温度应力先增大后减小，图中示出第 176 小时路表达到最大温度应力 2.47MPa，后呈减小趋势。结合图 16-14（a）可知，在低温期，受到外界环境因素影响，路面结构层温度较低，沥青面层由于温缩产生较大的温度应力；而在每日升温时段，由于沥青面层温度升高较快，沥青面层在一天内的高温时段出现较大的压应力。不难发现，随着深度的增加，路面温度应力数值逐渐减小，说明环境因素对路面温度应力的影响强度随深度增加而减弱。由于路表温度对外界环境敏感性最大，路表在一天内低温时段表现出最大温度应力，而在高温时段表现出最大压应力。

提取 1 月 19 日路面温度应力变化规律如图 16-15（a）所示。由图 16-15（a）可知，在 8:00 温度应力达到最大值 2.32MPa，在 13:00 压应力达到最大值-1.31MPa。随着深度的增加，路面结构层温度应力逐渐减小，且最大值出现时刻延后。这是由于热量沿深度传递需要一定时间，最终表现为温度应力变化的滞后性。由温度应力日变化规律知，在低温期，监测路面在每日 8:00 左右，路表最易发生开裂破坏，在进行温度开裂评价及养护管理时应着重考虑。

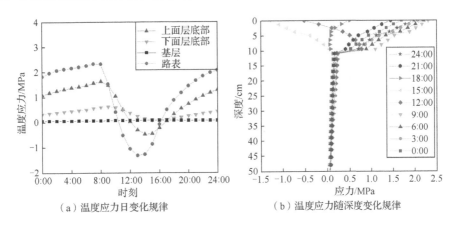

（a）温度应力日变化规律　　　　　（b）温度应力随深度变化规律

图 16-15　代表日温度应力

提取 1 月 19 日部分时刻路面温度应力随深度分布规律如图 16-15（b）所示。分析不同时刻的应力变化曲线时，路面的温度应力随着深度增加逐渐减小；在 15:00 左右路面压应力达到最大值，沥青面层均表现为压应力；而在 12:00 与 18:00 沥青路面层表现为拉、压应力交替，这是由于环境因素对路面应力状态影响沿深度方向的滞后性导致的。

3. 升温期路面温度应力

计算得升温期（3 月 15 日~24 日）路面温度及温度应力分布如图 16-16 所示。

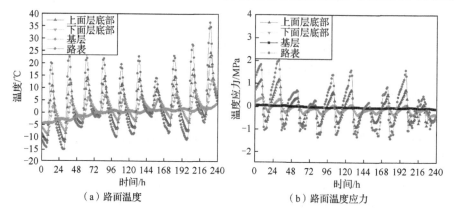

（a）路面温度　　　　　　　　　　（b）路面温度应力

图 16-16　升温期路面温度应力分布规律

对比图 16-16（a）与图 16-13（a）可知，分析期内路面温度场整体变化规律与环境温度变化规律基本一致。升温期间，路面温度大幅度上升，路表日最高温度基本大于 20℃，在第 229 小时达到最大值 36.61℃；而日最低温度均小于 0℃，在第 30 小时达到最小值，即 14.92℃。在此期间，随着时间推移，路面中的水分冰冻与融解现象严重，路面水损病害出现概率大大增加。分析期内，基层（距离路表 43cm）温度缓慢增大至零度以上，对应的路面结构已经出现正负温度交替的现象，推知路面在 4 月至 5 月极易出现路基冻融破坏。路面温度随深度变化规律与低温期相似，故不再赘述。

由图 16-16（b）可知，沥青路面温度应力最大值出现在路表，在第 30 小时达到 2.0MPa。选定的分析期内沥青路面由于收缩而产生拉应力的次数减少，在第 3 天、4 天、7 天路面主要由于升温膨胀而产生压应力，结合图 16-16（b）可知，第 3 天、4 天、7 天路面温度基本大于 0℃，说明当一天内路面温度较高或无正负交替现象时，温度应力对路面影响小，在进行温度开裂评价时可以酌情考虑。

提取 3 月 20 日路面温度应力及其沿深度变化规律如图 16-17 所示。由图 16-17（a）可知，在 7:00 路面温度应力达到最大值 1.59MPa，在 15:00 路面压应力达到最大值-1.32MPa。随着深度的增加，路面结构层温度应力逐渐减小，最大值出现时刻延后。由图 16-17（b）可知，一天内路面温度应力变化主要集中于沥青面层（层厚 11cm），而在基层及以下变化则不明显。与持续低温时期相比，升温期沥青路面出现压应力的时刻明显增加，温度应力对沥青路面的影响主要集中于 0:00 至 7:00。

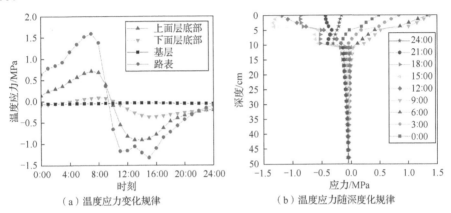

（a）温度应力变化规律　　　　　（b）温度应力随深度化规律

图 16-17　路面温度应力及其沿深度变化规律

16.2.3　路面温度疲劳寿命评价

温度作用下沥青路面裂缝类病害主要包括两类：一类是由于气温骤降导致沥青面层产生的温度应力超过沥青混合料的抗拉强度而引起的低温缩裂；另一类是由于温度反复升降导致沥青混合料极限抗拉强度减小，在多因素作用下沥青路面损伤逐渐累积最终导致温度疲劳开裂。一般而言，低温缩裂主要出现于快速降温时期，例如寒潮时期，而在极端低温下较少出现。基于沥青路面温度应力计算结果，主要对实测路面低温期与升温期的温度疲劳寿命进行分析，以作为评价其抗温度疲劳性能的依据。

1. 沥青路面极限抗拉强度

现有研究中可采用沥青混凝土的低温弯拉强度与劈裂强度作为路面低温开裂的控制指标。与低温弯曲试验相比，劈裂试验能较好地模拟沥青路面在降温时的受拉特性，能更好地反映沥青混凝土的低温抗拉强度。因此，本节选择劈裂强度作为控制指标。

不同温度下沥青混凝土的劈裂强度 R 可表示（胡浩，2010）为

$$R = -1.5549\arctan(0.1054T + 0.0230) + 2.3649 \tag{16-4}$$

式中：T——沥青混合料温度，℃。

在此基础上，对低温期与升温期代表日的路表温度应力与劈裂强度关系进行分析，如图 16-18 所示。

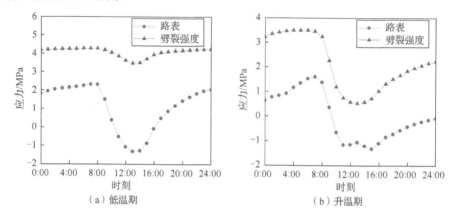

（a）低温期　　　　　　　　　　　　　（b）升温期

图 16-18　代表日温度应力与劈裂强度关系

由图 16-18 可知，低温期与升温期代表日的路表温度应力均小于沥青混凝土的劈裂强度，说明在图示期间沥青路面不会发生低温缩裂。代表日温度应力分别在 8:00 与 7:00 达到最大，本节以路表温度应力与劈裂强度比值作为温度应力水平比，计算得到对应时刻的温度应力水平比分别为 0.54、0.46。由此知，尽管温度应力小于劈裂强度，但当以一天为周期进行长期温度荷载循环作用时，路面发生温度疲劳开裂可能性大大增加。

2. 沥青路面温度疲劳寿命计算与评价

基于经典沥青混凝土疲劳方程（沈金安，2001）为

$$N_f = K\left(\frac{1}{\lambda}\right)^n \tag{16-5}$$

式中：N_f——试件破坏时的加载次数；

　　　λ——应力水平，即每次试验应力最大值与对应强度比值；

　　　K、n——材料系数，可由试验确定。

在计算时，将温度应力水平代替 λ 代入式（16-5），即可得到对应水平下破坏时温度应力作用次数，作为温度疲劳寿命。参考文献（胡浩，2010）研究成果，取 $K=100$，$n=5$。

基于式（16-4）计算得到低温期与升温期路表温度应力与劈裂强度关系如图 16-19 所示，基于式（16-5）对路面温度疲劳寿命进行预估，结果如表 16-27 所示。由结果易知，低温期（1 月）路面温度疲劳寿命普遍较小，在长期温度应力作用下极易发生疲劳破坏；而升温期（3 月）则相对较高，但仍存在疲劳破坏可能。

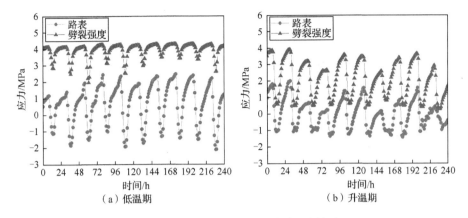

图 16-19　路表温度应力与劈裂强度关系

表 16-27　温度疲劳寿命预估

日期	应力水平	疲劳寿命/次	日期	应力水平	疲劳寿命/次
1 月 13 日	0.29	50 040	3 月 15 日	0.47	4 201
1 月 14 日	0.34	21 529	3 月 16 日	0.51	2 854
1 月 15 日	0.47	4 359	3 月 17 日	0.22	211 774
1 月 16 日	0.57	1 631	3 月 18 日	0.10	11 442 376
1 月 17 日	0.55	1 951	3 月 19 日	0.39	11 304
1 月 18 日	0.45	5 497	3 月 20 日	0.46	4 753
1 月 19 日	0.54	2 089	3 月 21 日	0.07	68 543 826
1 月 20 日	0.58	1 590	3 月 22 日	0.25	99 435
1 月 21 日	0.56	1 895	3 月 23 日	0.44	6 024
1 月 22 日	0.52	2 676	3 月 24 日	0.17	701 767

通过 N_f 的倒数累加，计算各个分析期内沥青路面的温度疲劳损伤度，结果如表 16-28 所示。

表 16-28　温度疲劳损伤度

分析期	温度疲劳损伤度
低温期	0.0036
升温期	0.0011

由表 16-28 可知，分析期内沥青路面温度疲劳损伤度远小于 1，表明此阶段沥青路面具有较好的抵抗温度疲劳能力；然而长远来看，本章仅选用 10d 作为分析期长度难以代表整个冬季路面的疲劳损伤状况，因此在后续评价中，需选用更长的分析期以对监测地区沥青路面温度疲劳损伤做出准确评价。

16.2.4 路面荷载疲劳寿命评价

1. 沥青路面荷载疲劳预估模型

服役路面沥青面层疲劳寿命应根据实测沥青下面层层底拉应变,按下式计算:

$$N_{f1} = 6.32 \times 10^{15.96-0.29\beta} k_a k_b k_{T1}^{-1} \left(\frac{1}{\varepsilon_a}\right)^{3.97} \left(\frac{1}{E_a}\right)^{1.58} (\text{VFA})^{2.72} \qquad (16\text{-}6)$$

其中

$$k_b = \left[\frac{1 + 0.3 E_a^{0.43} (\text{VFA})^{-0.85} e^{0.024 h_a - 5.41}}{1 + e^{0.024 h_a - 5.41}}\right]^{3.33} \qquad (16\text{-}7)$$

式中: N_{f1}——沥青混合料疲劳开裂寿命,轴次;

E_a——沥青混合料 20℃时的动态压缩模量;

VFA——沥青混合料的沥青饱和度,%;

β——目标可靠度,根据公路等级取值;

k_{T1}——温度调整系数;

ε_a——沥青混合料层层底拉应变,10^{-6};

k_a——季节性冻土地区调整系数;

k_b——疲劳加载模式系数;

h_a——沥青混合料层厚度。

2. 荷载疲劳寿命评价

以 1Z5 监测数据为样本,计算监测地区 3 月和 5 月路面结构的累积疲劳损伤,路面结构性能参数及疲劳损伤计算结果如表 16-29 所示。

表 16-29 路面参数及疲劳损伤计算结果

β	k_a	k_b	E_a/MPa	VFA/%	h_a/mm	k_{T1}	$D/10^{-10}$
1.04	0.6	0.9681	496.29	13.2	60	0.8	1.7

由表 16-29 可知,计算得到的监测断面沥青面层荷载疲劳损伤为 1.7×10^{-10},远小于 1,说明观测期内车辆荷载对路面造成的疲劳损伤小。由调研结果可知,受不可抗拒因素的影响,整个观测期内地区交通量大幅度减少,这是导致上述结果的主要原因之一,但计算结果亦可说明此阶段沥青路面具有较好的抵抗荷载疲劳的能力。

16.2.5　路面表面损伤评价

1. 荷载疲劳寿命评价

对监测路段 100m 范围内的路面裂缝进行调研统计。现场调研情况如图 16-20 所示，现场裂缝调研结果如表 16-30 所示。

（a）全幅裂缝

（b）半幅裂缝

图 16-20　现场裂缝调研

表 16-30　裂缝调研结果

裂缝编号	裂缝长度/m	裂缝宽度/cm	裂缝编号	裂缝长度/m	裂缝宽度/cm
1	7	3	5	7	3
2	7	2.5	6	7	2.5
3	7	2.8	7	4	<1
4	7	3			

表 16-30 中全幅裂缝长度统一为 7m，与路面宽度一致。裂缝宽度取首末及中部三次测量平均值。由表 16-30 可知，监测路段 100m 内产生 6 条全幅裂缝及 1

条半幅裂缝，且全幅裂缝的宽度均在 2.5cm 以上。这是由于温缩裂缝产生后，在其裂缝尖端处产生应力集中，在长期的温度循环作用下，原有破坏加剧，进而导致裂缝宽度增大。这说明寒区极端低温环境对沥青路面的影响不仅表现为裂缝数量增加，还表现为裂缝宽度的增大。

2. 裂缝指数计算及路面表面破损评价

由裂缝指数定义，计算得到路段裂缝指数为 6.5，由表 16-17 可知，此时路面表面损伤状况评级为低易损，说明从此角度分析路面在观测期内具有较好的抗灾的能力。由调研结果可知，裂缝指数较少考虑裂缝宽度的影响，在现有评价基础上，裂缝宽度的增大一定程度上增加了路面受损的可能性，其影响程度具有不确定性，但很少能直接提高路面的易损等级。此外，在实际调查过程中，发现监测段路面不存在横向裂缝以外的其他破损情况，可由式（16-8）计算路面破损率 DR：

$$DR = 100 \times \frac{\sum w_i A_i}{A} \tag{16-8}$$

式中：A——路段的总面积，m^2；

A_i——第 i 类路面损坏的面积，m^2；

w_i——第 i 类路面损坏的权重，参考规范取值。

在此情况下，路面仅存在横向裂缝一类损坏，根据有关规定，计算得到 DR=1.8。综上所述，本节认为路面表面损伤的易损等级评价是合理的。

16.3　极端情境下的寒区沥青路面脆弱性评估

为实现沥青路面脆弱性评价，在路面易损性分析基础上，主要通过对不同情境下的路面暴露性、恢复力进行分析，基于 AHP-模糊综合评价法计算并评价路面脆弱性。

16.3.1　寒区沥青路面脆弱性指标计算方法

采用 AHP-模糊综合评价法对脆弱性指标进行计算，其计算流程如图 16-21 所示。

该评价法基本原理（步骤）可概括如下。

1）确定评判对象的因素集 $U = \{u_1, u_2, \cdots, u_m\}$ 及评语集 $V = \{v_1, v_2, \cdots, v_n\}$；

2）采用定性或定量方法，构建 U 与 V 的模糊关系阵 R（隶属矩阵）；

3）基于层次分析法，确定 U 中每个因素权重，得到权重阵 A；

4）综合评判，作模糊变换 $A \circ R = B$，按最大隶属原则得出评判结果。

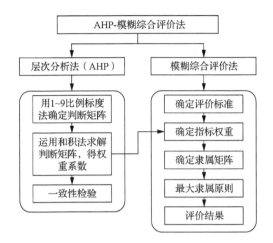

图 16-21　AHP-模糊综合法计算流程

1. 寒区沥青路面脆弱性指标权重确定

层次分析法（analytic hierarchy process，AHP）确定指标权重的具体步骤如下所述。

（1）构建判断矩阵

对于同一层次的指标，通过两两比较的方式确定判断矩阵。如对项目层 A，U_1、U_1，…，U_n 为其下层指标，利用 1～9 标度法（表 16-31），确定两两指标间的重要程度，并构建判断矩阵，如表 16-32 所示。

表 16-31　1～9 标度法

两指标相比，前者相对后者的重要程度	同样重要	稍微重要	比较重要	非常重要	绝对重要	稍微不重要	比较不重要	非常不重要	绝对不重要
标度	1	3	5	7	9	1/3	1/5	1/7	1/9

表 16-32　判断矩阵

A	U_1	U_2	$\cdots$	U_n
U_1	u_{11}	u_{12}	$\cdots$	u_{1n}
U_2	u_{21}	u_{22}	$\cdots$	u_{2n}
$\vdots$	$\vdots$	$\vdots$		$\vdots$
U_n	u_{n1}	u_{n2}	$\cdots$	u_{nn}

任何判断矩阵都满足：

$$u_{ji} = 1/u_{ij} \text{ 且 } u_{ii} = 1 \quad (i, j = 1, \cdots, n)$$

（2）求特征向量和特征根

采用和积法或根法找出同一层次每个元素的特征向量，具体步骤如下所述。

1）将判断矩阵每一列归一化。

2）按行加总各归一化后的列。

3）加总后的向量再归一化，所得的结果 W 即为所求特征向量。

4）计算判断矩阵的最大特征根 $\lambda_{\max}$。

$$\lambda_{\max} = \sum\left[(AW)_i / nW_i\right] \tag{16-9}$$

式中：A ——判断矩阵；

$\qquad$ W ——特征向量；

$\qquad$ n ——指标层数；

$\qquad$ $(AW)_i$、W_i ——列向量对应元素。

（3）一致性检验

1）计算一致性指标 CI，$CI = (\lambda_{\max} - n)/(n-1)$。

2）选取随机一致性指标 RI，对于 1～9 阶矩阵，RI 如表 16-33 所示。

3）计算 CR，$CR = CI/RI$。

若 $CR < 0.10$ 时，一致性检验通过。

表 16-33　1～9 阶矩阵一致性指标 RI

阶数	1	2	3	4	5	6	7	8	9
RI	0.00	0.00	0.58	0.90	1.12	1.24	1.32	1.41	1.45

由图 16-3 建立寒区沥青路面脆弱性指标层次分析模型，并通过网络问卷形式对各层指标重要程度进行调研，以确定指标权重。本次调查共收回 66 份有效问卷，其对象主要为从事寒区沥青路面相关研究的高校教师、硕/博士研究生、科研人员、企业专家及现场技术人员，其职业分布如图 16-22 所示。

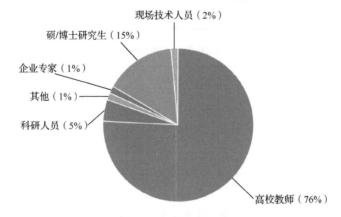

图 16-22　调查对象职业分布

根据层次分析法原理，对调查结果进行计算整理得到寒区沥青路面脆弱性各级指标权重，如表 16-34～表 16-36 所示。

表 16-34　路面脆弱性一级指标权重

路面暴露性	路面易损性	路面恢复力
0.5193	0.3078	0.1729

表 16-35　路面暴露性指标权重

一级指标	二级指标	权重	三级指标	权重
路面暴露性	极端低温气候	0.4065	极端最低温度	0.4562
			低温持续时间	0.2934
			日温差	0.2504
	极端高温气候	0.2148	极端最高温度	0.4215
			高温持续时间	0.2716
			年均辐射总量	0.1918
			路线设计	0.1151
	极端降雨气候	0.1289	年均暴雨天数	0.4447
			路面排水能力	0.2537
			地形地貌	0.1750
			岩土类型	0.1266
	极端冻融天数	0.2499	冻融天数	0.3172
			冻土特征	0.4355
			暴雪频率	0.2473

表 16-36　路面易损性及恢复力指标权重

一级指标	二级指标	权重	三级指标	权重
路面易损性	路面表面损伤	0.6952	路面裂缝率	1
	路面结构性能	0.3048	温度疲劳性能	0.4165
			荷载疲劳性能	0.2555
			永久变形	0.1872
			结构剩余使用寿命	0.1407
路面恢复力	养护维修力度	0.6559	区域财政投入	0.631
			区域经济发展	0.369
	养护维修效果	0.3441	路面修补情况	0.6431
			路面重复破损情况	0.3569

由调查结果易知，在寒区路面脆弱性评价体系中，其主导因素为路面的暴露性，其次为易损性、恢复力。于路面暴露性，极端低温与极端冻融的贡献率更大，其全局权重分别占 0.2111、0.1298；对路面易损性，表面损伤的贡献率更大，全局权重为 0.2140；对于路面恢复力，养护维修力度对其贡献率更大，全局权重为 0.1134。

受问卷反馈数量、专家主观性以及不同评价标准的影响，所得权重的不确定性是不可避免的。尽管如此，调查结果中包含了相关领域内不同地区、不同机构单位专家对寒区沥青路面的大量认识，因此认为最终计算结果是可靠的。

至此得到寒区沥青路面脆弱性指标体系权重分布，在后续的分析中，可根据对应情景确定各指标权重，以进行相关评价工作。

2. 路面脆弱性综合指数计算方法

基于 AHP-模糊综合评价法，可实现多情景下的路面脆弱性综合指数计算，具体计算方法如下。

（1）评价标准建立

由路面脆弱性定义，建立脆弱性评价标准，如表 16-37 所示。

表 16-37   路面脆弱性评价标准

脆弱等级	微度脆弱	轻度脆弱	中度脆弱	重度脆弱	极度脆弱
脆弱性指数 V	<0.2	0.2~0.4	0.4~0.6	0.6~0.8	≥0.8

（2）路面脆弱等级确定

基于 AHP-模糊综合评价法，获取路面脆弱性隶属度：

$$S_V = \begin{pmatrix} \omega_E & \omega_I & \omega_R \end{pmatrix} \begin{pmatrix} S_E & S_I & S_R \end{pmatrix}' \tag{16-10}$$

式中：S_V、S_E、S_I、S_R——路面脆弱性、暴露性、易损性及恢复力隶属度矩阵；

ω_E、ω_I、ω_R——路面暴露性、易损性及恢复力权重。

本节将各指标分为 5 个等级，计算所得的脆弱性隶属度为 1 行 5 列的矩阵。根据最大隶属度原则，最大隶属度对应的分级即为路面的脆弱等级。

（3）脆弱性指数计算

由路面脆弱性最大隶属度，结合表 16-37 分级，可计算路面脆弱性指数 V。

$$V = a_i + 0.2 s_V \tag{16-11}$$

式中：a_i——路面脆弱等级对应的区间下界，$i = 1, \cdots, 5$；

s_V——路面脆弱性最大隶属度。

16.3.2   极端低温气候下沥青路面脆弱性

基于 1~3 月实测数据，对观测期内极端低温气候下的路面脆弱性进行评价。由上述分析，建立寒区极端低温气候下沥青路面脆弱性评价指标模型，如图 16-23 所示。

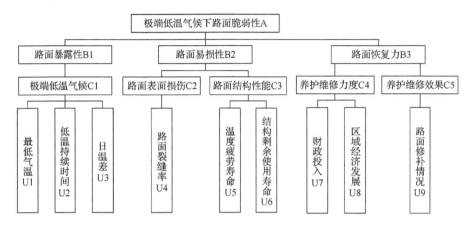

图 16-23　极端低温气候下路面脆弱性指标模型

建立评价因素集 U：

$$U = \begin{pmatrix} U_1 & U_2 & U_3 \end{pmatrix} \tag{16-12}$$

建立评价集 V：

$$V = \begin{pmatrix} V_1 & V_2 & V_3 & V_4 & V_5 \end{pmatrix} \tag{16-13}$$

评价集内各元素为 5 类评价等级。以路面暴露性评价为例，各元素分别代表极低暴露、低暴露、中等暴露、高暴露、极高暴露；在其他评价中含义类似。

1. 路面暴露性评价

基于气象环境监测数据完成路面暴露性评价，其过程如下。

（1）极端最低温度

观测期内环境最低温度为-36.5℃，属于高暴露。

（2）低温持续时间

观测期内环境极端低温气候持续时间为 20d，属于高暴露。

（3）日温差

观测期内极端日温差为 29.5℃，属于极高暴露。

根据模糊综合评价原理，采用定性分析法建立路面暴露性隶属度矩阵：

$$\boldsymbol{R}_{\text{C1-U}} = \begin{bmatrix} 0 & 0 & 0 & 1 & 0 \\ 0 & 0 & 0 & 1 & 0 \\ 0 & 0 & 0 & 0 & 1 \end{bmatrix} \tag{16-14}$$

极端低温气候对应指标权重为

$$\omega_{\text{C1-U}} = \begin{pmatrix} 0.4562 & 0.2934 & 0.2504 \end{pmatrix} \tag{16-15}$$

对该层指标进行模糊运算，有

$$R_{C1} = \omega_{C1\text{-}U} \circ \boldsymbol{R}_{C1\text{-}U} = (0.4562 \quad 0.2934 \quad 0.2504) \begin{bmatrix} 0 & 0 & 0 & 1 & 0 \\ 0 & 0 & 0 & 1 & 0 \\ 0 & 0 & 0 & 0 & 1 \end{bmatrix} \tag{16-16}$$

$$= (0 \quad 0 \quad 0 \quad 0.7496 \quad 0.2504)$$

由于 B1 下仅 C1 一个指标，则 R_{C1} 可直接传递给 R_{B1}。根据最大隶属度原则，路面暴露性隶属度为 0.7496，对应评价集 V_4，属于高暴露。

2. 路面易损性评价

基于上述易损性分析结果，完成路面易损性评价，其过程如下。

（1）裂缝指数

监测路段的裂缝指数为 6.5，属于低易损。

（2）温度疲劳累计损伤度

计算了监测路段 1～3 月温度疲劳损伤度为 0.0356<0.2，故属于极低易损。

（3）剩余使用寿命

监测路段为二级道路，设计使用年限 12 年，截至目前使用时间约 0.5 年，故剩余使用寿命百分比为 0.96>0.8，属于极低易损。

根据模糊综合评价原理，采用定性分析法建立路面易损性隶属度矩阵：

1）C2-U 层（路面表面损伤）隶属度矩阵为

$$\boldsymbol{R}_{C2\text{-}U} = \begin{bmatrix} 0 & 1 & 0 & 0 & 0 \end{bmatrix} \tag{16-17}$$

2）C3-U 层（路面结构性能）隶属度矩阵为

$$\boldsymbol{R}_{C3\text{-}U} = \begin{bmatrix} 1 & 0 & 0 & 0 & 0 \\ 1 & 0 & 0 & 0 & 0 \end{bmatrix} \tag{16-18}$$

计算得到 C3-U 层指标权重为

$$\omega_{C3\text{-}U} = (0.7475 \quad 0.2525) \tag{16-19}$$

对 C3-U 指标进行模糊运算，有

$$R_{C3} = \omega_{C3\text{-}U} \circ \boldsymbol{R}_{C3\text{-}U} = (0.7475 \quad 0.2525) \begin{bmatrix} 1 & 0 & 0 & 0 & 0 \\ 1 & 0 & 0 & 0 & 0 \end{bmatrix}$$

$$= (1 \quad 0 \quad 0 \quad 0 \quad 0) \tag{16-20}$$

3）B2-C 层（路面易损性）隶属度矩阵为

$$\boldsymbol{R}_{B2\text{-}C} = \begin{bmatrix} 0 & 1 & 0 & 0 & 0 \\ 1 & 0 & 0 & 0 & 0 \end{bmatrix} \tag{16-21}$$

该层指标权重为

$$\omega_{B2-C} = \begin{pmatrix} 0.6952 & 0.3048 \end{pmatrix} \tag{16-22}$$

对该层指标进行模糊运算，有

$$R_{B2} = \omega_{B2-C} \circ R_{B2-C} = \begin{pmatrix} 0.6952 & 0.3048 \end{pmatrix} \begin{bmatrix} 0 & 1 & 0 & 0 & 0 \\ 1 & 0 & 0 & 0 & 0 \end{bmatrix}$$

$$= \begin{pmatrix} 0.3048 & 0.6952 & 0 & 0 & 0 \end{pmatrix} \tag{16-23}$$

根据最大隶属度原则，路面易损性隶属度为 0.6952，对应 V_2，属于低易损。

3. 路面恢复力评价

由于路段为新建路面，在此不对路面重复破损情况进行评价。

（1）区域财政投入

在政策方面，呼玛县的相关部门根据《公路养护技术规范》（JTCT H10—2000），并结合当地情况，制定了一系列的公路养护管理方法、及考核评定方法，为部门工作人员工作做出明确引导、规定，并定期对地区公路管理机构及职责、路产路权维护、路基路面及桥涵养护、交通基础设施维护、绿化管养和安全生产等方面进行考核。此外，相关部门结合当地实际情况，将道路养护工作与精准扶贫政策结合，对于冬季清雪期由各村承包邻村的公路养护工作；夏季则由部门专业人士对公路进行养护维修，养护时间为每年 5～10 月。

在组织架构方面，呼玛县具有较为完善的路面养护管理机构，相关人员具有较为丰富的工作经验；部门配备的 2 台 AD5259TCXV 除雪车，以及一定数量检测车等专业设备，基本满足养护需求。

在防灾减灾方面，相关部门每年定期举办防灾、减灾主题活动，提高了当地居民的防灾、减灾意识，一定程度上降低了自然灾害对交通基础设施的影响。

在资金投入方面，路面养护管理机构预算呈增长趋势。2020 年公路管理站总预算 356.22 万元，其中公路巡检、日常养护维修等费用占比较大。

综上所述，对当地区域财政投入评定为较好，属于高恢复力。

（2）区域经济发展

呼玛县地处黑龙江省北部，大兴安岭东麓，其主要产业为农业、旅游业与矿产业。其中：农业以种植大豆、小麦为主；矿产资源丰富，已探明煤、铁、金等矿产 28 种，品位高、储量大。但与其他地区相比，该县产值较小，结合其独特的地理位置，对其区域经济发展评价为较落后，属于低恢复力。

（3）路面养护维修情况

根据《公路养护技术规范》（JTG H10—2009）规定，对于二级及以上公路路面的清扫作业频率宜不少于 1 次/d，其他等级道路应根据环境情况确定，宜不少于 1 次/周；冬季降雪天气应及时除雪除冰，并采取必要的路面防滑措施。

在地区政策引领下，冬季降雪后各村干部积极组织人手进行除雪工作，保证了良好的路面情况。然而在远离各村的路段，路面除雪工作贯彻不足，且路面或多或少出现积雪、凝冰现象，大大降低路面的通行能力，在多弯、长坡路段易导致交通事故。另外，地区冬季沥青路面不可避免地出现横向裂缝，在 3～4 月随温度升高路面积雪融化，过多的水分易沿裂缝渗入路面内部，造成路面结构损伤。

综合前述情况，对当地路面养护维修情况评定为较差，属于低恢复力。

根据模糊综合评价原理，采用定性分析法建立路面恢复力隶属度矩阵。

1）C4-U 层（养护维修力度）指标隶属度矩阵为

$$\boldsymbol{R}_{\text{C4-U}} = \begin{bmatrix} 0 & 1 & 0 & 0 & 0 \\ 0 & 0 & 0 & 1 & 0 \end{bmatrix} \tag{16-24}$$

该层指标权重为

$$\omega_{\text{C4-U}} = \begin{pmatrix} 0.631 & 0.369 \end{pmatrix} \tag{16-25}$$

对该层指标进行模糊运算：

$$R_{\text{C4}} = \omega_{\text{C4-U}} \circ \boldsymbol{R}_{\text{C4-U}} = \begin{pmatrix} 0.631 & 0.369 \end{pmatrix} \begin{bmatrix} 0 & 1 & 0 & 0 & 0 \\ 0 & 0 & 0 & 1 & 0 \end{bmatrix}$$
$$= \begin{pmatrix} 0 & 0.631 & 0 & 0.369 & 0 \end{pmatrix} \tag{16-26}$$

2）C5-U 层（养护维修效果）指标隶属度矩阵为

$$\boldsymbol{R}_{\text{C5-U}} = \begin{pmatrix} 0 & 0 & 0 & 1 & 0 \end{pmatrix} \tag{16-27}$$

3）B3-C 层（路面恢复力）指标隶属度矩阵为

$$\boldsymbol{R}_{\text{B3-C}} = \begin{bmatrix} 0 & 0.631 & 0 & 0.369 & 0 \\ 0 & 0 & 0 & 1 & 0 \end{bmatrix} \tag{16-28}$$

该层指标权重为

$$\omega_{\text{B3-C}} = \begin{pmatrix} 0.6559 & 0.3441 \end{pmatrix} \tag{16-29}$$

对该层指标进行模糊运算

$$R_{\text{B3}} = \omega_{\text{B3-C}} \circ \boldsymbol{R}_{\text{B3-C}} = \begin{pmatrix} 0.6559 & 0.3441 \end{pmatrix} \begin{bmatrix} 0 & 0.631 & 0 & 0.369 & 0 \\ 0 & 0 & 0 & 1 & 0 \end{bmatrix}$$
$$= \begin{pmatrix} 0 & 0.4139 & 0 & 0.5861 & 0 \end{pmatrix} \tag{16-30}$$

根据最大隶属度原则，路面恢复力隶属度为 0.5861，属于低恢复力。

4. 路面脆弱性指数

由式（16-16）、式（16-23）和式（16-30）构建 A-B 层（路面脆弱性）指标隶属度矩阵：

$$\boldsymbol{R}_{\text{A-B}} = \begin{bmatrix} 0 & 0 & 0 & 0.7496 & 0.2504 \\ 0.3048 & 0.6952 & 0 & 0 & 0 \\ 0 & 0.4139 & 0 & 0.5861 & 0 \end{bmatrix} \tag{16-31}$$

该层指标权重为

$$\omega_{\text{A-B}} = (0.5193 \quad 0.3078 \quad 0.1729) \tag{16-32}$$

对该层指标进行模糊运算

$$R_{\text{A}} = \omega_{\text{A-B}} \circ \boldsymbol{R}_{\text{A-B}} = (0.5193 \quad 0.3078 \quad 0.1729) \begin{bmatrix} 0 & 0 & 0 & 0.7496 & 0.2504 \\ 0.3048 & 0.6952 & 0 & 0 & 0 \\ 0 & 0.4139 & 0 & 0.5861 & 0 \end{bmatrix}$$

$$= (0.0938 \quad 0.2855 \quad 0 \quad 0.4926 \quad 0.1300) \tag{16-33}$$

根据最大隶属度原则，路面脆弱性隶属度为 0.4926，对应评价集 V_4，属重度脆弱。由式（16-11）得

$$V = 0.6 + 0.4926 \times 0.2 = 0.6985 \tag{16-34}$$

综上所述，极端低温气候下沥青路面脆弱指数 $V=0.6985$，属于重度脆弱。

由脆弱性定义知，路面脆弱性与暴露性、易损性正相关，而与恢复力负相关。在极端低温环境下，路面表现为高暴露、低易损以及低恢复力，由式（16-33）可看出，路面脆弱性最大隶属度为重度脆弱下的 0.4926，其次为轻度脆弱下的 0.2855，说明低易损性对路面脆弱程度具有一定影响，但仍是高暴露与低恢复力占主导作用。

16.3.3 极端冻融下沥青路面脆弱性

极端冻融天数下沥青路面脆弱性评价指标模型如图 16-24 所示。

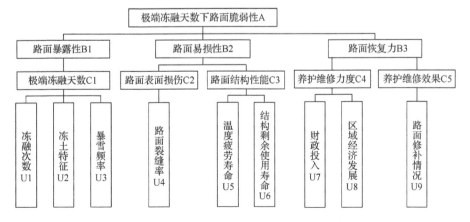

图 16-24 极端冻融天数下路面脆弱性指标模型

对比图 16-23 与图 16-24 知，两者指标模型主要不同在于路面暴露性。因此在评价过程中，主要针对路面暴露性进行计算，并基于上述路面易损性与恢复力计算结果，对极端冻融天数下沥青路面脆弱性进行评价。

1. 路面暴露性评价

（1）冻融天数

观测期内路面可能的冻融次数为 63 次，属于中等暴露。

（2）冻土特征

由设计资料知，监测路段冻土类型多为富冰（F）和饱和冰（B），观测期内冻土平均地温为 -1.0℃，结合评价标准，冻土特征指标属于高暴露。

（3）暴雪频率

观测期内共出现 6 次降雪事件，其中 2 次为暴雪，故暴雪频率为 0.33，属于低暴露。

根据模糊综合评价原理，建立路面暴露性隶属度矩阵：

$$\boldsymbol{R}_{\text{C1-U}} = \begin{bmatrix} 0 & 0 & 1 & 0 & 0 \\ 0 & 0 & 0 & 1 & 0 \\ 0 & 1 & 0 & 0 & 0 \end{bmatrix} \tag{16-35}$$

极端低温气候对应指标权重为

$$\omega_{\text{C1-U}} = (0.3172 \quad 0.4355 \quad 0.2473) \tag{16-36}$$

对该层指标进行模糊运算，有

$$R_{\text{C1}} = \omega_{\text{C1-U}} \circ \boldsymbol{R}_{\text{C1-U}} = (0.3172 \quad 0.4355 \quad 0.2473)\begin{bmatrix} 0 & 0 & 1 & 0 & 0 \\ 0 & 0 & 0 & 1 & 0 \\ 0 & 1 & 0 & 0 & 0 \end{bmatrix}$$

$$= (0 \quad 0.2473 \quad 0.3172 \quad 0.4355 \quad 0) \tag{16-37}$$

由于 B1 下仅 C1 一个指标，则 R_{C1} 可直接传递给 R_{B1}。根据最大隶属度原则，路面暴露性隶属度为 0.4355，对应评价集 V_4，属于高暴露。

2. 路面暴露性评价

由式（16-23）、式（16-30）、式（16-37）构建 A-B 层（路面脆弱性）指标隶属度矩阵：

$$\boldsymbol{R}_{\text{A-B}} = \begin{bmatrix} 0 & 0.2473 & 0.3172 & 0.4355 & 0 \\ 0.3048 & 0.6952 & 0 & 0 & 0 \\ 0 & 0.4139 & 0 & 0.5861 & 0 \end{bmatrix} \tag{16-38}$$

该层指标权重为

$$\omega_{\text{A-B}} = (0.5193 \quad 0.3078 \quad 0.1729) \tag{16-39}$$

对该层指标进行模糊运算，有

$$R_A = \omega_{A\text{-}B} \circ R_{A\text{-}B} = \begin{pmatrix} 0.5193 & 0.3078 & 0.1729 \end{pmatrix} \begin{bmatrix} 0 & 0.2473 & 0.3172 & 0.4355 & 0 \\ 0.3048 & 0.6952 & 0 & 0 & 0 \\ 0 & 0.4139 & 0 & 0.5861 & 0 \end{bmatrix}$$

$$= \begin{pmatrix} 0.0938 & 0.4140 & 0.1647 & 0.3275 & 0 \end{pmatrix} \tag{16-40}$$

根据最大隶属度原则，路面脆弱性隶属度为 0.4140，对应评价级 V_2，属于轻度脆弱，由式（16-11）得

$$V = 0.2 + 0.4140 \times 0.2 = 0.2828 \tag{16-41}$$

综上所述，极端冻融天数下沥青路面脆弱指数 V=0.2828，属于轻度脆弱。

16.4　本 章 小 结

本章首先提出了公路脆弱性概念，由此建立了具有高针对性的寒区沥青路面脆弱性评价体系，包括评价模型、指标体系及评价流程；明确了寒区沥青路面脆弱性监测与评估方法；建立了寒区沥青路面脆弱性监测系统。其次，基于实测信息，通过有限元分析完成路面温度疲劳性能评价，以及路面荷载疲劳性能评价；基于现场调研，完成了路面表面损伤评价。最后，基于 AHP-模糊综合评价法完成了路面脆弱性评价。

参 考 文 献

高畅, 2006. 沥青路面低温缩裂控制指标与预估模型研究[D]. 哈尔滨: 哈尔滨工业大学.

侯威, 2009. 极端事件检测、评价方法及中国近 40 年极端温度和降水事件时空变化研究[D]. 兰州: 兰州大学.

胡浩, 2010. 多年冻土地区沥青路面温度应力研究[D]. 西安: 长安大学.

廖公云, 黄晓明, 2008. ABAQUS 有限元软件在道路工程中的应用[M]. 南京: 东南大学出版社.

沈金安, 2001. 沥青及沥青混合料路用性能[M]. 北京: 人民交通出版社.

姚祖康, 1999. 公路设计手册[M]. 2 版. 北京: 人民交通出版社.

尹超, 2013. 公路地质灾害危险性评价与区划研究[D]. 西安: 长安大学.

周继业, 1982. 沥青路面低温开裂的分析研究[J]. 华东公路, 11(3): 20-27.

HASS R C G, 1973. A method of design asphalt pavements to minimize low-temperature shrinkage cracking[R]. Washington DC: The Asphalt Institute Research Report.

彩　　图

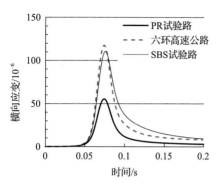
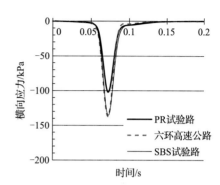

彩图 1　横向应变（ε_{11}）和横向应力（σ_{11}）的时程变化

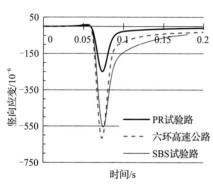
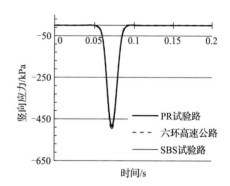

彩图 2　竖向应变（ε_{22}）和竖向应力（σ_{22}）的时程变化

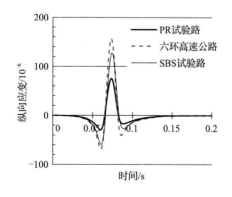
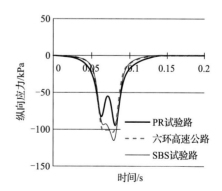

彩图 3　纵向应变（ε_{33}）和纵向应力（σ_{33}）的时程变化

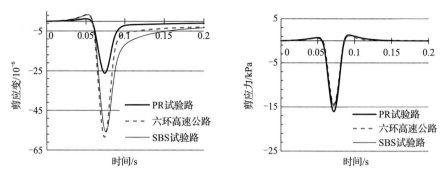

彩图 4　剪应变（ε_{12}）与剪应力（σ_{12}）的时程变化

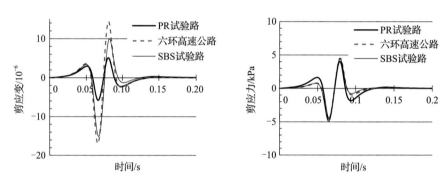

彩图 5　剪应变（ε_{13}）与剪应力（σ_{13}）的时程变化

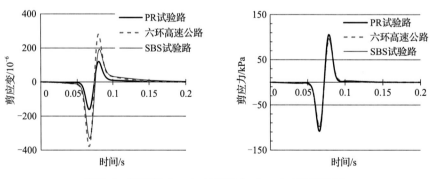

彩图 6　剪应变（ε_{23}）与剪应力（σ_{23}）的时程变化

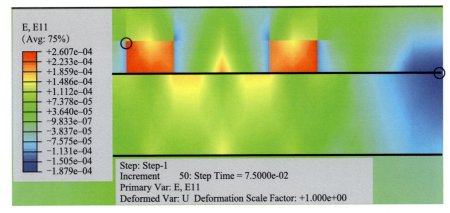

（a）有横向水平力

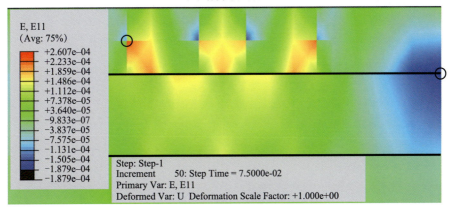

（b）无横向水平力

彩图 7　中心截面横向应变分布对比

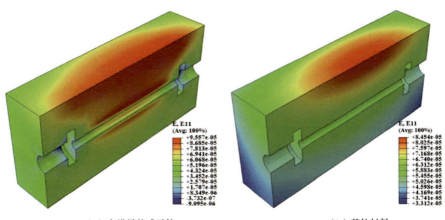

（a）高模量传感元件　　　　　　　　　（b）基体材料

彩图 8　有无高模量纵向应变传感元件时的基体材料横向应变对比

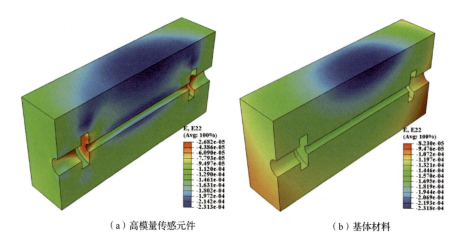

（a）高模量传感元件 （b）基体材料

彩图 9　有无高模量纵向应变传感元件时的基体材料竖向应变对比

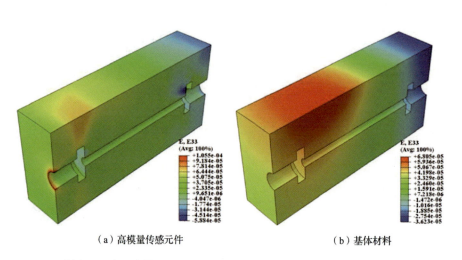

（a）高模量传感元件 （b）基体材料

彩图 10　有无高模量纵向应变传感元件时的基体材料纵向应变对比

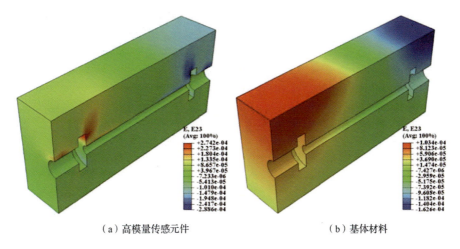

（a）高模量传感元件　　　　　　　　　　（b）基体材料

彩图 11　有无高模量纵向应变传感元件时的基体材料剪应变对比

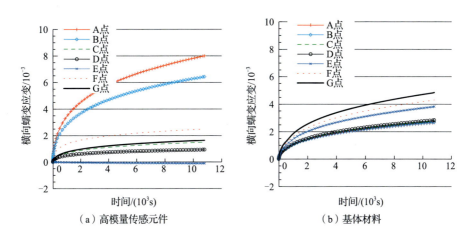

（a）高模量传感元件　　　　　　　　　　（b）基体材料

彩图 12　有无高模量传感元件时的沥青混合料横向蠕变应变时程及其应变对比

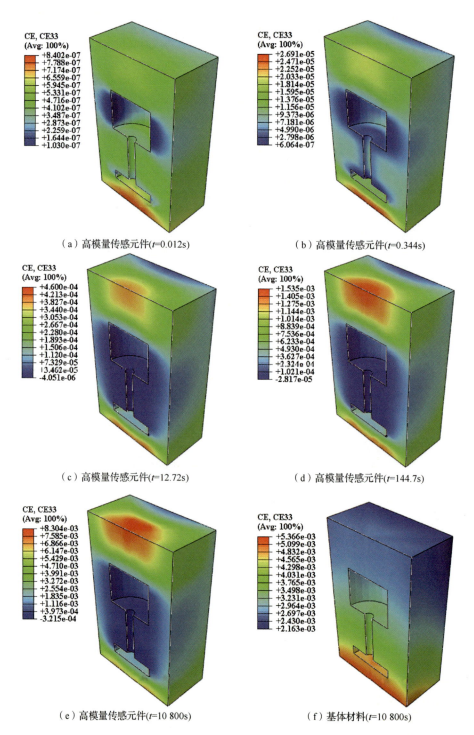

（a）高模量传感元件（t=0.012s）

（b）高模量传感元件（t=0.344s）

（c）高模量传感元件（t=12.72s）

（d）高模量传感元件（t=144.7s）

（e）高模量传感元件（t=10 800s）

（f）基体材料（t=10 800s）

彩图 13　有无高模量传感元件时的沥青混合料横向蠕变时程及其应变对比

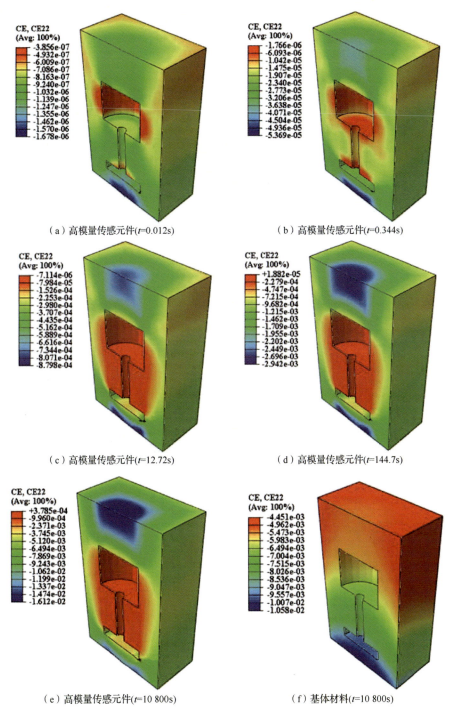

（a）高模量传感元件(*t*=0.012s)　　　　　（b）高模量传感元件(*t*=0.344s)

（c）高模量传感元件(*t*=12.72s)　　　　　（d）高模量传感元件(*t*=144.7s)

（e）高模量传感元件(*t*=10 800s)　　　　　（f）基体材料(*t*=10 800s)

彩图 14　有无高模量传感元件的沥青混合料竖向蠕变应变对比

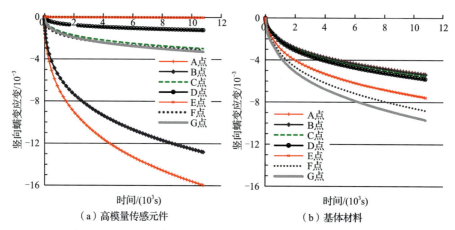

彩图 15　有无高模量传感元件的沥青混合料竖向蠕变应变时程

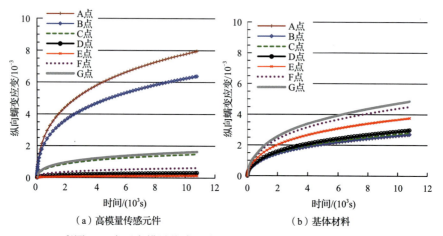

彩图 16　有无高模量传感元件的沥青混合料纵向蠕变应变时程

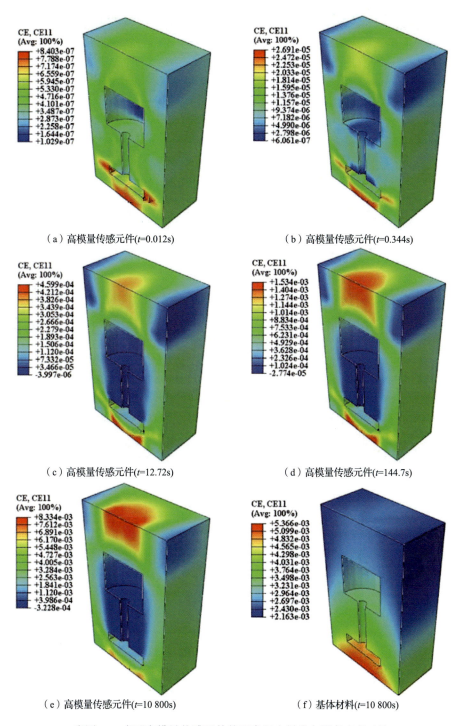

（a）高模量传感元件(t=0.012s)

（b）高模量传感元件(t=0.344s)

（c）高模量传感元件(t=12.72s)

（d）高模量传感元件(t=144.7s)

（e）高模量传感元件(t=10 800s)

（f）基体材料(t=10 800s)

彩图17　有无高模量传感元件的沥青混合料纵向蠕变应变对比

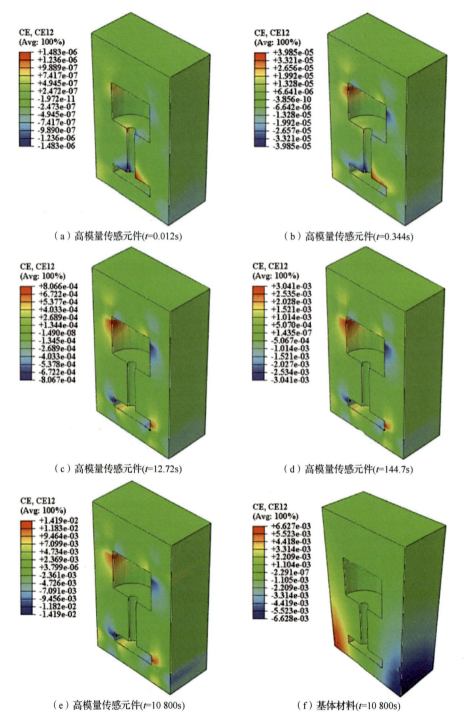

（a）高模量传感元件(t=0.012s)　　　　　　　　（b）高模量传感元件(t=0.344s)

（c）高模量传感元件(t=12.72s)　　　　　　　　（d）高模量传感元件(t=144.7s)

（e）高模量传感元件(t=10 800s)　　　　　　　　（f）基体材料(t=10 800s)

彩图 18　有无高模量传感元件时的沥青混合料剪切蠕变应变 ε_{23} 对比

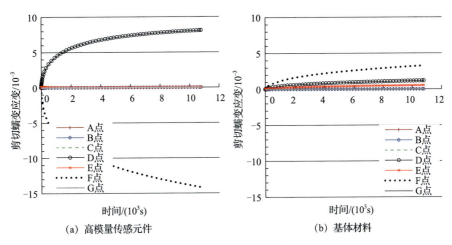

（a）高模量传感元件

（b）基体材料

彩图 19　有无高模量传感元件的沥青混合料剪切蠕变应变 ε_{23} 时程变化

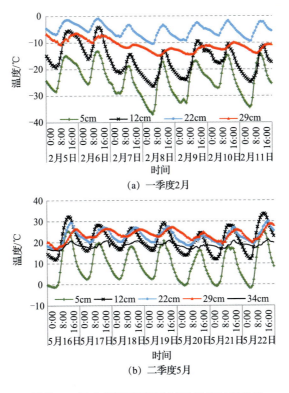

（a）一季度2月

（b）二季度5月

彩图 20　四季度路面不同深度处温度时程曲线

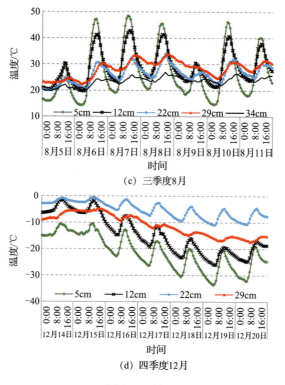

（c）三季度8月

（d）四季度12月

彩图 20（续）

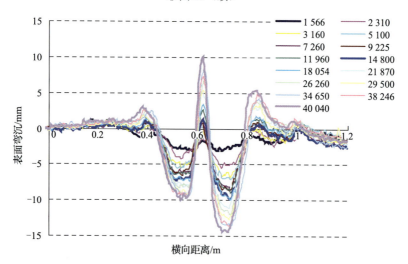

彩图 21　车辙变形断面